国家社会科学基金重大项目
"建设文化强国背景下的社会主义核心价值体系研究"
（项目编号：12&ZD004）最终成果

建设文化强国背景下的社会主义核心价值体系研究丛书

张传开　主编

兴国之魂

——文化强国背景下的核心价值体系和核心价值观研究

李文阁　孙煜华　李　达　著

人民出版社

序

张 传 开

　　《建设文化强国背景下的社会主义核心价值体系研究》丛书，是我主持的同名国家社科基金重大项目（批准号：12&ZD004）的最终成果。自立项以来，课题组成员经过四年多时间的努力，最终形成七部成果：五卷本研究专著，一份对策研究报告，一本大学生读本，共计140余万字。

　　在研究过程中，课题组始终把核心价值体系放置在建设社会主义文化强国的大背景下，把核心价值体系和核心价值观结合起来研究，牢牢把握文化强国与核心价值体系和核心价值观之间的内在联系，并在历史与现实、理论与实践的结合上下功夫。

　　《兴国之魂——文化强国背景下的核心价值体系和核心价值观研究》是本课题的总论，从理论、规范和实践三重维度展开。在理论维度上，主要阐述了民族复兴与文化强国的关系，探讨了文化及文化发展对民族生存和发展的重要意义和作用，对价值、价值观和价值体系等基本概念进行了厘清，并对"普世价值"进行了分析和批判。在规范维度上，梳理了党中央从提出核心价值体系到核心价值观的历史进程，探讨了党中央提出核心价值体系和核心价值观的重大意义，阐述了核心价值体系的主要内容和精神实质，并着重研究了核心价值观与核心价值体系的关系，从国家、社会和公民等三个层面，阐述了核心价值观的基本内容。在实践维度上，从不忘历史才能开辟未来的高度，阐述了必须立足于中华优秀传统文化，建设核心价值体系，培育和践行核心价值观。同时，也要立足于中国实际吸收外来的进步文化，以我为主，为我所用。但从根本上讲在于把观念的东西转化成人们习以为常的行动，从日常的言行举止中彰显核心价值体系和核心价值观的力量。因此，要把核心价值体系和核心价值观融入实践养成，使之落地生根。要抓好重点领域、重点人群和重要阵地，动员起全社会的力量，核心价值体系才能建设好，核心价值观才能确立起来，文化强国的目标才能实现。

《走向文化强国的理论旗帜——坚持马克思主义指导思想》是分论之一。马克思主义指导思想是社会主义核心价值体系的首要内容，决定着核心价值体系的性质和方向。因此，该分论以马克思主义的形成及其理论品质的分析为基础，分别从近代中国政治思想文化危机、中国共产党历史和当代国际共产主义运动发展三重维度，通过研究近代中国先进分子选择马克思主义的必然性、马克思主义在中国的运用和发展、战后马克思主义的世界命运等问题，重点阐明在走向文化强国、建设核心价值体系过程中，坚持和发展马克思主义的必要性和面临的现实问题，以及解决的路径和未来走向。最后，从中国共产党的思想文化发展的历史轨迹、坚定不移走中国特色社会主义文化发展之路、在文化大发展大繁荣中坚持和发展马克思主义三个层面，阐述了建设文化强国与坚持和发展马克思主义等问题。

《走向文化强国的精神支柱——坚定中国特色社会主义共同理想》是分论之二。共同理想是一个民族奋力前行的向导和灯塔，是一个国家走向繁荣富强的强大精神动力。中国特色社会主义共同理想是社会主义核心价值体系的主题。该分论详细考察了中国特色社会主义共同理想的形成和发展过程，剖析了中国特色社会主义共同理想的重要特征，探讨了中国特色社会主义共同理想的社会功能，指出了中国特色社会主义共同理想建设面临的现实挑战。在此基础上，侧重从坚定中国特色社会主义"四个自信"、发挥媒体对共同理想的宣传引导、加强特定群体的共同理想教育三个方面，探讨了文化强国背景下的中国特色社会主义共同理想建设问题。

《走向文化强国的精神动力——弘扬民族精神和时代精神》是分论之三。民族精神是一个民族自觉、自信、自强的资本和底气。以爱国主义为核心的中华民族精神是我们屹立于世界民族之林的坚实根基；以改革创新为核心的时代精神是反映时代潮流和社会发展趋向、为全体社会成员普遍认同的思想观念、价值准则和行为规范。在中国社会发展的历史进程中，还形成了上承民族精神下启时代精神的革命精神，它是我们宝贵的精神财富。民族精神、革命精神和时代精神一起构成了完整的中国精神。在分别阐述了中华民族精神的生成和内涵、革命精神的凝练和传承、时代精神的形成和内涵的基础上，探讨了全球视野中的民族精神，重点阐述了中华文化的和平主义传统与中国道路的现实展开，剖析了"普世价值"的来龙去脉及其实质，阐明了树立核心价值观自信的正当性和重要性。考察了文化强国视域下的中国精神，探讨了如何以中国精神号召全国各族人民投身于中国特色社会主义事业的伟大实践，如何弘扬中国精神实现中华民族的伟大复兴等重大理论问题。

《走向文化强国的道德基石——培育和践行社会主义新道德》是分论之四。所谓"社会主义新道德"是相对于社会主义道德形成以前的一切旧道德而言的。该分论探讨了中国传统道德价值体系的确立，概括了中华民族的传统道德原则以及道德体系的特点，讨论了社会主义道德的产生、发展与传播。在此基础上，探讨了社会主义道德建设和发展的基本规律。重点阐述了当前我国道德建设存在的问题，在对存在问题的梳理和其产生原因分析的基础上，提出了加强道德建设的具体路径。社会主义荣辱观是该分论的重要内容，在论述了社会主义荣辱观的内涵及其时代价值，以及自觉践行社会主义荣辱观的重大意义的基础上，着重阐述了如何以社会主义荣辱观化解道德悖论，如何以社会主义荣辱观引领合理的价值取向，以及社会主义荣辱观的实践之维。最后，站在全球化视域的高度，阐述了如何实现中国传统道德的转型，如何克服资本主义道德的影响，以及实现社会主义新道德的价值诉求，发展中国特色社会主义文化，加强核心价值体系建设，培育核心价值观，提高国家"文化软实力"等问题。

《社会主义核心价值体系建设对策研究报告》（以下简称《报告》）是整个课题中的实证研究部分，其目的是为党和政府深入推进核心价值体系建设提供决策参考。《报告》是在大量调研获得第一手资料和数据的基础上形成的。在阐述我国核心价值体系建设取得重大成就的基础上，着重分析了核心价值体系建设存在的主要问题，并对存在问题的原因进行了比较详细的分析。在此基础上，明确提出了进一步推进核心价值体系建设的对策建议，并特别指出要把社会主义核心价值体系建设与培育和践行核心价值观结合起来。《报告》体现了理论分析和实际情况相结合，宏观分析与微观分析相结合，定性分析与定量分析相结合。

《社会主义核心价值体系大学生读本》（以下简称《读本》），是子课题之七。青年大学生是核心价值体系建设的重点人群之一，他们既是受教育者也是建设者。《读本》理论结合实际，在通俗易懂地阐述核心价值体系基本内容的基础上，嘱咐大学生要做马克思主义的学习者、信仰者、传播者和践行者；告诫大学生要将个人理想融入中国特色社会主义共同理想之中，脚踏实地地为实现中国特色社会主义共同理想而奋斗；要求大学生要自强不息，谱写人生新篇章；强调大学生要不断提升自己的道德境界，争做遵守道德、诚信守礼的模范。

总之，该系列成果是理论界有关社会主义核心价值体系和核心价值观研究的最新成果，具有较高的学术价值和应用价值。当然，由于我们的水平和能力有限，成果仍存在这样或那样的问题，欢迎学界同人不吝赐教。

2017 年 3 月 2 日

目　录

前　言..001

————————————— 上篇　理论篇 —————————————

第一章　没有文化繁荣就没有民族复兴............................003
　　第一节　百年梦：民族复兴..003
　　第二节　大国版图："东风"还是"西风"............................026
　　第三节　强国标志：文化强则国家强................................043

第二章　文化是民族生存和发展的重要力量........................053
　　第一节　文化的含义..053
　　第二节　文化的结构..057
　　第三节　文化的特征..067
　　第四节　文化的功能..090
　　第五节　文化的变迁..098

第三章　世界上没有两片完全相同的树叶..........................112
　　第一节　价值..112

第二节　价值观和价值体系 120

第三节　普世价值 133

中篇　规范篇

第四章　从核心价值体系到核心价值观 153

第一节　社会主义核心价值体系的提出 153

第二节　社会主义核心价值观的提出 159

第三节　核心价值体系和核心价值观的特征 175

第五章　核心价值体系和核心价值观提出的重大意义 188

第一节　巩固共同思想基础 188

第二节　构筑道德高地 199

第三节　凝聚强大正能量 212

第六章　社会主义核心价值体系的基本内容 221

第一节　马克思主义指导思想是灵魂 221

第二节　中国特色社会主义共同理想是主题 231

第三节　民族精神和时代精神是精髓 241

第四节　社会主义荣辱观是基础 251

第七章　社会主义核心价值体系的凝练表达 255

第一节　我们要建设什么样的国家 255

第二节　我们要建设什么样的社会 278

第三节　我们要培育什么样的公民 ……………………………………295

下篇　实践篇

第八章　不忘历史才能开辟未来 …………………………………………323

第一节　可以提供丰厚滋养 …………………………………………323

第二节　包含丰富思想精华和道德精髓 ……………………………335

第三节　科学对待传统文化 …………………………………………351

第九章　内化于心　外化于行 ……………………………………………359

第一节　坚定理想信念 ………………………………………………359

第二节　融入实践养成 ………………………………………………369

第三节　抓好重点人群 ………………………………………………380

第十章　统一意志　凝聚力量 ……………………………………………387

第一节　治国理政、定国安邦的大事 ………………………………387

第二节　引领时代前进的号角和火炬 ………………………………396

第三节　亿万民众共同的精神家园 …………………………………406

第四节　教育培养人才的主渠道 ……………………………………418

第五节　认识世界、改造世界的重要工具 …………………………432

参考文献 ……………………………………………………………………441

后　记 ………………………………………………………………………446

前　言

　　文化是民族生存和发展的重要力量。人类社会每一次跃进，人类文明每一次升华，无不伴随着文化的历史性进步。正是基于对文化重要性的认识，党的十七届六中全会提出了建设"文化强国"的战略目标。这是"文化强国"这个概念第一次出现在中央文件中。党的十八大报告进一步提出，文化是民族的血脉，是人民的精神家园。全面建成小康社会，实现中华民族伟大复兴，必须推动社会主义文化大发展大繁荣，提高国家文化软实力，扎实推进社会主义文化强国建设。

　　党的十八大以来，以习近平同志为核心的党中央高度重视文化强国建设。党的十八届三中全会对如何建设文化强国、提高文化软实力进行了部署，要求坚持社会主义先进文化前进方向，坚持中国特色社会主义文化发展道路，坚持以人民为中心的工作导向，进一步深化文化体制改革。要完善文化管理体制，建立健全现代文化市场体系，构建现代公共文化服务体系，提高文化开放水平。2013年12月30日，中央政治局专门围绕提高国家文化软实力进行第十二次集体学习，习近平总书记在主持学习时指出，要弘扬社会主义先进文化，深化文化体制改革，推动社会主义文化大发展大繁荣，增强全民族文化创造活力，推动文化事业全面繁荣、文化产业快速发展，不断丰富人民精神世界、增强人民精神力量，不断增强文化整体实力和竞争力，朝着建设社会主义文化强国的目标不断前进。2014

年 10 月 15 日，习近平总书记在文艺工作座谈会上的讲话中专门就文化的地位和作用进行了阐释，他指出，没有中华文化繁荣昌盛，就没有中华民族伟大复兴。一个民族的复兴需要强大的物质力量，也需要强大的精神力量。没有先进文化的积极引领，没有人民精神世界的极大丰富，没有民族精神力量的不断增强，一个国家、一个民族不可能屹立于世界民族之林。2015 年 10 月，党的十八届五中全会提出创新、协调、绿色、开放、共享的新发展理念，要求推动物质文明和精神文明协调发展，坚定文化自信，增强文化自觉，加快文化改革发展。党的十八届六中全会通过的《关于新形势下党内政治生活的若干准则》强调，要坚定中国特色社会主义道路自信、理论自信、制度自信、文化自信。可以说，这些重要论述，再加上总书记关于传统文化、核心价值观等方面的论述，丰富和发展了中国共产党人的文化观，深化了对社会主义建设规律和人类社会发展规律的认识。

这种深化，突出表现在由"三个自信"到"四个自信"、"三个坚持"到"四个坚持"上。

在 2014 年 2 月 24 日举行的中央政治局第十三次集体学习中，习近平总书记提出要"增强文化自信和价值观自信"。之后的两年间，他对此又有过多次论述。2014 年 3 月 7 日，他在全国两会期间参加贵州团审议政府工作报告时提出："我们要坚定理论自信、道路自信、制度自信，最根本的还有一个文化自信。"2014 年 10 月 15 日，他在文艺工作座谈会上强调："增强文化自觉和文化自信，是坚定道路自信、理论自信、制度自信的题中应有之义。"2014 年 12 月 20 日，他在和澳门大学学生座谈时指出："建立制度自信、理论自信、道路自信，还有文化自信。文化自信是基础。"2015 年 11 月 3 日，他在第二届"读懂中国"国际会议期间会见外方代表时指出，"中国有坚定的道路自信、理论自信、制度自信，其本质是建立在 5000 多年文明传承基础上的文化自信"。特别是 2016 年 5 月、6 月、7 月，他又连续三次阐释文化自信。2016 年 5 月 17 日，他在哲学社会科学工作座谈会上强调："我们说要坚定中国特色社会主义道路自信、理论自信、制度自信，说到底是要坚定文化自信。文化自信是更基本、更深沉、更持久的力量。"①2016 年 6 月 28 日下午，他在主持中共中央政治局第三十三次集体学习时强调，要坚定中国特色社会主义道路自信、理论自信、制度自信、文化自信。这是他第一次把文化自信与道路自信、理论自信、制度自信相并列。2016 年 7 月 1 日，他在庆祝中国共产党成立 95 周年大会上的讲话中，不仅再一次把文化自信与其他"三个自信"相并列，而且对文化自信的内涵、文化自信与其他"三个自信"的关系、为什么有文化自信等问题进行了全面阐释，强调"文化自信，是更基础、更广泛、更深厚的自信"。这些，标志着我们党由"三个自信"发展成为"四个自信"。此后，在几乎每一次重要讲话中，习近平总书记都会强调"四个自信"。特别是 2016 年 11 月 30 日在中国文联十大、中国作协九大开幕式上的讲话中，他指出：实现中华民族伟大复兴，必须坚定中国特色社会主义道路自信、理论自信、制度自信、文化自信。坚定文化自信，是事关国运兴衰、事关文化安全、事关民族精神独立性的大问题。

文化自信的凸显不单纯是增加了一个"自信"的问题，它有着更为深刻的意义。以往在我们党的文献中，与"三个自信"相对应的是"三个坚持"，即坚持中国特色社会主义道路，坚持中国特色社会主义理论体系，坚持中国特色社会主义制度。现在，"三个自信"发展为"四个自信"，相应地，"四个坚持"便也呼之欲出了。2016 年 10 月 21 日，在纪念红军长征胜利80 周年大会上的讲话中，习近平总书记指出："弘扬伟大长征精神，走好今天的长征路，必须坚定中国特色社会主义道路自信、理论自信、制度自信、文化自信，为夺取中国特色社会主义伟大事业新胜利而矢志奋斗。""在新的长征路上，我们要坚信，中国特色社会主义道路是实现社会主义现代化的必由之路，是指引中国人民创造自己美好生活的必由之路。中国特色社会主义理论体系是指导党和人民沿着中国特色社会主义道路实

---

① 习近平：《在哲学社会科学工作座谈会上的讲话》，《人民日报》2016 年 5 月 18 日。

现中华民族伟大复兴的正确理论，是立于时代前沿、与时俱进的科学理论。中国特色社会主义制度是当代中国发展进步的根本制度保障，是具有鲜明中国特色、明显制度优势、强大自我完善能力的先进制度。中国特色社会主义文化积淀着中华民族最深层的精神追求，代表着中华民族独特的精神标识，是中国人民胜利前行的强大精神力量。这一点，不仅已经在理论上被证明是正确的，而且在实践上也被证明是正确的。"①而党的十八届六中全会通过的《准则》明确提出：全党必须毫不动摇坚持四项基本原则，根本是坚持党的领导，坚持中国特色社会主义道路、中国特色社会主义理论体系、中国特色社会主义理论制度、中国特色社会主义文化，做到头脑清醒、立场坚定、矢志不移坚持和发展中国特色社会主义。也就是说，六中全会已经非常明确地把"三个坚持"扩展为"四个坚持"。这样，中国特色社会主义内容就由道路、理论体系、制度"三位一体"扩展为道路、理论体系、制度、文化"四位一体"，标志着文化在中国特色社会主义伟大事业中的地位进一步凸显，标志着我们党对中国特色社会主义认识的深化、对文化发展规律和社会主义建设规律认识的深化。

为什么要在"三个自信"的基础上再提出文化自信？为什么要在道路、理论体系、制度之外再加上文化？这是由文化的独特地位和作用决定的。

文明特别是思想文化是一个国家、一个民族的灵魂。无论哪一个国家、哪一个民族，如果不珍惜自己的思想文化，丢掉了思想文化这个灵魂，这个国家、这个民族是立不起来的。优秀传统文化是一个国家、一个民族传承和发展的根本，如果丢掉了，就割断了精神命脉。从历史的角度看，包括儒家思想在内的中国传统思想文化中的优秀成分，对中华文明形成并延续发展几千年而从未中断，对形成和维护中国团结统一的政治局面，对形成和巩固中国多民族和合一体的大家庭，对形成和丰富中华民族精神，对激励中华儿女维护民族独立、反抗外来侵略，对推动中国社会发

---

① 习近平：《在纪念红军长征胜利 80 周年大会上的讲话》，《人民日报》2016 年 10 月 22 日。

展进步、促进中国社会利益和社会关系平衡，都发挥了十分重要的作用。文以载道，文以化人。当代中国是历史中国的延续和发展，当代中国思想文化也是中国传统思想文化的传承和升华，要认识今天的中国、今天的中国人，就要深入了解中国的文化血脉，准确把握滋养中国人的文化土壤。中国人民的理想和奋斗，中国人民的价值观和精神世界，是始终深深植根于中国优秀传统文化沃土之中的，同时又是随着历史和时代前进而不断与日俱新、与时俱进的。因此，没有中华文化繁荣昌盛，就没有中华民族伟大复兴。实现中国梦，是物质文明和精神文明协调推进的发展过程，是物质文明和精神文明均衡发展、相互促进的结果。没有文明的继承和发展，没有文化的弘扬和繁荣，就没有中国梦的实现。

核心价值观是文化软实力的灵魂、文化软实力建设的重点。这是决定文化性质和方向的最深层次要素。一个国家的文化软实力，从根本上说，取决于其核心价值观的生命力、凝聚力、感召力。因此，文化的凸显，就是核心价值观的凸显；文化自信，根本是核心价值观自信；文化建设，最重要的是核心价值体系和核心价值观建设。把核心价值体系和核心价值观放置在文化强国背景下来认识，就要把它们放置在"四个自信""四个坚持"的背景下来认识，放置在"四位一体"的中国特色社会主义伟大事业中来认识，放置在实现中华民族伟大复兴中国梦中来认识。只有站在这样的高度，我们才能理解核心价值体系是兴国之魂，才能理解培育和弘扬核心价值观是强基固本的基础工程，才能真正把握核心价值体系和核心价值观的重大意义。

需要说明的是，本课题立项是在 2012 年，当时核心价值观尚未提炼出来。现在，核心价值观早已提出，也已深入人心。在此情况下，我们的研究就不能仅仅局限于核心价值体系，而且应该研究核心价值观。否则，研究就缺乏现实针对性。

上篇　理论篇

"一个民族要想站在科学的最高峰，就一刻也不能没有理论思维。"

——恩格斯

第一章　没有文化繁荣就没有民族复兴

一部人类社会发展史，是人类生命繁衍、财富创造的物质文明发展史，更是人类文化积累、文明传承的精神文明发展史。当今时代，文化在综合国力竞争中的地位日益凸显，文化软实力成为衡量一个国家综合实力的重要尺度。谁占据了文化发展的制高点，谁就能够更好地在激烈的国际竞争中掌握主动权。中华民族的伟大复兴不仅仅是物质财富的丰富，而且是文化的复兴、文明的复兴，是我们的文化自信的重塑和"回归"。

第一节　百年梦：民族复兴

《唐会要》卷七曾经记载了唐高宗一次东赴泰山的盛况："麟德二年（665年），十月丁卯，发东都赴东岳，从驾文武兵士，及仪仗法物，相继数百里，列营置幕，弥亘郊原，突厥、于阗、波斯、天竺国、罽宾、乌苌、昆仑、倭国及新罗、百济、高丽等诸蕃酋长，各率其属，扈从。"《唐会要》卷七还记载了60年后唐玄宗上泰山封禅的辉煌："玄宗君臣，偕戎狄、蛮夷、羌胡、氐奚、大食、昆仑；日本、新罗、高丽之侍子、使臣，同上泰山封禅，祭献孔子。封泰山为齐天王，礼治三公，尊儒学为国教。"

唐朝从太宗到玄宗、从贞观至开元的一百多年间，是我国乃至世界文明史上治国理政最出色的时期之一。那时的唐朝，政治开明，国力昌盛，经济繁荣，疆域辽阔，文化发达，各个方面在当时的世界都处于遥遥领先的地位。开元盛世之时，人口 7000 余万，耕地 850 万顷，乡里学校 8.91 万所，疆域东起海，西至巴尔喀什湖，西南至喜马拉雅山麓，东北达外兴安岭以南，东南包括台湾至南海的南沙群岛在内的南海诸岛。① 有学者认为，中国隋唐时期经济实力占世界的 40% 左右，公元 820 年，大唐 GDP 一度达到全球的 58%。杜甫《忆昔二首》其二有云："忆昔开元全盛日，小邑犹藏万家室。稻米流脂粟米白，公私仓廪俱丰实。九州道路无豺狼，远行不劳吉日出。齐纨鲁缟车班班，男耕女桑不相失。"② 所以，不论是高宗到泰山拜祭，还是玄宗到泰山封禅，都是阵容庞大、浩浩荡荡，陪同的不仅有文武大臣，而且还有各国使节、各族酋长，充分展示了唐朝的"四夷来同，海内宴然"大国形象。

唐朝的繁荣和强大充分体现在唐都长安的繁华上。唐都长安是当时唐朝最大的政治中心和经济中心，也是当时的世界上最著名、最繁荣的城市，是人类历史上第一个达到百万人口的大都市。长安城南北 11 条大街，东西 14 条大街，划分成"坊"，有 100 多个坊。街道一般宽 100 米，最窄的也有 20 多米，最宽的朱雀大街宽 150—155 米。美国学者斯塔夫里阿诺斯在其著名的《全球通史》中有过描绘："唐朝首都长安是一座约 100 万人口的大城市，宽阔的大道纵横交错，大道上时常挤满了波斯人、印度人、犹太人、亚美尼亚人和各种中亚人。他们是作为商人、使节和雇佣军来到中国的。对外国人来说，除蒙古人统治下的元朝这段短暂时期外，唐朝统治下的中国比其他任何时期都更加开放。"③ 开放的结果就是使长安成为国际性大都会，成为国际经济文化交流中心。据称，当时的长安有 10 万外国人，包括使节、留学生、商人和云游僧等。世界各国大批"遣唐使""入唐使"等从海道、陆路进入中国，仅日韩官方和民间史载就

---

① 叶哲明：《初唐治国特色及中西海洋海交开拓》，浙江大学出版社 2013 年版，第 1—20 页。
② 《杜甫诗选》，张忠纲选注，中华书局 2005 年版，第 189 页。
③ 斯塔夫里阿诺斯：《全球通史》上，北京大学出版社 2005 年版，第 257 页。

有 220 多次，《唐会要》《唐书》记录的与唐通商、交流的国家地区有 130 多个。

长安城有两大著名商业中心：东市和西市，是朝廷指定的商品交易场所。"交易必入市"，据说，"买东西"一词即由此而来。东市和西市有点类似于今日北京的王府井和西单。东市靠近皇室贵族和达官贵人的府邸，经营的主要是奢侈品。西市毗邻老百姓的住宅，经营的主要是日常生活用品，种类繁多且物美价廉，因而有"金市"之称。西市南北长 1031 米、东西宽 927 米，市内东西南北各有平行的、宽 16 米的 2 条街道，两两把市内分为 9 个区，每个区都四面临街，区域内小巷四通八达，联通各区域的除了陆地街道，还有水渠。西市的店铺就临街设立，有酒肆、绢行、药店、珠宝行、铁铺等 200 多个行业，有大衣店、香料店、陶器店、乐器店等几万家店铺分布于内。相比东市，西市更大众化，更国际化，也更繁荣，不仅有国内商户，而且外商云集，来西市经商的国家有 40 多个，主要经营服装、丝绸、珠宝、香料等，波斯的"波斯邸"就非常有名。这些胡商（主要是来自中亚、波斯、大食，也就是伊朗和阿拉伯地区）卖出从国内带来的香料和药物，再购买丝织品、珠宝和瓷器等，有的也经营酒肆、旅店和货栈，特别是胡姬酒肆最受欢迎。胡姬酒肆就是有波斯女子歌舞侍酒的酒吧，那些胡姬也就是波斯女子，美艳动人，歌艺出众，舞姿高超，戴着薄如蝉翼的面纱，眉目传情，若隐若现，更显艳冶妩媚。这些异域风情的表演吸引众人纷纷前来，甚至一些达官贵人和皇亲国戚也化装易容前来观看，更有一些善饮的文人骚客慕名前来，其中不乏著名的大诗人，比如李白、李贺、王绩等。李白有诗为证："五陵少年金市东，银鞍白马度春风。落花踏尽游何处，笑入胡姬酒肆中。"一时之间，胡人遍地，胡乐风靡，胡服流行。①

---

① 参见长安正美：《西安，我的神呀!》，陕西师范大学出版有限公司 2012 年版，第 64—73 页。

在中国历史上，"盛世"不仅有唐朝的"贞观之治"，还有西汉的"文景之治"、明代的"永宣之治"和清代的"康乾盛世"。明永宣之际（即明朝的永乐、洪熙、宣德三朝时期，自永乐元年1403年至宣德十年1435年，约33年），是我国疆域最为广阔的时期之一，也是政治最清明、商业最发达、文化最繁荣的时期之一。史书云："百姓充实，府藏衍溢"，"上下交足，军民胥裕"（《明史》卷一七七）。英国学者尼尔·弗格森说："中国的明朝于1368年诞生，好战的朱元璋年号'洪武'，意指'强盛的军力'。我们已经看到，在随后长达3个世纪的大多数时间中，不论以何种标准看，明朝都拥有全球最为发达的文明。但随后，在17世纪中期，前进的车轮脱落了。"①

最能体现明朝永宣时期中国之强大的就是郑和七下西洋。郑和是中国历史上最著名的航海家，1405—1433年，郑和率领他的庞大船队，七次远航亚非各国，在当时被传为盛事，至今仍被公认为是世界航海史上的一次伟大壮举。用弗格森的话说："与阿波罗登月计划一样，郑和的远洋航行也极大程度地展示了财富和高科技水准。在1416年将一个中国的太监送到东非海岸，在很多方面堪比将美国宇航员于1969年送往月球的伟大壮举。"②明初的造船业在当时的世界是最先进的，郑和的船来自南京的龙江造船厂。船长44丈即120多米，宽18丈，中船长37丈，宽15丈，平均每船可乘450人，最多的可达千余人，而且还装有大量货物。这些船装备了多个桅杆和各自隔开的浮力舱，万一在吃水线下有进水裂缝时可以防止船下沉。郑和的船队一般由60艘大船组成，船员一般在两万七八千人，其规模之大，是一战爆发前任何欧洲的舰队都无法比拟的。其行程之远、之广，令人惊叹。郑和远洋七次，到达30多个国家和地区。有学者推断其1430—1433年第七次航行的航线是：绕过好望角，沿非洲西海岸向北

---

① 尼尔·弗格森：《文明》，中信出版社2013年版，第26页。

② 尼尔·弗格森：《文明》，中信出版社2013年版，第14页。

航行，抵达佛得角群岛，后穿越大西洋，到达火地岛和澳大利亚，后来可能到了格陵兰岛，最后沿西伯利亚海峡，途经白令海峡返回中国。① 即使是在今天，这样的航程仍然令人敬佩和感叹，想一想中国人是在600多年前科技水平非常低下、食物储存非常艰难的条件下完成的这一壮举，就更加令人称奇了。

郑和的七次远洋无论对于中国还是世界航海事业，都作出了重要贡献。他的航行无论在时间还是规模上都远超哥伦布、达·伽马和麦哲伦的航行。郑和第一次航行是1405年，比1492年哥伦布发现新大陆早87年，比达·伽马1498年绕过好望角到达印度海岸早93年，比1521年麦哲伦到达菲律宾早116年。从规模上，郑和的船队由60艘大船组成，船员在28000人左右。而哥伦布、达·伽马和麦哲伦的船队，船只不过5艘，船员最多不超过160人；郑和的船载重一般在1500—2500吨，而哥伦布最大的船"圣玛利亚号"船长不过30米，载重大约250吨。郑和七次航行，所经之处，所遇到的浅滩、暗礁、急流，所停泊的地方，都作了详细的记录，进行了绘图、标志、说明，最后完成了《航海图》和《针位编》，前者有20幅图，标记亚非地名500多个，其中外国地名300多个，是当时世界上最早、最详细的亚非航海图。郑和的随行人员分别撰写了《瀛牙省蓝》《星槎胜览》《西洋番国计》，详细记载了所到国家和地区的山川、物产、风土人情、社会生活等，这些著作被译成外文，成为中外学者研究航海知识和各国历史、地理的珍贵资料。②

"贞观之治"和郑和下西洋只是中国先人所铸造的辉煌和所取得的伟大成就的"冰山一角"。中国的"四大发明"，中国的灌溉技术，中国的造桥技术，中国在文学、艺术方面所达到的成就，中国的唐诗、宋词、元曲、明清小说，中国五千年绵延不绝的文明，等等，无不令世人惊叹。有

---

① 参见尼尔·弗格森：《文明》，中信出版社2013年版，第12—14页。
② 参见《明永宣盛世　帝国的幻灭》，中国大百科全书出版社2012年版，第253—271页。

人说，传统中国人是不注重创新的，什么枪打出头鸟，什么出头的椽子先烂，什么兵强则灭、木强则折，都说明中国人不愿意创新。但是，一位外国学者对此给出了否定的回答。弗格森就认为，说中国传统社会不注重创新是不符合事实的，因在明朝之前，中华文明一直不曾放弃过利用技术创新。比如1086年，苏颂创造了第一个机械时钟；比如英国的农业开创者恩罗塔尔于1701年发明了谷物条播机，但在他2000年前，中国就有了谷物条播机，王祯写于1313年的《农书》中的很多农业工具是西方所未闻的。融化铁矿的第一架鼓风炉也不是在1709年的科尔布鲁戴尔建成的，而是在公元前200年的中国，1788年英国的炼铁水平仍然低于1078年的中国。中国的其他发明还包括给纺织业带来革命性变革的手纺车和摇纱机，还有化学杀虫剂、钓鱼竿、火柴、罗盘、牙刷、手推车，甚至包括扑克、高尔夫等，都是中国的发明。①

"四大盛世"只是中国历史上的几个黄金时期。事实上，在近代确切地说1830年之前，中国一直在世界上处于领先地位。汉代时，我国人口就超过6000万，垦地超过8亿亩，唐代长安城面积超过80万平方公里，人口超过100万；北宋时，国家税收峰值达到1.6亿贯，是当时世界上最富裕的国家,那个时候，伦敦、巴黎、威尼斯、佛罗伦萨的人口都不足10万，而我国10万人口以上的城市近50座。我国古代在天文历法、数学、农学、医学、地理学等众多科技领域取得举世瞩目的成就。16世纪以前，世界上最重要的300项发明和发现中，中国占173项，远远超过同时代的欧洲。英国哲学家培根说，印刷术、火药、指南针，这3种发明曾经改变了世界事物的面貌和状态，以致没有一个帝国、教派和人物能比这3种发明在人类事业中产生更大的力量和影响。

英国学者保罗·肯尼迪说："在近代以前时期的所有文明中，没有一个国家的文明比中国文明更发达、更先进。它有众多的人口（在15世纪

---

① 见尼尔·弗格森：《文明》，中信出版社2013年版，第10—12页。

有 1 亿—1.3 亿人口，而欧洲当时只有 5000 万—5500 万人口），灿烂的文化，特别肥沃的土壤以及从 11 世纪起就由一个杰出的运河系统连结起来的、有灌溉之利的平原，并且有受到儒家良好教育的官吏治理的、统一的、等级制的行政机构，这些使中国社会富于经验，具有一种凝聚力，使外国来访者羡慕不已。"在《大国的兴衰》中，他援引了保罗·贝罗克关于各文明在世界制造业产值中所占份额的统计：1750 年整个欧洲占 23.2%，英国 1.9%，美国 0.1%，中国 32.8%；1800 年，整个欧洲是 28.1%，英国 4.3%，美国 0.8%，中国是 33.3%；1830 年，整个欧洲是 34.2%，英国是 9.5%，法国是 5.2%，美国是 2.4%；1900 年，欧洲是 62%，英国 18.5%，美国 23.6%，中国 6.2%。①

塞缪尔·亨廷顿在其著名的《文明的冲突和世界秩序的重建》中，也援引了保罗·贝罗克的统计数据，不过两人援引的数据有些出入：1750 年，西方所占份额为 18.2%，中国是 32.8%；1800 年，西方占 23.3%，中国占 33.3%；1830 年，西方占 31.1%，中国占 29.8%；1860 年，西方占 53.7%，中国占 19.7%；1928 年，西方达到最高值占 84.2%，中国是 3.4%；1953 年，西方占 74.6%，中国达到最低值，占 2.3%。对比两人引用的数据，差距主要在对欧洲的统计上。暂且不论两人谁的"更准确"，两人的统计数字都说明，在 1830 年，中国仍然是世界第一制造业大国，与整个欧洲不相上下。不仅如此，在 1750 年至 1830 年间，中国一直占据世界制造业产量的三分之一或接近三分之一。如此就不难理解英国古典经济学家亚当·斯密在 1776 年所说的话："中国比欧洲的任何国家都更为富有。"

正是由于中国的富有和强大，所以在中华民族的历史记忆中，"普天之下，莫非王土，率土之滨，莫非王臣"的辉煌和自信可谓根深蒂固。中国不仅在物质上"富有"，而且在精神上富有，中国人向来以"文明人"

---

① 参见保罗·肯尼迪：《大国的兴衰》上，中信出版社 2013 年版，第 5、152—153 页。

自居，而把周边的人看作野蛮人：东夷、南蛮、西戎、北狄。《礼记·王制》记载："中国戎夷，五方之民，皆有性也，不可推移。东方曰夷，被发文身，有不火食者矣。南方曰蛮，有不粒食者矣，雕题交趾。西方曰戎，被发衣皮，有不火食者矣。北方曰狄，衣羽毛穴居，有不粒食者矣。"这样一种观念延续了几千年，为什么呢？就是因为中国在历史上虽然数次被周边民族入侵，但最终的结果不是入侵者同化了汉人，而是汉人同化了入侵者。我国的思想文化、社会制度、经济发展、科学技术以及其他许多方面对周边发挥了重要辐射和引领作用。所以，中国人对于周边民族、对于外来者，一直有一种"上位者""先进者"的心理优势。

然而，正如贝罗克所统计的那样，中国的"富有"并没有保持下去，中国的心理优势逐渐被粉碎了。从统计数字上看，中国是从 1830 年前后开始走下坡路的，在短短的从 1830 年到 1860 年的 30 年间，中国的优势地位便不复存在，西方就占据了压倒性的优势。又经过不到 60 年，到 1928 年，西方就不再是优势的问题，而是成为制造业的代名词。中国在世界制造业中的份额基本可以忽略不计。一个存续了几千年的文明、一个一向以"文明"自居的民族、一个一直把自己作为世界中心的民族、一个习惯了接受别人朝拜的民族，就这样以火箭般的速度堕落，这对于坐在火箭上毫无思想准备和物质准备的人而言是何感受！

那么，这一切是怎样发生的？归因于从 1840 年开始的被侵略、被掠夺吗？这当然是重要因素，但也有我们自己的原因。不然的话，很难解释 1840 年鸦片战争之前我们所占的份额就已经下降的事实。

美国学者斯塔夫里阿诺斯在《全球通史》中，就摈弃了以往的历史分期法，以公元 1500 年为界把世界历史分为两个时段：1500 年前的历史和 1500 年后的历史。他的《全球通史》第一版上下两卷的副标题是"1500 年以前的世界"和"1500 年以后的世界"。1500 年前的特点是世界各民族、各地区孤立发展；1500 年后的特点是西方的兴起并逐渐占据优势地位。这种历史分期法实际是西方中心主义的反映，是西方中心主义历史观。但也反映了一个基本事实，就是以 1500 年为转折点，西方逐渐上升，而中国却逐渐衰落。就是说，从明朝中期开始，中国就开始衰落了。

英国学者马丁·雅克也赞同上述看法。他援引了经济史家安格斯·麦迪森估计的数据：中国 1820 年 GDP 是 2286 亿美元，几乎是 1600 年的 4 倍，但是 1913 年仅微升为 2413 亿美元，而到 1950 年却下降为 2399 亿美元。由此得出结论：1800—1949 年是中国历史上最黑暗、最混乱时期，是中华民族的灾难性遭遇时期。但他认为，中国这样的遭遇实际始于 1600 年明朝时期。[①]

历史学领域有一个量化历史学派，量化历史学家不是以定性而是以"定量"的方式研究历史，他们量化历史，或者说把历史量化，根据数字来解释历史。他们认为，关于历史的假设、对历史的认识，都可以也都应该建立在史料数据的基础上。美国量化历史学家 Gregory Clark 教授出生于苏格兰，剑桥大学毕业后在哈佛大学读博士，之后先在斯坦福大学任教，接着在加州大学任教授，其研究领域包括世界经济史和社会史，他认为，人类历史迄今只发生了一件事，就是 1800 年左右的工业革命。因为在此之前，人类的 GDP 没有多大变化，而 1800 年后却突飞猛进。根据史学家麦迪森估计，公元元年时世界人均 GDP 为 445 美元（按 1990 年的美元算），到 1820 年为 667 美元，1800 多年只增长了 50%，同期，西欧国家稍微好一些，但也只是从公元元年的 450 美元增长到 1820 年时的 1204 美元，英国作为工业革命的发源国也大致如此。而从 1820 年到 2001 年的 180 年里，世界人均 GDP 从原来的 667 美元增长到 6049 美元。由此足见，工业革命带来的收入增长的确是翻天覆地的。在前 1800 年中，人类其实完全靠自然调节，没有走出"马尔萨斯模式"：在生产率不变的情况下，自然灾害和战争导致人口死亡，使接下来人均收入增加，为生育率上升和人口增加提供条件，但是人口增加，人均土地和收入又会减少，生存

---

① 马丁·雅克：《当中国统治世界》，中信出版社 2010 年版，第 26 页。

竞争又加大，导致战争发生，人口减少，下一个循环又开始。

用量化历史的观念来看中国，按照麦迪森的估算，公元元年时中国的人均 GDP 为 450 美元（跟西欧一样），到大约 1860 年洋务运动时也仅为 530 美元。仅从数字来看，在 1800 多年中，中国人虽然经历了汉、隋、唐、宋、元、明、清等朝代，但是，中国人的生活其实没有多大变化，中国人的制度和文化体系也没有本质性改变，所以，朝代的更替只是统治者姓氏的替换而已。从这样一个角度看，中国只有两段历史：鸦片战争之前的中国和之后的中国。鸦片战争敲开了国门，洋务运动把工业革命请进了中国，由此真正把引发社会变革的工业技术和相配的思维方式带入中国，让中国有机会走出困扰社会几千年的"马尔萨斯式陷阱"，结束过去重复的"静态"朝代更替周期。从这个角度来看中国历史，我们的确可以对历史有一个新的理解。①

不论是斯塔夫里阿诺斯、马丁·雅克还是量化历史学家们，他们都带有西方中心主义（甚至可以称为资本主义中心主义，事实上是把近代西方作为中心）的色彩，也就是以西方为中心来"剪裁"历史、定义历史。但是，他们至少都揭示了这样一个事实：当近代西方的生产方式发生根本转变时，中国还沉迷于封建的生产方式中，这是造成中国在 19 世纪逐渐落后的根本原因。14 到 15 世纪，资本主义生产关系就在西欧生长，从 16 世纪末开始逐渐占据主导地位。荷兰在 16 世纪末，英国在 17 世纪中叶，法国在 18 世纪末，德国及其他一些国家在 19 世纪中叶，先后爆发资产阶级革命，变革了封建制度，从而为资本主义生产方式取代封建的生产方式扫清了道路。生产关系的变革与生产力的发展是相互促进的。在生产关系逐渐变革的同时，生产力也获得了快速发展。这要归功于从 18 世纪中叶开始的工业革命。先是英国工人哈格里夫斯发明的珍妮纺纱机，然后是英国人瓦特改良蒸汽机，这引发了从手工劳动向动力

---

① 参见陈志武：《量化历史研究告诉我们什么？》，《经济观察报》2013 年 9 月 14 日。

机器生产转变的重大飞跃，推动了生产力的巨大发展。工业革命的成果在 19 世纪中叶凸显了出来。正如马克思恩格斯在《共产党宣言》中所言："资产阶级在它的不到一百年的阶级统治中所创造的生产力，比过去一切世代创造的全部生产力还要多，还要大。自然力的征服，机器的采用，化学在工业和农业中的应用，轮船的行驶，铁路的通行，电报的使用，整个整个大陆的开垦，河川的通航，仿佛用法术从地下呼唤出来的大量人口，——过去的哪一个世纪料想到在社会劳动里蕴藏有这样的生产力呢？"①

当西方国家的生产力突飞猛进时，中国在干什么呢？ 1644 年清兵入关，明朝改为清朝，执政者姓氏改了，但是政治制度没有变，生产方式也没有变。事实上，从明朝中叶开始，中国社会就已经开始走下坡路，从那时一直到康熙帝在位的前期，中国一直战乱不断。先是明朝内忧外患，内，宦官专权，腐败盛行；外，强敌环伺，内外勾结。特别是随着满人的崛起，从清 1616 年开基起，双方之间就战事不断，最终的结局就是清兵入关，明朝覆灭。而清朝入主中原后的很长一段时间，也是肃清明朝残余，平定各地的叛乱。一直到 1662 年康熙继位后，才逐渐安定下来。从康熙帝到乾隆帝，这一百多年是清朝最辉煌的时期，也是中国封建社会的一个盛世。但是这样一个盛世有点像"回光返照"，难以规避没落的命运。果然，从嘉庆帝（1796 年继位）开始，清帝国开始衰落，可谓内乱此起彼伏，列强交相侵迫。先是苗人、白莲教，后有回民起义等等。内乱之所以发生，除了政治和军队的腐败之外，与人口的急剧增加也有一定关系。中国人口在西汉末年达到 5900 多万，到了明洪武年间也不过 6500 多万，但是在康乾盛世期间，由于安定时间较长，人口繁殖很快，到乾隆五十九年（1794 年），人口竟达到三亿一千多万，至道光十四年（1834 年），更是超过四亿。人口急剧增加，但生产力并没有随之快速提升，老百姓的生

---

① 《马克思恩格斯选集》第 2 卷，人民出版社 1995 年版，第 277 页。

活因此日益困苦，加之贪污腐败，更是雪上加霜。① 由此也可以看出落后的社会制度和生产关系对生产力的制约。② 特别是从 1840 年鸦片战争开始，中国更是陷入痛苦的深渊。1840 年鸦片战争，英国仅仅派遣 4000 人的陆军，加上数十艘舰船，便打得泱泱大清帝国落花流水，迫使清政府签订了《南京条约》，割地赔款。可以说，正是由于第一次鸦片战争的失败，让帝国主义列强看到了清政府的虚弱，膨胀了他们欺凌、侵略中国的野心。从鸦片战争开始，西方资本主义国家对华发动了一次又一次侵略战争，迫使中国腐败的统治者妥协就范，签订了一个又一个不平等条约，中国从一个独立大国逐渐沦落为半殖民地半封建社会。国家四分五裂、积贫积弱，社会风雨如晦，战乱不已，人民饥寒交迫、水深火热，这是近代中国社会的真实写照。戊戌维新运动志士谭嗣同在一首诗中写道："世间无物抵春愁，合向苍冥一哭休。四万万人齐下泪，天涯何处是神州。"特别是 1894—1895 年的甲午战争，一向被中国人看不起的"倭寇"竟全歼北洋水师，索得巨款，割走国土。朝野上下，由此自信心丧失殆尽。③

甲午战争的胜利，使日本一跃成为亚洲强国，完全摆脱了半殖民地的

① 在中华人民共和国成立的前夕，毛泽东曾经在《唯心史观的破产》中，驳斥艾奇逊的观点，那就是中国人太多了，国民党解决不了吃饭问题，所以发生革命，共产党也解决不了吃饭问题，也要发生革命。毛泽东指出："革命的发生是由于人口太多的缘故吗？古今中外有过很多革命，都是由于人口太多吗？"（《毛泽东选集》第 4 卷，人民出版社 1991 年版，第 1510 页）显然不是，说明艾奇逊的历史知识等于零。这里我们提出人口的问题并不是像艾奇逊那样"无视历史"，而是指明人口是一个因素而已。
② 参见傅乐成：《中国通史》下册，贵州教育出版社 2010 年版，第 615—635 页。
③ 19 世纪七八十年代，中国在硬实力上一直优于日本。但是从 1890 年开始，日本以国家财政收入的 60% 来发展海军、陆军，1893 年起，明治天皇又决定每年从自己的宫廷经费中拨出 30 万元，再从文武百官的薪金中抽出十分之一，补充造船费用。举国上下士气高昂，以赶超中国为奋斗目标，准备进行一场以"国运相赌"的战争。在 1890 年时，北洋海军 2000 吨位以上的战舰有 7 艘，总吨位 27000 多吨；而日本海军 2000 吨位以上的战舰仅有 5 艘，总吨位约 17000 多吨。1892 年，日本提前完成了自 1885 年起的十年扩军计划，到了甲午战争前夕，日本已经建立了一支拥有 63000 名常备兵和 23 万预备兵的陆军，包括 6 个野战师和 1 个近卫师。战前日本海军拥有军舰 32 艘、鱼雷艇 24 艘，总排水量 72000 吨，超过了北洋海军。反观北洋水师，甲午战争前，军舰在吨位上落后于日本。

危机。而中国的国际地位则一落千丈，财富大量流出，国势颓微。清朝的独立财政至此破产，靠向西方大国举债度日。甲午战争的失败，对中国社会的震动之大，前所未有。一个大国、中央帝国被打败！一个儒雅的民族被欺凌！一个占世界四分之一的人口的大国被一个小国打得毫无还手之力！那是怎样的屈辱！那是怎样的心情！著名启蒙思想家、《天演论》的翻译者严复在天津的《直报》上连续发表了《论事变之亟》《原强》《辟韩》《救亡决论》四篇轰动一时的政论文章，在最后一篇《救亡决论》中，他痛苦地发出了救亡的口号。这一振聋发聩的口号表明，中国的先进知识分子已经认识到，中国面临的问题已经不是"自强""求富"，而是"救亡"，中华民族已经到了生死存亡的关头。[①] 正是从那时起，推翻帝国主义和封建主义的统治，实现民族独立和人民解放；彻底改变国家贫穷落后的面貌，实现国家富强和人民幸福，成为中华民族面临的两大历史任务，成为近代以来中国人的伟大梦想。

孙中山最早提出"振兴中华"的口号。1894 年，孙中山上书李鸿章要求改革，被拒绝后出国，前往檀香山。这时中日甲午战争爆发已三月余，中国的海陆军连遭败绩，日军已侵入中国东北。怀抱报国之志却无报国之门的孙中山日益忧愤，于是在华侨中揭露清王朝的腐朽残暴，倡议集结团体，共谋救国大计。11 月 24 日，二十多个赞同孙中山主张的进步华侨，在檀香山聚议成立兴中会，通过了孙中山草拟的《兴中会章程》，《章程》指出：兴中会的宗旨就是"驱除鞑虏，恢复中华，创立合众政府"，《章程》写道："是会之设，专为振兴中华。"自此开始，振兴中华，就成为响彻中华大地的最响亮口号，也成为中国人最大的梦想。

在孙中山之前，中国的有识之士就开始了振兴中华的努力。如何振兴？既然我们在与西方的对抗中败下阵来，这说明西方有值得我们学习的

---

① 参见中共中央党史研究室编：《中国共产党历史》第一卷（1921—1949）上卷，中共党史出版社 2011 年版，第 14 页。

东西，于是，"向西，向西"就成为那时有志于振兴中华的人士所找到的路径。毛泽东在《论人民民主专政》中说："自从一八四〇年鸦片战争失败那时起，先进的中国人，经过千辛万苦，向西方国家寻找真理。洪秀全、康有为、严复和孙中山，代表了在中国共产党出世以前向西方寻找真理的一派人物。那时，求进步的中国人，只要是西方的新道理，什么书也看。向日本、英国、美国、法国、德国派遣留学生之多，达到了惊人的程度。国内废科举，兴学校，好像雨后春笋，努力学习西方。我自己在青年时期，学的也是这些东西。这些是西方资产阶级民主主义的文化，即所谓新学，包括那时的社会学说和自然科学，和中国封建主义的文化即所谓旧学是对立的。学了这些新学的人们，在很长的时期内产生了一种信心，认为这些很可以救中国，除了旧学派，新学派自己表示怀疑的很少。"①

先是洋务运动学习西方的坚船利炮。洋务运动的目的就是"自强"和"求富"，其指导思想就是魏源在《海国图志》中提出的"师夷长技以制夷"和冯桂芬的"中体西用"。魏源说："夷之长技三：一战舰，二火器，三养兵练兵之法。"他不仅主张从西洋购买船炮，而且更强调引进西方的先进工业技术，由自己制造船炮。洋务运动前期，采用西方先进生产技术，创办了一批近代军事工业。比如在李鸿章等人的主持下，江南制造局、金陵制造局、福州船政局、天津机器局等一批大型近代化军事工业相继问世。洋务派还开办了天津北洋水师学堂、广州鱼雷学堂、威海水师学堂、南洋水师学堂、旅顺鱼雷学堂、江南陆军学堂、上海操炮学堂等一批军事学校，特别是建立了北洋水师。然而，如前所言，北洋水师被弹丸小国日本打败，洋务运动并未达到预期目的。

既然单纯学习坚船利炮不行，那么，一些有识之士就认识到必须变革制度，乃至变革我们的价值观念。美国学者史华兹就曾深刻指出："在随着甲午战争失败而来的严重危机的气氛中，'富强'的口号和一切有关的

① 《毛泽东选集》第 4 卷，人民出版社 1991 年版，第 1469—1470 页。

联想，赢得了统治阶级中大多数明智人士的默认，并且使讨论转向新的话题。什么是达到富强的先决条件？西方和新兴日本的力量显然不只是军事技术的问题，也许甚至是超出了直接与军事相关的机械工业和商业的问题。在西方的工业和军事力量中是否深深包含着西方社会整个政治、法律和社会结构方面的原因？此外，西方的社会政治组织是否反映了西方的思想和价值观念有较高的效能？西方这些制度、思想和价值观念，与儒教的核心内容是一致的吗？人们可以想像，富强就像一道外墙保护着儒教的价值观念和制度这一内室，只要一方的要求与另一方的要求相容。但如果为了建筑外墙就要以毁掉内室为条件，结果将会如何？现在，问题本身以一个更加命运攸关的方式提出来了。它不再是我们怎样达到富强和保国，以便'保教'，而是我们怎样才能既富强又保教？说到底，假如必须在保国和保住基本的儒教价值观念之间作最后的抉择，那么，哪一方将让路呢？""一旦问题以这样的方式提出，人们就发现自己站在一条分界线上，它把我们现在所说的民族主义，与对传统价值观念的任何虔诚的信奉分开了。只要赞成把社会实体作为民族来保卫，并极力把这个目的摆在其他价值观念和信仰之前加以考虑，那么对其他价值观念和信仰，就要根据它们和这个目的的关系来决定孰弃孰取，而不是相反。于是，明确的民族主义意识就登上舞台了。"①

史华兹的意思是说，甲午战争的失败使得中国的有识之士意识到，一方面，在富强的道路上，作为儒教价值观念和封建君主制度的"中之体"已经不能作为"体"，它不能与"西用"结合在一起了，"中体西用"无法实现富强，"西用"不仅无法"保体"，要"西用"还必须换"体"，作为富强主体的"体"不再是封建君主制度，不再是儒家价值观念，而是民族国家，是中华民族，因此中华民族的民族主义意识登上历史舞台，这样一种民族意识在中西碰撞中取代原先的汉族意识。这样一个发展过程也是与

① 本杰明·史华兹：《寻求富强》，江苏人民出版社 2010 年版，第 12—13 页。

倡导"改变"之人的身份有关，如果说原先变革的主力是封建士大夫，站在他们的立场，所谓变革当然是保留封建王朝为前提，一切都只能在这个前提下来讨论，而在当时的条件下，似乎也想象不到另外的制度和社会发展模式，封建专制制度在中国存在了几千年，帝国的观念、王朝的观念、皇帝的观念深入骨髓，中国人不能想象还有什么另外制度和模式。但是，伴随着对西方了解的增多、加深，中国人发现，世界上竟然还有另外一种社会制度，还有不同于家国、帝国的国家，而西方在"器用"层面所取得的成就与此种制度存在密不可分的关系，由此制度的变革才势所必然。立足于这样一个视角来看孙中山的"振兴中华"的口号，不难看出，孙中山不是站在王朝的角度、而是站在中华民族的这样一个全新视角来看待中国的发展，说明他已经有了现代民族国家的意识，这也在一定意义上确证了他的资产阶级的身份，确证了他的民主主义者的身份。

另一方面，站在中华民族富强的基点上，立足于中华民族的富强，以中华民族为体，那么，原先的"体"即政治制度和价值观念也成为"用"，不过是坚船利炮之后的、深层次的"用"，既然同为"用"，那么当然就可以借鉴。于是，富强的问题就由军事技术和工业，进入到制度和文化的层面。从戊戌变法到辛亥革命，就是中国制度层面所做的变革努力，而以1915年9月15日《青年杂志》在上海创刊为标志开始的新文化运动，则是在文化方面、价值观方面开始的努力。

戊戌变法可以说是"中体西用"的另一个"变体"，虽然变法的主要代表康有为、梁启超等人意在发展资本主义，但他们依靠的是没有实权的光绪皇帝，试图在不改变封建王朝制度的前提下对其进行某种程度的改良，在皇权的支持下发展资本主义，也许他们头脑中变法的目标是日本。日本的明治维新就是在天皇统治下进行的。但中国的情况与西方不同，中国是一个有着两千多年帝国统治传统的国家，王朝的观念、家国的观念在中国根深蒂固，中国人以为，社会的发展、中国的变革无非是"改朝换代"，无非是从李姓统治更换为赵姓统治，在政治制度方面，中国人的想象力极端"贫乏"。也就是说，康有为等人错误地估计了王朝观念在中国的顽固程度，再加上中国人的中庸观念和行为方式：你如果对于一个中国人说屋子太暗，咱们开个窗子吧，中国人肯定不为所动；但如果你要拆掉屋子，中国人才会赶紧去开个窗子。所以，在封建积习非常强大的情况下，改良的终局就是原地踏步。这也正是五四时期很多知识分子（如胡适、鲁迅等）主张西化的重要原因。在此意义上，康梁等人奉行的仍然是王朝的逻辑、帝国的逻辑，仍然是某种"中体西用"，由此就不难理解康梁后来为什么会变成保皇派，为什么会由社会变革的先驱变成社会发展的障碍。

辛亥革命就不一样了，孙中山属于资产阶级革命派，他不是开窗子，而是要拆掉整个封建屋子，所以他取得了一定的成功，推翻了清王朝的统治，为中国发展、为中华民族伟大复兴开启了闸门。

但是，辛亥革命所奠定的这个基础是不牢靠的，它既缺乏思想基础，也缺乏群众基础。毛泽东指出，"在一个很长的时期内，即从一八四〇年的鸦片战争到一九一九的五四运动的前夜，共计七十多年中，中国人没有什么思想武器可以抵御帝国主义。旧的顽固的封建主义的思想武器打了败仗了，抵不住，宣告破产了。不得已，中国人被迫从帝国主义的老家即西方资产阶级革命时代的武器库中学来了进化论、天赋人权论和资产阶级共和国等项思想武器和政治方案，组织过政党，举行过革命，以为可以外御列强，内建民国。但是这些东西也和封建主义的思想武器一样，软弱得很，又是抵不住，败下阵来，宣告破产了"。[①]辛亥革命不仅缺乏思想武器，而且即使是从资产阶级的武器库中拿来的"软弱的武器"，也没有为民众所掌握。普通百姓除了知道要割掉辫子外，对于民国与清朝有什么区别并不清楚，以为不过是袁氏取代了爱新觉罗氏而已。这也是袁世凯能够上演复辟闹剧的根本原因，也是辛亥革命最终失败的根本原因。袁世凯的复辟、

① 《毛泽东选集》第 4 卷，人民出版社 1991 年版，第 1513—1514 页。

辛亥革命的失败促使先进的知识分子认识到，国民没有民主共和的意识，就没有民主共和的政体。于是，思想启蒙的任务便提上了日程，新文化运动由此兴起。新文化运动就是由胡适、陈独秀、鲁迅、钱玄同、李大钊等一些受过西方教育的人发起的一次"反传统、反孔教、反文言"的思想文化运动。这次运动沉重打击了统治中国两千多年的传统礼教，启发了人们的民主觉悟，推动了现代科学在中国的发展，为马克思主义在中国的传播和五四爱国运动的爆发奠定了思想基础。

思想的启蒙、对西方认识的加深使得中国人"意识到"理论的重要性、"主义"的重要性，于是，"向西"的重点由器物、技术、制度转向理论、"主义"，各种"主义"纷至沓来。在 19 世纪末 20 世纪初，特别是 20 世纪初，各种"主义""学说"在中国粉墨登场。严复翻译的《天演论》发表（1897 年）后，物竞天择的思想极大影响了中国的先进分子，进化论、天赋人权、三权分立、政党政治、君主立宪制、民主共和制等思想被介绍了进来，无政府主义、社会达尔文主义、民族主义、民主主义、马克思主义、联邦主义、科学主义、自由主义、改良主义、实验主义等也传入中国。在这个过程中，先是资产阶级的各种"主义""学说"影响着中国的先进分子，中国的先进分子所憧憬的目标也是西方资本主义国家的样式，但随着第一次世界大战的爆发，各种"社会主义"的思想开始"流行"。因为第一次世界大战使得资本主义制度固有的一些弊端和矛盾凸显，战争的残酷，战后的衰败，人民生活的疾苦，整个社会精神的萎靡，这样一幅画面与中国先进分子所向往的美好蓝图差距太大，"千年至福王国"的梦想被打碎，资本主义的美好前景被质疑，西方文明的价值被质疑。陈独秀就说过："我们相信世界上的军国主义和金力主义，已经造了无穷罪恶，现在是应该抛弃的了。"[①] 由此，中国知识分子不免产生这样的问题：中国的前途在西方

---

① 《本志宣言》（1919 年 12 月 1 日），《新青年》第 7 卷第 1 号。转引自中共中央党史研究室编：《中国共产党历史》第一卷上，中共党史出版社 2002 年版，第 35 页。

吗？资产阶级共和国是我们要建立的制度吗？这样一种追问就使得中国的
一些先进分子逐渐转向社会主义，社会主义学说逐渐成为新思潮的主流
（大约在五四运动时期）。

最初传入中国的"社会主义"非常庞杂，既有马克思主义的科学社会
主义，也有资产阶级和小资产阶级的"社会主义"，如无政府主义、无政
府工团主义、互助主义、新村主义、合作主义、泛劳动主义、基尔特主
义、伯恩施坦主义等。再加上立志于走资本主义道路的改良主义、民主主
义、自由主义等，各种"主义"争相发声、相互争鸣，试图取得中国社会
的主导权，颇有西汉初年诸子百家"争宠"的味道。

在这个过程中，马克思主义逐渐凸显出来，被当时的许多先进分子所
认同、接受，并把它作为改造中国的思想武器。马克思主义的凸显与十月
革命是密不可分的，正如毛泽东所说：十月革命一声炮响，给我们送来了
马克思列宁主义。"一九一七年的俄国革命唤醒了中国人，中国人学得了
一样新的东西，这就是马克思列宁主义。"[1] 事实上，十月革命前、19 世纪
末，马克思主义就已经传入中国。据考证，1899 年 2 月，英国传教士李
提摩太在上海出版的《万国公报》刊登的《大同学》一文最早介绍了马克
思和他的《资本论》（另外一种说法是，早在 1898 年上海广学会出版的《泰
西民法志》就提到马克思）；梁启超 1902 年在《新民丛报》上发表《进化
论革命者颉德之学说》，赞马克思为"社会主义之泰斗"；马君武 1903 年
在《译书汇编》上发表《社会主义与进化论比较》，说"马克思者，以唯
物论解历史学之人也"，文后附有马克思所著书"目录"；1906 年，朱执信
在《民报》上撰写《德意志社会革命家小传》，详细介绍了马克思的生平、
《共产党宣言》等主要内容，等等。在十月革命之前，马克思传入中国主
要有两个渠道：一是日本，一是法国，主要是一些留日、留法的知识分子
最早接触到马克思主义，然后介绍到国内。但是，在十月革命之前，马克

---

[1] 《毛泽东选集》第 4 卷，人民出版社 1991 年版，第 1514 页。

思主义还只是众多主义中的一种，还没有引起更多的关注。

然而，十月革命的胜利打破了各种主义的"均势"状态，使中国的先进分子充分认识到马克思主义的力量，认识到它的与众不同，发现了不同于西方资本主义的另外一种可能、另外一条道路，为它吸引，被它鼓舞。十月革命为一直在犹疑、徘徊、彷徨、挣扎的中国先进分子开启了新的地平线，一下子使他们豁然开朗，看到了曙光，有了希望。毛泽东在《论人民民主专政》中描绘了中国人这一心理的变化：1840 年鸦片战争后，中国人就开始向西方学习，但是，"帝国主义的侵略打破了中国人学西方的迷梦。很奇怪，为什么先生老是侵略学生呢？中国人向西方学得很不少，但是行不通，理想总是不能实现。多次奋斗，包括辛亥革命那样全国规模的运动，都失败了。国家的情况一天一天坏，环境迫使人们活不下去。怀疑产生了，增长了，发展了。第一次世界大战震动了全世界。俄国人举行了十月革命，创立了世界上第一个社会主义国家。过去蕴藏在地下为外国人所看不见的伟大的俄国无产阶级和劳动人民的革命精力，在列宁、斯大林的领导之下，像火山一样突然爆发出来了，中国人和全人类对俄国人都另眼相看了。这时，也只有在这时，中国人从思想到生活，才出现了一个崭新的时期。中国人找到了马克思列宁主义这个放之四海而皆准的普遍真理，中国的面目就起了变化了"。"十月革命一声炮响，给我们送来了马克思列宁主义。十月革命帮助了全世界的也帮助了中国的先进知识分子，用无产阶级的宇宙观作为观察国家命运的工具，重新考虑自己的问题。走俄国人的路——这就是结论。"①

道路问题至关重要，道路是旗帜，是方向，是动力。道路明确了，民族振兴、国家富强、人民幸福的中国梦便有了希望。但是，道路只是希望，梦想成真还需要付出艰苦努力，还需要流血牺牲。1921 年中国共产党成立，历经大革命时期、土地革命、抗日战争、解放战争，奋斗了 28

① 《毛泽东选集》第 4 卷，人民出版社 1991 年版，第 1470、1471 页。

年，做了一件大事，就是"取得了革命战争的基本胜利"，推翻了帝国主义、封建主义、官僚资本主义"三座大山"，成立了中华人民共和国，中国人民站起来了。在争取民族独立的过程中，中国人的民族意识进一步增强，特别是在抗日战争时期，中国人的民族意识、国家意识、人民意识的充分觉醒，在这一过程中，中国共产党人发挥了至关重要的作用。抗战之前，中华民族虽然有了自我意识，但却像一盘散沙，没有什么凝聚力、向心力；中国是分裂的，先是军阀混战，后是国民党对共产党人的血腥屠杀；中国人虽然摆脱了君臣依附关系，但却又陷入蒋家王朝的专制统治。社会的绝大部分资源都浪费在"内耗"上了，而不是用在整个社会的进步上，不是用在民族的振兴和国家的富强上。

面对日本军国主义的悍然入侵，面对亡国灭种的危局，中国共产党人以民族大义为重，摈弃前嫌，倡导并积极促成抗日民族统一战线，中华民族第一次作为一个整体抵御外侮，民族意识充分觉醒；中国共产党人坚持全面的全民族的抗战路线，充分发动群众，把人民看作历史的真正英雄，认为战争力量之最深厚的根源存在于民众之中，战争是每一个中国人的事，是中华儿女的事，主张发动群众、组织群众、依靠群众，坚持人民战争的路线，激发了全体中国人的抗战热情，觉醒了全体中国人的民族意识；中国共产党人提出了"中国向何处去"的问题，指明了抗战胜利的前途，那就是建立一个政治上自由、经济上繁荣的新民主主义国家，这就使得每一个中国人不仅思考如何抗战的问题，而且思考更深层、更长远的问题，那就是中国的前途和命运问题、中国该走向何方的问题。而中国共产党人所指明的光明未来进一步鼓舞了中国人民的斗志，也进一步觉醒了中国人的民族意识、国家意识、人民意识，并转化为战胜敌人的强大精神动力。而这种民族意识、国家意识、人民意识的觉醒，为我们民族的独立和复兴奠定了坚实的思想基础和群众基础。

1949年中华人民共和国的成立解决了民族独立的问题，并没有解决富强问题。新中国成立以来的六十多年，所主要解决的就是这个问题。这中间，有过曲折，也曾偏离，但我们一直沿着这个方向不断前行。经过六十多年的发展，特别是改革开放以来三十多年的发展，我们探索出了中国特色社会主义道路，中国社会发生了翻天覆地的变化，取得了举世瞩目的伟大成就。

改革开放三十多年来，尽管遇到各种困难，但我们创造了第二次世界大战结束后一个国家经济高速增长持续时间最长的奇迹。我国经济总量在世界上的排名，改革开放之初是第十一；2005年底，中国超过法国，成为世界第五大经济体；2006年，中国经济规模超过英国，成为仅次于美国、日本和德国的世界第四大经济体；2007年，中国超过德国成为全球第三大经济体；2009年即仅仅2年之后，中国的国内生产总值便超越日本，成为世界第二大经济体。2010年中国制造业规模超过美国，居世界第一位。2014年中国国内生产总值为636463亿元，不计物价上涨因素是1978年的111倍（1978年，我国工农业总产值是5689亿元，人口9.7亿），成为第二个迈入10万亿美元的国家，占全球比重为13.3%，比"十一五"期末提高了4.1个百分点，连续6年居世界第二位。2016年，我国国内生产总值为74万亿元，全国大陆总人口为138271万人，据此可计算出2015年全国人均GDP为8000多美元。服务业在2014年首次成为国民经济第一大产业，城乡收入差距在2014年首次降至3倍以内，此前，我国城乡收入差距已连续12年在3倍以上，2014年降到2.9倍。2016年，城镇居民人均可支配收入33616元，比上年增长7.8%，扣除价格因素，实际增长5.6%；农村居民人均可支配收入12363元，比上年增长8.2%，扣除价格因素，实际增长6.2%，城乡收入差距进一步下降，为2.7倍。到2014年底，国家外汇储备38430亿美元，是世界第一大外汇储备国。2016年有所下降，到年末，国家外汇储备30105亿美元，比上年末减少3198亿美元。另外，我国外贸和利用外资首次跃居世界第一，是第一贸易大国。中国也是目前世界最大的制造大国，是名副其实的"世界工厂"，制造业产值占全球份额升至25%，连续多年居世界第一；2016年中国生产汽车 2811.9 万辆。中国是世界最大的汽车消费市场，至 2016 年底，全国民用汽车保有量达到 19440 万辆（包括三轮汽车和低速货车 881 万辆），比上年末增长 12.8%，其中私人汽车保有量 16559 万辆，增长 15%；民用轿车保有量 10876 万辆，增长 14.4%，其中私人轿车 10152 万辆，增长 15.5%。2016 年生产原煤 34.1 亿吨，原油 19968.5 万吨，钢材 113801.2 万吨，发电量 61424.9 亿千瓦时。中国经济成为世界经济的引擎。中国经济对世界经济增长的贡献率达到 30%，过去三十多年，中国经济对全球经济增长的贡献率平均达到 13.5%，占发展中国家整体贡献的 40%；金融危机的爆发，促使中国更快取代美国成为全球经济增长最大的引擎。2008—2012 年全球经济增量接近 40% 来自中国，而同期美国的贡献率不到 12%。

综上所述，一部中国近现代史，就是一部中国人民的抗争史、奋斗史、逐梦史，就是一部探索史。先是探索革命道路或解放道路，后是探索建设道路或富强道路。经过七十多年的摸索，中国人找到了马克思主义，成立了中国共产党。在中国共产党的领导下，经过 28 年的浴血奋战，中华民族完成了第一大历史任务，成立了中华人民共和国，实现了民族独立和人民解放。新中国成立后的六十多年，中国人民在中国共产党的领导下，历经 30 年的建设和近四十年的改革开放，在富强的道路上不断前行，中华民族的第二大历史任务即国家富强、人民幸福也取得了阶段性的伟大成就，实现了由站起来到富起来、强起来的历史性跨越。正如习近平总书记所说："现在，我们比历史上任何时期都更接近实现中华民族伟大复兴的目标，比历史上任何时期都更有信心、更有能力实现这个目标。"在这样一个过程中，马克思主义发挥了巨大的作用。"马克思列宁主义来到中国之所以发生这样大的作用，是因为中国的社会条件有了这种需要，是因为同中国人民革命的实践发生了联系，是因为被中国人民所掌握了。任何思想，如果不和客观的实际的事物相联系，如果没有客观存在的需要，如果不为人民群众所掌握，即使是最好的东西，即使是马克思列宁主义，也是不起作用的。"①

第二节　大国版图："东风"还是"西风"

在汉语中，东西连在一起被用来指称物品，分开指方位，与南、北、中、上、下、左、右、前、后等分别指位置。表示方位的东与西仅是日常用语，但是，在思想理论界和学术界，东与西却在方位的意义上有了很大的延伸，有了更为复杂的含义。

明末清初，学者方以智（1611—1671 年）写过一本著名的《东西均》（1652 年），当时，已有西方的传教士来华，东方的知识分子对西方文化也有了粗浅的了解。已经有很多有识之士在思考东西方的关系，并且思考得非常深入，比如当时从实践角度提出的中体西用。方以智在书的开头，就对"均"作了解释：制造陶器毛坯用的旋转圆盘。按照汉字的原义，均就是均衡、平均的意思，作为动词使用，肯定就是使事物的双方互补、统一、和谐。方以智采用的就是这个意思，就是要使东西智慧融会贯通。他说："东起而西收，东升而西杀。东西之分，相合而交至；东西一气，尾衔而无首。"即是说，东西方平等，谁也不比谁高明，大家各有特点，应该相合、尾衔，而不要对立。在另一本书《药地炮庄》中，他还提出过对东西关系认识的三境界："凡人指东为东，指西为西；智者知东不必为东，知西不必为西；惟圣人明于定分，以东为东，以西为西。"凡人认为东西没有关系，搞不清是什么关系，不知如何处理二者的关系；智者明白东西方可以相互学习，东西方之间也没有表面看起来那么大的差别；圣人则把握了东西方各自的本质，也找到了融合的方法，但并不把二者混同起来，就如同佛教的"百尺竿头，更进一步"。在明末清初，在"普天之下，莫非王土；率土之滨，莫非王臣"观念仍然占据主导地位的文化氛围里，方以智能够

---

① 《毛泽东选集》第 4 卷，人民出版社 1991 年版，第 1515 页。

对东西方文化有这样的认识非常可贵，我们不能不感叹他的深刻和睿智。

方以智是在文化、文明的意义上来使用东、西的，东即东方文化、东方文明，西即西方文化、西方文明。随着社会主义国家的出现，特别是新中国成立后，东与西又有了制度对比的含义，带有了政治性：东即社会主义制度、社会主义国家，西即资本主义制度、资本主义国家。在这个意义上，日本虽然在地理位置上属于东方国家，但我们一般也把它划归为西方国家的行列。

在文化、文明、制度的意义上，东与西常常带有某种优劣的意味。鸦片战争以来，在中与西的碰撞中，除了抗日战争之外（在严格意义上，抗日战争不是中与西的碰撞，而是世界反法西斯力量与法西斯的对抗），面对列强的入侵，中国无一胜绩，均以失败而告终。中国不仅在军事上、制度上、经济上不如人，而且在文化上也不如人，于是才有了五四时期的"打倒孔家店"的口号。尽管当时有一批"卫道士"如辜鸿铭等捍卫传统文化，但是反传统、创建"新文化"成为中国社会主流。进言之，不论是西方人出于西方中心主义，还是中国人出于对屡战屡败的反思，近代以来的大部分时间里，西方就是优秀、先进、文明的代名词，而东方就是低劣、落后、愚昧的代名词。这样一种观念在哲学领域充分反映出来。不论是黑格尔还是罗素、梯利，在他们的意识里，中国是没有哲学的。梯利就说过，"哲学通史要包括所有民族的哲学。不过，不是所有的民族都已产生真正的思想体系，只有少数几个民族的思辨可以说具有历史。许多民族没有超过神话阶段。甚至东方民族如印度人、埃及人和中国人的理论，主要是神话和伦理学说，而不是纯粹的思想体系：这种理论同诗和信仰交织在一起。因此，我们的研究将限于西方国家"。[①]

在一定意义上，"西优东劣"是西方中心主义者所宣扬的一种观念，也是他们刻意宣扬的一种观念。西方中心主义者主张，西方的就是先进

① 梯利：《西方哲学史》，商务印书馆 2005 年版，序论第 3 页。

的、普世的，代表着人类的未来。而东方，包括一切非西方的国家、地区、民族，只有按照西方的发展模式才有光明的未来。主张西方中心主义的并不只是西方人，不少"东方人"也是西方中心主义的信奉者，就连一向自诩为世界中心的骄傲的中国人也不得不放低身段，要拜西方人为师，其中有一些人就完全放弃了自我，觉得西方的一切都是好的，不只是坚船利炮、科学技术先进，而且政治制度、文化理念也先进，所以要全盘西化。而且还美其名曰以"形而上学的方法"达到"辩证的结果"，因为中国人是讲究中庸的，比如一个封闭不透气的屋子，你对中国人说"开个窗子吧，透透气"，中国人肯定不为所动；但是如果你说"这屋子太烂了，把屋子拆了吧"，中国人肯定回应说"那咱们就开个窗子吧！"此种"曲线救国"确是一部分全盘西化派的策略，但是对于很多人而言，全盘西化不只是策略，而是内心真实的想法。

西方中心主义者也好，全盘西化派也罢，都有其现实的"根据"。近代以来，在西方与东方或者非西方的较量中，西方可谓势不可挡、势如破竹，碾压过一切可以碾压的国家、地区、民族，将其纳入西方的轨道。中国的全盘西化派正是在中国与西方列强屡战屡败的经历中走向对西方的膜拜。西方不仅军事实力强，而且经济实力、文化软实力等都很强大，人民的生活水平也很高。特别是二战之后，伴随着其经济的转型升级和环境问题的解决，西方的生活水平远远超过了东方，蓝天白云、绿水青山、环境优美。西方人的优越感自有其自豪的资本。

但是，西方人也不是一直都这么自信，且不说近代之前西方人的心态，仅就近代以来，西方人也曾经对自己产生过怀疑。对西方社会的质疑从资本主义原始资本积累时期就已经产生。"羊吃人"运动、雇佣童工、环境污染等现象催生了社会主义运动，恩格斯的《社会主义从空想到科学的发展》"描绘"了社会主义是如何在近代西方社会中孕育出来的。他的这段话表明了当时的社会主义者对资本主义的厌恶到了何种程度："犯罪的次数一年比一年增加。如果说以前在光天化日之下肆无忌惮地干出来的封建罪恶虽然没有消灭，但终究已经暂时被迫收敛了，那么，以前只是暗中偷着干的资产阶级罪恶却更加猖獗了。商业日益变成欺诈。革命的箴言'博爱'化为竞争中的蓄意刁难和忌妒。贿赂代替了暴力压迫，金钱代替刀剑成了社会权力的第一杠杆。初夜权从封建领主手中转到了资产阶级工厂主的手中。卖淫增加到了前所未闻的程度。婚姻本身和以前一样仍然是法律承认的卖淫的形式，是卖淫的官方的外衣，并且还以大量的通奸作为补充。总之，同启蒙学者的华美诺言比起来，由'理性的胜利'建立起来的社会制度和政治制度竟是一幅令人极度失望的讽刺画。"①

　　恩格斯写《社会主义从空想到科学的发展》的时间是 1880 年，那时人们对西方社会的失望尚未达到顶点，真正达到顶点是在一战后直至 20 世纪 30 年代的经济大萧条时期。如果说社会主义是从"外部"（即代表的是无产阶级的利益）反对资本主义，那么一战后，一批自由主义知识分子从"内部""反叛"出来，转向东方。斯宾格勒在 1917 年就断言西方已经没落；20 世纪三四十年代的英国左派知识分子很多倾心于苏联，等等。那时，可谓"东风压倒西风"，在知识分子和社会进步人士中间，转向东方，转向社会主义成为"时髦"。东方和社会主义作为"时尚"是伴随着对斯大林时期弊端的揭秘和苏联坦克开进布拉格而改变的。特别是苏联解体、东欧剧变，东方阵营"崩塌"，西方知识分子对自身的自信膨胀到极点。仅仅在苏联解体后 2 年，福山就宣称历史到了自由民主阶段已经终结，最后的历史是自由民主的历史，在自由民主阶段，人类获得了平等的认可，历史也就终结了。然而，2008 年金融危机之后，随着西方经济的低迷和各种问题的爆发，特别是随着中国的崛起和 2008 年危机以来的表现，西方人对东方、对社会主义中国又产生了浓厚的"兴趣"，又在探讨是否是一种新的发展模式——中国模式——的诞生。而我们自己，中国人，也一再展示和宣扬我们对自己的道路、理论、制度和文化的自信。展示和宣扬

---

① 《马克思恩格斯选集》第 3 卷，人民出版社 1995 年版，第 723 页。

说明我们的确有了一定程度的自信，这是经由抗日战争的胜利、中华人民共和国的成立、抗美援朝战争的胜利、社会主义建设和改革开放取得的伟大成就而慢慢积累起来的。但同时，展示和宣扬也说明还不够自信，说明我们的自信还只是社会精英的信心，只是执政党的信心，需要把它传递出去，扩大成为中华民族的自信。

但是，就现状而言，在一定意义上"西强我弱"状况并没有改变，现在仍然可以说是"西风"压倒"东风"。我们现在是第二大经济体，外汇储备世界第一；我们是世界制造业大国，很多商品都是"中国造"；我们对世界经济增长的贡献率大为提升，就进口商品来说，达到近 2 万亿美元，占世界的 10%；我们人民的收入大幅增加，人均国内生产总值已达 8000 多美元，迈入中上等收入国家行列（或者说上中等收入国家），到 2020 年我们全面建成小康社会时，将达到 12000 美元以上，进入中上等收入国家；我们的国际地位大大提升，任何一个世界性的组织和会议，如果没有中国人参与，其"成色"都大打折扣……面对这些成就，中国人的确应该感到骄傲和自豪，应该对自己充满信心。

但是，有成就并不等于没有差距，也不能"掩盖"问题。从问题来看，过去我们常常以为，一些矛盾和问题是由于经济发展水平低、老百姓收入少造成的，等经济发展水平提高了、老百姓生活好起来了，社会矛盾和问题就会减少。现在看来，不发展有不发展的问题，发展起来有发展起来的问题，而发展起来后出现的问题并不比发展起来前少，甚至更多更复杂了。早在 20 世纪 80 年代，邓小平就认识到这点，他说"发展起来以后的问题不比不发展时少"。所以，新形势下，如果利益关系协调不好、各种矛盾处理不好，就会导致问题激化，严重的就会影响发展进程。我们面临的重大问题、重大风险，既包括国内的经济、政治、意识形态、社会风险以及来自自然界的风险，也包括国际经济、政治、军事风险等，如果发生重大风险又扛不住，国家安全就可能面临重大威胁，全面建成小康社会进程就可能被迫中断。

　　从国际环境看，我们虽然仍然处于战略机遇期，但战略机遇期的内涵已经发生变化：一是国际金融危机破坏了世界经济增长动力，新的自主增长动力没有形成，各国经济复苏主要靠政策刺激，世界经济可能维持一段时间的平庸增长，对我国经济增长的带动力减弱，我们必须更多依靠内生动力实现发展。二是全球需求增长和贸易增长乏力，保护主义抬头，我们利用国际市场扩张增加出口的条件发生深刻变化，必须把发展的立足点更多放在国内，更多依靠扩大内需带动经济增长。三是世界新一轮科技革命和产业变革蓄势待发，发达国家推进高起点"再工业化"，发展中国家加速工业化，我国要素成本快速提高，我们利用全球化深入发展和原有比较优势的条件发生深刻变化，必须加快从要素驱动转向创新驱动。四是发展中国家经济实力增强，发达国家经济实力相对下降、危机感上升，新的贸易规则制定处在激烈的利益冲突之中，我们利用原有规则招商引资、促进发展的条件发生深刻变化，必须积极参与全球经济治理，保护和扩大我国的发展利益。五是随着我国综合国力持续增强，国际社会期待我国在更多领域承担更多责任，一些国家同我国的摩擦上升，而那些不愿意看到中国发展壮大的势力对我国的戒备和防范心理加重，联手对我国进行牵制和遏制，我们集中力量发展经济的条件发生深刻变化，必须统筹国际国内事务、统筹政治经济外交等各方面工作，在维护国家主权、安全、发展利益中努力维护我国发展重要战略机遇期。总之，我国发展重要战略机遇期，正在由原来加快发展速度的机遇转变为加快经济发展方式转变的机遇，正在由原来规模快速扩张的机遇转变为提高发展质量和效益的机遇。

　　从国内看，经过三十多年的改革开放，我国社会进入矛盾凸显期，全面建成小康社会进入决胜阶段，改革进入深水区和攻坚期，很多好吃的肉都吃掉了，剩下的都是难啃的硬骨头，改革势必触及一些人的利益，改革的阻力越来越大，对改革掌控的要求越来越高。从经济发展看，发展不平衡、不协调、不可持续问题仍然突出，主要是发展方式粗放，创新能力不强，部分行业产能过剩严重，企业效益下滑，重大安全事故频发；城乡区

域发展不平衡；资源约束趋紧，生态环境恶化趋势尚未得到根本扭转。我
国科技进步对经济增长的贡献率目前仅为 40% 左右，比发达国家约低 30
个百分点，差距很大。我国人均石油天然气和淡水资源分别为世界平均水
平的 1/10 和 1/3 左右，石油和铁矿石对外依存度均超过 50%，消耗了世
界 1/2 的煤、1/4 的一次性能源，明显高于 GDP 占世界 1/8 的比重。我国
有两百多种工业产品的产量居世界第一位，主要能源、原材料、消费品和
投资品的产量已占全球产量的 1/3 到 1/2。这是长期以来经济增长主要靠
投资驱动所带来的结果。由于不断扩张的生产能力超过了市场需求，导
致产能过剩，企业设备利用率仅为 70% 左右。在落后产能大量过剩的同
时，高新技术产品却大量依赖进口。虽然我国是世界上汽车生产和消费第
一大国，但汽车高附加值的关键零部件主要依赖进口。在产能过剩的表象
下掩盖着的是高新技术产品供给不足及技术创新能力薄弱的实质。我们虽
然是世界最大货物贸易出口国，但是出口商品的附加值低，而美国拥有全
球 25 个顶级品牌中的 19 个、全球 500 强中的 46%。从对引进技术的再
开发上看，日韩用于引进和对引进技术再开发的投入比例为 1：5，而在
我国这一比例还不到 1：1。我们的文化产业还不够发达，2015 年文化产
业占到国内生产总值的 3.82%，距离发达国家还比较远。从社会领域看，
我们的基本公共服务供给不足，收入差距较大，人口老龄化加快，消除贫
困任务艰巨。至 2015 年底，我们还有 5500 多万农村贫困人口，1800 万
左右城镇低保人口，1.3 亿 65 岁以上的老人，2 亿多在城镇务工的农民工；
2016 年我国农村贫困人口 4335 万，有 1479.9 万人享受城市居民最低生活
保障。从精神文明建设看，人们文明素质和社会文明程度有待提高。从政
治建设看，法治建设有待加强。从党的建设看，领导干部思想作风和能力
水平有待提高，党员、干部先锋模范作用有待强化。

特别是，我们的国内生产总值虽然已位居世界第二，并且远远超过
第三的日本，但是人均国内生产总值还比较低。2016 年，我们的人均国
内生产总值是 8000 美元左右，已经属于中上等收入国家，但仅相当于美

国的 1/7，排在全球的大约第 70 位。即使是到 2020 年我们全面建成小康社会时，我国的人均国内生产总值大体上也只是相当于世界平均水平的 90% 左右。因此，按照人均国内生产总值算，我们前面的路依然任重而道远。所以，发展是硬道理，是解决当代中国所有问题的关键，必须坚持发展是第一要务。

进言之，我们是一个大国，是一个发展中的大国，但还不是一个强国，且离强国还有较大差距。我们还有很多问题，面临很多陷阱：中等收入陷阱、修昔底德陷阱、西化分化陷阱等。在所有问题中，最根本、最关键的问题就是调结构、转动力，发展方式由规模速度型转向质量效率型，发展动力从依靠资源和低成本劳动力等要素驱动转向创新驱动。这个问题解决不了或解决不好，其他问题就无法真正解决。有一组数字能从一个侧面说明中国科技创新的水平。英国《泰晤士高等教育》杂志曾经发表对过去 15 年科学和经济领域诺贝尔奖得主的统计结果，在获奖者出生国得分方面（和平奖和文学奖除外），日本仅次于美英位列第三，美国、日本和英国获奖人数分别为 71 人、13 人和 12 人。自诺贝尔奖设立以来，诺贝尔奖已向 860 个个人和 22 个机构颁发了 889 块诺贝尔奖章。这 114 年中，以获奖时的所在国计，共有 54 个国家和地区产生过诺奖得主；如果以诺奖得主的出生地计，产生过诺奖得主的国家则多达 74 个。无论是按获奖者出生地还是获奖时所在国计算，美国、英国、德国和法国的获奖人数均稳居前四，其中生于美国的诺奖得主达到 267 位，获奖时在美国工作的得主更是高达 365 位。创新能力不强使得中国的转型升级变得"步履维艰"。英国《经济学人》周刊 2015 年 11 月 2 日一期刊登的一篇文章《正在沉没的世界》指出，由于贷款违约骤增、银行破产和投资失败共同作用，2016 年中国爆发危机的可能性至少为三分之一。虽然这个"预言"并未变成现实，但说明国外有不少人对中国发展前景持悲观态度。事实上，20 世纪末以来，中国经济崩溃论一直不绝于耳。特别是最近几年，伴随着中国经济的减速，不仅一些别有用心的人大唱"中国经济崩溃论"，而且一些关心中国的人对中国经济也悲观起来，对中国的前景不再那么有信心，担心中国会步拉美国家的后尘，或者，像日本那样，陷入长时间的停滞和衰退。从我们前述的问题看，这样的悲观不无道理。

悲观论者有，乐观论者同样大有人在（正如悲观论包括"棒杀论"，乐观论也包括"捧杀论"）。英国学者马丁·雅克 2009 年写了一本"预言书"，书名就叫作《当中国统治世界》。在中文版自序中，雅克这样说道："实际上，西方的历史时刻正在悄悄退去。在西方国家占主导地位两个多世纪之后，历史的'接力棒'正传向东方——尤其是中国。""中国未来给世界带来的影响，将可与 20 世纪的美国媲美，甚至有可能会超越美国。"①

但马丁·雅克认为，"中国仍处在崛起的早期阶段"。同时，与近代以来崛起的其他大国不同，中国有两个最大特征：人口众多、历史悠久。这两个特征对于未来中国的发展影响最大。与美国和英国不同，1913 年英国达到鼎盛时，人口占世界的 2.5%，2001 年美国占世界人口的 4.6%，而 2001 年中国占世界人口的 20.7%，这样一个大国的崛起肯定不同于以往 200 年的两个大国。人口众多这个事实导致很多后果：形成全球最大市场，这意味着，它成为全球大多数国际标准和规则的事实上的制定者；中国公司将跻身世界顶级企业；外汇交易额排名全球首位；移民成为其他国家重要的有影响力的人群；成为最大的出境旅游国；网民在 2008 年就居于第二，现在早已是第一，截止到 2016 年 6 月，我国网民 7.1 亿，手机网民 6.56 亿，说明汉语已经成为网络第一语言；储蓄世界第一……

历史悠久对于中国也意味着很多。1776 年美国发表《独立宣言》、1789 年法国大革命、英国工业革命、两次世界大战、1917 年俄国革命以及 1989 年社会主义阵营的解体造就了西方。公元前 221 年，秦统一中国；唐、宋、元、明、清等朝代；鸦片战争；1911 年辛亥革命；1931—1945 年日本的侵略；1949 年新中国成立；1978 年改革开放。不同的重大事件表明

---

① 马丁·雅克：《当中国统治世界》，中信出版社 2010 年版，中文版自序、第 13 页。

了不同的历史，当然也预示了不同的未来。雅克认为，历史悠久使得中国对世界的影响不只是经济上的。"中国人眼里的'中国'实则是'中华文明'的同义词，包括诸如中国的历史、朝代、儒家思想、中国人的思维方式、家族联系和习俗、人际关系、家庭、孝道、祖先崇拜、价值观、独特的哲学体系……简言之，中国之万物孕育于中华之文明。""对中国人而言，过去——遥远的过去而非近现代的过去，与现在是如此息息相关而又意义重大。同中国一比，其他任何国家似乎都成了'菜鸟'，因为历史的断章让它们的民众没有历史感。而中国却不是这样，中国曾经历过巨大的混乱、侵略和分裂，但其文明的延续却得以维持，并长久占据主导地位。""中国人之所以与众不同、有强烈的自豪感，其根源并不在于近代中国作为一个民族国家的经历，而在于中国作为一个文明古国所拥有的悠久历史。"①

最近的二十多年来，"中国崛起"成为一个热门话题。大国关注它对现有世界格局的冲击，周边国家评估它带来的"威胁"，国内研究它如何能够持续健康地推进。人们在问，中国崛起是一种什么样的崛起？中国未来将会以一种什么样的面貌呈现？是另一个美国？还是一个放大了的新加坡？改革开放以来，中国一直在被迫适应西方主导的世界，被迫接受西方世界经济至上的现代化发展道路。从经济发展方式来看，至少目前，中国仍然是在现有的世界经济框架内发展。最近，人民币被纳入国际货币基金组织（IMF）特别提款权（SDR）货币篮子，和美元、欧元、英镑和日元一样成为国际储备货币，这项变动于 2016 年 10 月 1 日生效。这一举动，从美国赞成人民币纳入 SDR 来看，说明美国愿意也希望让新的挑战者有机会在现有的体系内发展，并利用这个机会影响中国的发展道路，使其遵循和融入美国主导的体系；从中国积极促成把人民币纳入 SDR 来看，说明中国目前并不希望打破现有国际经济体系。2015 年 9 月 22 日，习近平总书记在访问美国发表演讲时指出："中国是现行国际体系的参与者、建

① 马丁·雅克：《当中国统治世界》，中信出版社 2010 年版，第 161、161—162、208 页。

设者、贡献者。我们坚决维护以联合国宪章宗旨和原则为核心的国际秩序和国际体系。世界上很多国家特别是广大发展中国家都希望国际体系朝着更加公正合理方向发展，但这并不是推倒重来，也不是另起炉灶，而是与时俱进、改革完善。这符合世界各国和全人类共同利益。""我们推动共建'一带一路'、设立丝路基金、倡议成立亚洲基础设施投资银行等，目的是支持各国共同发展，而不是要谋求政治势力范围。"可以看出，仅就经济发展和生活方式而言，中国似乎正在"追赶"西方发达国家。

但是，马丁·雅克却并没有被这样的"表面现象"所"迷惑"。在他看来，正是由于中国具有前述两大特征，即人口众多和历史悠久，中国的崛起必然是一种不同于西方的崛起。"中国绝不会走上西方民主化的道路，只会选择一种不同于西方的思维和生活方式。"他说："作为一个现代国家，中国的确将会拥有某些西方国家的特征——城市化、消费至上、不断增强的环保意识，但她也会保留一些重要的独特性，这源于一个高度与众不同的历史和文化。在我们想象未来的中国将会什么样时，我们不得不面对一个难解的认知结构问题。一个多世纪以来，中国被迫去适应一个西方主导的世界，遵从民族国家的规范和机制，被迫接受西方国家那种经济至上的现代化发展道路。自从 1978 年以来，中国几乎所有的注意力都集中在了经济增长和削减贫困，没有时间去思考一个现代的中国将会如何呈现。"[1]其中，有两个比较突出的独特性：一个是中国将来经济总量会成为世界第一，但人均国内生产总值仍然不高。按照高盛的预计，中国在 2027 年经济总量将超过美国，但是人均 GDP 仍然很低，即使到了 2050 年，人均GDP 也离发达国家有一定差距。这显然是一个完全不同的强国：经济总量是发达国家，但是人均 GDP 却不高。而此前的富国的特征是，最富裕的国家同样有着最富裕的人民，近代以来大多数国家都是这样，如英国、法国、德国、美国、日本。唯一的例外也许是苏联，国家强大，但人民并不

① 马丁·雅克：《当中国统治世界》，中信出版社 2010 年版，中文版自序。

富裕。另外，中国崛起并不意味着它会成为美国那样的霸主。"中国的崛起为世界主要大国标志着西方普世主义的终结。西方将会越来越多地在准则、价值观和制度方面与中国竞争。然而，西方普世主义的衰落不只是因为中国的崛起，因为后者只是更广泛的现象——越来越多的经济体系和多种现代性的繁衍——的一部分。没落的西方也不会简单地被以中国为中心的世界取代。现代性竞争模式的出现预示了全新世界的诞生，在这样的世界里，没有哪个半球或国家能够具备西方过去两个世纪拥有的威望、领先性和占压倒优势的实力。取而代之的是，不同国家和文化现在开始争夺正当性和影响力。西方主导的世界已是过眼烟云；在新世界里，至少在21世纪，中国不会拥有过去西方拥有的地位。我们正在迈入一个由现代性竞争模式构成的世界，尽管中国的优势会越来越明显，并最终成为主导。"①

与雅克相比，美国哥伦比亚大学教授、诺贝尔经济学奖获得者约瑟夫·斯蒂格利茨对中国崛起速度的评价要"乐观"得多。2015年1月2日，他在《名利场》杂志发表的《中国世纪》中说道，按照购买力平价法计算，中国的国内生产总值在2014年超过美国，成为"世界第一"，从2015年开始世界进入"中国世纪"。2015年3月21日，这位诺贝尔经济学奖获得者来到北京，在由国务院发展研究中心主办的中国发展高层论坛2015年经济峰会上进一步阐述此观点。斯蒂格利茨的结论并非毫无根据，他说："中国也不是很确信自己是否应该把自己叫作世界第一大经济体。不过，在2012年到2015年之间，中国已经在储蓄方面高过美国，现在中国大概有四万亿美元的储蓄，占GDP的51%左右，而这一数字比美国的2.8万亿美元大了一半左右。"同时，2014年底，世界银行公布了最新的对中国GDP的购买力平价估值，显示中国在2014年底之前就成为世界第一大经济体。可以看出，作为一名经济学家，作为一名学者，斯蒂格利茨对中国经济的判断和中国的定位不免有"博人眼球"之嫌。

---

① 马丁·雅克：《当中国统治世界》，中信出版社2010年版，第343页。

　　对中国现状和前景有比较理性、客观、全面认识的还是中国人自己。2015年9月23日，习近平总书记在西雅图出席侨界举行的欢迎招待会时的讲话中指出：当前，中国经济发展基本面良好，发展前景光明，增长保持中高速，发展迈向中高端。在世界经济复苏艰难曲折、国内经济面临较大下行压力情况下，我们推出一系列稳增长、促改革、调结构、惠民生、防风险的重大举措，实现了经济社会发展总体平稳。上半年国内生产总值增长7%，这意味着我们一年就增长七八千亿美元，相当于一个中等国家的经济总量。未来中国经济持续向好有基础有条件有动力。我们正在大力推进经济结构调整，实施创新驱动发展战略。中国人口多，市场潜力巨大，中国经济增长动力源很多，发展后劲很足。我们有信心、有能力应对各种风险挑战，保持金融市场稳定，推动经济持续健康发展。

　　而在前一天即2015年9月22日，习近平总书记在华盛顿州当地政府和美国友好团体联合欢迎宴会上的演讲中也说过："同时，我们也清醒认识到，中国仍然是世界上最大的发展中国家。中国的人均国内生产总值仅相当于全球平均水平的三分之二、美国的七分之一，排在世界80位左右。按照我们自己的标准，中国还有7000多万贫困人口。如果按照世界银行的标准，中国则还有两亿多人生活在贫困线以下。中国城乡有7000多万低保人口，还有8500多万残疾人。这两年，我去了中国很多贫困地区，看望了很多贫困家庭，他们渴望幸福生活的眼神深深印在我的脑海里。"

　　这就是中国领导人对自己国家的定位：不回避问题，承认面临的困难，同时对中国的未来又充满信心。中国领导人的信心源于何处？

　　首先是能够集中力量办大事。社会主义制度与资本主义制度相比，有什么优越性？邓小平在1982年7月26日同有关负责人谈"六五"计划时就说过："社会主义同资本主义比较，它的优越性就在于能够做到全国一盘棋，集中力量，保证重点。缺点在于市场运用得不好，市场搞不活。"① 在著名的南方谈话中，他说："从国际经验来看，一些国家在发展过程中，都曾经有过高速发展时期，或若干高速发展阶段。日本、南朝鲜、东南亚一些国家和地区，就是如此。现在，我们国内条件具备，国际环境有利，再加上发挥社会主义制度能够集中力量办大事的优势，在今后的现代化建设长过程中，出现若干个发展速度比较快、效益比较好的阶段，是必要的，也是能够办到的。我们就是要有这个雄心壮志！"② 能够集中力量办大事，这虽然不是社会主义的唯一优势，但也是很重要的一个优势，是社会主义的一个突出特征，因为集中力量办大事是从社会主义制度中内生出来的一个功能。社会主义之所以产生，正是为了解决资本主义社会的生产资料的私人占有和生产的社会化之间的矛盾，就是为了解决生产和市场的无序、自发状态，就是为了消灭私有制。尽管在社会主义的初级阶段不能实行完全的公有制，但是生产资料归"社会所有"（至少是支撑经济命脉的、重要的生产资料归社会所有，在国家未消亡之前，当然主要由国家来掌控），经济运行由自发走向一定程度的自觉，这是社会主义的重要标志，否则就无法称为社会主义。既然国家掌控着主导性的生产资料，那么当然也就有能力集中力量办大事。集中力量办大事也是我们党的制度的内生功能，我们党的组织制度就是民主集中制，既强调民主，又主张集中，坚持民主基础之上的集中，这就为集中力量办大事提供了组织保证。"集中力量办大事"或者说充分发挥政府在经济中的作用，也是近代以来世界各国经济起飞阶段的一个重要特征，特别是后起的工业国家经济起飞的重要特征。英国实行了几百年的贸易保护主义，美国的贸易保护主义也推行了一百多年，德日的工业化实际是政府主导的工业化，而二战后亚洲"四小龙"的腾飞更是在政府主导下完成的。在市场已然被瓜分、现有经济秩序已然确立的情况下，一个国家要赶上，单纯依靠企业去冲杀，

---

① 中共中央文献研究室编：《邓小平年谱（一九七五——一九七八）》（下），中央文献出版社 2004 年版，第 832 页。

② 《邓小平文选》第 3 卷，人民出版社 1993 年版，第 377 页。

没有政府的引导、支持、参与、保护，一个国家和地区的工业化或者经济的腾飞，根本不可能实现。① 集中力量办大事也是中国社会发展的要求。中国是一个有着 960 多万平方公里、近 14 亿人口的发展中大国，农业人口占大多数，地区差异大。如何把这样一个相对"松散"的国家组织起来、凝聚起来？如何推动这样一个国家不断前行？"无为而治"不行，"弱政府"不行，专制当然也不行。中国需要的是一个有理想、有作为的、积极的政府，需要的是一个想办大事、又能办成大事的政府。这样的政府才能应对中国的各种困难，才能应对重大自然灾害，才能真正发挥社会主义制度的优势。所以在中国，不能单就经济看经济，中国的经济与政治是"一体"的，是真正的"政治经济"。一些对中国经济持悲观论调的人、一些唱衰中国经济的人，就是单纯的"经济思维"。可以说，在中国，只要政治稳定、国家稳定，只要中国共产党保持坚强有力，我们就应该对中国经济保持信心。事实上，对于任何一个国家、任何一个时期的经济问题，我们都不应该单纯从经济状况来判断，政治与经济从来就是紧密联系的，判断一个社会的发展，不仅要从经济的角度，还要从政治、文化、历史等方面全方位地看，才能准确、客观。只不过在社会主义时期，"政治"与经济的联系更为紧密而已。

其次是有坚强的领导核心。有了集中力量办大事的"制度设计"，但是否能够集中力量还要看执政者是否有这样的能力和水平。有人就对集中力量办大事的制度设计提出质疑，认为既然是办大事，那么就既可以办大好事，也可以办大坏事，所谓的"集中"如果不是建立在民主的基础上就可能滑向专制，就容易走向专断，就会出现办大坏事的可能。这样的一种可能当然是存在的。问题的关键取决于两个方面：一是制度的设计是否合理，即是否保证集中是民主基础上的集中，或者是相对充分民主之上的集中。二是集中者、执行者的能力、水平和目的。这后一个

① 参见彭才栋：《历史让"集中力量办大事"成为优越性》，《探索》2014 年第 5 期。

方面事实上是对中国共产党的要求。中国共产党作为中国的执政党，它的性质、宗旨，它的能力、水平，特别是管理经济的能力、社会治理的能力，决定了集中力量办大事的性质和方向。就中国共产党的现状来看，中国共产党是世界第一大党，党员人数8900多万，相当于德国总人口，汇集了中国社会的大多数精英；中国共产党始终把人民放在心中最高位置，把全心全意为人民服务作为自己的宗旨；中国共产党一直强调自身建设，特别是党的十八大以来，一方面建章立制、立规矩、守规矩，强化规矩意识；另一方面加大执纪的力度，"老虎""苍蝇"一起打，党的凝聚力、影响力进一步提高，干群关系、党群关系进一步加强；中国共产党是一个学习型政党，特别注重提高自己的执政能力和水平，党的十八届三中全会提出的国家治理体系和治理能力的现代化，事实上也是对党自身的要求，就是要求执政党特别是党员领导干部提高推动经济发展的能力、深化改革的能力、依法治国的能力等。可以说，现在的中国共产党尽管已经成立九十多年、执政了六十多年，但它依然年轻，依然充满生机和活力。进言之，今天我们可以毫不犹豫地说，对于毛泽东当年在西柏坡提醒全党以后要面临的执政考验，我们党交出了一份合格的答卷。正是由于我们党的执政能力提高了，特别是领导经济工作的能力提高了，所以面对经济下行、利益固化、改革难度加大、经济结构调整迫在眉睫、发展不平衡等难题，我们党和政府才能从容应对，推出一系列稳增长、促改革、调结构、惠民生、防风险的重大举措，实现了经济社会发展总体平稳，经济才能继续保持中高速增长。所以，习近平总书记说，坚持党的领导是中国特色社会主义最本质的特征，是中国特色社会主义的最大优势。

再次是庞大的市场。毛泽东曾经说过："世间一切事物中，人是第一个可宝贵的。在共产党领导下，只要有了人，什么人间奇迹也可以创造出来。我们是艾奇逊反革命理论的驳斥者，我们相信革命能改变一切，一个人口众多、物产丰富、生活优裕、文化昌盛的新中国，不要很久就可以到来，一切悲观论调是完全没有根据的。"① 美国国务卿艾奇逊认为，中国发生革命就是因为人太多了，饭少了。国民党没有解决这个问题，共产党也不见得能解决这个问题。正是针对这样一种唯心史观，毛泽东才说了上面的话。毛泽东还说："中国人口众多是一件极大的好事。再增加多少倍人口也完全有办法，这办法就是生产。"② 的确，只要在环境许可的范围内，只要生产扩大，再多人口的吃饭问题也能解决。生产能够解决"人口多"的问题，反过来，人口多也可以解决"生产"的问题。正如马丁·雅克所指出的那样，中国人口众多使得中国的崛起不同于以往任何国家的崛起，它不仅带来了人均国内生产总值的降低，更造就了或者正在造就世界最大的市场。而市场经济是卖方经济，只要有需求、有市场，经济发展就有了动力。一些唱衰中国经济的人，只看到世界经济持续低迷、全球范围市场的萎缩和贸易保护主义的抬头，没有注意中国国内需求潜力巨大，认识不到国内市场才是中国经济前行的最大动力。根据瑞士信贷银行 2015 年 10 月发布的《全球财富报告 2015》，中国中产阶级人数达到 1.09 亿人，虽然只占全国成年人口的 11%，但却超越美国的 9200 万人，成为全球中产阶级人数最多的国家。这样一个数字的可信度当然有待考证，因为对于中产阶级的界定并没有一个权威的标准，但却从一个侧面说明中国的消费能力有多么强大。可以想象一下，如果中国的中产阶级人口达到 2 亿、3 亿甚至 5 亿、7 亿时，中国人的消费能力只能用恐怖来形容。那时，不用走出国门，一些只满足国内消费需求的公司就能够在世界 500 强中占有一席之地。这是中国领导人对于中国经济保持乐观和自信的重要原因。

最后是动力源多。2015 年 12 月召开的中央经济工作会议对于当前我国经济的现状有一个判断：一方面，经济基本面是好的，潜力大，韧性强，回旋余地大；另一方面，面临很多困难和挑战，特别是结构性产能过

① 《毛泽东选集》第 4 卷，人民出版社 1991 年版，第 1512 页。
② 《毛泽东选集》第 4 卷，人民出版社 1991 年版，第 1511 页。

剩比较严重。所谓潜力大、韧性强、回旋余地大，是指经济空间上。中国地域广阔，地区经济发展不平衡，这也是中国经济的问题，但它同时也意味着"潜力""空间"，使得中国可以西部不亮东部亮、北部不亮南部亮、东部不亮西部亮，使我们有很大的回旋余地，使得我们有更多的发展"选择"：从地域来看，有长江经济带、振兴东北老工业基地、西部大开发、京津冀协同发展、长三角经济圈发展、珠三角经济圈发展等；从经济全局来看，有降低速度、优化结构、转换动力，有去产能、去库存、去杠杆、降成本、补短板等；从国际范围看，我们有"一带一路"、亚投行、"走出去"战略等。作为一个经济大国，我们可供选择的工具、手段、办法很多，对于未来的发展，我们当然应该有信心，也必须有信心。

这就是中国目前的现状：问题很多，但前景光明；已经成为一个经济大国，但还不是强国，正处于由大向强的转变之途中。实践证明，我们的道路是正确的，在这个问题上，我们要保持足够的定力。

第三节　强国标志：文化强则国家强

什么样的国家才是强国？

"强"是相对于"弱"而言的，强与弱都是一个对比性的概念，有弱才能凸显强，有强才能显示弱。所以，强者永远是一个历史的、具体的概念，没有什么统一的标准来界定强者，没有什么固定的尺子来衡量一个国家是否是强国，每一个时代的标准各不相同。

在《当中国统治世界》中，马丁·雅克列举了美国全球霸权的特征：全球最大的经济体；人均 GDP 最高的国家之一；世界上科技含量最高、最具创新性的经济体；拥有最强大的军事力量，可以对全球任何地区施加影响；全方位的全球影响力，是世界上其他国家确定政策和立场的一个关键因素；现存国际经济体系的设计者和主导者；最好的大学；英语是全球通用的语言；最知名的企业占据全球市场；美国好莱坞在全球电影市场上居主导地位；美国历史已是世界文化的一部分，全世界都熟知其历史上的一些重大事件，尤其是《独立宣言》、南北战争、西部开拓精神，一些风俗，经常引起全世界的共鸣；美国价值观，如个人主义、民主、人权、新自由主义、新保守主义、市场至上主义、自由和边疆开拓精神，畅行世界；好莱坞在全球电影市场占据主导地位……在雅克列举的这些特征中，除了经济的、军事的等方面之外，文化的，包括科技水平、创新能力、全球影响力、教育制度、历史、电影、价值观等，占了很大的比重。如果没有这些因素，显然无法成就今日的霸主地位，更无法维持自己的霸主地位。

当然，霸主与强国还不是同一个层次，霸主更为强大，强国则不一定是霸主。霸主是"世界警察"，强迫他人遵循自己的规则、按照自己的意愿、朝着于己有利的方向行事，而强者虽然有强迫他人的能力，却没有强迫他人的"愿望"，并不恃强凌弱。中国人想做的就只是强者。中国人血脉里流淌着和平的基因，愿意做强者，既不愿意做强盗，也不愿意做霸主。中华民族是爱好和平的民族，中华文明始终崇尚和平，和平、和睦、和谐的追求深深植根于中华民族的精神世界之中，深深溶化在中国人民的血脉之中。中国自古就提出了"国虽大，好战必亡"的箴言。"以和为贵""和而不同""化干戈为玉帛""国泰民安""睦邻友邦""天下太平""天下大同"等理念世代相传。中国人历来讲求"己所不欲，勿施于人"。中国需要和平，就像人需要空气一样，就像万物生长需要阳光一样。中国历史上曾经长期是世界上最强大的国家之一，但没有留下殖民和侵略他国的记录。我们坚持走和平发展道路，是对几千年来中华民族热爱和平的文化传统的继承和发扬。[①]

虽然强国和霸主"扮演"的角色不同，但在能力方面却非常接近。我们是唯物论者，判断一个国家是否强大当然首先看硬实力，也就是经济、军事、科技等方面的实力，这样的实力是可见的，在一定程度上是"可量

---

① 习近平：《在德国科尔伯基金会的演讲》，《人民日报》3月30日。

化"的。但是，单纯硬实力强是不够的，一个真正的强国必须是"软""硬"皆强。否则，难以持久，也不会有吸引力和影响力。

何谓软实力？"软实力"（Soft Power）这个概念是由美国哈佛大学教授约瑟夫·奈提出来的。1990年，他分别在《政治学季刊》和《外交政策》杂志上发表《变化中的世界力量的本质》和《软实力》等一系列论文，并在此基础上出版了《美国定能领导世界吗》一书，提出了"软实力"的概念。奈指出，一个国家的综合国力既包括由经济、科技、军事实力等表现出来的"硬实力"，也包括以文化和意识形态吸引力体现出来的"软实力"。约瑟夫·奈认为，一个国家的软实力主要来源于文化、价值观和对外政策。这种力量其实就是文化的力量，是一种无形但却实在的力量。拿破仑曾经说过，世上有两种力量：利剑和思想；从长而论，利剑总是败在思想手下。毛泽东也说过，我们搞革命，靠的是"两杆子"：枪杆子和笔杆子。思想的力量、笔杆子的力量，就是软实力，就是文化力。

文化是民族生存和发展的重要力量。人类社会每一次跃进，人类文明每一次升华，无不伴随着文化的历史性进步。中华民族是一个特别注重文化传承和发展的民族，中国是有着悠久文明的国家，一向以"文明古国"著称于世，中国人也以"文明人"自称。在世界几大古代文明中，中华文明是没有中断、延续发展至今的文明，已经有5000多年历史了。我们的祖先在几千年前创造的文字至今仍在使用。中国传统文化，尤其是作为其核心的思想文化的形成和发展，大体经历了中国先秦诸子百家争鸣、两汉经学兴盛、魏晋南北朝玄学流行、隋唐儒释道并立、宋明理学发展等几个历史时期，而在整个中国文化发展过程中，儒家文化长期居于主导地位。2000多年前，中国就出现了诸子百家的盛况，儒家、道家、墨家、名家、阴阳家等各家各派，相互争鸣、相互促进、共同生长，造就了中华文化的第一次繁荣。老子、孔子、墨子等思想家上究天文、下穷地理，广泛探讨人与人、人与社会、人与自然关系的真谛，提出了博大精深的思想体系。他们提出的很多理念，如孝悌忠信、礼义廉耻、仁者爱人、与人为善、天人合一、道法自然、自强不息等，至今仍然深深影响着中国人的生活。西汉末年佛教传入中国后，与中国的儒家、道家等文化派别逐渐融合，至隋唐形成中国化佛教：天台宗、密宗、净土宗、三论宗、禅宗、华严宗、律宗等。在这一过程中，中国传统文化也由于新的元素的融入发生了"蜕变"，由儒家、道家"对峙"演变为儒、释、道三家"并举"、融合，至宋明理学的出现，标志着中华思想文化达到了又一个高峰。16 世纪中叶，第一个耶稣会士来华，开启了中西文明的交流融合的进程，中国人对西方文明的态度由被动到主动，中国文化也在这一进程中正在经历"破茧重生"。

从文艺领域看，从《诗经》、楚辞到汉赋、唐诗、宋词、元曲以及明清小说，从《格萨尔王传》《玛纳斯》到《江格尔》史诗，从老子、孔子、庄子、孟子、屈原、王羲之、李白、杜甫、苏轼、辛弃疾、关汉卿、曹雪芹，到鲁迅、郭沫若、茅盾、巴金、老舍、曹禺、聂耳、冼星海、梅兰芳、齐白石、徐悲鸿，两千多年来产生了灿若星辰的文艺大师，留下了浩如烟海的文艺精品，不仅为中华民族提供了丰厚滋养，而且为世界文明贡献了华彩篇章。从科技领域看，中国的造纸术、火药、印刷术、指南针四大发明带动了世界变革，推动了欧洲文艺复兴；中国医药、丝绸、瓷器、茶叶等传入西方，渗入西方民众日常生活之中……古往今来，中华民族之所以在世界有地位、有影响，不是靠穷兵黩武，不是靠对外扩张，而是靠中华文化的强大感召力和吸引力。我们的先人早就认识到"远人不服，则修文德以来之"的道理，早就认识到"以力服人者，非心服也，力不赡也；以德服人者，中心悦而诚服也"的道理。[①] 以德服人、以文化人是中华民族的禀赋，是中华民族的特点，是中华民族的精神。进言之，为什么中华民族几千年来历经磨难而不倒、数次被入侵而不灭？为什么中华民族能够在几千年的历史长河中生生不息、薪火相传、顽强发展呢？根本的原因就

---

① 《孟子·公孙丑上》。

在于我们有一脉相传的文化，就是因为我们有一脉相承的精神。习近平总书记指出："历史和现实都证明，中华民族有着强大的文化创造力。每到重大历史关头，文化都能感国运之变化、立时代之潮头、发时代之先声，为亿万人民、为伟大祖国鼓与呼。中华文化既坚守本根又不断与时俱进，使中华民族保持了坚定的民族自信和强大的修复能力，培育了共同的情感和价值、共同的理想和精神。"[1]

鲁迅曾经写过一篇杂文《中国人失掉自信力了吗》[2]，鲁迅当然是从鼓劲的角度出发，认为我们中国人从来不乏埋头苦干、拼命硬干、为民请命、舍身求法的人，从来没有失去自信力。但事实上，中国自鸦片战争以来，的确在一点一点地失去自信。我们不仅在军事上败了，不仅军事不如人、经济不如人，而且文化也不如人，西方人似乎在各个方面都比我们强。从"师夷长技以制夷""中体西用"到"打倒孔家店""全盘西化"，中国人的自信心、特别是文化自信一点点被蚕食了。新文化运动就是中国人失掉文化自信的标志性事件，新文化运动中提倡的"德先生"（民主）和"赛先生"（科学）都不是传统文化中固有的，而是来自西方。

当然，对于中西文化，也并不是只有一种声音。一些文化保守主义者，一些到西方"取经"的中国人，在目睹了西方文明的"野蛮"（包括周期性的经济危机、雇佣童工、拜金主义和个人主义的流行、对殖民地的掠夺和暴行、战争等等）后，他们又"重拾"对中国文化的信心和自豪。最为典型者当是辜鸿铭，13 岁留学西方，精通多国语言，主要用英文写作，但却极力批判西方文明，极力维护中国传统文化的尊严，极力肯定中国传统文化的价值。他说："在我看来，要估价一个文明，我们最终必须问的问题，不在于它是否修建了和能够修建巨大的城市、宏伟壮丽的建筑和宽广平坦的马路；也不在于它是否制造了和能够制造出漂亮舒适的

---

① 参见习近平：《在文艺工作座谈会上的讲话》，《人民日报》2015 年 10 月 15 日。

② 《鲁迅全集》第 6 卷，人民文学出版社 2005 年版，第 121—123 页。

家具、精致实用的工具、器具和仪器，甚至不在于学院的建立、艺术的创造和科学的发明。要估价一个文明，我们必须问的问题是，它能够生产什么样子的人（what type of humanity），什么样的男人和女人。事实上，一种文明所生产的男人和女人——人的类型，正好显示出该文明的本质和个性，也即显示出该文明的灵魂。"他认为，今日欧洲的现代文明在征服自然方面取得了成功，而且迄今为止，没有任何一种文明做到这一点。但是，在这个世界上，除了自然力，还存在有一种较自然力更可怕的力量，那就是蕴藏于人心的情欲。自然界的物质力量对人类所能造成的伤害是没法与人类情欲所造成的伤害相比的。如果这一力量不调控的话，那么不仅无所谓人类文明的存在，而且人类的生存也是不可能的。原始人类用物质力量来控制人类情欲，随着文明的发展，人类发现有一更为有效的力量，那就是道德力，可以更有效控制情欲。在过去的欧洲，有效控制情欲的道德力是基督教。但是，第一次世界大战表明，基督教已经失去效用，西方文明已经没有了控制情欲的道德力，不得不重新用物质力量来控制情欲，并最终导致军国主义。这样，欧洲文明便陷入一个"二律背反"：要摆脱军国主义，混乱就将破坏他们的文明；要持续军国主义，必然走向战争，战争的浪费和毁灭最终也会使西方文明走向崩溃。解决之道便在中国文明中，中国文明的"良民宗教"可以为西方文明提供调控情欲的道德力，这个宗教就是要相信人性本善，相信爱和正义的法则和效用，相信忠诚。[①]

尽管辜鸿铭等人坚守对传统文化的自信，但是他们只是"小众"，中西方文明的巨大"落差"、战场上的溃败，击碎了大多数中国人的信心。于是，"打倒孔家店"，向西、向西，成为主流。

新中国成立时，中国人站起来了，我们的自信恢复了一些。三十多年改革开放，我们经济规模不断超越发达国家，我们的自信也逐渐增强；特别是随着经济总量跃居世界第二，并且已经看到了中华民族伟大复兴的光

---

① 参见辜鸿铭：《中国人的精神》，海南出版社1996年版，第3、19—28页。

明前景，我们的自信心就更强了。但是，经济实力的提升、经济发展上的自信还不足以完全重塑我们的信心，因为中国人的自信历来不来自经济、军事，特别是军事，亮肌肉，那是野蛮人干的事儿，中国人的自信是文化上的，只有文化上自信了，中国人才真正自信了。但在文化上，我们的自信却不足，没有"恢复"到 19 世纪之前的水准。一些人认为今天的成就是向西方靠近的结果，是"现代化"的结果，是"融入世界"的结果，所谓的"现代化""融入世界"，其实就是西化。核心价值观是文化的灵魂，文化上的自信根本是价值观的自信。2014 年 5 月在北京大学演讲时，习近平总书记指出，"实现我们的发展目标，实现中国梦，必须增强道路自信、理论自信、制度自信，'千磨万击还坚劲，任尔东南西北风。'而这'三个自信'需要我们对核心价值观的认定作支撑"。但在价值观上，社会主义核心价值观并没有完全树立起来，我们不仅在实践中没有真正做到外化于行，而且在认知上还没有真正内化于心。特别是对于与西方用词相同的一些价值理念，比如自由、民主、平等，我们还不能讲清楚它们的科学内涵，还不能讲清楚它们与西方的区别。认知、认同是践行、自信前提，认知不全面、不深刻，何谈自信？

文化上的不自信源于文化上的不强大。就文化资源而言，中国是一个文化大国，但还不是一个文化强国，文化已经成为社会发展的一个短板。就"文化硬实力"而言，我们的公共文化服务还不够完善、不够均等，难以满足人民群众日益增长的精神文化需求；我们的文化产业占 GDP 的比重还不够高，2016 年仅占 4% 左右，而发达国家普遍在 10% 以上，美、日、韩等国家甚至超过 20%，文化经济化、经济文化化已经成为世界经济和文化发展的潮流，这方面我们还有很长的路要走。就文化软实力来看，极端个人主义、拜金主义、利己主义流行，物质主义、消费主义、享乐主义泛滥，信仰缺失，理想弱化，道德状况堪忧，文化的凝聚力、影响力、吸引力不够。在文艺创作方面，存在着有数量缺质量、有"高原"缺"高峰"的现象，存在着抄袭模仿、千篇一律的问题，存在着机械化生产、快餐式消费的问题；在哲学社会科学领域，处于著作有数量缺质量、有专家缺大师的状况，作用没有充分发挥；在国际领域，处于有理说不出、说了传不开的境地。特别是在核心价值观建设方面，更是我们的一个短板。在2014年10月15日的文艺工作座谈会上，习近平总书记指出："改革开放以来，我国经济发展很快，人民生活水平提高也很快。同时，我国社会正处在思想大活跃、观念大碰撞、文化大交融的时代，出现了不少问题，其中比较突出的一个问题就是一些人价值观缺失，观念没有善恶，行为没有底线，什么违反党纪国法的事情都敢干，什么缺德的勾当都敢做，没有国家观念、集体观念、家庭观念，不讲对错，不问是非，不知美丑，不辨香臭，浑浑噩噩，穷奢极欲。现在社会上出现的种种问题病根都在这里。"[①]约瑟夫·奈在最近的一次采访中曾经比较了中美的软实力，他认为，中国领导人在软实力方面做了不少工作，其中，中国在经济方面的成功、中国对非洲和拉丁美洲的援助项目、中国通过建立孔子学院传播中华文化所作的努力，举办一些大型活动如世博会等，对增强软实力都非常有帮助。但是就软实力的对比而言，美国的软实力在世界各地的影响力大于中国。就软实力和硬实力的整体比较而言，到21世纪中叶，美国仍然强于中国。特别是由于美国是移民国家，多元的文化增强了美国的生命力。在美国具有优势技术的企业中，有四分之一是移民创立的，移民及其后辈创立了《财富》500强公司的40%。

看来，文化强才能国家强，文化对于一个国家、一个民族的发展特别重要，特别是对于几千年来以文化"立世"、以"文明人"自视的中华民族而言尤为重要。文化实力强是一个国家、一个民族强大的标志，也是一个国家、一个民族走向繁荣的条件和动力。一个民族的复兴需要强大的物质力量，也需要强大的精神力量。没有先进文化的积极引领，没有人民精神世界的极大丰富，没有民族精神力量的不断增强，一个国家、一个民族

---

① 习近平：《在文艺工作座谈会上的讲话》，《人民日报》2015年10月15日。

不可能屹立于世界民族之林。没有中华文化繁荣昌盛，就没有中华民族的伟大复兴；没有中国人文化自信的"恢复"，也就没有中华民族的伟大复兴。

正是基于对文化重要性的认识，党的十七大报告指出：要坚持社会主义先进文化前进方向，兴起社会主义文化建设新高潮，激发全民族文化创造活力，提高国家文化软实力，使人民基本文化权益得到更好保障，使社会文化生活更加丰富多彩，使人民精神风貌更加昂扬向上。2011 年 10 月，党的第十七届六中全会审议通过了《中共中央关于深化文化体制改革推动社会主义文化大发展大繁荣若干重大问题的决定》，其中最大的亮点，就是从中国特色社会主义事业总体布局的高度提出建设文化强国的长远战略。这也是中央文件第一次提出文化强国。2012 年 11 月，胡锦涛在党的十八大报告中提出，文化是民族的血脉，是人民的精神家园。全面建成小康社会，实现中华民族伟大复兴，必须推动社会主义文化大发展大繁荣，提高国家文化软实力。要扎实推进社会主义文化强国建设。2013 年 11 月，习近平总书记在党的十八届三中全会上再次重申，建设社会主义文化强国，增强国家文化软实力，必须坚持社会主义先进文化前进方向，坚持中国特色社会主义文化发展道路，坚持以人民为中心的工作导向，进一步深化文化体制改革。要完善文化管理体制，建立健全现代文化市场体系，构建现代公共文化服务体系，提高文化开放水平。2013 年 12 月 30 日，习近平总书记在主持中央政治局第十二次集体学习时强调，提高国家文化软实力，关系"两个一百年"奋斗目标和中华民族伟大复兴中国梦的实现。要弘扬社会主义先进文化，深化文化体制改革，推动社会主义文化大发展大繁荣，增强全民族文化创造活力，推动文化事业全面繁荣、文化产业快速发展，不断丰富人民精神世界、增强人民精神力量，不断增强文化整体实力和竞争力，朝着建设社会主义文化强国的目标不断前进。2014 年 10 月 15 日，习近平总书记在文艺工作座谈会上的讲话中指出，没有中华文化的繁荣昌盛，就没有中华民族伟大复兴。2015 年 10 月，党的十八届五中全会提出创新、协调、绿色、开放、共享的新发展理念，要求推动物质文明和精神文明协调发展，坚定文化自信，增强文化自觉，加快文化改革发展，加强社会主义精神文明建设，建设社会主义文化强国。

提高文化软实力，建设文化强国，是中国共产党根据中国当前的发展状况提出的重大战略任务。经过三十多年的高速发展，中国的国内生产总值已经跃居世界第二，人民的物质生活水平也有很大提高。古人云："仓廪实而知礼节，衣食足而知荣辱。"物质水平提高了，水涨船高，精神需求必然增长，这就需要大力发展文化。文化产业是绿色产业、朝阳产业、可持续发展的产业，不仅能够满足人民的精神需求，而且可以推动经济的发展。中国文化产业发展的空间还很大。实现中华民族伟大复兴中国梦需要汇聚中国精神、凝聚中国力量，需要我们的民族有凝聚力、向心力，这也需要提高文化软实力。伴随着中国硬实力的提升，中国需要在国际事务中有自己的影响力，有自己的话语权，等等。进言之，提高文化软实力，建设文化强国，是当今中国发展的迫切需要。

第二章　文化是民族生存和发展的重要力量

当咖啡屋的侍者端上一杯有苍蝇的咖啡时，顾客该怎么办？不同国家的人会有不同的处理方式。而此种不同就能在一定程度上反映出文化的差异。文化对人的影响就是这样，润物无声但又深入骨髓。那么，什么是文化？文化的"魔力"来自哪里？这是建设文化强国、培育核心价值观首先必须厘清的问题。

第一节　文化的含义

"文化"是我们日常生活中使用频率较高，但含义也最为模糊的词之一。初谈起来，可能会觉得文化一词的含义比较清楚，但仔细探究，许多人肯定会感到茫然。美国学者罗威勒曾指出："我被托付一项困难的工作，就是谈文化。但是，在这个世界上，没有别的东西比文化更难捉摸。我们不能分析它，因为它的成分无穷无尽；我们不能叙述它，因为它没有固定形状。我们想用字来范围它的意义，这正像要把空气抓在手里似的：当着我们去寻找文化时，它除了不在我们手里以外，它无所不在。"① 的确如此，在日常生活的任一领域，我们均可以找到文化，它可以是关于地点

---

① 转引自殷海光：《中国文化的展望》，上海三联书店 2002 年版，第 26 页。

的，如文化宫、文化馆；它可以是关于人的，如文化人，文化买办；它可以是关于历史遗迹的，如龙山文化、仰韶文化、山顶洞文化；它可以指某一领域人类所取得的成果，如饮食文化、体育文化；它也可以在更大的范围内使用，如物质文化、精神文化、东方文化、西方文化、封建文化、资本主义文化等，面对如此广泛的应用，如何定义文化呢？

文化是中国古已有之的一个概念。在中国古代典籍中，"文"指文字、文章、文采、人为等。《尚书·序》中言："由是文籍生焉"，这里的"文"指文字。《论语·雍也》中说："质胜文则野，文胜质则史，文质彬彬，然后君子。"这里的"文"指人为、修养。"化"在古代主要指变、改变，"化"字与"文"字相连时一般取"教化"之义。如《易》的贲卦《彖传》有云："观乎天文，以察时变；观乎人文，以化成天下。"此处的"人文"是指人伦，即各种道德规范，也就是要以人伦来教化天下之民。可以看出，在中国传统文化里，"文化"含有"以文教化"的意思。

然而，现今我们所用的"文化"一词，却主要不是从中国传统的意义上来使用的。现在通用的"文化"是近代翻译家在翻译西方的相应词汇时，对中国古代的"文化"一词的借用。在英文和法文中，文化用 culture 来表达，在德语中则用 kulture 来表示，这两个词均源于拉丁文 cultura，而从 cultura 到 culture 却有着一个久远的发展过程。在拉丁语和中古英语中，cultura 通常指"耕耘"或"掘种土地"，是作为动词来使用的，这种用法在"农业"（agriculture）和"园艺"（horticulture）两词中仍可见到。至十六、七世纪，cultura 逐渐由耕种引申为"为增进某种东西的质量所做的审慎的努力"[1]，如"工艺的改进"（The culture of the arts），进而由这种含义演变为指对人类心灵、知识、风尚的化育，如"精神耕耘"（mental culture），这时的 culture 类似于中国古代的"文化"一词的含义。在 18 世纪，首先从法语世界开始，文化获得了一种完全不同的意义，对伏尔泰和

---

① 菲利普·巴格比：《文化：历史的投影》，上海人民出版社 1987 年版，第 87 页。

沃弗纳格（Vaubenargues）等人而言，"文化"指训练和修炼心智（思想，趣味等）的结果和状态，用于形容某一位受过教育的人的实际成果，如良好的风度，文学、艺术和科学等方面的修养和造诣。也就是说，在18世纪，"文化"开始由动词演变为名词（19世纪中叶，文化才完全从"改进"和"发展"这样的内涵中脱胎出来），获得现今文化的通俗含义。

从18世纪末开始，伴随着人类学、社会学、文化学等学科的兴起，文化开始得到专门研究，文化一词也获得了专门的、技术化了的含义。最早在文化人类学的意义上使用文化的是英国的人类学家爱德华·伯内特·泰勒（Edward Burnett Tylor，1832—1917），泰勒用文化一词来标示人类在社会生活领域所取得的一切成果。

可以看出，对中国人而言，文化是"舶来品"，而此一"舶来品"在其原生地又有着一个发展、演化的过程。借助于对"文化"一词的演化史及其在当今的广泛应用的叙述，我们头脑中的文化概念也逐渐清晰。大致而言，"文化"主要是在以下几种意义上来使用的：第一，指知识和处理文字的能力。文化人即是在此含义上使用的，指具有一定的知识、文字处理能力的人。第二，指某一实践领域人类取得的成果，如服装文化、饮食文化分别指人类在服装、饮食领域所达到的水平。第三，指人类创造的精神财富的总和。在从近代开始的中国传统文化与现代化的争论中，学者所谈的文化主要是从这层意义出发的。第四，指人类创造的物质和精神财富的总和，如东方文化、西方文化、资本主义文化、社会主义文化等。

文化的上述意义对于文化的使用而言并无优劣、对错之分，不同的人在不同的场景中，会在不同的意义上来使用文化。然而，上述几种意义对文化本身的地位是不同的，从第一类至第四类，文化的涵盖面愈来愈宽，文化也由日常用语逐渐转变为专业术语：前两类基本上是日常生活和大众文化中所使用的文化，而后两类则主要是学术界的用语。

学术界一般把文化分为广义和狭义两种，狭义的文化即精神文化；广义文化即人类创造的物质和精神财富的总和，包括人的实践能力、实践方式和实践成果。实践能力不是人生来就具有的，而是在实践中形成、在实践中发展起来的，属于人类创造的一种财富；实践方式即人类进行实践活动的样式，主要包括社会生产方式（指生产力与生产关系）、社会组织方式（政治、经济、法律制度和道德规范系统等）、社会生活方式（婚姻、家庭、风俗习惯）以及与这些方式相适应的意识形态；实践结果即指人类借助于一定的实践能力，以一定的实践方式创造的物质和精神财富。广义的文化正是指人类的创造能力、创造方式和创造结果的总和，它与"自然的"相对，与"人为的"同义，涵盖了因人而产生的一切。西方学者一般是在这种意义上来使用文化的。第一个把"文化"一词专业化的泰勒就是如此，当代文化人类学家也是如此。虽然自泰勒以来，西方人类学家关于文化的定义不下 200 种，但它们均是围绕着"人为的"展开的。如当代美国人类学家赫斯科维认为，"文化是环境的人为部分"，而受实用主义和行为主义影响的人类学家菲利普·巴格比，则把文化定义为"除了在来源上明显地属于遗传的，某一社会成员的，内在的和外在的行为规则"①。

狭义的文化即一切属于精神领域的活动和结果的总和，它包括思维方式、道德情趣、审美意识、社会制度、科学技术、文学艺术、风俗习惯等。国内学界关于文化的讨论，特别围绕文化展开的争论，一般是在文化的狭义上展开的。因为，物质文化的变革是不存在任何争议的，汽车、轮船取代牛车、木筏，机枪、大炮取代长矛、大刀，都是大势所趋，孰优孰劣都是不言自明的。但在精神领域，特别是在意识形态领域，在思维方式、价值观念、审美情趣、道德规范等问题上，谁优谁劣；继承什么，批判什么；如何继承，又如何批判等问题并非一目了然，势必产生大量的争议和斗争。因此，一般的文化讨论、争议，例如传统文化与现代化的论争，都是就精神文化而言的。所谓传统文化与现代化的问题并不是指古人创造的生产力和物质财富该不该继承的问题，而是前人的思维方式、价值

---

① 菲利普·巴格比：《文化：历史的投影》，上海人民出版社 1987 年版，第 114 页。

观念、审美情趣、道德规范等该不该继承，又继承什么的问题。

虽然大部分的文化争论都在狭义上进行，但广义的文化仍然有其独特的功用。在文化人类学领域谈文化，只能取文化的广义，同时与"文明"这一概念相对应的也是广义文化。广义的文化包括文明，广义文化指人类创造的一切成果，而文明则指这些成果中的积极成分。广义文化是对人类创造的成果的总概括，是一客观的事实"描述"，而文明则属于某种"价值判断"，因为"积极"与否对不同的人而言是不同的。台湾著名的西化派学者殷海光先生曾"谈到"文化的此种客观性："在文化全部实有之中，我们不可有意或无意把我们认为'好的'或'要得的'看作是文化，而把我们认为'不好的'或'要不得的'看作不是文化而只是'历史中的偶然'。在文化全部实有之中，任何一个层面或要件或事物，无一不是文化所有的层面或要件或事物。就西方文化来说，基督教的教义，哥白尼的天文学及牛顿力学固然是文化，妇女束细腰，火焚圣女贞德，虐待伽利略，也是文化。天空的飞鸟，水里的游鱼，做不出这些成绩。就中国文化而论，孔孟之教，《四库全书》，文言文，白话文，仁、义、道、德、孝、弟、忠、信固然是文化，撒谎，走八字路，包小脚，后花园里埋婢女，还是文化。从认知作用来看，他们全在同一平面之上。这是对文化的科学态度。"①

第二节　文化的结构

作为包容人类实践活动一切方面的文化，并不是杂乱无章的，而是具有一定层次和结构的有机系统，如同文化的含义一样，国内外学者对文化的结构历来颇有争议。目前比较通行的看法是将文化（广义）划分为四个层次或结构：

第一层面是物的层面。指文化的物质财富，这里的物质财富指人类创

①　殷海光：《中国文化的展望》，上海三联书店 2002 年版，第 39 页。

造的产品。因为"被抽象地孤立地理解的，被确定为与人分隔开来的自然界，对人说来也是无"①。只有被纳入属人世界，成为人的真实对象的物，才是人类的可资利用的财富。这一层面是文化的表层结构，是文化中的有形部分，与衣食住行有关的东西均属于此层次，比如生产工具、生产资料、生活资料以及历史古迹等。

第二层次可称为制度和理论的层次。它包括社会生产方式，社会组织方式、社会生活方式、风俗习惯、科学技术、文学艺术等。如果说第一个层次属于纯粹物质性的东西，第二个层次则是物质性和精神性要素的混合：生产关系、团体、政体等虽然属于物质性的东西，但已不再是有形的。而生活方式、风俗习惯则是"亦物亦精神"的，科学技术、文学艺术、社会理论则属于人创造的精神产品。这一层次较物的层面深入了一步，属于文化的中层。

第三层次是文化心理。这一层次是文化的核心层次，是文化在人心理上的积淀，是世世代代的文化负荷者在创造物质财富和精神财富的过程中，这些财富在文化负荷者的心理上累积而成。它主要包括思维方式、价值观念和审美情趣等。这一层次的文化是最无形的，不仅无形，而且"无声"，它对人的影响是不自觉的，它已经成为人们的无意识或者说是非理性的习惯，成为一种思维定式。生活于此种文化中的人们，在活动中必然按照该种文化心理所决定的方式、意识和情趣来思维和行动。

第四个层次是核心价值观。有的学者只是把文化分为前面三个层次，认为不需要再划分出第四个层次。但是，考虑到核心价值观对于文化的重要性，我认为还是应该把核心价值观从"社会心理"这个层次中突出出来。核心价值观是文化的灵魂和主导，是凝结在文化之中、决定文化的性质和发展方向的最核心、最深层的要素。任何一个社会都有自己的核心价值观，有什么样的价值观，就有什么样的文化立场、文化取向、文化选

---

① 《马克思恩格斯全集》第 3 卷，人民出版社 2002 年版，第 178 页。

择。文化的力量、文化软实力，从根本上取决于核心价值观的生命力、凝聚力。历史和现实反复表明，如果没有这个最核心的东西，一种文化就立不起来、强不起来，一个民族就没有赖以维系的精神纽带，一个国家就没有统一的意志和共同的行动。因此，把核心价值观确定为文化的内核非常有必要。这样，文化从外到里就有了四个层次：物——制度和科学——文化心理——核心价值观。

文化的四个层次是彼此相关的，核心价值观、文化心理在一定意义上是前两个层次的文化在文化负荷者心理上的积淀。但是，核心价值观、文化心理作为文化的内在层次，作为一种"民族精神"和"时代精神"，贯穿于、渗透在文化的前两个层次中，决定着其余两个层次文化的性质和水平。而第二层次中的理论形态的文化要发挥现实的作用，要促进"物质文化"的发展，也必须借助于后两个层次的文化特别是文化心理这一中介，这对于社会发展理论而言表现得尤为明显。马克思主义之所以能够在世界范围内获得广泛传播并引发波澜壮阔的共产主义运动，原因在于它转化成了无产者的理想和信念。文化的四个层次就构成了一种彼此互动、相互制约的关系。

对于文化的几个层次及其关系，我们可以通过中国近代以来中西文化的碰撞形象、历史地展示出来。

恩格斯在谈到经济学的研究方式时曾指出：在理论思维中，"逻辑的研究方式是唯一适用的方式，但是，实际上这种方式无非是历史的研究方式，不过摆脱了历史的形式以及起扰乱作用的偶然性而已。历史从哪里开始，思想进程也应当从哪里开始，而思想进程的进一步发展不过是历史过程在抽象的、理论上前后一贯的形式上的反映"①。文化的结构及其相互间的作用也是这样。当一种文化独自发展时，其结构及文化各要素之间的作用并不十分明显。一旦两种文化发生接触，文化的结构便依次从外层到内

---

① 《马克思恩格斯选集》第2卷，人民出版社1995年版，第43页。

核逐渐展开，各层次之间的促动与制约关系也会循自身的逻辑不断呈现。历史曾无数次上演了此类现象：古罗马文化与古希腊文化的碰撞是如此；中国传统文化与印度佛教文化的接触也是如此。而其中最具代表性的当数近代中国开始的中西文化的撞击。

中西文化的撞击或许应该首先从13世纪开始算起，那时成吉思汗的铁蹄曾经踏上欧洲，虽然停留时间非常短暂，但欧洲人对那场"黄祸"仍然记忆犹新，依旧心存余悸。然而，黄种人的文化留给欧洲人的也只是这点心理上的印迹而已，成吉思汗子孙的马背上也只是带回了欧洲人的金银财宝，中西文化并没有作进一步的"交流"，在此后的三个世纪中也没有再做深一层的沟通。这在很大程度上应归因于中国人的"天朝大国"的思维，无疑，蒙古人在欧洲的胜利又强化了这种思维。

16世纪中叶，即中国明朝万历年间，耶稣会士来华，虔诚的基督教牧师们是抱着拯救有原罪子民的心理来宣扬上帝、来世观念的，他们实际是西方文化的传播者。中国文化最初仍然是以"宽容"的态度、带着自信的微笑来对待这些新鲜观念。然而，由于两种文化的根本异质，基督教观念一直没有得到广泛传播，牧师们也从来没有获得过如佛教高僧大德们类似的地位。因此，基督教牧师们在中西文化交流中所起的作用是非常有限的。

与基督教牧师们相伴而来的，还有携带廉价商品和鸦片的商人，在一定意义上，这些商人也是"文化传播者"。他们与耶稣会士的区别，不过一个是精神文化的传播者，另一个是物质文化的拓展者。在鸦片战争之前，中西在陆路和水路都有通商关系。鸦片战争前的通商关系是从葡萄牙、西班牙、荷兰、英国等国家的海盗船入侵中国开始的。如明武宗正德六年（1511年），葡萄牙人攻占了满刺加，随即侵占我东南海面，劫掠商旅，拐卖人口，贩卖违禁物品，甚至武装袭击广东沿海地区。明朝予以反击。1523年明朝击败了葡萄牙商船，从这年起，明即严禁与葡萄牙人贸易，并封锁了全部通商口岸。可见，闭关锁国也有外来原因，其中，西方一些商人的不法行为，特别是贩卖鸦片，也引起清朝政府和人民的反感。英国自由主义者约翰·密尔为自由制定的第一条原则就是："个人的行动只要不涉及自身以外什么人的利害，个人就不必向社会负责交代。"① 按这条原则，他认为，像禁止对中国输入鸦片、禁止出售毒药这类法令，也应该反对，这不在于它们侵犯了生产者或销售者的自由，而在于它们侵犯了购买者的自由。这纯粹是强盗逻辑，是强盗的自由、资本的自由。对于这样的逻辑，中国人当然不能认同。

　　资本的本性就是贪婪，就是无休止地攫取利润，它要不断开拓市场。所以，尽管清政府试图关闭国门，但是，荷兰、葡萄牙、西班牙、英国等还是屡次派使节到中国来，要求订约通商，也就是要把商品交流由民办转为"官办"。如 1793 年英国派遣特使马嘎尔尼（Maeartney）到中国来，谈判通商和传教事宜；1816 年英国派使节阿门赫斯（Amherst）来中国办交涉；1834 年英国又派律劳卑（William Sohn Napier）东来与中国政府谈通商事项。西方文化急于同中国文化进行物的层面的交流的愿望由此可见一斑。这是西方资本主义发展的必然，是西方商品经济迫切需要新市场的表现。

　　然而，中国是一个农业国家，中国人历来就有"重本抑末"一说。商业在中国一直处于细枝末流的地位，商人也属于士、工、农、商中的最低层。因此官府从来只把通商行为视为微不足道的商贾小民细事，不会把这类事情放到核心地位，给予足够的重视。这在根本上决定了中国政府不可能满足西方使节的通商要求。此为一。另一方面，中国文化自视自己是一个自我满足的系统，自居为天朝大国，处于世界的中央，其他的民族均是"东夷""西戎""南蛮""北狄"的化外之民，是劣等民族，是野蛮人，均需要中国文化里的物质和精神财富。因此，西方人也是"夷人"，处理与西方人的关系不过是"夷务"。这种高人一等的心理和态度，必然把西方

────────────────

① 密尔：《论自由》，商务印书馆 1959 年版，第 102 页。

列强的使节视为进贡的朝臣，而这是不能为刚刚获得自由、平等且又因经济的飞速发展而带来的信心十足的西方人所长期接受的。在最初，荷兰、西班牙、葡萄牙等国的使节，为了达到通商目的，勉强遵从了中国人要他们向皇帝或御座行三跪九叩首的礼节要求。然而，1793 年来华的英国特使马嘎尔尼，拒绝了以臣下身份进见中国皇帝的要求，结果弄得空手而归；1816 年的英使阿门赫斯又不依照规定觐见嘉庆，惹得嘉庆大发雷霆，说阿门赫斯"目无天下其主"，降旨勒令他马上出京回英国去；1834 年来的律劳卑也受到同样的"礼遇"。1834 年 8 月 22 日，广州行商通知律劳卑，说明天有三位官员来访，商谈商务问题。依照习惯，通事把官员的座位陈列在上面，但律劳卑却把座位改为西方国家会议的形式。到第二天，官员三人来到商馆，一看是这样一种座次排列，就和律劳卑争执起来，这三位官员在门外站了两个钟头之久，才肯让步进屋就座。

在中英的这一连串的通商交涉中，英国人认为进行贸易时双方均有利，英国的国力也不弱于中国，双方的贸易往来应是平等国家间的正常通商行为。但中国人由于其传统的思维却处处要求显得比"英夷"高出一等，嘉庆皇帝说英国"蕞尔夷邦，何得与中国论！"这样，一方要求平等通商，另一方却要对方做自己的臣子，言语不和，这不能不是鸦片战争发生的一个原因，当然不是根本原因。

1840 年开始的鸦片战争即是西方列强要强行打开中国大门、开辟中国市场的行动。天朝主人以大刀长矛来抵御"夷人"的坚船利炮，胜败之果在战争之初便已注定。战争失利之后，中国英明之士开始思谋制夷之路。在当时中西文化主要限于物的层面的接触的情势下，他们只能认识到西洋人坚船利炮的长处。于是，"师夷长技以制夷"之说兴，以练兵、简器、造船为主旨的洋务运动起。从 1861 年正式办洋务始，至 1894 年甲午中日战争止，这 33 年是中国文化对西方文化的第一个"有意识的"反应期，是中西文化的第一次撞击所引发的中国文化的"本土运动"。其间伴随有近代中国的中外文化的第一次论争，即 1867 年恭亲王奕䜣与大学士倭仁的"对抗"：奕䜣亲身领教过"夷技"的厉害，他知道单靠买几艘洋船、几门洋炮制服不了西洋人，必须自己制造。而要自己制造，就须学习科学，学习科学就要学习西文。所以他上书同治帝，要求设立学习西文的"天文算学馆"，并聘请洋教师。然当时的理学名臣倭仁，却站在传统的角度予以反对。其理由主要是：其一，立国之道不在技艺，而在礼义；其二，中国之大，不患无才，必有精通天文算学者，无须外求；其三，夷人吾仇人也，学洋人有伤国人感情；其四，讲明义理，才能维系民心；其五，洋人未必传其精巧等。即使是站在今天的角度，我们也不能不承认倭仁的论据有一定的道理，更不要说那时的中国了。这一争论可以说拉开了近代中国文化争论的帷幕。

洋务运动不能说没有取得成就，中国的民族工业得以很大发展。张之洞办了汉阳铁厂和湖北织布局等；李鸿章办了江南制造局、金陵机器局、天津机器局、轮船招商局、河北磁州煤铁矿、江西兴国煤矿、湖北广济煤矿、开平矿务局、上海机器织布局、山东峰县煤矿、天津电报总局、唐胥铁路、上海电报总局、津沽铁路、漠河金矿、热河四道沟铜矿及三山铅银矿、上海华盛纺织总厂等；左宗棠办了福州船政局、兰州制造局等。单就中国海军而言，1894 年清政府的海军舰船总吨位已居世界第八位。然而，1894 年的甲午中日海战，却打碎了洋务派的迷梦，泱泱大国竟然败给了东邻小国。这不能不引起理性之士的长思，反省的结果是：单纯吸收洋人的坚船利炮并不能富国强兵，必须进行制度上的变革。至此，西方文化已刺破中国文化的"物质皮囊"，深入到制度和理论的层次，中国文化进一步"敞开"。

从 1895 年至 1911 年的 16 年间，中国文化一直处于变法时期。1898 年以康有为、梁启超为首的改良主义者试图托古改制，借助于光绪皇帝进行资产阶级政治改革。由于改革者的自信不足和不彻底精神（如托古改制和依赖封建皇帝），在改革之初便预示着其最终之局：变法历时 103 天便归于失败。在这里，我们无法也不应谴责康梁等人，因为他们只不过是被历史推到前台的人，客观的历史状况、资本主义经济的软弱势必决定其代言人的虚弱无力。

戊戌变法虽然失败，但变法并没有终止。从 1901 至 1911 年的 10 年间，清政府从教育制度、军事制度、行政制度、财政制度等方面，均在保证皇权的情况下，做了可能的改革。这些改革虽然不彻底，但从另一个侧面说明，当文化的物的层面变革到一定程度后，制度的变革势所必然。

1911 年的辛亥革命变君主专制政体为共和政体，至此，在中国延续了两千多年的封建制度"寿终正寝"。

与变法历程相伴的文化理论是中体西用论，即"中学为体，西学为用"，这是张之洞于 1898 年在《劝学篇》中提出的。事实上，在恭亲王奕䜣的思想里，已含有中体西用的观念，后来薛福成、郑观应等人也提出过类似的思想。张之洞的高明处在于，他集上述思想之大成。加之他身居高位（中国历来就是人微言轻、人大则言重），且这一提法本身既要求变，符合变革之士的胃口，又不伤害中国人的自尊，满足了保守派的要求，所以他的这一理论得到朝野上下的广泛认同。然而，这并不意味着没有异声。在当时，一些明智之士便已认识到文化之体与文化之用是不能分开的，有其体才有其用，用其用必用其体。严复便是其中之一。他认为："体、用者，即一物而言之也。有牛之体，则有负重之用；有马之体，则有致远之用。未闻以牛为体，以马为用者也。中西学之异也，如其种人之面目然，不可强谓似也。故中学有中学之体用，西学有西学之体用，分之则并立，合之则两亡。"[1]体用的关系，尤其是文化的体用关系，自然没有严复说的那么严重。也许由于文化之体用关系的复杂性，严复之说并没有多少同声。一再遭受西方列强欺凌的中国人，从感情上也希望保持一点自尊，确立一点自信。

辛亥革命从变革旧制度的角度看是取得了成功，但是从富国强兵而

---

[1] 《严复集》第 3 册，中华书局 1986 年版，第 558—559 页。

言，中国仍然没有根本的改变：一个君主被打倒了，许多君主却冒了出来，中国依然是民不聊生。而在对外上，中国依旧无法与列强相抗衡，依然是任人宰割的羔羊。如此必然产生如下疑问：制度的变革到底有没有完成？变革完制度之后中国还需要什么？正是第二个疑问使得中西文化的"对话"进入了文化的第三个层次。

1915 年 9 月 15 日《青年杂志》在上海创刊，这是新文化运动的开始，也是中国文化开始展现其核心层次的开始。新文化运动是一场提倡科学，反对迷信，提倡民主，反对独裁，提倡白话文，反对文言文的运动，其口号就是德先生和赛先生，即民主和科学。

在中西文化交汇的初期，近代中国人的认识仅限于技不如人，甲午战争的失败使中国人认识到必须变法。但是，一切旧的制度和弊端的灵魂则是观念和理论，是旧的观念和理论在支撑着这些制度，从而带来种种弊端，这是变法一再受挫的原因，也是变法不彻底的重要原因。因此必须变更中国人的思维和性格，由变法必然会导向对民族文化心理的变革，这是新文化运动爆发的深层次原因。当时的有志之士已经认识到这一点。但在那时，对民族文化心理的认识限于或者主要限于对国民性或国民性格的讨论。虽然国民性格的讨论早在 19 世纪 80 年代初便由驻法使馆幕僚钟天伟提出过，后来严复、梁启超也曾有论述，尤其是梁启超，他甚至从地理环境中来寻找国民性形成的原因，但只有到新文化运动时期，国民性才上升为东西文化根本差异的总标志。这表明这一时期已经从文化总体、从文化心理的角度来考虑问题了。也正是由于新文化运动的领袖人物已经深入到文化的内核，所以才有可能站在文化总体的角度来看待中西文化，才从根本上认识到中国文化"技不如人"，从而得出了"全盘西化"的结论。

必须看到，一方面，新文化运动既是中西文化的对撞进入最深层的开始，也是变法的继续，同时也是"师夷长技"的延伸。中西文化、乃至一切别种文化的相互接触，自然是从物的层面开始，并由此引发两种文化、尤其是落后一方的文化的物质层面的变革。但是，这种互撞和变革并不是像我们翻书一样，一章过去接着第二章，文化的互撞和变革并非如此。当其由第一层次进入第二层次之后，文化的第一个层次的变革和撞击依然存在。而当文化的变革进入第三个层次之后，前两个层次的变革照样继续，只是不再成为主要矛盾，不再是热点。新文化运动提出的"民主""科学"口号虽然具有树立新观念的意义，但同时也是一种制度性的要求，是辛亥革命的继续。另一方面，由于受现实的制约，新文化运动不可能把文化现代化的所有问题探讨清楚，它仅仅是开始了文化深层的讨论，开始了在文化心理层面与西方文化的碰撞。从新文化运动开始，中西文化的碰撞日益增多，程度日益深入，由思维方式、审美趣味、一般的价值观念，逐渐进入到核心价值观层面，进入到"主义"之争。时至今日，社会主义核心价值观的提出，就是两种文化的核心价值观碰撞的一种延续。

文化的结构就是这样由四个层次组成，文化的交流正像近代中国所展现的那样，首先由物的层面开始，深入到制度和理论的层面，再进入文化心理的层次，最后到核心价值观的较量。而由此引发的文化的变化，也是因循从物到制度和理论到心理再到核心价值观的路数。只不过近代以来中国的这次"文化交流"是中国人处在被侵略者的位置上进行的。其中，外一层次的交流和变革是内一层交流和变革的前提条件和动力，而深一层次的交流和变革反过来又为前一层次、前几层次的交流和变革提供了更大的可能性空间。如此循环，文化的结构不断呈现，交流了的文化不断获得发展，在共性不断得以增强的同时，其个性也不断展现和丰富。这里必须指出，我们前面的对近代中国文化发展的分期仅是相对的，在文化讨论、文化展开的层次递进之间，并没有一条截然分明的分界线和严格的时间点，我们仅仅是借助于这样一种历史分析来阐明一种逻辑：即文化结构、文化发展的逻辑。

第三节　文化的特征

对文化的理解不同，导致对文化的特征的解释也存在很大差异。菲利普·巴格比把文化视为"行为规则"的总和，他认为文化行为具有以下特征：1.文化行为是后天习得的行为，先天的遗产性行为不属于文化，这里他旨在强调文化是"人为的"。2.文化行为具有群体性。"如果说个人品质是某个人生活中所反复发生的行为模式，文化就是那种在一个集团一个社会的不同成员中反复发生的行为模式。"他举例说，"一个人先穿左右鞋的哪一只，是无关紧要的事……但是，我们社会中的全体，或相当接近于全体的人都把纽扣钉在衣服的右片，这就是我们的一个文化特征了"。此处巴格比说的是文化的社会性。3.文化行为具有规则性，即是说一种行为要成为文化，它就必须是在社会多个成员的行动中重复出现的行为，反过来，"一个规则要被称为'文化'，它就是必须以一个既定的方式反复（或反复失败）地出现于一个特定社会的大多数成员的行动中，并被理想化地推定能出现于该社会的全体成员中"。① 可以看出，巴格比是从文化要素来谈文化特征，而不是从文化一般来立论的。殷海光视文化为人适应环境的创造活动及其结果的总和，他从文化的功能来说文化特征，认为文化特征可分为四种：1.规范特征。即文化对文化分子的思想，行动，甚至情感，其具有规定其应当或不应当、善或恶等等预规或应迫的作用。2.艺术特征。即文化中都包有文学、音乐、绘画、舞蹈、歌唱、装饰等艺术。3.认知特征。即一个文化的文化分子对他们所在的自然环境、历史传统以及人事周遭所作的认知了解之总和。4.器用特征，指任何一种文化的文化分子必因其生存或求知等需要而应采用并且必须使用工具。可以看出，殷海光对文化特征的概括带有文化的分类意味，如艺术、认知、工具特征毋宁说是对

① 菲利普·巴格比：《文化：历史的投影》，上海人民出版社1987年版，第99、105页。

文化所应包含的内容的划分。

从前述我们对文化的界定出发，从历史和逻辑两个角度进行分析，我们认为，文化，不论是广义的文化还是侠义的文化，具有四个特征，即人类性、民族性、时代性和整体性。

人类性。文化的人类性实际是文化概念的应有之义，它是指文化均是人的，除人之外的其余一切东西都不可能创造文化，均不可能有自己的文化，或者说不能称其为文化，文化是专对人而言的。文化与人的这种关系就使得文化具有了人类性。

文化虽然是指人的文化，但人的一切并不都是文化，人的先天的遗传性的东西不能列入文化的范围。文化是指人的创造物，唯有人的行为以及人的行为的结果，能称得上是文化。

文化的人类性事实上是文化的共通性。生活在不同地域、不同环境里的人是不一样的，有黄种人、白种人、黑种人、红种人之分。种族不同，文化也必不尽相同。但皮肤不同并不妨碍同是人这一事实，而人作为人必具有共同的特征，人之共同性必然决定了文化也具有共同性。这样一些共同性就使得文化具有可比较性（有关文化的比较性，后面还要详细论述）。

民族性。文化的民族性是指生活在不同区域的不同民族，在不同的环境（自然环境和社会环境）中所形成的文化具有独有的特征。比如中国文化不同于伊斯兰文化，也不同于基督教文化。中国传统文化与他种文化的差异即是文化的民族性。如果说文化的人类性是文化的共性，那么文化的民族性即指文化的个性。

有人不同意用文化的民族性来概括不同文化间的差异，因为一种文化有时是由不同民族创造的。比如中国传统文化是由以汉族为主体的五十多个民族共同创造的，用民族性来概括文化的个性容易抹杀"少数民族"在文化形成和发展中的作用。因此应该用"地域性"来替代民族性。我们认为，上述观点具有一定的合理性，但是，第一，地域性和民族性均是一种概括，范畴的差异并不影响对问题本身的理解。第二，地域性无法概括各个民族文化之间的差异，比如犹太民族不是专属于某一地域的。第三，地域性有地理环境决定论的嫌疑。第四，所谓同一民族是指生活在同一区域、使用同样的语言、具有大体相同的生活习惯的人群共同体，同一民族本身就包含有共同的地域，但共同的地域并不一定形成同样的民族和同样的文化。因此，我们还是主张用民族性来概括文化的个性。

文化的民族性表现于文化的各个层次，因为文化是一个有机的整体，四个层次的文化是紧密相连的，每一个层次的文化均不是独立发展起来的，几个层次在相互促动中同生同长。然而，这并不意味着文化的个性在文化的四层次中表现程度完全相同。在文化的物的层面，不同民族的生产资料、生活资料虽然存在差异，但在这里，我们所看到的主要是时间先后的分别。单就农业生产工具而论，不论西方还是东方均经过了石制、铁制、机械化进而到自动化这样一个发展过程，所不同的是，西方人较早地进入了机械化、自动化、信息化时代。虽然工具的形式、使用工具的方法存在种种不同，但总体而言，个性在这一层次体现得不是十分明显。在文化的制度和理论层面，文化的个性较充分地展现了出来。从古希腊以来，欧洲人的生产方式一直是农商并举，而传统中国则一直以农业为本；君主专制主义在中国延续了几千年，而欧洲的封建君主从来就没有取得过如同中国皇帝一样的权力。在"理论"领域，不同文化的语言文字、文学艺术、科学技术等方面均显示出不同的特色。在历法上，中国人发明的是以农业生产经验为基础的"阴历"，而西方人则使用阳历。在文学艺术领域，中国传统的文学由先秦的诗经、楚辞、诸子散文，中经汉代的赋、魏晋的诗文，至唐诗、宋词，最后到元曲、明清小说，数千年间，文学样式交替呈现，其中的主流是诗歌。《诗大序》有云："正得失，动天地，感鬼神，莫近于诗。"正是借助于诗歌这种形式，中国人抒发自己素朴、豪迈的情感，表达自己的理想，进而"经夫妇，成孝敬，厚人伦，美教化，移风俗"，使诗成为政治教化的一种工具。而欧洲文学则以戏剧、小说为主，从欧里庇得斯到莎士比亚，西方人在戏剧中陶冶自己的情操，升华自己的情感，如此等等。

文化的民族性集中体现在文化的社会心理层次和核心价值观上，尤其是思维方式和核心价值观上。菲利普·巴格比在谈到文化间的差异时曾指出："在实践中，我最可能用语言和政治单位作区别标准。可是这两个标准都不尽如人意。没人能否认英国和美国具有明显的文化差异，尽管这两个社会的成员使用一种相当近似的变种语言是一个事实。"他认为，"正是观念和价值，为文化间的差异提供了基础。就是在观念和价值的领域中，我们于地方共同群体的文化里发现了最广泛的同一性，于不同群体的文化之间发现了最尖锐的差异性"。这里的"观念和价值"就是指社会心理和核心价值观这两个层次，因为"观念和价值可能是被自觉意识到的，也可能不是"，同时"表现其他民族的不同观念和价值"的词汇实际"是在描述一个整体的文化"。①

在一定意义上，也正是由于民族的文化思维方式和价值观念的差异才形成了民族文化的其余层面的不同。虽然一个民族的文化思维方式是该民族在长期的物质和精神生产过程中形成的，但思维方式一旦形成，它反过来又决定着民族文化发展的速度、样式和水平，使得文化的其余层面"成为"显现该种思维方式的工具。也就是说，文化的前两个层次所透出的个性不过是文化思维方式和价值观念的特性，此点通过我们对中西方文化稍作分析便可以看出。

西方传统的思维方式是一种重逻辑和自然研究的理性思维，此种思维决定了西方人对纯粹的理论具有浓厚的兴趣，如此导致西方近代科学技术迅猛发展，进而推动物质文化的飞速前进。而中国传统的文化思维方式是一种经验的、直观的、重伦理道德的"农"的思维，此思维使得传统中国的科学长期停滞不前，物质文化也长期得不到明显的发展：古代中国人是

---

① 菲利普·巴格比：《文化：历史的投影》，上海人民出版社 1987 年版，第 128、131、133、134 页。

牛拉犁耕，当代中国的相当一部分农民仍然沿用着这种劳作方式。不仅如此，中国传统的思维方式还决定了文学艺术、史学等各个文化领域的特点。就医学而论，西医是以解剖学即以分析的思维方式为基础的，它主张头痛医头，脚痛医脚。而中医则是一种整体的、综合的思维，它认为人体各个器官、人与环境、人的精神活动与生理活动都是密切相关的。同一疾病，环境不同，治疗方法也应不同；人体局部的病变与全身的失调有关；精神刺激可以影响生理活动，如喜伤心、怒伤肝、忧伤肺、思伤脾、恐伤肾等。正是以这种思维为基础，中医理论提出了望、闻、问、切的四诊法，主张按照阴、阳、表、里、寒、热、虚、实进行"八纲"治理，它以为头痛医头只能治表，无法治本。再比如史学，我国是史学发展较早的国家，《尚书》是我国和世界上最早的一部史书，其中的《盘庚篇》成书于公元前 14 世纪，较之古希腊的《荷马史诗》、古印度的《古事记》和《波斯古经》要早六百至八百年。源远流长的中国史学的最大特点是伦理色彩比较明显，一方面，写史是为了立德，所以一些无历史业绩但道德成就突出的人往往在史中留名，如孝子、烈女等；另一方面，写史是为了"以史明鉴"，是为了考论得失、惩恶劝善。司马光著《资治通鉴》，正是要"鉴前世之兴衰，考当今之得失"。如此使得中国的史书记录的均是现实生活中实实在在的政事和人事，由此也可以反映出中华民族是一个务实的、重实用的民族。

关于民族文化的思维方式的差异，有一则小故事可以充分说明。一次，一个国际组织举办了一次以"大象"为议题的悬赏征文，从各国人所送的文章的题目，便可以看出不同民族思维方式的差异和文化的民族性。英国人写的是《英国治下非洲的猎象事业》，写得非常正统，显示英国人严谨的治学态度和工作作风，也显示英国曾经作为"日不落帝国"的自豪。法国人写的是《象的恋爱论》，法国人非常注重爱情，写象也要写象的爱，林语堂先生曾这样描绘了一幅他向往的乐土：英国的乡下、日本的女人、法国的情妇、中国的厨子。也就是说，法国的女人比较多情、浪漫。意大利人写了《象啊！象啊！》，这反映意大利是一个浪漫的、多情善感的民族，这点从文艺复兴时期便可以看出，文艺复兴首先从意大利开始，而后扩展到欧洲各国，当时许多著名的文学家、艺术家、诗人都是意大利人，如薄伽丘、达·芬奇等。德国人写的是《关于象的研究》，德国是一个富于思辨、长于抽象思维的民族，近代德国哲学（指由康德开始至费尔巴哈的德国古典哲学）代表了西方哲学史上的一个时代，在现代西方哲学史上，德国更是具有不可抹杀的地位：一方面，马克思主义哲学产生于德国，另一方面不论是人本主义还是科学主义思潮，其每一派别的重要代表人物几乎有半数均是德国人。据说，在黑格尔哲学最流行的时期，每一个德国人的床头都摆放着一本《精神现象学》。俄罗斯人则写了《俄罗斯的大象是世界上最伟大的象》，显示了其大俄罗斯的民族自豪感。中国人写的是《大象的伦常》，说明中国人注重伦理道德的文化特点。从这样一则故事可以看出，不同民族的文化均是不同的，都有其独到的特点，并且这些特点在民族文化的任何一个方面都会顽强地表现出来。

那么，文化的民族性是如何形成的呢？有人可能会从经济、生产方式中寻找原因。应当承认，生产方式自然是文化民族性形成的根本性原因，但问题是，生产方式的差异又是如何形成的呢？我们认为，除生产方式外，文化民族性的形成还有以下原因：

第一，地理环境。所谓地理环境是指一个民族所处的自然环境，包括气候、土壤、山川河流、矿藏、地形等自然条件。地理环境是一个民族生存发展必需的条件，而这一条件的特点势必影响民族文化的走向。

西方较早论述地理环境对文化作用的是法国近代资产阶级哲学家孟德斯鸠。孟德斯鸠是近代资产阶级社会学中地理学派的创始人，他特别重视地理环境在社会发展中的作用。他认为，一个国家的气候、土壤、土地面积大小等地理因素，对这个国家的人的性格、情感、风俗、法律以及政治制度都有着直接的影响，甚至是决定性的影响。比如寒带地区的民族骁勇剽悍，热带地区民族则使人因生活宽裕而柔弱。同时，他认为，国家土地面积的大小和政体的性质也有关系：小国适于共和政体，中等国家适宜于君主政体，大国则适于专制政体等。在这里，孟德斯鸠虽然夸大了地理环境的作用，但在一定限度内，他的观点不无合理之处。德国古典哲学家黑格尔也看到了地理环境对民族性格的直接作用："水性使人通，山性使人塞；水势使人合，山势使人离。"意即邻水的人接触多，交流频繁，邻山的人则比较闭塞；生活于水域的人面对无边无际的大海，强大的海的力量，必然促使人的联合、团结，而山地人则易于产生相互争斗，因为要争夺那一点点有限的资源、土地、森林。

东方最早论述地理环境作用的当数孔子，他说："智者乐水，仁者乐山；智者动，仁者静。"① 前一句翻译过来便是，生活于水边的人智慧，生活于大陆的人仁厚；前者性格活泼，后者则好安静。可以看出，基于不同文化背景的孔子和黑格尔对同一地理环境得出不同的结论：黑格尔从理性、逻辑的角度得出山势使人离，而孔子则从经验出发得出陆居使人仁厚（因为陆居的中国人是宗法社会，宗法社会里最讲究人伦关系）。

与上述两人不同的是，梁启超是在比较了中西方人的不同性格、不同文化之后，试图进一步从地理环境中找寻形成这些不同性格的原因："海也者，能发人进取之雄心者也，陆居者以怀土之故，而种种之系累坐焉"，意思是，海洋催人进取，陆地之人则考虑自己的土地，生出许多累赘。他进一步指出，"试一观海，忽觉超然万累之表，而行为思想皆得大限自由，彼航海者，其所求固在利也，然求利之始，却不可不先置利害于度外，以性命财产为孤注，冒万险而一掷之。故久于海上者，能使其精神日以勇猛，日以高尚。以古来濒海之民，所以比于陆居者活气较胜，进取较锐"。② 也就是说，广阔的大海会使人产生某种超越感。而航海人虽为求利，但求利之先必先置利益、生死于度外，不得不以身家性命财产作赌

---

① 《论语·雍也》。
② 《地理与文明之关系》，载《饮冰室合集·文集之十》，中华书局 1989 年版，第 108—110 页。

注，长此以往，必然养成一种进取、冒险的性格。梁启超认为，这种性格正是西方近代迅猛发展的根本原因，所以中国文化的发展必须从根除国民的劣根性始。然而，梁启超所没有认识到的是，如若把国民的劣根性完全归于地理环境，则此种劣根性是不可能根除掉的。

关于地理环境对文化的作用，我们应当反对两种倾向：一是否认地理环境的作用；二是地理环境决定文化的一切。前一种观点把人与自然、社会与自然完全割裂，无视人对自然的依赖和自然对人而言的先在性，而后者则看不到人与自然的差异和人之主观能动性，否认了文化发展的相对独立性，把人降低为只能顺应自然的生物。

地理环境对人类或人类社会的影响不能简单地归结为决定或者不决定，而应作全面的认识。在此问题上，应坚持两点：其一，地理环境主要是通过生产方式影响文化的。事实上，地理环境对民族文化的影响首先并且主要是决定了一个民族的生产方式。比如古希腊半岛的地理环境决定了西方古代是一种农商并举的生产方式，而中国人赖以生存的自然环境形成了以农业为主的生产方式。正是在这种生产方式基础上，民族文化不断发展，国民性格逐渐生成。列宁曾经指出，"地理环境的特性决定生产力的发展，而生产力的发展又决定经济关系以及随在经济关系后面的所有其他社会关系的发展"。他还指出："在马克思看来，地理环境是通过在一定地方、在一定生产力的基础上所产生的生产关系来影响人的，而生产力发展的首要条件就是这种地理环境的特性"。① 其二，地理环境对文化具有直接的影响。自然环境对人而言并非可有可无的存在，产生于自然的人产生之后仍然要生存于自然之中，与大自然直接接触势必要受到自然的影响，正是在这种意义上，孟德斯鸠、黑格尔、梁启超等人不无合理之处。

第二，文化选择。文化不仅是地理环境的产物，而且是人选择的结果。所谓文化选择是指人类对于自己文化的发展方向、文化模式的选择。

---

① 《列宁全集》第 55 卷，人民出版社 1990 年版，第 446、447 页。

这种选择在很大程度上影响着文化的民族性，正是由于不同民族具有不同的选择，所以才使得生活于大致相同地理环境的民族发展出不同的文化。美国著名人类学家露丝·本尼迪克特对此曾有论述："人类文化在由环境或人的自然需要所表现的线索上所建立起来的风俗并不象我们轻易地想象的那样，和那种源始的冲动保持那么密切的关系，说真的，这些线索只不过是些粗而又粗的草图，一串纯粹的事实，只是些针尖儿大的潜在性，而发生在它们周围的那种精雕细刻的劳作，实际上受着许多各不相同的考虑的支配。"①

　　如果说地理环境以及由地理环境所形成的生产方式对文化的作用是文化发展的一种必然性，那么文化选择实际强调的是文化发展的偶然性。人不同于自然之处在于他是有意识的，其任何活动均是有意为之，如此使人类社会的发展不同于自然过程，不是自在的、自然的，而是自觉的、自主的。因为人之意识性使人由实然世界突入可能性之域，语言—意识的中介把对动物不存在的事物发展的可能性展示出来，人之活动、人的每一次活动实际均是对可能性的选择（即使不选择也是选择，只不过是选择了不选择）。选择是人的命定的自由，选择当然不是主观随意的，其所活动的空间是由客观条件决定的（这里的客观条件正是地理环境和生产方式），但选择必然不是纯客观的，而是一个价值行为、理想行为，其中蕴含有人之需要和追求。即是说，人不是如黑格尔所认为的那样，为理性玩弄于股掌之上的木偶，而是能够为了自己、实现自己的自主存在物。因此，在这种意义上，文化是人选择的结果，文化发展在这里体现的正是人之自由的程度和水平：人不可改变规律，但却可以利用规律、选择规律。简而言之，文化的发展为人之主观能动性、为人之创造性、想象力的发挥留下了相当大的余地，在这个广阔的范围内，人完全可以自主选择，并由于这种选择而形成了文化的许多特性。虽然这些选择的根源能从客观存在中得到某种

———————

① 露丝·本尼迪克特：《文化模式》，三联书店 1988 年版，第 37 页。

解释，但是，这种选择对于生存环境而言并不具有充足的必然性，并非人所必须做出的选择，如果换一个民族、部落，可能会做出完全不同的选择。举两个例子来说明。

印第安人是美洲真正的主人，印第安人在哥伦布发现美洲之前和之后的很长一段时间，一直处于原始社会，至今有些部落仍是如此。原始人是信奉宗教和迷信的，当然，还不是严格意义上的宗教。然而，生活环境大体相似的北美印第安人信奉神灵的方式、程度却各不相同。仅以北美而言，在北美西南部，几乎所有的印第安部落都崇尚酒神狄奥尼索斯精神，他们是以这种方式来表达：在梦境或幻觉中获取超自然力量，他们相信存在一个超自然力量，而获取的方式就是在迷狂状态，他们从自己身上割下皮，或切断手指，或用皮带穿进自己肩膀，吊起来挂在木桩上，滴水不进，以求获得一种不同于日常生活的体验。有了这种体验，就认为自己获得超自然力量，别人也这样认为，从而在部落中得到一定的地位——部落首领或祭司人员，有些部落甚至用吸食曼陀罗或大麻来寻求梦幻。但是在西南部，却有一个部落不寻求这种梦幻，这就是祖尼人或普韦布洛人。普韦布洛人从不用破坏自己的身体来寻求此类体验，而且认为这是一种力求避免的体验，是死亡的标志。他们认为，超自然力量的获得是来自参加祭礼的资格，这是一种曾为之付出代价，曾一招一式、一字一句地学习礼仪才得来的资格。只要严格按照礼仪来行事、祭祀，就一定能得到超自然力量。同样的生活环境为什么会有不同的迷信观念，文化选择是其中的重要原因。

文化形成的偶然性还可以从原始社会的图腾崇拜中看出。原始社会虽然信奉神灵，但原始人并不膜拜人格神，而是取某一自然物作为崇拜的对象。中国人崇拜的是龙，印度人则对大象顶礼膜拜，而非洲中部的某些部落则以蛇为圣物。这是为什么呢？据说在蒂夫人统治的时代，召集一次部落会议，决定部落是否要迁移到河的另一边去，产生了分歧，两派人争论不休，后来一条蛇出现，部落的人随蛇过了河，部落兴旺起来，所以后人便以蛇为圣物。这则故事虽不足信，但却说明一种文化特性的形成包含很大的偶然性或者说"人为"因素。而我们之所以把文化选择作为文化的民族性的一个原因正是要强调这种偶然性。

第三，文化"交流"。由于人类生存空间的有限性（地域和资源对特定时代人而言的有限性），由于人类自身欲望的无限增长性，任何一个民族文化的发展均不是孤立进行的，也不可能完全孤立。中国传统文化是华夏族文化与周边少数民族文化、印度文化、西方文化融合的产物，西方文化是古希腊文化与古罗马文化、阿拉伯文化等交汇的结果，伴随文明程度的进展，文化交流在文化变迁中的作用愈益明显，特别是近代以来，由于市场经济内在地要求经济的一体化和市场的世界化，历史日益成为世界历史，个人也渐趋成为世界历史性的个人，任一民族文化的发展更无法摆脱他种文化的影响和渗透。

从人类历史总体的意义言，文化交流与融合趋于形成文化的共性。然而，在交流真正提升为"世界历史性的交流"之先，一方面，局限于特定地域的文化交流所形成的"地域性的共性"，相对于生长于另外地域的文化而言却是个性。比如汉族与周边民族的文化融合即形成中国传统文化。另一方面，文化"交流"在"交流"双方均不是以一方吞没另一方为结局的情况下，"交流"不仅仅是双方趋同，而且还强化或彰显其个性。这是由于每一民族的文化均是该民族特定的生存方式，生存方式的差异必然使得一个民族在吸收外来文化时，总是力求使其与生存方式相适应。比如甲乙两种文化，甲文化入侵乙文化，在乙不消亡的前提下，乙有两种反应方式，一种是消极的、保守的，抱持自己的文化传统拒绝做出改变，并在外来文化的冲击下为保持民族自尊，为了民族的团结、凝聚，进一步强化了维护传统的心理，导致对传统的张扬。另一种为积极的、开放的，主张本土文化与外来文化的融合，进而在现实中形成了一种既不同于自己的传统又别于外来文化的新型的民族文化。实际上，现代各民族的文化均是经由第二种反应生成的。

事实上，生产方式、地理环境、文化选择和文化交流不仅是文化民族性的成因，而且是民族文化整体生成的原因。当然，从历时和共时两维度而言，上述四因素在民族文化形成中的作用并不等同。从共时性看，生产方式是根本的、决定性的因素，不仅地理环境主要经由生产方式影响文化，而且文化选择的可能性空间也根本是由生产方式提供的。从历时性观之，生产方式的根本性作用一以贯之，只不过伴随着社会的发展，一个民族文化赖以产生的生产方式不仅是本民族的生产方式以及由生产方式所决定的生活方式（合称为生存方式），而且成为他民族的生存方式，由此说明文化交流在文化生成中的作用凸显。而地理环境的作用则随着社会的发展逐渐减弱：人类活动能力的提高使人日益摆脱自然的束缚，在更大的范围、以更强的自主能力来创造自己的生活和文化。同时，伴之以人类自主能力的提高，文化选择在民族生成中的作用也日益增大，因为文化选择所显现的正是人类的能动性，

文化、文化的民族性的形成是一个非常复杂的过程，它涉及文化所依存的环境，文化的主体以及文化内部的所有要素，同时它还涉及文化要素之间的关系和相互影响。本尼迪克特曾指出："文化的差异不仅是各个社会在取舍生存的那些可能的方面时那种心安理得的态度所产生的结果，它毋宁更该归咎于文化中各种特性之间的盘根错节的复杂现象。"[①] 因此，这一问题并非三言两语便能说清楚，这里我们仅仅强调了这些复杂现象中的几个方面，并且是被以往所忽略的几个方面。

关于文化的民族性，有一点尚需说明。有人认为，文化具有民族性，因而不同民族的文化是不可比较的。我们认为这种观点仅具有部分的合理性。不同民族的文化既具有可比性又具有不可比性。

所谓不可比性源于文化的民族性，特殊的地理环境和文化选择所形成的民族文化正是该民族赖以生存和延续的根据，对于生存于另外地域的他

---

① 露丝·本尼迪克特：《文化模式》，三联书店 1988 年版，第 39 页。

种民族而言，此种文化可能没有太大价值。而对于生存于此地域的民族，则是该民族不得不如此的生存方式，在特定时间内没有这种文化，该民族也许会消亡。因此在这种意义上，不同民族的文化具有不可比较性。正如四川人爱吃麻辣，山东人爱吃咸，麻辣的东西和咸的东西让四川人和山东人分别来评价，结论肯定大不相同。关于文化的不可比性，庞朴曾指出："两种文化之间，从某个局部范围看去，可以分个彼此高下，而一旦视角变换，场景不同，高下之分将立刻互相对调。因之，在这里，简单的价值判断方法，是不适用的，只因为它处理的是有关民族性的对象。"[①] 具体到中西文化而言，我们不能简单地因为中国经济的暂时落后而认为西方文化比中国文化价值更大。习近平总书记指出：每一个国家和民族的文明都扎根于本国本民族的土壤之中，都有自己的本色、长处、优点。特别是在价值观方面，每一个民族价值观都是在本民族的人民认识、改造自然和社会的过程中产生与发挥作用的。不同民族、不同国家由于其自然条件和发展历程不同，产生和形成的核心价值观也各有特点。一个民族、一个国家的核心价值观必须同这个民族、这个国家的历史文化相契合，同这个民族、这个国家的人民正在进行的奋斗相结合，同这个民族、这个国家需要解决的时代问题相适应。中国文化绵延了几千年而未中断，中华民族以这种方式生存了几千年而未灭绝，并创造了无数人间奇迹。因此，它自有其存在的理由和价值，我们不应因经济的落后而妄自菲薄。看不到文化的不可比性、民族性，则往往在如何对待传统文化、如何接收外来文化等方面，难以提出正确的意见和方案。

文化不仅具有不可比性，而且具有可比性。当一个民族独自、孤立地存在时，不存在把自己与他族文化相比较的问题。但是，当两种文化发生接触、碰撞时，则比较的"需要"便应运而生。

从文化的四个层次来看，文化的物的层面是完全可以进行比较的。生

---

① 庞朴：《莨莠集》，上海人民出版社 1988 年版，第 27 页。

产力水平、物质生活的富裕程度高下一目了然；一旦进入制度和理论的层面，比较的问题就不再那么简单，就生产方式、科学技术等与物的层面联系比较密切的要素而言，其可比性仍然比较明显，但如果比较两个民族的生活方式、风俗习惯、语言文字、文学艺术等，我们就很难说何者优何者劣。这一点对于文化的核心层次——思维方式、价值观念、道德意识和审美情趣——更是如此。如果说西方人欣赏苗条，中国人喜欢丰满，我们是没有办法判言谁对谁错，哪一种审美趣味更高。也就是说，从外向里，文化的可比性逐渐减弱，而不可比性却不断增强。

时代性。文化的时代性是指不同时代的文化具有不同的价值和特征。换言之，文化是不断发展的，而这种发展又呈现出阶段性，不同历史阶段的文化各不相同。迄今为止，人类经历了五种文化形态：原始文化、奴隶社会的文化，封建社会的文化，资本主义文化和社会主义文化。

西方有些学者将文化分为三个时代：上古时期是神权时代，中古时期是英雄时代，现代则是人权时代。上古时代即原始时代，原始人崇拜神，故称神权时代；中古即封建时代，欧洲封建文化在一定意义上是骑士文化，故称英雄时代；从近代开始，西方人在反对宗教的同时，高扬人权和人的价值，故有人权时代之称。此种划界虽从一个侧面把握了文化的发展，但一是过于狭窄，仅限于对欧洲文化的分段，二是过于笼统，三是并没有准确把握文化各个阶段的根本特征。

与西方学者不同，一些中国学者从文化比较中得出了不同民族的文化代表了文化（"理想文化"）发展的不同时代的结论。现代新儒学的大师梁漱溟认为，西方文化是文化发展的第一时期，中国文化是第二时期，印度文化是第三时期，意即西方文化最终要走向中国文化、印度文化发展之路。另一位新儒学大师钱穆则提出，中国文化代表青年，讲究孝；西方文化代表壮年，讲究爱；印度文化代表老年，讲究慈。可以看出，梁、钱（尤其是梁）对文化发展的看法带有某种"自恋"情结，他们对文化发展时代的划分毋宁说是对文化特征的概括。

我们认为，对文化的时代划分应当依据社会形态的演变来进行。按照这一标准，可以把人类迄今为止的文化分别为五个时期，即原始文化、奴隶社会文化、封建文化、资本主义文化和社会主义文化。

从历史上看，原始文化是人类处于氏族社会的文化形态。那时，物质文化发展的水平还很低，人类还没有剩余精力从事维持最简单的生存条件以外的任何活动，完整意义上的社会分工——物质生产与精神生产的分工——仍然没有完成，作为物质生产的一个环节的原始宗教以及神话是这一时期主要的精神产品。

到了奴隶社会时期，劳动产品有了剩余，精神生产从物质生产活动中分离了出来，但由于剩余产品仅能维持少数人的生存，这就造成精神生产的独立只能以少数人强制性地剥夺大多数人的剩余产品为代价。于是社会出现了阶级对立，阶级对立的结果不仅促进了物质文化的发展，更主要的是带来了精神文化的进步。中国、埃及、巴比伦、希腊等都创造了灿烂的古代文明，尤其是希腊和中国，它们创造的奴隶制文化分别成为欧洲文化和中国传统文化的源头活水。

封建社会的生产力虽然有了一定的提高，但生产力发展的水平仍然非常低，精神生产仍然不得不以阶级的对立为前提。在这一时期，由于中国封建社会完整地保存了奴隶社会的文化成果，且维持了一个相当长的时间，因而创造了人类历史上最辉煌的封建文化。

资本主义文化是从近代开始的，它产生于欧洲，而后波及世界范围。资本主义文化首先是一种生产方式，在物质方面取得了巨大成就，借用马克思的话说，资产阶级在其不到一百年的发展史中，创造了比过去几十个世纪还要多得多的生产力。物质文化的发展必然促动精神生产的提高，从文艺复兴开始，资产阶级在科学技术、文学艺术等领域都取得了前所未有的成果。

社会主义文化是人类新近产生的一种文化。如果从社会主义思想出现开始算起，它有 500 年的历史；如果从科学社会主义的诞生算起，它有

170 年的历史；如果从第一个社会主义国家产生算起，它有 100 多年的历史。在这不长的历史中，社会主义文化已取得非凡的成就。但必须看到，由于时间的短暂，社会主义文化仍然没有取得战胜或者说取代资本主义文化的明显优势，然而在其发展的一个分支——中国特色社会主义实践中，我们已经窥见了这样的曙光。

诚然，上述对文化的划分仅具有一般的意义，并不意味着每一个民族的文化均要依次经历上述时代，有些民族可能会超越其中的某一阶段而直接跨入文化发展的下一时代。同时，不同民族在不同的文化时代停留的时间长短也各不相同，比如中国封建文化延续了两千多年，而欧洲的封建文化则仅维持了不足千年。虽然有种种不同，但每一民族大致都要经历上述几个不同文化时代却是历史的事实。

文化之所以具有时代性，根本上是由于生产方式具有时代性。从生产力来看，生产方式要经过自然经济、市场经济和产品经济三个时代；从社会制度来看，生产方式则划分为原始社会、奴隶社会、封建社会、资本主义、社会主义和共产主义社会几个历史阶段。而生产方式是文化发展的根本的决定性因素，生产方式的阶段性势必使文化也具有阶段性特征。

提出文化的民族性在于明确不同民族的文化具有个性，强调文化的时代性则在于突出不同时代文化的独特特征。既然不同时代的文化各不相同，具有不同的价值和意义，因此不能用同样的标准来衡量不同时代的文化。比如唐代的美人都很富态，圆脸，两个下巴儿，所以唐代雕刻的很多佛像都是圆脸，两个下巴儿，如来佛是如此，观音菩萨是如此，西天求经的唐僧玄奘也是如此。今天看来，这种形象也许不美，现代人欣赏的不是富态，而是苗条。因此，从审美标准而言，我们不能用今天的标准去评价唐代的美人。再比如，很多原始部落均有食人的风俗，这在生产力极其落后的情况下是人类维持生存和延续的一种手段，是合乎原始的"道德"标准的。但在生产力高度发展的今天，这种行为无疑是最野蛮、最残忍、最没有人性的一种表现。

文化的时代性也为文化的比较性提供了可能：既然时代性是由生产方式决定的，而不同民族大都经历了相似的生产方式发展阶段，这样就可以根据一种文化所赖以产生的生产方式来比较不同的文化。当然，这样的一种比较并非是对不同文化优劣的判定。习近平总书记指出：各种人类文明在价值上是平等的，都各有千秋，也各有不足。世界上不存在十全十美的文明，也不存在一无是处的文明，文明没有高低、优劣之分。

整体性。整体性所关涉的问题实际是文化如何发展和建立一种什么样的新文化的问题，它也许不应该与文化的人类性、民族性、时代性相并列。因为，一方面，它似乎与前面三个特征不是一个层次的关系；另一方面，它实际蕴含于前述的文化三特征之中。比如文化的整体性即是文化的民族性。余英时对此有过论述："每一文化的确都有其独特的个性——所谓个性乃是就全体文化的相较而言的，若仅就每一文化的本身而论，这个性便恰恰是它的整体性。"①

从 1867 年恭亲王奕䜣与大学士倭仁进行中西文化论争开始，一百多年中参与争论的文化派别大致可以分为三派。一是中国本位派，也称为保守派。即认为传统文化可以拯救中国。此派从大学士倭仁始，中经反对康有为变法的荣禄，至现代新儒学的大师，如梁漱溟、熊十力、钱穆、牟宗三等人。不过，在保守派的这一发展中，其前后的观点并不一致。现代新儒家之前的保守派是极端的保守派，这些人大都是既得利益者，反对对传统文化做任何变更。他们认为"祖制不可违"，中国文化高于西方，中国固有的政教制度远非外国所及，西方的东西仅是末艺而已。如黄仁济所言："技艺微长，富强谋术，即纵能精，于齐家治国平天下之道，又何所取耶？"②这部分人的言论部分是出于学理上的认识，但更多的则是出于对丧失既得利益的恐惧。现代新儒学的大师们可以称为温和的保守派。他们

① 余英时：《论文化的整体性》，载《中西文化文学比较研究论集》，重庆出版社 1988 年版，第 148 页。
② 转引自殷海光：《中国文化的展望》，上海三联书店 2002 年版，第 231 页。

承认传统文化带有某种缺陷，尤其是"外王"的功夫不够，没有从"德性之知"转出"见闻之知"。然而他们却认为中国文化的主流是好的，中国文化代表着世界文化发展的方向，由传统文化的"内圣"可以开出"新外王"，由"德性之知"可以转化出"见闻之知"。西方强于东方的唯在于民主与科学，而这些均可以从传统文化中发掘出来，无须外求。

第二派是全盘西化派。西化的主张最早应从奕䜣开始，然而奕䜣绝对不是全盘西化派。真正的全盘西化派是在 20 世纪 20 年代才出现的，胡适是该派的领袖人物之一。西化派主张，不仅物质文明要学习西方，而且精神文明也要学习西方。中国传统的东西要彻底抛弃，要"打倒孔家店"，全面向西方人学习。针对梁漱溟等文化保守主义者把西方文明看作物质文明，把东方文明看作精神文明的说法，胡适说："凡一种文明的造成，必有两个因子：一是物质的，包括种种自然界的势力和资料；一是精神的，包括一个民族的聪明才智，感情和理想。凡文明都是人的心思智力运用自然界的质与力的作品；没有一种文明是精神的，也没有一种文明单是物质的。"他认为，西方文明并不缺乏精神文明，他说："这一系的文明建筑在'求人生幸福'的基础之上，确实替人类增进了不少物质上的享受；然而他也确然很能满足人类的精神上的要求。他在理智方面，用精密的方法，继续不断地寻求真理，探索自然界无穷的秘密。他在宗教道德的方面，推翻了深信的宗教，建立合理的信仰；打倒了神权，建立人化的宗教；抛弃了那不可知的天堂净土，努力建设'人的乐国''人世的天堂'；丢开了那自称的个人灵魂的超拔尽量用人的新想像力和新智力去推行那充分社会化了的新宗教与新道德，努力谋人类最大多数的最大幸福。"①既然西洋文明这么好，当然要全盘向西方学习了。

第三派即调和折中派。调和派的历史与保守派一样长久。恭亲王是调

① 胡适：《我们对于西洋文明的态度》，转引自何建明：《近代中国宗教文化史研究》，北京师范大学出版社 2015 年版，第 421—422、422 页。

和派的第一人。他当时上书同治仅是为了学习西方的天文历算、坚船利炮，并未触及礼义之大法，在骨子里，他不敢也不想触及。奕䜣之后，张之洞在其《劝学篇》中将调和派的思想加以提炼，凝结成了近代中国十分流行的一个主张，即中学为体，西学为用。"中体西用"是调和派的纲领。

中体西用说在当时得到广泛赞同，但是，相较于保守派（学理的）和全盘西化派，调和派最肤浅。其肤浅的根本之处在于把文化的"体"和"用"分开。如果我们把文化的价值观念、思维方式和审美趣味等视为文化之体，而把文化的另外两个层面视为文化之用，那也只是在思维和抽象中，在现实中我们却无法将二者截然分开，因为思维方式和价值观念就渗透在文化的器物、制度和人的行为活动中。中国人是爱好和平的，而爱好和平必然要体现出来。在某种意义上，长城便是一个表现，不过是一种消极的表现：我不打你，你也别来打我。西化派的代表殷海光曾引用这样一个例子来说明文化的体用关系：

"在欧洲人没有来之前，澳洲土人的文化仍停留在旧石器文化的阶段，他们不知种植，更不知金属器。他们以一小群人在一定的区域营最原始的采集、打猎生活。女人们采集树根、野菜及虫类；男人则猎取袋鼠等野兽。他们唯一重要的工具是装有木柄的石斧子。这种石斧头虽然很简单，却与澳洲人的整个文化社会体系息息相关。在 **Yir Yoront** 族居住的区域中并没有制造石斧的岩石。这种岩石必须经过一连串的交易从很远的地区换来。交换岩石通常在举行'图腾'仪式同时进行。由于这交换的行为使各部族的人构成密切的关系圈。岩石交换后打制成石斧的手续只有年长的男人才有能力为之。因为只有年长的老人才能辨认石质而依其文理打制成斧子。所以石斧就成为老头子的'专利品'。家中的女人孩子要用斧子，必须向老人借用。由此更增加老头子的社会地位。老头子是群中的首领。其他的女人、青年人，小孩都是从属的地位。实际上石斧在这父系的社会中已成为父权男权的象征了。石斧子的存在不但代表男性父系的特权，而且形成了澳洲土人社会财产所有权的基本观念。可是当欧洲人把铁斧子传入后，首先得到的是女人、青年人和小孩。因为他们与传教士的接触最多。无疑的，铁斧子传入轻易地就把石斧子淘汰掉了，于是由石斧子代表其权力的老人便失去其重要性了。他们反而须求之女人和小孩以便借得铁斧，整个社会的关系便倒置了。同时由于石斧被弃用，岩石的交易便不需要了。原有维持的族与族的关系以及图腾仪式也就破坏无遗。更重要的是石斧子所象征的财产所有权制度也破坏了。在这种情况下，作为社会构成主要的因素的父权不存在。作为一般行为规范的所有权观念没有了。维持人类与自然和谐的图腾崇拜以及部落关系消失了。（Radcliffe-Bronn, 1952：166—175）Yir Yoront 族的澳洲土人便在无形中逐渐走上社会解体的道路上去了。"[1]

可以看出，文化的体用是浑然一体的，Yir Yoront 族人的文化之用即石斧子的改变最终导致了该族文化之体——宗教、父权、社会关系、文化传统、所有权观念——的改变。在这里，铁斧子与石斧子并不是简单的两件器物，而是代表着生产力发展的两种不同水平。一旦生存方式发生变化，精神文化必然随之更换。

体用关系所揭示的正是文化的整体性，文化的整体性正是指文化乃一有机的整体，文化的每一要件均与其他要件密切相关，脱离文化整体，文化要件便不复为本来的样子。正如黑格尔所论，长在一个活人身上的手可称为手，但如果把手断下来或嫁接到石头上则不能称为手，因为它已不具有手的功能。既然如此，如果把某一文化之用直接拿来放置到另一文化中，一方面这种用不会发挥原有的作用，另一方面它也不可能不受到冲击。整个澳洲不正是被铁斧这一小小的"西用"所瓦解的吗？调和派的肤浅正在于他们认为可以在保持"中体"的情况下把"西用"从"西体"上割下来为我所用，而保守派和全盘西化派的深刻之处正在于他们看到了文化的整体性：保守派认识到引进"西用"必接受"西体"，如此整个中

---

[1] 殷海光：《中国文化的展望》，上海三联书店 2002 年版，第 377—378 页。

国文化和传统便会倾覆，国将不国，所以要将之拒之门外。如倭仁所言："西洋各国，千百年后，中国必受其累。"①而全盘西化派也认识到中西文化之整体性，并由此得出全盘否定和全盘接受的结论。

然而，深刻并不等于合理。由文化的整体性绝对不应得出全面排外或全盘接受的结论。文化的整体性并不意味着文化的要素不可抽取。它只在于提醒：当一种文化在吸收另外一种文化的要件时，一方面不可幻想只是抽取单一的文化要件，另一方面又不能企求该文化要件能发挥其在他种文化中的作用。文化的整体性启示我们，吸收外域文化，绝不能照搬照抄，拿来直接就置于本民族的文化中。"一切外来文化成分必须在它所进入的文化的整体性熔炉中受到陶冶后始能生根，换句话说，外来因素只有服从该文化的特殊方式的安排才可以真正成为该文化整体的一部分。"如此造成"同样的文化因素在不同的文化类型中会有不同的意义与价值；有时在原来文化中很少作用的因素却会在另一文化中占据极重要的地位，反之亦然"②。文化的吸收如同器官的移植，一方面，有机体的整体性并不否定移植的可能性；另一方面它又决定着移植的器官必须与整个机体相匹配，必须适应这个机体的运行。中国近代文化界的调和派简单地、天真地想把中体与西用糅到一块。这是近代中国吸收西方文化没有取得太大成就的原因。

文化的整体性除了指文化是一有机整体外，还指文化内容应该像七巧板，是丰富多样的，能够满足人的不同需求。此种文化特点也可以称为文化的复杂性。在《民族与文化》一书中，钱穆指出："文化体系好象七巧板，七巧板子拼起来，可以拼成一个建筑物，拼成一匹马，一条船，或者一个人。用各种方法可以拼成各种花样。文化体系，乃是更复杂的七巧板。就物质人生讲，就有农、工、商、矿、渔、牧等各业。就群体生活讲，就

---

① 殷海光：《中国文化的展望》，上海三联书店 2002 年版，第 207 页。
② 转引自苏丁编：《中西文化文学比较研究论集》，重庆出版社 1988 年版，第 157 页。

有家庭、国家、政治、法律种种。就心灵生活讲，又有艺术、文学、哲学、宗教等……我们的看法，这七巧板中，只要一块的位置换了，块块都得换，只换一块板，其他六块都要跟着动。我姑举一个浅显的例。中国讲孔子，西方人讲耶稣，此两人是有些不同之点的。他们在东西文化体系中，也如七块板中的一块。虽然孔子不是宗教主，他也在那里教人做人的道理，和耶稣有其相同点。但我们今天主要在求其异。我觉得中国孔孟像是板着面孔讲话的。忠孝呀！仁义呀！道德呀！甚至说：鱼，我所欲，义，我所欲，二者不得而兼，舍生而取义。孔子说杀身成仁，孟子说舍生取义。中国人讲道德，连生命都可舍。当然，耶稣也上十字架，然而双方的讲法确有些不同。中国人讲道德，总是你该这样，该那样。你该孝，父母不慈仍该孝。你该忠，国家昏乱还该忠。西方人跑进教堂，或者晚上在自己床前跪下祷告。他说：'我错了，请上帝赦我。'西方人的宗教，像是放你一条路似的。一个儿子去从军，老母送行，没办法，只好说请上帝保佑。中国人怎样呢？如像岳武穆的母亲教他儿子，她尽说你该为国忘家，到前线再不要怕死。这就是中国道德教训和西方宗教不同之所在。中国人沉浸在此种道德教训中，似乎一举一动，处处受束缚，这里该谈到中国的文学和艺术。我认为孔孟之书，和中国的文学和艺术，是一张一弛，相互为用的。这两块七巧板配搭在一起，就有一个平衡。西方的文学、艺术，是站在人生前面的，它在鞭策你向前，倘使碰了壁，就到教堂里，上帝赦我！上帝帮我忙！他们的文学常是火辣辣的，教堂里的唱诗祷告则是温暖的。倘使我们拿中国常用的阳刚阴柔四个字来讲，孔孟道德教训是阳刚的，而中国的文学、艺术则是阴柔的。西方人的文学、艺术是阳刚的，是刺激人积极向前的，而西方人的宗教则是阴柔的，解放人、安慰人"。①

　　钱穆这里讲了一个文化中的平衡问题，实际也是人的心理平衡问题。

---

① 转引自苏丁编：《中西文化文学比较研究论集》，重庆出版社 1988 年版，第 139—141 页。

这一问题也正是文化的复杂性问题（实际也是整体性问题），而文化的复杂性正关涉到应建立什么样的文化。

文化是为了满足人的需要，人正是为满自己需要的活动才创造了文化。而人之第一位的、首先应当满足的需要是生存需要。这包括两个方面：一是自保需要，二是衣、食、住、行等物质性需要。前者决定了人必须结成社会；后者要求人必须从事为满足这些需要的活动。因为人不同于动物之处在于，现有的自然物无法满足人的生存需要，人只能以自己的产品为生。结成社会就需要有维持社会存在的行为规范，相应地，文化中也应存在"劝导"人遵循行为规范的功能；而物质性的实践活动也是一种实实在在的活动，来不得半点虚假。因此，文化中应有"教育"面向现实、不断进取的功能，否则社会无以维持和发展。然而，如果文化的功能仅限于此，人仍然仅限于动物，只是为生存而生存。同时，此种文化如果一味强调进取和发展也会使人窒息，因为它一直在压迫着向前、向前，它带给人的只是紧张、压抑、苦闷，没有给人留下片刻的喘息和对生活的享受，虽然这种文化在一段时间内会较快地推动社会的发展，但只能造就一畸形的社会，最终必被人所抛弃。正如战后的日本文化，日本人为了洗掉战败所带来的耻辱，发奋自强，使得经济飞速发展，但经济的发展却是以"过劳死"和各种社会病为代价的。

因此，应当有一个"平衡"，文化的根本目的不只是生存，而且是为了人的幸福。一方面应当有现实的、催人奋进的、教育的功能；另一方面又应有超现实的、使人心灵平和宁静的、使人放松的作用。如同既要讲个性和独立，又要讲群体和家庭。文化应当是复杂的、多样的，因为每个人的需要是复杂多样的。

钱穆前面讲中西文化都具有文化的平衡性，他的意思也许是为了说明我们的文化还有其生命力，我们不应妄自菲薄。他的这一论断似乎太过笼统，否则，我们无须再探讨这一问题。西方文化是具有让人宁静的教堂和催人进取的文学，但是，总体而言，西方文化是偏重于第二方面，尤其是在西方人的上帝"死了"之后，此种偏向更明显。西方近三百年的发展史基本上是在这一方向上发展的，今天的西方文化不能说是复杂的、平衡的。

第四节 文化的功能

文化于人而言有何价值和意义？从文化的广义看，文化是为了满足人的需要，物质文化满足人的物质需求，精神文化满足人的精神需求。当然，这只是从总体上说的，过于笼统，还需要具体化。我们这里主要从狭义文化即精神文化的角度来看看文化的作用。

先导和支撑。文化是民族生存和发展的重要力量。人类社会的每一次跃进，人类文明的每一次升华，无不伴随着文化的历史性进步。

文化对于民族生存和发展的意义首先表现在它是社会变革的先导。习近平总书记在文艺工作座谈会上指出：历史和现实都证明，中华民族有着强大的文化创造力。每到重大历史关头，文化都能感国运之变化、立时代之潮头、发时代之先声，为亿万人民、为伟大祖国鼓与呼。从鸦片战争始，中国社会一直处于急剧的变动之中，与社会的变动相伴随的是激烈的文化争论。不独中国近代，历史上每一次大的社会变革均以文化的变革为先导。春秋战国时期文化的百家争鸣为封建社会的到来作了理论准备；从14世末开始的欧洲文艺复兴运动为资本主义生产关系确立统治地位开辟了道路。而文艺复兴运动进行得比较彻底的国家，其资产阶级革命也最为彻底：18世纪法国的启蒙运动使得法国资产阶级彻底抛弃了封建专制制度；中国的改革开放之初关于真理标准问题的大讨论也为改革开放、为发展社会主义市场经济作了理论准备，等等。

那么，社会的变革为什么要以文化的革命为先导？就是因为，社会变革的主体是人民群众，推动社会变革，要靠人民群众来进行。这就首先需要启蒙，把人民从陈旧的观念、思维框架中解放出来，让他们认可变革，进而积极参与、推动变革，成为变革的主体，如此社会变革才能成功。习近平总书记指出：文艺是时代前进的号角，最能代表一个时代的风貌，最能引领一个时代的风气。"文变染乎世情，兴废系乎时序。"在欧洲文艺复兴运动中，但丁、彼特拉克、薄伽丘、达·芬奇、拉斐尔、米开朗琪罗、蒙田、塞万提斯、莎士比亚等文艺巨人，发出了新时代的啼声，开启了人们的心灵。在谈到文艺复兴运动时，恩格斯说，这"是一个需要巨人而且产生了巨人——在思维能力、激情和性格方面，在多才多艺和学识渊博方面的巨人的时代"。① 在我国发展史上，包括文艺在内的文化发展同样与中华民族发展紧紧联系在一起。先秦时期，我国出现了百家争鸣的兴盛局面，开创了我国古代文化的一个鼎盛期。20 世纪初，在新文化运动中，发端于文艺领域的创新风潮对社会变革产生了重大影响，成为全民族思想解放运动的重要引擎。②

　　文化不仅是社会变革的先导，更是一个民族生存和发展的精神支撑。人不同于动物，人是有意识的存在物，不仅有物质需要，要维持生存，而且有精神需要，需要一个心灵的家园。没有这样一个家园，人就会茫然、无助、彷徨、徘徊，就没有了人生的方向，就失去了前行的动力、激情，就体会不到人生的快乐和幸福，就会觉得自己是行尸走肉，是无根的浮萍、游荡的幽灵。而文化的最根本作用，就是为人提供精神家园，就是为人提供精神支撑。它为人类心灵提供滋养。古希腊产生了对人类文明影响深远的神话、寓言、雕塑、建筑艺术，埃斯库罗斯、索福克勒斯、欧里庇得斯、阿里斯托芬的悲剧和喜剧是希腊艺术的经典之作。俄罗斯有普希金、果戈理、屠格涅夫、陀思妥耶夫斯基、车尔尼雪夫斯基、托尔斯泰、契诃夫、高尔基，法国有拉伯雷、拉封丹、莫里哀、司汤达、巴尔扎克、雨果、大仲马、小仲马、莫泊桑、罗曼·罗兰、萨特、加缪，英国有乔

---

① 《马克思恩格斯选集》第 4 卷，人民出版社 1995 年版，第 262 页。
② 习近平：《在文艺工作座谈会上的讲话》，《人民日报》2015 年 10 月 15 日。

叟、弥尔顿、拜伦、雪莱、济慈、狄更斯、萧伯纳等大师，德国有莱辛、歌德、席勒、海涅、巴赫、贝多芬、舒曼，中国有老子、孔子、庄子、孟子、屈原、王羲之、李白、杜甫、苏轼、辛弃疾、关汉卿、曹雪芹，这些文化的巨匠以及他们创造的文化瑰宝，温润了人类的心灵，启迪了人类的智慧，激发了人类的活力，为人类生生不息、继往开来提供了重要的精神滋养和强大的精神支撑。文化之于人类，应当是一种精神上的内在需求、普遍需求，也是终生相伴的需求。恩格斯说过，"文化上的每一进步，都是迈向自由的一步"。人们需要通过文化来启蒙心智、认识社会、获得思想上的教益，也需要通过文化愉悦身心、陶冶性情、获得精神上的满足和依归。如果没有精神文化上的充实和丰盈，就不能说有真正幸福的生活和美好的人生。当前，我们正处在经济转轨、社会转型的加速期，一些人的思想困惑、精神焦虑有所增多，人文关怀、心理疏导、精神抚慰的任务更加繁重。必须在坚持"以文化人""以文育人"的同时，更好地用文化温润心灵、舒缓压力、涵养人生，更好地丰富人们精神世界，满足人们多样化多方面的文化需求，切实保障人民群众的基本文化权益。可以这样说，没有物质的繁荣，一个国家、一个民族一打就垮；没有了文化的昌盛，一个国家、一个民族不打就垮。因为，它的内部已经腐朽。

因此，一个文明进步的社会，必然是物质财富和精神文化共同进步的社会，一个现代化的强国必定是经济、政治、文化、社会协同发展的国家。随着经济建设的推进、物质文明的发展，人们越来越感到，GDP 的增长、物质财富的增加，并不是社会发展的唯一目标、终极目标。联合国教科文组织提出，"发展最终应以文化概念来定义，文化的繁荣是发展的最高目标"。有的国家甚至提出，要把文化作为发展战略的轴心，经济、社会、技术和教育战略都应当围绕这个轴心而展开。过去，我们对文化作用的认识，也往往局限于把文化作为一种手段、作为一种支撑来强调。现在看来，文化作为历史文明的积淀，作为社会发展方向的引领，解决的是人类"从哪里来、到哪里去"的问题。对人类发展来说，文化可能是更深层次、更高境界的追求。文化既是推动社会发展的重要手段，又是社会文明进步的重要目标。①

文化对于中华民族有着特殊意义。中华民族有着五千多年的文明史，近代以前中国一直是世界强国之一。在几千年的历史流变中，中华民族从来不是一帆风顺的，遇到了无数艰难困苦，但我们都挺过来、走过来了，其中一个很重要的原因就是世世代代的中华儿女培育和发展了独具特色、博大精深的中华文化，为中华民族克服困难、生生不息提供了强大精神支撑。古往今来，中华民族之所以在世界有地位、有影响，不是靠穷兵黩武，不是靠对外扩张，而是靠中华文化的强大感召力和吸引力。我们的先人早就知道到"远人不服，则修文德以来之"的道理。阐释中华民族禀赋、中华民族特点、中华民族精神，以德服人、以文化人是其中很重要的一个方面。

教化。文化的主体是人，人是推动文化进步的主体，也是享用文化成果的主体。人创造了文化，也生活于文化中，被文化所创造。文化最直接也是最根本的作用就是教化人，对人进行塑造。这也符合文化在中国古代的最初含义：文化之"化"，就是教化，就是以文化人。

社会是由人组成的，离开了人便没有社会。社会中的一切应当从人、从人之行为中得到解释，文化对人的影响主要表现为对人的行为模式的塑造。在《中国文化的展望》中，殷海光把以往的文化定义分为六类，其中第三类是规范性的定义，也即功能性的定义。我们列举其中的一二即可看出以往文化学家对文化功能的认识。维斯勒在 1929 年这样界定文化："文化是一个社群或部落所遵循的生活方式"。波格都斯的文化概念是："文化是一个社会过去和现在怎样动作和怎样思想的全部总和"。班纳特和杜朗也认为"文化是一切群体的行为模式。我们把这些行为模式叫做'生活

---

① 参见云杉：《文化自觉　文化自信　文化自强——对繁荣发展中国特色社会主义文化的思考》，《红旗文稿》2010 年第 15、16、17 期。

方式'"。① 也就是说，很多文化学家甚至直接把行为模式看作文化本身，由此可见文化与人之行为方式之间的密切联系。

文化之所以能够起到塑造人的作用，根本在于人是理性化的动物。人的活动并非动物式的适应外部环境的本能性活动，人的活动本质上是一种有目的、有意识的活动，在活动之先，人便形成了活动的目的、计划，在活动中人还要时时受意识所控制。"意识性"是人的活动的根本特性之一。由是，人的意识的性质决定了人之活动的性质，人之思维的水平决定了人之活动所可能达到的水平。而文化（狭义）正是要对人的精神发挥作用，文化的核心思维方式、道德观念、审美情趣和价值观念等正是浅层文化在人内心的积淀。

人对文化的接收带有积极、主动的性质，这里体现的正是人的主观能动性。任何一种文化的成员对于其生活于其中的文化均具有某种能动性。从知识、信仰、艺术、法律、道德到风俗习惯等，文化成员对文化的各个领域都有所选择、有所取舍。从每个人"成年"开始，就一直在选择着学习什么知识、从事何种职业、做一个什么样的人。正由于有了这种选择，所以才有了文化成员间个体的差异，才有了文化的丰富多彩和持续进步。

人接受文化具有自觉性，但文化对人的影响也具有"强迫性"。如马克思所言，"历史不是作为'产生于精神的精神'消融在'自我意识'中，而是历史的每一阶段都遇到一定的物质结果，一定数量的生产力总和，人对自然以及个人之间历史地形成的关系，都遇到前一代传给后一代的大量生产力、资金和环境，尽管一方面这些生产力、资金和环境为新的一代所改变，但另一方面，它们也预先规定新的一代本身的生活条件，使它得到一定的发展和具有特殊的性质"。② 人是社会化的动物，离开了社会人便无法生存，其表现之一便是任何新生的一代均不是在空无的基础上进行生

---

① 殷海光：《中国文化的展望》，上海三联书店 2002 年版，第 32—33 页。
② 《马克思恩格斯选集》第 1 卷，人民出版社 1995 年版，第 43 页。

活，他们不仅必须接受先代创造的东西（首先是接受，而后是取舍），而且必须与他们的父辈、祖父辈、甚至是曾祖父辈生活在一起。从其牙牙学语开始，他们就开始接受他们祖先一直在说着的语言，模仿其父辈的生活习惯，学习其父辈留传下来的知识，做他们的父辈所做的礼拜。然而，所有这些并非他们的选择，不如此，他们便无法沟通，无法进入这个社会，享受这个社会的便利，维持自己的生存。这就造成：文化是怎样的，在此文化氛围下生长起来的人也只能是怎样的。中国传统文化之下只能培养出中国人，西方文化只能塑造西方人。文化在人心理上的积淀成为人的第二天性，成为人一生都难以破解的"文化密码"，它一旦形成（意即一旦成为一种文化的真实一员），即使移居别种文化环境中，也难以摆脱。

比如中国学生到美国，一般很难适应其教育方式。在美国，有一种叫作"专题讨论班"（Colloqium）的教学。这种教学设置一个学术专题，召集不同专业的学生，让其对此专题自由发表自己的看法。教师在此类教学中仅起到使讨论能够自由、热烈地进行下去的技巧性的作用。这种教学意在鼓励学生主动思考和开发其创造性思维。有时参与讨论的学生来自完全不同的专业，哲学专题讨论班也许有大半学生是学理工的。而中国的教育是把师长视为"授业解惑"者，教师具有绝对权威，是知识真假、对错的审判官。同时，一般的中国学生仅与相同专业的同学讨论问题。这种教育形成了中国学生仅从特殊角度思考问题的单向度思维模式。因此，初到美国，中国学生对于此类没有"权威"、没有观点并且大多数的发言缺乏专业知识基础的讨论无法适应，要么不屑于与"隔行"的"外行"辩论，一堂讨论课始终闭口不言，要么充满激情（不是客观地、理性地）地驳斥别人一番，弄得讨论班成了战场，充满了火药味。中国人不善于在此类讨论中发言除传统的教育方式外，还与中国人的人格结构的求同性和惧于凸显自我有关。这种文化特点使得从事社会科学的中国人很难在国外有所作为。本尼迪克特对此常有论述："谁也不会以一种质朴原始的眼光来看世界。他看世界时，总会受到特定的习俗、风俗和思想方式的剪裁编排。即使在哲学探索中，人们也未能超越这些陈规旧习，就是他的真假是非概念也会受到其特有的传统习俗的影响……个体生活的历史中，首要的就是对他所属的那个社群传统上手把手传下来的那些模式和准则的适应。伊始，社会的习俗便开始塑造他的经验和行为。到咿呀学语时，他已是所属文化的造物，而到他长大成人并能参加该文化的活动时，社群的习惯便已是他的习惯，社群的信仰便已是他的信仰，社群的戒律亦是他的戒律。每个出生于他那个群体的儿童都将与他共享这个群体的风俗，而出生在地球另一方面的那些儿童则不会受到这些习俗丝毫影响。"①

文化学界曾有人编了一则小幽默说明文化对人的影响。这个故事说的是，在一间咖啡屋里，一名侍者给四位不同的客人端来了咖啡，每人的咖啡里都恰巧掉进一只苍蝇，四位客人分别是日本人、英国人、美国人和中国人。日本人看到咖啡里有苍蝇，马上生气地拍着桌子对侍者大叫："把你们的经理找来"，经理来后，日本人教育了他一通如何管理、如何经营的学问。英国人看到杯里有苍蝇，则从兜里掏出钱放到桌上，一声不响地走了。美国人则捻了一个响脆的手指，潇洒地向侍者招手："Waiter, come here!"等侍者来后，他告诉侍者，在我们美国，如果客人想吃苍蝇，一定把苍蝇单独放在一个盘子里，和咖啡分开，客人爱吃几只自己去加。而中国人则是用牙签挑出苍蝇，把咖啡喝下，付钱走人。这则小故事说明日本人善于管理，也以管理自负；英国人具有绅士风度；美国人比较幽默、活泼；中国人则比较讲和谐，万事和为贵，对人对事善于容忍。可以说，正是在不同的文化背景下，才形成了四个国家的人的不同性格，而这些性格在其生活的每一侧面均顽强地表现出来。

可以说，文化最大的特质，就是具有极强的渗透性、持久性，像空气一样无时不在、无处不有，能够以无形的意识、无形的观念，深刻影响着有形的存在、有形的现实，深刻作用于经济社会发展和人们生产生活，深

---

① 露丝·本尼迪克特：《文化模式》，三联书店1988年版，第5页。

刻影响和塑造着生活于其中的每个人。只要我们生长于某种文化中，不论我们愿意与否，不论我们是否意识到，都会受到此种文化的影响，都会按照此种文化的"密码"来行事。

正是由于文化具有塑造人的作用，所以一个社会的统治阶级不仅要掌握这个社会的物质力量，而且要掌握精神阵地，占领文化阵地。换言之，在阶级社会，每一时期占统治地位的思想只能是统治阶级的思想，非意识形态化是完全不可能的。

文化的经济化和经济的文化化。按照马克思主义理论，精神文化是在物质文化的基础上产生的，它反过来对物质文化也具有能动作用，可以推动物质文化的发展。在物质劳动与精神劳动尚未分离的原始时代，文化本身即是作为物质生产的一个环节，服务于物质活动，比如捕猎前的祭祀活动等。当精神生产独立出来之后，文化的这一功能并没有消退。在一定意义上，精神生产之所以要独立出来正是为强化这一功能。特别是随着社会的发展，文化对经济的作用越来越大，文化与经济的融合程度越来越高，文化越来越经济化，经济也越来越文化化。人类似乎进入到一个否定之否定的新阶段：最初精神活动作为物质生产活动的一个环节；人类社会的很长一段时间物质生产与精神生产分离；现在开始物质活动尤其是经济活动与文化活动进入新的融合期，到最后在未来的理想社会即共产主义社会，物质生产也成为自由自觉的活动，物质生产活动与精神文化活动真正"融合"起来。

现代世界经济发展史表明，发达程度越高，文化产业支柱性作用就越明显，对经济增长的贡献就越大。从我国情况看，近些年文化消费需求日益旺盛，文化产业得到迅猛发展，比同期国内生产总值增速高出很多，成为经济社会发展的一个突出亮点。可以说，文化产业已成为国民经济的重要组成部分，而且创造出巨大的社会财富。只有当文化表现出比物质和货币资本更强大力量的时候，当经济具有更多文化含量的时候，经济发展才能进入更高层次、更高水平，才能具有可持续发展的后劲。进一步说，经济文化化已成为不可阻挡的新趋势，文化与经济相融合产生的竞争力，成为一个国家最根本、最持久、最难替代的竞争优势。文化既直接贡献于经济增长，又对提升经济发展质量发挥着重要作用。①

第五节　文化的变迁

　　文化不是历史的现成物，而是一个动态的、不断发展的过程，如此才有了古代文化、近代文化、当代文化之分，才产生了传统文化现代化的问题。那么，文化是如何变迁的？文化发展的规律是什么？文化发展的机制是什么？文化发展的动力何在？这是讨论文化必须回答的问题。

　　文化因生产方式的变迁而变迁。作为唯物主义者，我们承认观念的东西不外是移入人的头脑并在人的头脑中改造过的物质性的东西而已。精神文化发展的动因不应从文化内部、而应从文化以外、从物质性的东西中来寻找。循此思路，不难发现，文化的发展源于生存方式的变化。

　　生存方式是指人类生存的条件和生存的样式。它包含两个层次：生产方式和生活方式。生产方式即生产力和生产关系，生活方式指人类日常的食、衣、住、行等生活条件和行为习惯。文化作为社会的精神产品，它只能产生于社会的物质性东西的基础之上，而生存方式正是社会之中的"物质"。文化正是在生存方式的基础之上产生的，特定的生存方式决定了特定的文化样式。比如中国古代农业生产方式和生活方式决定了中国传统文化本质上是一种农业型文化，农业生产方式的那种自给自足、依赖天时、固着于土地（世世代代在同一块土地耕作，收成的好坏依赖于土地的肥瘠）等特点，形成了封闭的、简朴的、以家庭为核心的农民式的生活方式，进而产生了朴素的、体验的、注重伦理道德的"农民式"的思维，使

---

① 参见云杉：《文化自觉　文化自信　文化自强——对繁荣发展中国特色社会主义文化的思考》，《红旗文稿》2010 年第 15、16、17 期。

中国文化成为一种农业型文化。而古代西方的生产方式则是农商并举，希腊半岛三面环海、土地稀少的特点决定了古希腊人不仅以农业为生，而且以商业为本，甚至商业的收入要超过农业。这样一种生存方式形成了西方人特定的文化样式。正如冯友兰所言："希腊人生活在海洋国家，商业维持其繁荣。他们根本上是商人。商人要打交道的首先是用于商业账目的抽象数字，然后才是具体的东西，只有通过这些数字才能直接掌握这些具体东西。这样的数字，就是诺思罗普所谓的用假设得到的概念。于是希腊哲学家也照样从这种用假设得到的概念为其出发点。他们发展了数学和数学推理。为什么他们有知识说问题，为什么他们的语言如此明晰，原因就在此。"① 也就是说，商业生产方式决定了商人生活方式，进而形成了注重理性、逻辑、抽象的思维方式，由此形成了一种完全不同于中国传统文化的文化形态。

既然文化的变迁取决于生存方式的变化，而生存方式的变化有两种：量变和质变。当原有的生存方式在自身性质许可的范围内发生变化时，文化也随之作相应的改变。比如从中国文化的产生一直到近代，中国传统的生存方式一直没有发生根本的变化，但也没有停滞不前，它一直在缓慢地发展，其间也经历了几次小的质变。生存方式的每一点变化都或先或后、或强或弱地必在文化中有所反映。文化的这样一种量变过程实际是旧有文化获得新的生存空间的过程，此为文化的"新生"。然而，一个民族的生存方式不可能只在一种性质中演变，当量的积累到一定程度时便会出现生存方式的质变。一旦生存方式发生质变，文化也必须进行根本性的置换。此为文化的"再生"。这是在新的生存方式的基础上创造根本不同于旧文化的新文化的过程。

一般而言，一种文化在其形成之初便隐含着较大的发展空间。换言之，一种文化在其初生之际并未全部展开，它仅呈现了文化空间的部分。

① 冯友兰：《中国哲学简史》，北京大学出版社 2012 年版，第 33 页。

伴随着生存方式的发展，文化空间会逐步展开并深化。也就是说，一种文化，它对生存方式的适应域非常开阔，生存方式的部分质变无须根本变革业已成形的文化。然而，往往会发生这样的情况，伴随着文化的发展，展开的文化空间会遮蔽尚未展开的文化空间，妨碍文化的进一步发展。此时文化就需要"返本开新"，借助于返归文化的源头去除业已展开的文化，从而开拓出文化发展的新空间，意即扫除文化展开的障碍。这是在生存方式尚未发生根本质变的情况下文化"新生"的一种方式。但是，一旦生存方式发生根本性的置换，"返本开新"就无法产生适应于生存方式的新文化，因为借助于"返本"开出的空间并不是真正新的，而是旧有文化的生存空间，是旧有文化思维方式的展开。此时，文化需要"再生"，要依据新生存方式重新创造。

具体到中国传统文化的现代化问题，以往的中国传统文化或者说传统文化赖以生存的土壤是农业生存方式，而今中国正由农业国向工业国过渡，原有的生存方式正在被全新的生存方式所取代，出现了新的工业、商业、市场经济等，中国传统文化已无法适应现代生产方式的发展，所以中国文化的现代化正是中国文化的再生，而非"返本开新"式新生。现代新儒学大师们试图借助于复兴儒学来建设现代中国文化不过是一厢情愿的良好愿望而已。

文化因交流而丰富。生存方式的变化仅是文化变迁的一个成因，文化的变迁也常常由他种文化的"入侵"而造成。由于生存空间的狭窄和生存资料的有限，不同文化的接触、碰撞难以避免。当两种文化接触时，文化间的交流和相互吸引也同样难以避免，"甲可能从乙那里撷取文化要件，乙也可能从甲那里撷取文化要件"。[1] 文化的交流实则是文化的濡化（acculturation），在濡化的过程中，文化必然发生种种变迁。习近平总书记指出："文明因交流而多彩，文明因互鉴而丰富。任何一种文明，不管

---

[1] 殷海光：《中国文化的展望》，上海三联书店 2002 年版，第 43 页。

它产生于哪个国家、哪个民族的社会土壤之中，都是流动的、开放的。这是文明传播和发展的一条重要规律。"①当然也是文化发展的一条规律。

中华文明经历了五千多年的历史变迁，是在中国大地上产生的文明，也是同其他文明不断交流互鉴而形成的文明。公元前 100 多年，中国就开始开辟通往西域的丝绸之路。汉代张骞于公元前 138 年和前 119 年两次出使西域，向西域传播了中华文化，也引进了葡萄、苜蓿、石榴、胡麻、芝麻等西域文明成果。西汉时期，中国的船队就到达了印度和斯里兰卡，用中国的丝绸换取了琉璃、珍珠等物品。中国唐代是中国历史上对外交流的活跃期。据史料记载，唐代中国通使交好的国家多达七十多个，那时候的首都长安里来自各国的使臣、商人、留学生云集成群。这个大交流促进了中华文化远播世界，也促进了各国文化和物产传入中国。15 世纪初，中国明代著名航海家郑和七次远洋航海，到了东南亚很多国家，一直抵达非洲东海岸的肯尼亚，留下了中国同沿途各国人民友好交往的佳话。明末清初，中国人积极学习现代科技知识，欧洲的天文学、医学、数学、几何学、地理学知识纷纷传入中国，开阔了中国人的知识视野。之后，中外文明交流互鉴更是频繁展开，这其中有冲突、矛盾、疑惑、拒绝，但更多是学习、消化、融合、创新。

佛教产生于古代印度，但东汉末年传入中国后，经过长期演化，到隋唐时期，佛教同中国儒家文化和道家文化融合发展，最终形成了具有中国特色的佛教文化，形成了禅宗、华严宗、净土宗、律宗、唯识宗、密宗等六大中国化的佛教派别，给中国人的宗教信仰、哲学观念、文学艺术、礼仪习俗等留下了深刻影响，至宋明时期，形成了宋明理学，带来了中国传统文化的又一次繁荣。中国人不仅根据中华文化发展了佛教思想，形成了独特的佛教理论，而且使佛教从中国传播到了日本、韩国、东南亚

① 习近平：《在纪念孔子诞辰 2565 周年国际学术研讨会暨国际儒学联合会第五届会员大会开幕会上的讲话》，《人民日报》2014 年 9 月 25 日。

等地。①

近代以来，随着基督教传入中国，中西文化开始"融合"。尽管起初是被迫打开国门，但是，为了应对强敌，中国人由被动到主动，由封闭到开放，逐渐开始吸收西方文化的优长。在西方文化的"刺激"下，中华文化由里到外、由表层到深层，都发生了翻天覆地的变化。今日的中华文化，正是中西文化"融合"的结果。当然，中华文化受外来影响，同样，中华文化也影响了他种文化。中国的造纸术、火药、印刷术、指南针四大发明带动了世界变革，推动了欧洲文艺复兴。中国的哲学、文学、医药、丝绸、瓷器、茶叶等传入西方，渗入西方民众日常生活之中。可以说，世界各国文化正是在这种交往、交流、融合过程中，不断丰富和发展。

文化的交流和融合可以分为几种不同的情况。一种是强弱不同的两种文化相互碰撞。此种情况下，自保和自尊的需要常常促使弱者极力吸取强者的文化，以图"师夷长技以制夷"。不论两种文化的接触是以"流血"开始还是和平的交流，弱者的变迁均带有被迫的性质。因为如果让弱者独立发展，也许它并不会发生这种变迁。近代以来中国的文化变迁，如果没有西方文化的入侵，中国封建专制制度不会这么快走向消亡。尽管清朝政府也许已走到它的"极限"，但新生政权也许仍然重演封建社会已重复多次的循环——王朝的更替、农业生产方式的延续。当然，在这种情况下，强者也会从弱者那里吸收某些文化要件，强者也要变迁，只不过变迁的程度远不及弱者。另一种是势均力敌的两种文化的交流。大多数情况下，此类交往常常表现为一种经济、文化、政治的交往，当然也不排除从军事的对抗开始。由于双方地位平等，如果渠道畅通，且两种文化均不具有顽固的排外情绪的话，文化交流的结果是促进双方文化的共同发展。但现实情况往往比较复杂，处于平等地位的两种文化的交流所导致的两种文化变迁的程度时常并不一致。这与文化本身的特质、文化交流的渠道、文化所吸

---

① 习近平：《在联合国教科文组织总部的演讲》，《人民日报》2014年3月28日。

取的要件等因素相关。

从历史上看，现代之前的文化交流虽不乏和平的往来，但从对文化变迁所起的作用而言，由军事斗争所引发的文化交流占据主导地位。中国传统文化产生和发展的历史实际是华夏族文化与周边少数民族文化不断融合的历史，也在一定意义上是一部华夏族与周边民族的战争史。而整个近代的文化交流史实际是欧洲的资本主义文化入侵亚、非、美洲的原始文化、奴隶文化、封建文化的血腥历史。类似的文化交流之所以能发挥较大作用，在于文化弱者要么接受或者大量吸收外来的先进文化，要么走向消亡。当然，从未来走向看，伴随着生产力的发展和科学技术的进步，地域无法再成为文化间交流的限制，平等的文化交流在文化变迁中的作用愈来愈大。尤其在当代，由于人类理性化水平的提高和世界的多极化发展，也由于世界经济日益走向一体化，大规模的武装冲突、不同种类的文化对抗已很难发生，和平的文化交流的作用更加凸显出来。

文化的碰撞、接触对文化变迁的作用是借助于生存方式来实现的。两种文化的交流（不论是和平的还是军事的）首先是在器用层面即物的层面开始，而后逐层深入的。如果生存方式（尤其是生产力）不发生变化，则文化的变迁只能在浅层次游动，无法深入到文化的深层。正如近代中国以来的文化变迁一样。从第一个耶稣会士来华开始，特别是从 1840 年鸦片战争开始，中西文化就开始了大规模的接触。然而，时至今日，我们的科学技术仍然没有赶上西方；从 1807 年的第一次文化论战开始，文化论战也已进行了一百多年，然而适应现代社会发展的新文化仍然没有再生出来。是以往的文化争论没有触及根本、不够深入吗？当然不是。事实上，当今文化学界的很多论点早在新文化运动时期便已提出，那时的文化精英对中西文化的分析、对中国传统文化如何现代化的认识可谓入木三分。现代文化没有确立的根本原因在于生存方式没有根本改变。虽然 19 世纪下半叶我们即开始由农业自然经济向工业经济过渡，但这一过渡至今仍然没有完成。也就是说，生存方式没有发生根本变化，外来的影响不会导致文化的根本变迁。在这里，唯物主义又一次"显示"了自己的正确性。

事实上，文化交流所引起的文化变迁也分为两种情况：当两种"同质"的文化接触时，文化变迁既是互动的，又是量的变化。因为此时对外来文化的接收无须完全舍弃自身的文化要件，而且维持自身文化主体的存在才使得吸收外来文化要件充满意义；当两种水平、所处时代不同的文化发生碰撞时，文化变迁通常主要发生于文化弱者内部，并且往往是质变。此类质变又分为两种：一种是新文化的再生，一种是文化的中断（历史上时常发生此类情形，如古希腊文化由于罗马的入侵而中断，许多少数民族的文化因民族的同化、"消失"而中断等）。不论是以军事斗争的形式开始的文化碰撞，还是以和平的方式进行的文化交流，文化的再生均不是一个暂短的过程，它必然要经历几番痛苦的波折。如中西文化的接触所引发的中国文化的变迁正是如此。只不过前一种文化交流形式会使得文化变迁的速度加快而已。然而，文化中断却是只有从军事对抗开始的文化对撞才会导致的文化现象。

既然文化交流是文化变迁或者文化发展的规律，那么，就应该尊重他种文化，维护世界文明、文化的多样性，因为交流是以不同文化的存在为前提的，若是世界上只有一种文化，何来交流？正如习近平总书记所说："物之不齐，物之情也。"和而不同是一切事物发生发展的规律。世界万物万事总是千差万别、异彩纷呈的，如果万物万事都清一色了，事物的发展、世界的进步也就停止了。每一个国家和民族的文明都扎根于本国本民族的土壤之中，都有自己的本色、长处、优点。不同国家、民族的思想文化各有千秋，只有姹紫嫣红之别，而无高低优劣之分。每个国家、每个民族不分强弱、不分大小，其思想文化都应该得到承认和尊重。

因此，我们应该维护各国各民族文明多样性，加强相互交流、相互学习、相互借鉴，而不应该相互隔膜、相互排斥、相互取代，这样世界文明之园才能万紫千红、生机盎然。在长期演化过程中，中华文明从与其他文明的交流中获得了丰富营养，也为人类文明进步作出了重要贡献。丝绸之路的开辟，遣隋遣唐使大批来华，法显、玄奘西行取经，郑和七下远洋，等等，都是中外文明交流互鉴的生动事例。儒学本是中国的学问，但也早已走向世界，成为人类文明的一部分。"独学而无友，则孤陋而寡闻。"对人类社会创造的各种文明，无论是古代的中华文明、希腊文明、罗马文明、埃及文明、两河文明、印度文明等，还是现在的亚洲文明、非洲文明、欧洲文明、美洲文明、大洋洲文明等，我们都应该采取学习借鉴的态度，都应该积极吸纳其中的有益成分，使人类创造的一切文明中的优秀文化基因与当代文化相适应、与现代社会相协调，把跨越时空、超越国度、富有永恒魅力、具有当代价值的优秀文化精神弘扬起来。

　　学习外来文化，有一个"本土化"的问题。一种外来文化，特别是其中包含的价值观念和思维方式，要想真正在一个国家、一个民族中扎下根，就必须"本土化"，就要与该民族自身的文化相融合，否则，就会水土不服。殷海光说："当着外来文化与原有文化接触时，其中含有两个价值系统的接触。外来文化要件合于原有文化价值，或至少不与之冲突时，才可能比较容易得到广大的接受。当众人直接看到带入新价值的改革可有助益于增进既成价值时，便比新的价值单独出现容易被一般人接受。所以，当着有人采用新的价值时，常以大家已经接受了的价值作为引介或导诱定义。这是价值变迁过程程序中的'移花接木'法。例如，有人要把'民主'的观念介绍到中国来，便说'民主'是中国固有的东西，中国自古就说'君为轻，民为贵'。尽管这是附会其词，但是毕竟减少一点若干人对'民主'观念的抗力。"①

　　马克思主义传入中国后的"命运"最能说明文化本土化的意义。中国共产党成立之初，由于在思想上不成熟，对马克思主义和共产国际抱着一种教条主义的态度，照搬苏联经验来指挥中国革命，结果造成了大革命的失败。后来，中国共产党人总结经验教训，从失败中奋起，坚持把马克思主义与中国实际相结合，坚持马克思主义中国化，形成了毛泽东思想和中

---

① 　殷海光：《中国文化的展望》，上海三联书店 2002 年版，第 52 页。

国特色社会主义理论体系，从而领导中国人民取得了革命、建设、改革的伟大胜利。这说明，一种外来文化要想真正在一个民族扎下根，就必须和这个民族的传统文化相融合，与这个民族的客观实际相结合，就必须本土化。这也说明，进行文明相互学习借鉴，要坚持从本国本民族实际出发，坚持取长补短、择善而从，讲求兼收并蓄，但在这里兼收并蓄不是囫囵吞枣、莫衷一是，而是要去粗取精、去伪存真。

文化因继承而延续。不忘历史才能开辟未来，善于继承才能善于创新。文明特别是思想文化是一个国家、一个民族的灵魂。无论哪一个国家、哪一个民族，如果不珍惜自己的思想文化，丢掉了思想文化这个灵魂，就割断了精神命脉，就丢掉了国家、民族传承和发展的根本，这个国家、这个民族是立不起来的。进言之，文化发展的一条重要规律就是，文化发展不是"无中生有"，文化是累积、积淀的，前人取得的成就可能是羁绊，但更是基础。正如习近平总书记指出的："每一种文明都延续着一个国家和民族的精神血脉，既需要薪火相传、代代守护，更需要与时俱进、勇于创新。"

当然，传统文化在其形成和发展过程中，不可避免会受到当时人们的认识水平、时代条件、社会制度的局限性的制约和影响，因而也不可避免会存在陈旧过时或已成为糟粕性的东西。这就要求人们在学习、研究、应用传统文化时坚持古为今用、推陈出新，结合新的实践和时代要求进行正确取舍，而不能一股脑儿都拿到今天来照搬照用。要坚持古为今用、以古鉴今，坚持有鉴别的对待、有扬弃的继承，而不能搞厚古薄今、以古非今，努力实现传统文化的创造性转化、创新性发展，使之与现实文化相融相通，共同服务以文化人的时代任务。

对传统文化的态度问题，并不是像表面看起来那么简单，并不一定是在否定与继承之间的二选一，有些时候，否定是为了更好地继承。也许我们可以从鲁迅对传统文化的态度中得到某种启示。

鲁迅说过这样一段话：中国人的性情是喜欢调和的，折中的，譬如你说，这屋子太暗，须在这里开个窗子，大家一定不允许的，但如果你主张拆掉屋顶，他们就会来调和，愿意开个窗子。鲁迅先生的这段话一方面是在讲国民的劣根性，中国人一向讲中和，《中庸》有云："喜怒哀乐之未发，谓之中；发而皆中节，谓之和。中也者，天下之大本也；和也者，天下之达道也。致中和，天地位焉，万物育焉。"这里所谓的"中"是指既不过也没有不及，即恰到好处。公元前 3 世纪宋玉描写一位美女曰："增之一分则太长，减之一分则太短，着粉则太白，施朱则太赤。"（《登徒子好色赋》）中国人把这种"中"的观念扩展至个人行为和认识事物的一切领域。就感情而论，尚未发生时，无所谓过与不及，而一旦发生了，如果没有走向极端，也是中。中国人以中和为准则来处理一切问题必然导向一种懒惰、老好人的心理，导致是非问题上的模糊主义、情感上的节欲主义、现实生活中的调和主义。鲁迅正是要揭示这种劣根性。另一方面，更为主要的是，鲁迅是在为自己的反传统文化的主张作辩护。五四时期，鲁迅、胡适、陈独秀、李大钊等一大批新文化运动的领袖人物，均主张应彻底抛弃传统文化，不同程度、在不同的意义上主张"全盘西化"。他们的理由有二：其一，东洋文明"百事不如人，不但物质上不如人。不但机械上不如人，并且政治、社会、道德都不如人"。因此，我们急需的新觉悟就是我们自己要认错，不要怨天尤人，"不要尽说是帝国主义者害了我们，那是我们自己欺骗自己的话！……试想想何以帝国主义的侵略压不住日本的发愤自强？何以不平等条约捆不住日本的自由发展？"这是第一步，即要认错。"第二步便是死心塌地的去学人家。老实说，我们不须怕模仿。'学之为言效也'，这是朱子的老话。学画的，学琴的，都是跟别人学起；学的纯熟了，个性才会出来，天才才会出来。"① 其二，全盘西化之所以必需，还在于中国文化的特点，也即鲁迅上面所揭示的中国人的劣根性。如果仅主张对传统文化要"扬弃"，既继承又舍弃，即说传统文化有很多的优长，又说包含许多糟粕，中国人肯定会说，既然包含很多优长，任何东西都不

---

① 　殷海光：《中国文化的展望》，上海三联书店 2002 年版，第 343、343、344 页。

是完美的，何必改变？但如果有人主张全盘否定，这时才会触动中国人，才会使其有所改变。也就是说，五四时期"西化"派的一些代表并不是认为西方文化一切皆好、中国传统文化一无是处，他们中的许多人都曾到过西方，比如胡适年轻时曾留学于美国的康乃尔大学和哥伦比亚大学，并成为实用主义者杜威的得意门生。同时在那时，由于第一次世界大战和西方"社会病"的出现，西方的很多学者也对自己的文化发生了怀疑，提出了批评，并把目光转向东方，称颂东方文化对人生问题的解决。但在这种情况下，他们却大肆宣扬西方文化优于我们，这实际是对文化发展方式的选择，是试图借助于一种"形而上学"的手段来达到辩证目的。

实际上，鲁迅等人的"全盘西化"并非真正的全盘接受，他们并没有接受西方的吸毒、卖淫和自杀：他们否定传统文化，但他们仍然在说和用着中国人的语言，穿着（部分人）中国传统的长袍。他们否定的主要是传统的思维方式、道德观念、价值体系、审美情趣，他们认为正是这些文化深层中的东西阻碍着文化的发展。台湾著名学者殷海光是"西化派"中的重要一员，他就曾对极端的西化学者做过批判："主张'全盘西化'的人士不明了文化的变迁不可能一蹴而就，文化特征的吸收也不是说要吸收就能吸收的，任何人不可能把他们代代相传的文化从后门完全赶出去，从前门把一个新文化象迎新娘子似的迎进来。文化的变迁无论怎样是有联续性的。每个新的文化特征，细细追溯及分析起来，常是以过去的文化特征作要素组合而成的。我们试想汽车的出现，有赖于过去的发明有多少件！在社会组织方面的新发明，情形还是相似……这里就有一个联续的发展。牛顿说，'我看的比较远，因为我是站在巨人肩背上的'。这里所说的巨人，就是人类。靠着人类的努力，大发明家才有所凭借。我们不要想到实行一次'文化洗脑'，来欢迎西方文化。这既不可能，又无必要。"① 这就说明一些"西化派"并不真正否弃传统。

① 殷海光：《中国文化的展望》，上海三联书店 2002 年版，第 366 页。

那么，此种方法是否是文化发展的一般路径呢？我们认为，当一种文化处于再生之际，当传统的势力足够强大、传统的影响深入骨髓之时，文化发展常常只有采取"形而上学的手段"才能真正达到辩证目的。特别是对于作为文化内核的思维方式和价值观念，要想从中挣脱出来，就必须首先要"彻底"否定。文化的再生之所以要否定传统的文化思维方式在于：思维方式是一个有机的整体，人们只能在思维而无法在现实的思维活动中将其分开。庞朴说过："传统的这些正负方面，或者说它的优点和缺点，还不是分别盛放在两个箱子里，象我们用二分法分析了的那样，它们本来浑然一体，自成系统，优点参合着缺点，负面牵连正面，所以显现这些缺点，正因为具备那些优点"。思维方式的这一特点决定了在尚未从旧文化思维方式中解脱出来之前，吸收它的优点同时意味着接受其缺点，而只有在思维真正从旧思维中挣脱出来之后，才能真正看清传统中哪些是优、哪些是劣，也才能真正把握现实的生存方式的变化。

有人担心，此种文化再生的方法是否会消融文化的民族性。我们认为这种担心完全没有必要。因为，其一，全盘否定仅是一种手段；其二，全盘否定的仅是文化的核心部分；其三，即使是对传统文化进行全盘否定，也是为了再生新文化，维持一个民族的生存和发展，而只要民族不消亡，文化的民族性便不会消失；其四，全盘否定仅是特定时期的特定手段，而不是一般的文化发展规律。

文化因自觉、自信而自强。所谓文化自觉，主要指一个民族、一个政党在文化上的觉悟和觉醒，包括对文化在历史进步中地位作用的深刻认识，对文化发展规律的正确把握，对发展文化历史责任的主动担当。[①] 文化自觉，首先是对自身文化发展状况的清醒把握，是对文化现状的不满和忧虑，是对文化繁荣的向往和追求，它是一种内在的精神力量，是文化繁荣发展的思想基础和先决条件。一种文化，当它与经济社会同步时，文化

---

① 参见云杉：《文化自觉　文化自信　文化自强》上，《红旗文稿》2010 年第 15 期。

自觉显现不出它的力量；但是，一旦文化落后于经济社会发展，落后于人民群众对文化的需求，文化自觉的重要性就会凸显，文化发展就需要形成共识、凝聚力量，就需要确定目标、谋划战略、制定规划、提出举措。有了文化自觉，才能真正认识文化发展的价值和意义；有了文化自觉，才能激发推动文化繁荣发展的激情，文化发展才有了积极性、主动性；有了文化自觉，才能认清现实，找到问题，提出切实可行的文化发展举措。

自信非常重要。党的十八大以来，习近平总书记用得较多、讲得较多的一个词就是自信，先是道路自信、理论自信，后来是制度自信、文化自信。经济学里有个预期学派，讲经济预期对于经济的作用。据经济学家推算，经济预期对经济的影响大概在0.5%—1%，这个数字已经很大。这在股市上表现得非常明显，如果众多权威投资机构都追捧一个股市，就会把它抬起来；如果唱衰，就能够把它压下去。这就像心理暗示，心理暗示可以引导这个人往暗示的方向走。人是如此，经济发展亦如此，整个社会发展也如此。有了自信，就可以调动一切力量，为了目标而努力，如果自己都放弃了，没有前行的动力，目标不可能自动实现。

文化自信，是一个国家、一个民族、一个政党对自身文化价值的充分肯定，对自身文化生命力的坚定信念。文化自信，表现为对本民族的文化感到骄傲和自豪，以礼敬、虔诚的态度对待本民族的文化，对于中国人而言，就是要以生而为中国人为荣；表现在充分肯定本民族文化对于民族生存和发展的价值和意义，对其发展前景充满信心，相信本民族的文化一定会走向辉煌；表现在对本民族文化的守护、坚守、坚持，就是要坚持自己的文化发展道路，就是要努力发展本民族的文化，推动其大发展大繁荣。文化自信的核心和根本是对自身文化发展道路的坚持，对自身文化发展方向的坚定，对自身文化价值的坚信。

总之，对于文化发展而言，自觉是前提，自信是基础，有了自觉和自信，文化就能自强。当然，文化发展不像经济发展那样，可以短时期内见效益。"文化涉及人们的情感记忆、思维习惯、精神感悟，涉及人们的历史认知、观念认同、理想追求。这些都需要时间的淘洗、实践的锤炼、长期的孕育。文化建设是在精神领域搞建设，与盖大楼、修高速公路不一样，不是三年五年能见效的，如果没有长期的积累，就不可能有大的飞跃。历史上有影响的文化经典名篇、文化大家大师，都是在人类文化长期积淀和接力推进中问世和诞生的，不是一朝一夕能出现的。有人说，如果政治制度变革需要 6 个月，经济体制变革需要 6 年，那么文化的改变至少需要 60 年，甚至更长的时间。这是一种形象的说法，但文化的变迁确实是一个漫长的过程。推进文化建设，既要有紧迫感，也要看到长期性，有足够的耐心和坚持，做到重在建设、注重积累，持之以恒、久久为功，决不能心浮气躁、急功近利，更不能用暴风骤雨、搞运动的方式来进行。"①特别是文化的核心层次思维方式和价值观念，更不是短期内就可以改变或树立，需要长期的、潜移默化的过程，需要一个认知、认同、内化进而外化的过程，需要耐心，需要长期坚持不懈地努力。

---

① 云杉：《文化自觉　文化自信　文化自强》上，《红旗文稿》2010 年第 15 期。

第三章 世界上没有两片完全相同的树叶

　　古希腊哲学家苏格拉底说过：未经省察的生活是不值得过的。人如何"省察"自己的生活，人选择什么样的生活，其依据就是价值观。一个社会、一个国家，如何凝聚起来，如何实现稳定、团结，如何形成积极、向上的精神状态？靠的也是价值观。价值观对于个人、社会、国家都非常重要。那么，什么是价值体系和价值观？什么是核心价值体系和核心价值观？这就要从价值谈起。

第一节　价值

　　基督教神学、教父哲学的重要代表人物奥古斯丁曾经指出："时间究竟是什么？谁能轻易概括地说明它，谁对此有明确的概念，能用言语表达出来？可是在谈话之中，有什么比时间更常见、更熟悉呢？我们谈到时间，当然了解，听别人谈到时间，我们也领会。那么时间究竟是什么？没有人问我，我倒清楚，有人问我，我想说明，便茫然不解了。"[①] 日常生活中有很多这样的概念，我们经常使用它们，觉得非常熟悉，但一旦试图对它们下一个定义时，就会茫然不知所措。价值也是这样的一个概念。在日

---

① 奥古斯丁:《忏悔录》，商务印书馆 1963 年版，第 242 页。

常生活中，价值的"出场率"非常高，什么"人的价值""价值观""经济价值""科学价值"、什么事情"价值不大"，等等，但是，如果有人追问什么是价值，不同的人会有不同的回答，很多回答也可能不着边际。价值是物或事本身的属性还是物本身的价格？是主体自身的需要还是客体对主体需要的满足？是主观的还是客观的？是相对的还是绝对的？在这些用语和问题面前，不要说普通人，即使是研究此问题的一些学者，也常常感到眼花缭乱、不知所措。

在中国古代典籍中，"价"最初的意思是"物品的价钱"，"值"有相当的意思，也可以表示物品的价钱，两个字连用，基本都是"物价"的意思，如"备其逋租，高其价直，严以期会"①，这里的"价直"就是指价值。在西方，价值最初被当作一个经济学的概念，用来描述物品的效用或交换中的比价关系。直到19世纪中叶，西方思想家才把价值拓展到哲学领域。被一些哲学家称为"价值哲学"创始人的德国哲学家赫尔曼·洛采（Hermann Lotze）是较早在非经济学意义上使用价值概念的思想家，他把世界划分为事实、普遍规律和价值三大领域，并认为只有价值才是目的，其他都是手段。洛采的思想经由文德尔班、李凯尔特等人发扬光大，他的价值概念因而也得以流行。②

马克思主义的创始人马克思恩格斯并没有给价值下一个一般性的定义。在《资本论》中，马克思从词源学的角度对价值进行了考证，他引用的是夏韦的《试论哲学词源学》一书，按照这本书的解释，价值一词，来源于一个梵文词根 wert，这个词根有掩盖、保护、喜爱、敬仰、珍爱等意思。马克思虽然考证了价值的词源，但他更多地是从经济学角度来看待、使用价值这个概念的，他用的是"使用价值""交换价值""剩余价值""剩

① 见《后汉书》卷四十七《班勇传》。
② 参见罗国杰：《马克思主义价值观研究》，人民出版社2013年版；李德顺：《价值论》，中国人民大学出版社1987年版；孙伟平：《价值哲学方法论》，中国社会科学出版社2008年版。

余价值率""商品价值""资本价值""货币价值""价值规律""劳动力的价值""不变价值""可变价值""价值增值""绝对价值""相对价值"等概念。这里的价值，有时指商品的属性，有时指价格，有时指利润。当然，马克思也还在一般意义上使用价值，同时，他对"使用价值"这个概念的理解也已经超越了经济学的意义。他说："使用价值表示物和人之间的自然关系，实际上是表示物为人而存在。"进一步说，马克思已经从关系（人与物而不是主体与客体）的角度来理解价值。

正是以马克思主义经典作家对价值的理解为基础，结合其他思想家对价值一词的阐释，采用马克思主义方法，我们对价值作如下理解：价值是主体与客体之间的一种关系，是客体对于主体需要的满足和意义。凡客体能满足主体需要的就有价值，否则，再好的东西，不能满足主体的需要，就没有价值；满足主体需要的程度越高，价值就越大。

价值是一种关系。价值不是主体的需要，价值离不开人的需要、目的、愿望、情感等主观性的东西，但是不能归结为主体需要，单纯的主体需要不是价值。否则，价值就成为纯粹主观性的东西，就会陷入相对主义和唯心主义。价值也不是客体的属性。日常生活中，我们时常说"某物价值很大"，这里的价值指的是该物的"使用价值"，而不是价值。客观事物在那里自在地存在着，它具有这样或那样的属性，但如果不与人发生联系，它就没有任何价值。正如马克思所言：被抽象地孤立地理解的，被固定为与人分离的自然界，对人说来就是无。"无"并不是说它不存在，而是指它对人而言没有意义、没有价值。只有当物与人发生关系时，满足了人的需要，或者，阻碍了人的行动，才会产生正价值或负价值。所以，必须从主客体间的关系来理解价值。

价值具有客观性和绝对性。价值虽然是一种关系，但它是一种客观关系。价值之所以具有客观性，就是因为，一方面，价值关系的双方，即价值主体和价值客体，特别是客体的属性，都是客观的；另一方面，价值主体与价值客体之间的关系也是客观的，就是说，主体与客体之间在什么时候什么地点发生关系、如何发生关系、发生关系的内容和程度都具有客观性。在一定时间、地点、条件下，价值主体与价值客体只能发生这样的价值关系；在另一时间、地点、条件下，同样的价值主体和价值客体就只能发生那样的价值关系；在同一时间、地点和条件下，不同的价值主体和同一价值客体、同一价值主体和不同的价值客体之间也只能发生一定的价值关系。进一步说，如果价值主体和价值客体发生变化，那么价值关系必然随之改变。就此而言，价值是客观的，也是绝对的。由于价值关系是客观的，作为反映此种关系的价值认识因而也具有一定的客观内容，也具有客观性。

价值具有主体性和相对性。价值的主体只能是人，这里的人既包括个体，也包括群体，在阶级社会包括阶级。由于不同的主体具有不同的需要，同一个客体对于不同的主体便具有不同的价值，价值因而具有主体性。价值主体作为个人，价值就带有个体性；价值主体作为民族的成员，价值就具有民族性；价值主体作为阶级的分子，价值就有了阶级性。资产阶级有资产阶级的价值关系和价值观，无产阶级有无产阶级的价值关系和价值观。个体性、民族性、阶级性是主体性的应有之义。毛泽东说："有没有人性这种东西？当然有的。但是只有具体的人性，没有抽象的人性。在阶级社会里就是只有带着阶级性的人性，而没有超阶级的人性。我们主张无产阶级的人性，人民大众的人性，而地主资产阶级则主张地主阶级资产阶级的人性，不过他们口头上不这样说。"[①]进言之，不与个性、特殊性相结合的价值只是一种理论抽象，无法现实地发挥作用。同样是民主，西方国家实行的是资产阶级的民主，而我们实行的是社会主义民主。目前宣扬超时空的、普世的民主的一些人，所宣扬的实际是西方式的民主。

可以从事实和价值、事实认识和价值认识的关系来理解价值的主体性

---

① 毛泽东：《在延安文艺座谈会上的讲话》，载《毛泽东选集》第2卷，人民出版社1991年版，第870页。

和客观性。事实就是客观存在的事物，是人认识的对象。当然，人的世界是属人世界，自在的存在对人来说是无。作为人认识的对象，事实也是与人有关系的存在，也是与人发生联系的存在。尽管都与人有联系，但事实与人的关系和价值中的人与价值客体的关系是不同的：前一种关系是认识关系，后一种关系则是意义关系；前者有真假，后者有好坏；前者追求的是客观，后者追逐的是有用；前者要求排除前见、偏见、情感，后者则离不开情感、前见、偏见；前者不因主体的不同而不同，后者因主体的不同而不同。事实，就是客观的存在，可以是客观存在的事物，可以是人和人的活动，可以是人与物的关系，可以是主观的存在也可以是客观的存在，而价值，只能是人与对象或者主体与客体的关系。从这些比较中可以看出，价值与事实的确不同，尽管价值具有客观性，但同时具有主体性，而事实则是客观的存在，不是关系范畴，也不具有主体性。

价值具有历史性。人类社会是不断发展的，主体、客体以及它们之间的关系不是一成不变的，而是不断发展变化的，因而价值关系和价值观念也要随着主客体的变化而变化。因此，不存在什么超越时空的、永恒不变的价值，价值都是具体的、历史的、相对的，每一种具体的价值都是历史地形成的，也要随着历史的发展而变化直至消失。封建社会有封建社会的价值关系和价值观念，资本主义社会有资本主义社会的价值关系和价值观念，社会主义社会有社会主义社会的价值关系和价值观念。诸如自由、民主、人权等价值观念就是在近代产生的，又随着社会的发展而被赋予了不同的内容。

价值具有共同性。任何事物都既包含共性又包含个性，没有个性的共性和没有共性的个性一样，都是人从客观事物中抽象出来的，都只是一种理论抽象，是一种观念、理念。价值作为主体性很强的一种关系，其个性特征非常明显，每一主体面对同一客体时发生的价值关系都是不一样的，同一主体在不同条件下面对同一客体时发生的价值关系也不一样。同时，价值不仅具有个性，而且具有共性。价值的共同性源于价值主体都是人，源于人的共同性，源于主体有共同的需要。作为生活在同一个地球上的人类，不论具有哪种肤色、身在哪个民族，都是具有社会性的人，都必须在社会中生产和生活，都要在自己的共同体中处理各自所面对的人与自然、人与社会、人与人关系中的相同或相似的问题。这样就必然会形成一些共同的需要，形成一些共同的价值关系、价值观念和价值追求。所以，不同文明在相互隔绝的情况下也会产生相似的价值观念，比如，"己所不欲，勿施于人"是孔子提出来的，但是基督教、伊斯兰教、佛教等教义中，也有相似的道德要求。

承认共同价值的存在符合马克思主义的唯物史观。马克思主义认为，人类文明的发展是一个累积的、进步的过程，每一代人都是在前人的基础上进行创造的。文明的积累、进步既包括同一种文明纵向上的继承，也包括不同文明之间横向上的吸收、借鉴和融合。特别是近代以来，伴随着资本的全球扩张，不同文明之间的交流、交往日益频繁，历史逐渐成为世界历史，人类面对的许多挑战也超越了国界的限制，科技发展、环境保护、人口控制、减灾救灾、禁绝毒品、预防犯罪、防止核扩散和防治艾滋病等等，均是全球性问题，都要求进行合作。这就需要一些超越国界、民族和制度的共同行为准则或价值准则，而在全球化的过程中的确也已经形成了一些共同行为准则，比如中国政府提出的和平共处五项原则等。因此，否认共同价值的存在，就等于否认人类文明纵向上有继承关系，横向上有借鉴关系，就等于否认人类文明的进步性。习近平总书记就多次谈到共同价值问题，如在2015年9月28日第七十届联合国大会一般性辩论时的讲话中，他指出："'大道之行也，天下为公。'和平、发展、公平、正义、民主、自由，是全人类的共同价值，也是联合国的崇高目标。"这说明我们党是承认共同价值的存在的。

承认共同价值也符合马克思主义唯物辩证法。唯物辩证法告诉我们，任何事物既包含共性、普遍性，又蕴含个性、特殊性，是个性与共性、特殊性与普遍性的统一。没有离开个性、特殊性的共性、普遍性，也没有离开共性、普遍性的个性、特殊性，它们相互依存、互相促动，共寓于事物之中。既然我们承认共性、普遍性的存在，我们就要承认共同价值的存在，因为所谓共同价值就是具有普遍适用性的价值，就是指蕴含共同性的价值，是指价值具有共同性。

当然，在不同的领域、不同的层次上，价值的共同性会有差异。离经济基础和政治制度越近的价值关系和价值观念，如政治和意识形态等领域，其阶级性越强；离经济基础和政治制度越远的价值关系和价值观念，如科学技术、体育、审美等领域，其共同性越大。同时，在阶级社会，任何一个阶级都有自己的核心价值体系。所谓核心价值体系就是那些处于意识形态领域的核心、阶级性最强的价值观念体系。为了维护本阶级利益，统治阶级必然会大力构建自己的核心价值体系，强化其在意识形态领域的指导地位。

所以，在共同价值是否存在这个问题上，我们应该理直气壮、旗帜鲜明，而不应该羞羞答答、遮遮掩掩。在这个问题上，应反对两种倾向：一是客观主义。客观主义用抽象人性论来论证共同价值的存在，认为人性中有共同的东西，而这种共同的人性是天生的、永恒不变的（如自保、趋利避害等），并由这种共同的、不变的人性推出共同价值也是客观的、不变的、超时空的、对一切人都适用的。这显然违背马克思主义。我们虽然承认人有共同性，但我们认为人的这种共同性是在长期的、相似的生活和实践中形成的。二是相对主义。相对主义认为，价值不是客观事实，总是对人而言的，同样的对象对于不同的人有不同的价值，价值具有主体性、相对性，因此不存在共同价值。我们认为，价值当然是相对于主体而言，当然具有相对性、主体性，但是，由于主体本身具有共同性，同样的对象当然也可以形成同样的价值关系，因此由价值的主体性和相对性并不能否认共同价值的存在。对于不同的人、对于不同时间和地点的人，同样的水果发生的价值关系肯定会有不同，但是，一般情况下，同样的水果对于不同的人发生的价值关系大致是一样的，尽管也有差别，但是共性更为明显。

　　有人用"马克思主义是放之四海而皆准的普遍真理"这样一个论断来说明普世价值、共同价值的存在，这是不对的。因为，"马克思主义是放之四海而皆准的普遍真理"这样一个论断是关于真理问题的，是一个真理问题；而有没有共同价值、有没有普世价值的问题是一个价值问题，这是两个性质不同的问题。真理问题不同于价值问题，真理问题是一个真与假的问题，而价值问题是一个好与坏的问题。我们不能用真理问题的普遍性来证明价值问题的普遍性，这样只能把问题搞乱。

　　在价值问题上，目前还有一些模糊认识需要澄清。一是价值与真理的问题。现在，很多学者喜欢用真理与价值进行比较来说明什么是价值。正如前面我们的比较，这样做，的确能够在一定意义上说明什么是价值，因为真假问题和好坏问题的区分一目了然。但是，在这样做时，我们必须清醒认识到，真理与价值毕竟不是同一个层面的问题。真理是人认识的结果，属于认识论；价值是一种关系，此种关系虽然具有主观性，但毕竟是一种客观存在的关系，在此意义上，属于"存在论""价值论"。因此，两者的比较是不同领域的比较。如果是在同一领域比较，理应是价值与事实之间进行对比，或者价值观念与真理进行比较，这样才是同一领域内的对比。

　　二是共同价值是否存在的问题。在此问题上，有一些彼此相关但又不同的概念：价值、共同价值、价值的共同性、价值的个性、个别、一般，等等。那么，共同价值是指价值的共同性，还是指客观上就存在共同价值？马克思主义哲学告诉我们，事物都是以个别的形态存在，一般是从个别中抽取出来的，是一种抽象，据此，有些学者否定共同价值的存在。但是，这样一种推断是错误的，一般从个别中抽象出来，并不说明它是主观臆想，或者说是不存在的东西，一般也存在，它就在那里，就存在于事物中。自由、民主、平等等价值，是人类都需要的，从长远、根本上看，对于每一个人都是有利的，不论他是什么肤色、种族，不论他生活在哪里。我们不能因为苹果是从一个个具体的、以个体形态存在的苹果中抽象出来的，就否认苹果的存在。当我们说出苹果这个词时，它并不是仅只存在于我们头脑中的观念，而是现实的那一类存在，既可以指这个苹果，也可以指那个苹果。呈现在我们眼中的苹果不仅是那一个个苹果，而且是那堆苹果。自由也是如此。虽然每个国家的自由是不同的，但是，自由作为一个类还是存在的，如果我们放眼世界，还是能够看到自由那一类的存在的。所以，所谓共同价值，就是那一类的价值，尽管这类价值在具体形态上各有不同，正如一个个的苹果每一个都不同一样，但我们还是可以把它们归为一类，用一个词来称它们。正是在这个意义上，我们承认共同价值的存在，而不是仅仅把它们归为人头脑中的观念。

三是价值认识与价值观念或价值评价的区分。这个问题就涉及价值观了，正是我们下一节要论述的内容。

第二节　价值观和价值体系

人的认识分为两种：事实性认识和价值性认识。事实性认识是反映、揭示客观存在的真相，被叫作真理；价值性认识是评价，是主体基于自身的需要、爱好、标准对事实的一种看法，实际是对主客体的价值关系的一种认识和评价，被简称为价值认识，有时被简称为价值。下雨了，这是事实性认识；对下雨这件事进行好与坏的判断，就是价值评价：对于一个想出去玩的儿童、一个准备出去办事的人来说，下雨是坏事；对于耕地需要灌溉的农民、喜欢浪漫情调想到雨中散步的年轻人而言，下雨变成了好事。一旦用好与坏来进行评价，那就由事实性认识进入到价值性认识。

单纯对某一事件和事物的价值性认识并不是价值观。所谓价值观就是人们在长期的生活和实践过程中形成的、对于价值关系的总的看法和根本观点。价值观是对渗透于、支撑着价值认识和价值评价中的好与坏的标准的概括和提炼，它在深层上表现为人生处世哲学，包括人生的目的、意义、态度以及理想信念等多个方面，而在表层上则表现为对利弊、得失、真假、善恶、美丑等的权衡取舍。价值观反映主体的根本地位、需要、利益以及主体实现自己利益和需要的能力、活动方式等方面的主观特征，是以"信什么、要什么、坚持追求什么和实现什么"的方式存在的人的精神目标系统。任何一个社会个体，都是文化的产物，都有自己接受和遵循的价值观。任何社会群体的形成，都是由于群体成员的文化认同，由于一种大家共同认可的价值观、一个共同追求的理想目标而走到一起。①

价值观不是价值。价值观是人们对于世界的看法和观点，是一种观念；价值是人与对象之间的价值关系，是一种客观的关系。这本是一个简单问题，但是，人们常常把它们混淆，把价值与真理比较。事实上，应该比较的是价值观与真理或价值理念与真理，而不是价值与真理。

价值观不是对价值的认识。这里首先要区分对价值的认识和价值观念。价值作为一种客观关系，它当然可以作为一个认识对象，由此获得的认识属于事实性认识的范畴，涉及的是真假问题，就是说，人们把价值作为一个对象来认识，追求是"真"，而不是"好"，是为了搞清楚价值关系是什么。尽管价值作为一个认识对象，与其他的对象有所不同，但这并不妨碍它成为一个认识对象。在认识论的范围内，认识价值这个对象与认识其他对象并无不同，都是要摈弃前见、偏见，客观地、原原本本地反映它、把握它。但是价值观念与此完全不同。价值观念属于价值论的范围，价值观念不是要客观地认识价值对象，而是对对象的评价。对对象的评价"不涉及"真假问题，追求的不是达致真理，而是根据个人的情感、需要、好恶、趣味对对象的评价，这里，允许个人立场的存在，也"要求"立场的存在，所谓客观的评价纯粹是欺人之谈，评价总是掺杂个人立场，有时是自觉的，有时是无意识的，这里关涉的仅是好与坏、利或害、美与丑、

---

① 参见韩震：《社会主义核心价值体系研究》，人民出版社 2007 年版，第 13 页；袁贵仁：《建设先进的文化和价值观》，《学习时报》2001 年 12 月 24 日。

善与恶。①

价值观不是单个的价值观念。价值观念是人对世界和自身的某一或某些方面的价值和意义的看法或观点，是人行为的某一或某些具体的准则。而价值观则是人对世界的价值和意义的总的看法和根本观点，价值观就是人对世界的总评价，"是主体对客体有无价值和价值大小的立场和态度的总和，是对价值及其相关内容的基本观点和看法"。②正是在具体的价值活动中，正是在一个又一个的选择过程中，人的价值理念逐渐积淀、内化、稳固，人逐渐形成了对世界和人生的价值和意义的根本看法，形成了人选择的总依据和根本准则。

对于价值观，我们不仅可以从否定的意义来把握，而且也应该从肯定的意义来理解。

价值观具有总体性和根本性。价值观不是对某一具体事物或领域的价值和意义的看法，而是对世界和人生的总的看法和根本观点，价值观是人选择的根本标准。价值观绝对不是儿童在雨天不能出去而产生的情绪表达，它事实上是指导人的思想行为的一套行为准则。同时，价值观对人的影响也是全方位的，它无形、无声、"虚无缥缈"，但它一经形成，就内化于心，溶化在血液里，深入人的骨髓，无时无刻不在自发地发挥作用，只要人思考，只要人行动，就要受它的制约。如果说法律是"外在的铁律"，强制人遵守，那么，价值观就是人"内在的铁律"，让人自觉自愿地遵循，让人不自觉地遵循，同样带有"强制性"。

---

① 李德顺先生把意识分为两类：知识和态度。知识当然就是对对象的认识，关涉真假，反映的是对象的事实，属于客体性的、体现客体尺度的意识，可以称为非价值意识。态度则是我们被意识之对象、我们同它的关系和我们自己行为的选择，包括态度、目的、设想、理想等，其中最典型的形式就是态度，以态度为代表的意识，是一种主体性的、体现着主体内在尺度的意识，它以价值判断为主要形式，可以称为价值意识。价值意识可以分为三个层次：价值心理，包括欲望、动机、情感、意志等；价值观念，包括信念、信仰、理想等；价值评价。见《价值论：一种主体性的研究》，中国人民大学出版社2013年版，第121—129页。

② 罗国杰主编：《马克思主义价值观研究》，人民出版社2013年版，第31页。

　　价值观具有稳定性和长期性。价值观的形成不会一蹴而就，需要一个较长的过程，而它一旦形成和确立下来，同样会长期发挥作用，除非价值观主体的生活发生重大改变，否则就会一直存在下去。从社会来看，中国封建社会的价值观的形成和确立经过了大约八百年，它确立下来后，又存在了一千多年；资本主义价值观的形成和确立也经过了几百年，至今还在发挥作用。从个人看，一个人从幼年到青年的十几年甚至二十几年间，都是价值观的形成时期，而一个人的价值观一旦形成，一般将会影响一个人的一生。2014 年 5 月 4 日，习近平总书记在与北京大学师生座谈时指出：我为什么要对青年讲讲社会主义核心价值观这个问题？是因为青年的价值取向决定了未来整个社会的价值取向，而青年又处在价值观形成和确立的时期，抓好这一时期的价值观养成十分重要。这就像穿衣服扣扣子一样，如果第一粒扣子扣错了，剩余的扣子都会扣错。人生的扣子从一开始就要扣好。"凿井者，起于三寸之坎，以就万仞之深。"青年要从现在做起、从自己做起，使社会主义核心价值观成为自己的基本遵循，并身体力行大力将其推广到全社会去。

　　价值观具有主体性。如同价值一样，价值观的主体也是人，只有人才有意识，才有观念。正如马克思说的，正是意识把人与动物区别开来。价值观的主体可以是个体，也可以是群体。尽管每个人的价值观各不相同，但总体来看，对于一个民族、一个国家的大多数个体来说，价值观具有"家族相似性"，而不同民族、不同国家的价值观差异更为明显。这是因为一个民族、国家的人们有同样的历史传承，有大致相同的生活环境，是因为他们说着同样的语言、在一个共同体中生活。同时，对于个体而言，任何个人的理想和奋斗只有与国家、民族的理想、目标相契合，才能取得成功，因此，个体价值观总是自觉或不自觉"选择"自己从属的那个群体或者国家、民族的价值观。在此意义上，个体的价值观从属于群体价值观，总是受到群体价值观的影响。个体"选择"了什么样的群体，就"选择"了什么样的价值观，"选择"了什么样的价值观，就"选择"了什么样的群体。

价值观具有客观性。价值观是人在实践活动中形成的。人是实践存在物，人的一切都是在实践活动中形成的。作为意识的一部分，价值观也受实践活动的制约，不同的实践活动会形成不同的价值观，实践不断发展，价值观也会不断演变。每个时代有每个时代的价值观，迄今为止，产生了奴隶社会的价值观、封建社会的价值观、资本主义社会的价值观、社会主义社会的价值观，未来还有共产主义社会的价值观；每一民族、每一国家也都有自己的价值观，中华民族的价值观与其他民族的价值观就完全不同。习近平总书记说过：每个时代都有每个时代的精神，每个时代都有每个时代的价值观念。"价值观是人类在认识、改造自然和社会的过程中产生与发挥作用的。不同民族、不同国家由于其自然条件和发展历程不同，产生和形成的核心价值观也各有特点。一个民族、一个国家的核心价值观必须同这个民族、这个国家的历史文化相契合，同这个民族、这个国家的人民正在进行的奋斗相结合，同这个民族、这个国家需要解决的时代问题相适应。世界上没有两片完全相同的树叶。一个民族、一个国家，必须知道自己是谁，是从哪里来的，要到哪里去，想明白了、想对了，就要坚定不移朝着目标前进。"① 每一个人也都会形成自己的价值观，每个人的经历不同，生活环境不同，接受的教育不同，形成的价值观也不一样。同样生活在社会主义国家，有的人一心为民，有的人金钱至上，有的人浑浑噩噩，当一天和尚撞一天钟。特别是当前，随着全球化和信息社会的来临，个体之间价值观的差异性更大，多样性更为明显。

价值观具有规范性和引导性。人是选择性存在物，每时每刻都面临选择，人的每一个行为都是选择的结果。那么，人如何选择？依据是什么？具体的标准和依据有千条万条，但是最根本的依据、标准，就是价值观。

---

① 习近平：《青年要自觉践行社会主义核心价值观——在北京大学师生座谈会上的讲话》，《人民日报》2014 年 5 月 5 日。

价值观实际就是一套意义和价值系统，就是一套行为规范和准则，它们内化于心，左右、影响着人的选择。现实生活中，一个人的价值观如果是利己主义、拜金主义、极端个人主义，那么，当个人利益与他人、社会的利益发生冲突时，就会不择手段地维护自己的利益，不惜牺牲他人和社会利益。一个人的价值观如果是集体主义、社会主义的，那么，当个人利益与他人、社会利益发生冲突时，就会把他人和社会利益放在首位。

价值观具有多样性和层次性。从个体来看，每个人在一定时期内的价值观是稳定的，有一个主导性价值观，规范着主体的行为。但是，除了主导性价值观外，人还必然会受到其他价值观的影响，也有一些非主导性价值观"存留"于人的内心，这些东西也时不时地冒出来，影响人。特别是当人的生活、工作发生变化时，伴随着地位的升迁、财富的增加、生活圈子和朋友圈子的变化，主导性价值观就会受到冲击，在一定程度上就会发生弱化的现象。党的十八大以来，有几百位中管干部落马，从他们堕落的轨迹看，一开始他们并不是这样，只是随着地位的变化，私心开始膨胀，从违纪开始，吃吃喝喝，收点"土特产"，到收卡收钱，最后到主动索贿，走向了犯罪的深渊。这样一个过程，也许几年、十几年，不同价值观"博弈""较量"，从量变到质变，最后完全变质、烂掉。这就是说，每个人的价值观其实是复杂的，并不是单一的、纯粹的，而是具有多样性、层次性。

价值观的多样性和层次性主要不是指个体价值观，而是指群体价值观、社会价值观。这就涉及主流价值观和非主流价值观、核心价值观和非核心价值观。任何一个社会，价值观都是多样的。中国古代，就有儒家价值观、道家价值观、佛教价值观、法家价值观、墨家价值观，也有杨朱学派的价值观。比如儒家价值观是"入世"，主张人做"圣人"，要人修身齐家治国平天下；道家价值观主张"出世"，主张人做"真人"，要人"全生避害"，自然随性；佛教价值观也是"出世"的，主张人成"佛"，要人消除现世的欲望来达到心灵的安宁。杨朱学派提出"拔一毛而利天下不为也",但是,杨朱学派并不是一般的利己主义,而是一种政治主张,它是要通过"全生保真""轻物重生"来达致社会和谐,即所谓"人人不损一毫,人人不利天下;天下治矣"。①

在今天的中国,价值观也是多样的,既有社会主义核心价值观,也有封建社会价值观和资本主义价值观。这些价值观甚至都能"汇聚"在同一个人身上,有些官员,台上、人前讲社会主义核心价值观,台下、人后一方面进行权钱交易,把人民赋予的权力当作攫取私利的工具,事实上是把商品交换原则引入政治领域;另一方面大搞封建迷信活动,烧香拜佛,不信马列信大师、信鬼神,把自己管辖的单位和地区当作自己的私人王国,搞家长制、一言堂,把下属官员当作自己的下人、佣人,等等。当然,价值观的多样性并不是仅指存在不同阶级的价值观,价值观的多样性在一定意义上反映了生活方式的多样性,反映了社会生活的丰富性。穷奢极侈、纸醉金迷是封建的、资本主义的价值观的表现,但是,与此对应的健康的生活方式并不只是一种、单数,而是多种、复数:有的喜欢朴素,有的追求靓丽;有的不注重生活,有的则追求生活的精致,等等。随着社会的发展进步,随着主体性的增强,随着人的自由程度的提高,此种意义的价值观的多样性会愈来愈丰富。

价值观不仅具有多样性,而且具有层次性。如同个人有主导性价值观一样,一个社会也有主导性价值观,那就是主流价值观或核心价值观。马克思早就说过:"统治阶级的思想在每一时代都是占统治地位的思想。这就是说,一个阶级是社会上占统治地位的物质力量,同时也是社会上占统治地位的精神力量。支配着物质生产资料的阶级,同时也支配着精神生产资料,因此,那些没有精神生产资料的人的思想,一般地是隶属于这个阶级的。""既然他们作为一个阶级进行统治,并且决定着某一历史时代的整个面貌,那么,不言而喻,他们在这个历史时代的一切领域中也会这样

---

① 冯友兰:《中国哲学简史》,北京大学出版社 1985 年版,第 77 页。

做，就是说，他们还作为思维着的人，作为思想的生产者进行统治，他们调节着自己时代的思想的生产和分配，而这就意味着他们的思想是一个时代的占统治位的思想。"① 统治阶级如何调节思想的生产和分配呢？如何使自己的思想成为占统治地位的思想呢？其中的一个重要手段就是把自己的利益说成是普遍的利益，使自己的思想具有普遍性的形式。"因为每一个企图取代旧统治阶级的新阶级，为了达到自己的目的不得不把自己的利益说成是社会全体成员的共同利益，就是说，这在观念上的表达就是：赋予自己的思想以普遍性的形式，把它们描绘成唯一合乎理性的、有普遍意义的思想。"这样，"占统治地位的将是越来越抽象的思想，即越来越具有普遍性形式的思想"。② 封建地主阶级推翻奴隶主阶级时是这样，资产阶级推翻封建地主阶级时也是这样。在革命时期，资产阶级打出的旗号就是自由、平等、民主、幸福，但是，正如恩格斯所批判的那样，革命后，资产阶级许诺的"千年至福王国"并没有成为现实。"犯罪的次数一年比一年增加，如果说以前在光天化日之下肆无忌惮地干出来的封建罪恶虽然没有消灭，但终究已经暂时被迫收敛了，那么，以前只是暗中偷着干的资产阶级罪恶却更加猖獗了。商业日益变成欺诈。革命的箴言'博爱'化为竞争中的蓄意刁难和忌妒。贿赂代替了暴力压迫，金钱代替刀剑成了社会权力的第一杠杆。初夜权从封建领主手中转到了资产阶级工厂主的手中。卖淫增加到了前所未有的程度……总之，同启蒙学者的华美诺言比起来，由'理性的胜利'建立起来的社会制度和政治制度竟是一幅令人极度失望的讽刺画"。③ 只有无产阶级革命是真正代表人民利益的，只有共产党人才除了人民的利益外没有自己特殊的利益。无产阶级推翻资产阶级的统治后，首先必须使自己掌握政权，使自己上升为统治阶级。当然，无产阶级成为统治阶级后，也必须掌握占领思想的阵地，必须掌握意识形态工作的

① 《马克思恩格斯选集》第 1 卷，人民出版社 1995 年版，第 98—99 页。

② 《马克思恩格斯选集》第 1 卷，人民出版社 1995 年版，第 100 页。

③ 《马克思恩格斯选集》第 3 卷，人民出版社 1995 年版，第 723 页。

领导权，必须使自己的价值观成为主流价值观或核心价值观。

核心价值观的主流地位或核心地位并不是自动取得的。一个阶级掌握了政治上的权力和经济上的权力，但并不就意味着掌握了思想的权力。历史的逻辑往往是这样，任何一个阶级要挣得统治地位，首先要从思想领域入手，通过宣传自己的主张赢得民心、凝聚力量，如此才能取得革命的成功。毛泽东就说过："凡是要推翻一个政权，总要先造舆论，总要先做意识形态方面的工作。革命的阶级是这样，反革命的阶级也是这样。"① 西欧近代有三次大的思想运动，第一次是 14—16 世纪的欧洲文艺复兴运动，这是一场正在形成中的新兴资产阶级在复兴古希腊罗马文化的名义下发起的一场资产阶级的思想解放运动；第二次是宗教改革，这是 16—17 世纪基督教自上而下的宗教改革运动，它打破了原先的政教体系，为西方国家从基督教的统治下的封建社会过渡到资产阶级社会奠定了基础。第三次就是 17—18 世纪的启蒙运动，这是一场反封建、反专制的资产阶级思想文化运动，为资产阶级革命作了思想理论准备，扫清了道路。在中国近代，也发生了反传统、反封建、反孔教的思想文化运动，即新文化运动，此次运动倡导民主与科学，开启了民智，为马克思主义在中国的传播和五四运动的爆发、为中国社会的真正转型奠定了思想基础。然而，革命虽然以思想运动为先导，但在革命成功后，统治阶级并不能自动取得思想上的核心地位，它还必须主动去占领思想阵地，主动进行思想的生产和宣传。否则，思想阵地、意识形态阵地就会丢失，最终的结局就是执政地位的丧失，就要亡党亡国。历史上这方面的教训比比皆是，最近的例子就是东欧剧变、苏联解体。正是在总结历史的经验和教训的基础上，习近平总书记提出意识形态工作极端重要，要求各级领导干部承担起做好意识形态工作的责任，要有大宣传的观念，不要爱惜自己的羽毛，不要做"太平绅士"。

核心价值观的核心地位不是自封的，也不会提出了就一劳永逸。与军

---

① 《建国以来毛泽东文稿》第 10 册，中央文献出版社 1996 年版，第 194 页。

事上的攻城略地不同，依靠武力、强制并不能真正占领思想阵地，思想阵地的占领不仅要"口服"，更要"心服"。在社会主义社会和共产党人执政之前，任何一个统治阶级都无法真正做到这点。他们采取的手段无非是两种：

一方面是强力压制，暴力征服，即通过强力占领思想的生产和传播来占领思想阵地，一旦出现异端或异质声音，就以雷霆手段予以铲除，把任何可能危及统治的言论消灭在萌芽状态。古希腊的苏格拉底就被以妖言惑众、败坏青年判处死刑；近代的布鲁诺就因宣传日心说触犯了宗教的权威而被活活烧死；中国秦朝开国皇帝秦始皇则因一些游士和儒生批评时政而"焚书坑儒"；而自西汉杨恽因《报孙会宗书》被腰斩之后，中国历朝历代几乎都有文字狱发生。文字狱以清朝为甚。清朝统治者为了压制汉人的独立反抗意识，维护自己的统治，大兴文字狱。康熙帝施文字狱二十多次，雍正帝施文字狱二十多次，乾隆帝施文字狱一百三十多次。著名的有明史案、黄培诗案等。其中，明史案杀七十余人，包括写序的、校对的，甚至卖书的、买书的、刻字印刷的以及当地官吏，这些人或被凌迟、或被杖毙、或被绞死，"主犯"庄廷鑨因已病死，照大逆律剖棺戮尸，另有数百人受牵连发配充军。

另一方面是愚民，要么把自己的利益说成是普遍的利益，把自己的思想抽象为普遍性思想，资产阶级所倡导的民主、自由、平等、博爱、幸福就是如此；要么把自己的统治神化，把自己"打扮"成"上帝"（或某个神灵）在人间的代表，为自己的合法性辩护，如君权神授等；要么把自己的统治"规律化"，说成是自然法则，不能更改，如"三纲五常"，君、夫、父天生就是臣、妻、子的"纲"，就应该为上、为尊。但是，不论是暴力压制还是愚民政策，这样的占领都不能真正稳固。真正稳固的占领还是靠说理，靠"感化"。就像马克思说的，理论只要彻底，就能说服人，就能够变成物质力量。所谓彻底，就是能够揭示事物的本质，掌握真理，以理服人；所谓彻底，最关键的是立场正确，真正能够与人民同心同向，真正为了人民，这样的理论人民才会信服。这样"彻底的理论"也只有我们共产党人才能生产出来，也只有在社会主义社会，执政者的思想理论、方针政策，执政者倡导的核心价值观才能真正内化于心。当然，即使在社会主义社会，即使是以理服人，占领思想阵地也要求执政者积极谋划、主动作为，加大正面宣传的力度，对错误思潮展开批判。同时，思想阵地的占领不是一劳永逸的，不是一旦占领就可以高枕无忧。实践不断发展，人们的思想认识也不断变化，各种非核心、非主流的思想也"伺机而动"，特别是思想领域的斗争，无形、无声，但却无处不在、无时不有。一种思想占据了主流，这并不意味着其他非主流思想就灰飞烟灭、完全不存在了，主流、核心说明还有非主流、非核心。一种思想产生后，并不是说消灭就能像物质产品一样可以使之完全消失，它们就像"细菌"一样在人身上存在着，一旦有了合适的条件、土壤，它们就会生发出来。这就要求执政者时刻要警醒、警惕，对于那些危及统治地位的思想展开批判、斗争，尽量将其消灭在萌芽状态，防止其扩散、蔓延。就是说，倡导言论自由、思想自由、学术自由并不是不要斗争，不要批判，否则阵地就会丢失。

核心价值观对于一个国家、社会的发展至关重要。历史证明，一个国家和民族，贫弱落后固然可怕，但更可怕的是精神空虚。一个人，内心没有理想、信仰，行为没有底线、约束，心中所想只是个人的名和利，眼中所见只是房子、票子和车子，这样的人与动物无异。一个民族，一个国家，丢失了主导价值，没有了明确准则，失去了共同理想，就等于没有灵魂，如同一盘散沙，就没有生命力、凝聚力、感召力，最终会堕入寄人篱下、任人宰割的境地。有没有自己的核心价值，有没有自己的精神支柱，有没有高昂的民族精神，是衡量一个国家综合国力强弱的重要尺度。综合国力，主要是经济实力、技术实力、军事实力，这种物质力量是基础，但也离不开民族精神、民族凝聚力，精神力量也是综合国力的重要组成部分。

建设核心价值观，任何朝代、每个国家都很看重，特别是在社会转型时期。在中国古代，春秋时期齐国的管仲提出了"国有四维"说："国有四维，一维绝则倾，二维绝则危，三维绝则覆，四维绝则灭。倾可正也，危可安也，覆可起也，灭不可复错也。何谓四维，一曰礼，二曰义，三曰廉，四曰耻。"[①] 他在《国颂》中，更是直截了当地指出："四维不张，国乃灭亡！"所谓"维"就是"纲"，"纲"就是指网上最大、最粗的绳子，比喻事物最主要的部分。"国之维"就是关乎国家生死存亡的根本，管仲认为礼义廉耻是国之四维，这就把核心价值观建设提高到了国之根本的高度。在现代，新加坡 1965 年独立时，面对的是一个多元种族、多元文化、多元宗教的社会，如何使华人、马来人、印度人等融合在一起，形成新加坡人，产生对新加坡的归属感、认同感、责任感，始终是人民行动党和新加坡政府无法回避的问题。1991 年，新加坡政府颁布了《共同价值观白皮书》，目的就是加强全体国民的意识形态，为新加坡人思想塑形。《白皮书》提出了五项价值观，共 40 个字："一、国家至上，社会为先；二、家庭为根，社会为本；三、关怀扶持，尊重个人；四、求同存异，协商共识；五、种族和谐，宗教宽容。"这 40 个字把个人、家庭、社会、种族、宗教和国家的优先顺序和相互关系讲得非常清楚，具有强烈的东方色彩，同时吸收了现代文明的积极成果，为新加坡国民意识的形成，为新加坡的发展发挥了重要作用。在美国，核心价值观也是不断热议的焦点之一。1997 年，克林顿选择在"马丁·路德·金纪念日"宣誓就职，[②] 后来，布什和奥巴马的就职演说也都选择在这一天，其中的深意在于：马丁·路德·金

①　《管子·牧民》。

②　马丁·路德·金纪念日是美国联邦法定假日，纪念民权运动领袖马丁·路德·金牧师的生日。日期定为一月的第三个礼拜一，是在他生日 1 月 15 日左右。这是美国三个纪念个人的法定假日之一，另外两个是纪念欧洲人发现美国大陆的哥伦布日，和纪念前总统亚伯拉罕·林肯和乔治·华盛顿的总统节。金牧师是美国民权运动中主张非暴力抗议种族歧视的主要领袖，1968 年遇刺身亡。虽然他遇刺之后不久就有人建议设立纪念日，但直到 1983 年，罗纳德·里根总统才签订法律，1986 年第一次庆祝。这是美国最新的法定联邦假日。

是民权运动的领袖，代表着美国价值。2013 年 8 月 28 日，美国华盛顿，美国前总统卡特、克林顿，现总统奥巴马和夫人米歇尔，出席马丁·路德·金发表"我有一个梦想"演说 55 周年纪念活动。为什么要隆重纪念一次演讲？就是因为那次演讲的主题，是美国《独立宣言》所阐释的美国的核心价值观：自由、平等、公正和幸福。美国的执政者们想借助这样一个活动来宣扬美国的核心价值观。苏联解体后，原有的价值观体系土崩瓦解，被低俗、自私和冷漠所取代，整个社会失去凝聚力。普京上台后，不断用爱国主义和强国梦来激励俄罗斯人民的团结，俄罗斯人的精神状态大为改观，民族凝聚力有很大提高。德国政府每年进行一次"德国价值观调查"，2013 年调查的"德国核心价值观"的排名是：和平、人权、民主、个人自由、尊重人的生命、法治、容忍、自我实现、宗教。新西兰教育部把价值观教育列为学校教育的一部分，所有新西兰人从进入小学就开始学习有关价值观的内容，主要有优秀、创新、多元化、平等、生态可持续性等，并且教育部对每个要点都有详细解释。

核心价值观是社会意识的本质体现，属于社会意识的范畴。它是由一定社会崇尚和倡导的思想理论、理想信念、道德准则、精神风尚等因素构成的社会价值观念，体现着社会制度的性质并受到社会制度的制约。核心价值观，涵盖社会发展的指导思想和价值取向，决定着社会意识的性质和方向，影响着人们的思想观念、思维方式、行为规范，引领着社会思潮，是推动社会前进的精神旗帜。由于社会意识具有相对独立性，因此无论哪个社会，其意识形态领域都是复杂多元的，会呈现多种价值观念与多元价值体系并存的情况。但是，任何社会的存在和发展，都需要有核心价值观的强力支撑，因为它能够有效地制约非核心、非主导的价值观念作用的发挥，能够有效保障经济、政治、文化、社会等领域的稳定和健康发展。

理解了价值观和核心价值观，那么，什么是价值体系和核心价值体系？

价值观与价值体系属于同一个层次的概念，它们都是对于世界和人生的价值和意义的总体看法和根本观点。但是，二者又有不同。其一，价值体系是价值观念的体系，是对价值和意义的总体看法和根本观点的体系化、理论化，而价值观则是对世界和人生的价值和意义的总体看法和根本观点的凝练表达，并不以理论化、体系化的形态出现，有些人的价值观并不完整，也不系统。其二，由于价值体系是理论化、体系化的，因而是自觉形成的；然而，价值观却有自觉和不自觉之分，群体的价值观一般来说是自觉形成并确立的，但个体价值观却不一定，有些人的价值观是自发形成的，其发挥作用的方式也是自发的、无意识的。当然，价值观与价值体系又是紧密联系、内在统一的，价值观系统化、理论化就是价值体系；对价值体系进行简化、概括、提炼，就是价值观。而在价值体系中，处于主流、核心地位的价值体系，就是核心价值体系。价值观和核心价值观的地位和作用一样适用于价值体系和核心价值体系。

第三节　普世价值

"普世"（ecumenism 或 ecumenical）一词源自希腊文 Oikoumene，意指整个有人居住的世界。它最早由基督教的东派（希腊语派，东正教的前身）于公元 449 年首次使用，当时的"普世"是指在罗马帝国范围内均有发言权。后来西派（拉丁语派，天主教的前身）也广泛使用这个概念。它的使用实际反映了基督教东西两派为了争夺领导权的斗争。众所周知，基督教发源于公元 1 世纪巴勒斯坦的耶路撒冷地区犹太人社会，公元 1 至 5 世纪基督教创立并从以色列传向希腊罗马文化区域。公元 313 年，君士坦丁大帝颁布米兰诏书，基督教成为罗马帝国所允许的宗教，公元 391 年，罗马皇帝狄奥多西一世宣布它为国教。基督教在向希腊罗马文化地区传播的过程，由于各地的文化不同，对基督教教义的理解也出现了差异，因此就分化出了不同派别。当时主要有拉丁语派和希腊语派等，有人也称为东派和西派。公元 395 年，罗马帝国分裂为东西罗马，基督教也分化为东西两派。1054 年，基督教分裂为天主教和东正教。实际上，东西两个派别都用普世这个概念，就是要说明自己的教义是普遍适用的，是为自己的教会争取权力。

经由近代以来的世俗化运动，基督教的影响日渐式微，而基督教各派之间的冲突又进一步加剧了这种颓势。一战后，英美新教教会发起了"普世运动"（Ecumenical Movement，又译为"普世教会运动"），号召基督教各派联合。二战后，"普世运动"进一步发展，主张基督教的各派终止对立，联合行动，宣称"教会是超国家、超民族、超阶级的普世实体"，鼓吹要使基督教成为一切政治、经济、思想领域的主宰。

20 世纪 60 年代，西方发生了嬉皮士和造反运动，传统的道德和价值观念受到颠覆性的冲击，同时，经济全球化也进一步加快。正是为了挽救传统道德，适应全球化的发展，一些著名的西方神学家发起了"全球伦理"（global ethics）运动。这个运动可以看作是"普世运动"的进一步发展。最早发起这一运动的是德国神学家孔汉思（又译为汉思·昆 Hans Kung），他在 1989 年的联合国教科文组织会议上提出，"没有各宗教间的和平，便没有各民族间的和平"。1990 年，孔汉思又出版了《全球责任》一书，首次提出"全球伦理"（global ethics）这个概念。1991 年，美国天普大学宗教系主任、普世研究所所长、长期研究和促进不同宗教和意识形态之间对话的斯威德勒教授（Leonard Swidler）发出一份呼吁书，号召起草全球伦理宣言。后来，孔汉思受世界宗教议会大会理事会的委托，开始起草《全球伦理：世界宗教议会宣言》，此《宣言》在 1993 年 9 月在为纪念第一届世界宗教议会一百周年而举行的世界宗教议会全体大会上讨论和通过。

1997 年，《全球伦理：世界宗教议会宣言》被译成汉语（何光沪译，四川人民出版社），由此引发国内学术界关于全球伦理的讨论。这一讨论由于联合国教科文组织的推动而走向高潮。受全球伦理运动的影响，联合国教科文组织启动了探究"普遍伦理"（universal ethics）（普遍伦理这个概念在全球伦理之前就已经出现，美国学者罗斯特在 1986 年就出版了

The Golden Rule: A Universal Ethic，此书 2000 年被译为中文）的研究项目，于 1997 年建立了"普遍伦理计划"，并于同年 3 月和 12 月分别在法国巴黎和意大利那波里召开国际会议，探讨建立全球性的"普遍伦理"的理论与实践问题。1998 年 6 月，联合国教科文组织在北京召开了关于"从中国传统伦理看普遍伦理"的亚洲地区专家会议。在这次会议上，当时在中国社会科学院哲学所工作的李德顺作了《普遍价值及其客观基础》的报告，从价值论的视角对"全球伦理""普遍伦理"提出质疑，标志着"普遍伦理"的讨论由伦理学扩展到价值论领域。另外，还有两次会议推动了这个讨论：1997 年 9 月在北京大觉寺举行的"中国传统伦理与世界伦理"研讨会；2001 年 10 月 10 日至 14 日，世界伦理基金会与中国学术界、宗教界在北京达园就世界宗教议会 1993 年通过的《全球伦理：世界宗教议会宣言》的主要内容进行了讨论。

在 2001 年之前，国内学界关于"普遍伦理"的讨论主要使用的还是"全球伦理"（global ethics）、"世界伦理"（global ethics）、"普遍伦理"（universal ethics）、"普遍价值"（universal values）等概念，很少有人把 universal ethics 翻译成"普世价值"。倒是在台湾地区，"普世价值"不仅在 2000 年前后的学术界已经被使用，而且在政界也非常受欢迎。陈水扁在 2000 年和 2004 年的就职演说中都使用了这个词，他所说的"普世价值"是一个代词，指称自由、民主、人权。而大陆学者较多用这个词则是在 2001 年后（之前也有零星的使用）。

从那时开始，关于普世价值的争论一直没有停息。在主流媒体中，2013 年 10 月，《求是》第 20 期署名秋石的文章《巩固党和人民团结奋斗的共同思想基础》指出："普世价值"被某些人热炒，是醉翁之意不在酒，他们所宣扬的"普世价值"根本不是一般意义上的人类共同价值，而是专指西方政治理念和制度模式。他们一方面把西方制度模式说成是"普世价值"，一方面把中国一切不好的东西都归咎于制度和体制，鼓吹中国只有接受"普世价值"才有前途，其用意何在，是清清楚楚的。而具有浓厚宗教色彩的普世主义，从来就是西方对外扩张、征服世界的思想源流。2014年2月，《求是》第4期发表了《谈谈"普世价值"》，对普世价值这个概念、是否存在共同价值、如何看待西方的自由民主等问题，谈了看法。

综上所述，"普世价值"一词从宗教概念演化而来，带有明显的宗教和意识形态痕迹。如果从其历史起源和字面意义看，它是指那些超越时空、阶级、民族、国家和宗教的，任何时代、任何地域都适用的价值和理念。这样的"普世价值"显然是不存在的，也恰恰是因为这点，它并不是一个被国际社会广泛接受的概念，西方国家首脑们很少使用这个词，联合国教科文组织"普遍伦理计划"最后也不了了之。同时，对于一些赞同所谓"普世价值"的人而言，他们所理解的"普世价值"实际就是指西方的自由、民主和人权，就是西方的那一套政治制度和发展模式。塞缪尔·亨廷顿就说过："普世文明的概念是西方文明的独特产物……普世文明的概念有助于为西方对其他社会的文化统治和那些社会模仿西方的实践和体制的需要作辩护。普世主义是西方对付非西方社会的意识形态。"[1]塞缪尔·亨廷顿的论述反映了当今世界的现实，清楚地表明"普世价值"已成为西方实现其在政治、经济、文化上的霸权的工具。维基百科就是从三个方面来理解这个词的：第一，在哲学和人文科学上，普世价值泛指那些不分畛域，超越宗教、国家、民族，任何一个自诩文明社会的人类，只要本于良知与理性皆认同之价值、理念。第二，广义，没有确切内容，一般都是自话自说，没有广泛认同。第三，代词，"民主、自由、法制、人权"的另一种说法。由此可见，"普世价值"这个概念经历了从宗教的普世主义，到神学家倡导的普世伦理，再到今天代表西方强势话语、专指西方政治理念和制度模式这样一个发展过程。

鉴于以上情况，我们认为，"普世价值"是一个模糊的、不科学的概念，是一个被赋予特定含义的概念，是一个意识形态化的概念，是一个被

---

[1]　塞缪尔·亨廷顿：《文明的冲突与世界秩序的重建》，新华出版社2010年版，第45页。

设置了圈套的概念。在这个概念的框架下，不论是承认它的存在与否，都会使自己陷入被动，因此建议不使用这个概念。需要说明的是，大多数中国学者并不赞同西化的"普世价值"概念，也不赞同照搬西方的政治模式，并不把我们倡导的自由、民主等同于西方的自由、民主，从这个概念在国内出现一直到现在，他们大都是在学术的意义上用它来指称人类的共同价值。我们主张不使用这个概念，并不是把使用这个词的学者归入"西化派"。我们的意思是，考虑到这个词的起源、词面意义和现在国内外一些人对它的使用，应该用一个较少争议的概念取代它，以免造成不必要的混乱。而"共同价值"就是这样一个概念。

那么，为什么会发生这场争论？我们可以从以下几个方面来分析。

首先是全球化所引发的价值观冲突的表现。当今的时代是一个全球化的时代、世界历史的时代，不同国家、民族之间的经济、文化、政治交往越来越密切、深入。经济全球化、信息化浪潮对人类的社会生活产生了极其深刻的影响。这种影响表现在价值观上，就是全球化一方面促成了全球范围内引人注目的价值认同或价值融合，另一方面也在世界范围内引发了普遍而激烈的价值观冲突。如前所言，如果把文化看作一个球，它可以分为四个层次：最外层是器物层面，中间是制度和理论层面，最内核是文化心理和价值观念。两种文化的碰撞、接触是由外而内，正如近代以来中西文化的碰撞一样，先是坚船利炮，后是科学技术，而后再到价值观念、生活方式。一般而言，文化的碰撞越往内、越深入，阻力就越大，抵触情绪就越大。一旦文化交流进入文化心理的层次，必然会引发价值观冲突。同时，文化的交流、碰撞在进入价值观层次后，往往是几个层次交织进行并相互促动，价值观的交流要借助于器物和理论来进行，而价值观的交流、"融合"反过来又推动器物和理论、制度层面的交流。因此，为了推销自己的产品，抢占市场，强势的一方往往有意识地首先推销自己的价值观，推销自己的政治模式，使被输入国家、民族沦落为输入国的文化、价值观、政治上的附庸，进而成为自己经济上的附庸，以便源源不断地攫取利益。然而，任何一个国家、民族都不甘于成为他国的附庸，伴随着国家的强大，任何一个国家都会争取独立、自主，首先是经济上的独立，然后政治上独立，然后是文化、价值观的独立，而只有价值观独立了，一个国家、民族才能真正站起来。所以，随着文化之间交流、交融的加深，随着弱势一方国家的强大，价值观的冲突势难避免。就当下世界范围内的文化交流来看，迄今为止的全球化一直是西方占据主导地位，是西方价值观大行其道，是西方价值观对其他文化的渗透和入侵，因此当前全球化中的价值认同在很大程度上或者说实质上是对西方价值的认同。这样一种不平等地位在被输入国家处于绝对弱势地位时还不会爆发大规模的价值观冲突，但随着被输入国家日益强大，随着西方价值观危及非西方民族和国家的核心价值观、从而使这些民族和国家的人们陷入精神上无可归依的状态时，特别是当西方的价值观本身被质疑时，西方价值观普遍化诉求的合法性就会受到普遍的质疑，就会引发西方价值观与非西方价值观的冲突。国内的普世价值的争论正是这种全球化时代价值观冲突的表现。

其次是一百多年来中西文化之争的延续。认识当前的普世价值之争，除了要放宽我们的眼界之外，还要放长眼光，把它置于中国近现代史这样一个大的历史背景下，放到一百多年来的中西文化之争这样一个脉络中。自 16 世纪中叶第一个耶稣会士来华，中西文化的交流就开始了。但是，中西文化的大规模交流是从鸦片战争开始的。1840 年开始的鸦片战争是西方列强强行打开中国大门、开辟中国市场的行动。中国人以大刀长矛来抵御坚船利炮，胜败之果在战争之初便已决定。面对失败，中国的有识之士开始思谋制夷之路，于是有了"师夷长技以制夷"之说，有了"洋务运动"，有了近代中国的中西文化的第一次论争。1894 年的甲午海战却打碎了"洋务派"的迷梦，泱泱大国竟然败给了小国日本。这不能不引起开明之士的思考，思考的结果是：单纯吸收洋人的"坚船利炮"并不能富国强兵，必须进行制度上的变革。于是，中国进入变法时期，中西文化的交流也进入制度和理论层面。1911 年的辛亥革命变君主专制政体为共和政体。

但是辛亥革命后，中国依然没有根本改变：一个君主被打倒了，许多君主却冒了出来，中国依然是民不聊生，依旧无法与列强相抗衡。如此必然产生如下疑问：制度变革后中国还需要什么？正是这个疑问使得中西文化的"对话"进入了文化的第三、四个层次，新文化运动就是中国文化从文化心理的层面与西方文化对话的开始。而伴随着中西文化之争进入最核心层次，产生了全盘西化派和复古主义的论争，复古主义者(康有为、严复等)主张退回到封建文化，全盘西化派（戴季陶、胡适、吴稚晖、陈序经等）认为中国什么都不如西方，应该全盘西化。西化派的一个重要代表陈序经坚持"全盘西化"两个理由是：一是西洋文化无论在思想上，艺术上，科学上，政治上，教育上，宗教上，哲学上，文学上，都比中国的好。二是西洋现代文化，无论我们喜欢不喜欢去接受，它毕竟是现代世界的趋势。这里虽然没有用普世价值这个概念，但当时西化派主张西化的一个理论根据就是"西方的就是普世的"。这样的一个西化与复古的争论一直延续到了 1949 年。20 世纪 80 年代，随着国门的打开，"全盘西化"的主张、如何看待西方价值观和发展模式的争论重新出现，这种争论伴随着改革开放走了三十多年。而在这种争论背后隐含的一个理论问题就是普世价值的问题，争论实质上也是围绕这个问题展开的。通过以上对中国近现代思想史的简单描绘可以看出：其一，当前关于普世价值问题的争论可以看作一百多年来中西文化之争的深化，是把一个幕后的问题拉到了前台。其二，普世价值的问题并不是一个新问题，而是在 20 世纪之初就已经产生，并且只要中西文化没有达到真正的融合、会通，这个问题就会一直讨论下去。也许再过几十年，这样的争论会搬到美国，轮到西方人来谈论中国的价值观是否具有普世性。

再次是中国崛起所导致的恐惧和自信。改革开放近四十年，中国取得了举世瞩目的伟大成就，中国人真正站起来了。这样一个事件的影响是巨大的：一方面，中国崛起给西方世界带来了强烈的冲击，试想一下，那些本来处于强势地位的国家眼睁睁地看着一个拥有不同社会制度、不同文化的大国赶超自己，那是一种怎样的心理？主要的内容就是恐惧，随恐惧而来的就是遏制。而文化上的"遏制"就是不遗余力地向中国输入西方价值观念，宣扬西方式的自由、民主、人权、平等，就是要把中国"同化"，使中国变成西方文化、西方价值观的附庸。这样的中国才不能威胁西方。另一方面，中国的崛起也给中国人带来了自信。中国在成为经济上的巨人的同时，必然会要求与经济相匹配的政治地位和文化地位，必然会增强文化上的自信心，社会主义核心价值体系和核心价值观的提出就是中国人文化自信心提高的表现。文化自信的增强必然促使中国人思考这样一些问题：我们的文化价值观念是什么？中国经验、中国模式、中国文化是否具有普世性？中国文化对世界有什么贡献？这样一些思考势必引发关于普世价值的争论。进言之，一方面是西方的傲慢、偏见、恐惧和遏制，另一方面是中国人的文化自信心的提高，是中国人要求文化领域、价值领域的发言权。这一内一外两方面的因素都会加剧全球化时代中西价值观的冲突。

最后是如何深化改革、如何保持平稳快速发展所产生的"困惑"。改革开放三十多年，我们在取得巨大成就的同时，也面临着严峻的考验：贫富差距问题、党内腐败问题、道德失范问题、转变经济增长方式的问题，等等，这些问题该怎样解决？如何才能彻底解决？对这样一些问题的深入思考势必又会引发这样的问题：改革到底对不对？我们下一步该怎样走？是沿着既定的道路坚定不移走下去、还是退回去或者走向西方？一些赞同普世价值的人就认为，改革开放三十多年的伟大成就是我们向西方"靠拢"的结果，现在的改革碰到的问题都是"西化"不彻底导致的，因此改革的出路、中国的出路在西方，就是要把西方的那一套模式拿来，中国就会有光明的未来。而我们的主流媒体之所以批判普世价值，我们党之所以批判普世价值，根本就是因为，我们既不想走封闭僵化的老路，也不想走改旗易帜的邪路，而只是想沿着中国特色社会主义道路继续走下去。习近平总书记在纪念红军长征胜利 80 周年大会上的讲话中指出：中国特色社会主义，承载着几代中国共产党人的理想和探索，寄托着无数仁人志士的夙愿和期盼，凝聚着亿万人民的奋斗和牺牲，是近代以来中国社会发展的必然选择。我们强调坚定道路自信、理论自信、制度自信、文化自信，不是说就故步自封、不思进取了，我们必须不断有所发现、有所发明、有所创造、有所前进，使中国特色社会主义永远充满蓬勃生机活力。同时，我们要永远记住，我们所进行的一切完善和改进，都是在既定方向上的继续前进，而不是改变方向，更不是要丢掉我们党、国家、人民安身立命的根本。

普世价值争论的实质是什么呢？我们从一些赞成普世价值的人对一些问题的看法上就可以看出来。

比如，对于如何看待三十多年改革开放的问题。有人提出，从特殊性的角度来讲，每个国家的现代化都是不一样的，这就注定中国现代化建设必然带有中国特色。况且有些中国特色东西确实是中国崛起的前提和保障，比如坚持共产党的领导，举国体制等等。但是，光有这些"特色"，这些"不一样""不照搬"是不够的，因为新中国成立以来我们一直坚持党的领导，一直是举国体制。如果只靠这些"中国特色"，这些与其他国家的"不同"，就能创造"中国奇迹"？中国经济就不至于在改革开放前到了崩溃的边缘？可见，我们寻找"中国奇迹"的秘密，不仅要从中国与世界的"不同"去找，更要从中国现在与过去的"不同"去找。由此不难发现，真正创造"中国奇迹"的，恰恰是改革开放，是引进了市场经济、民主、自由、法治、人权这些具有普世价值的东西。三十多年来，我们社会的进步，与改革开放密不可分，与普世价值在中国的实践密不可分。当然，你也可以说，"改革开放"也是"中国特色"，那这种特色是什么呢？这种特色的本质就是学习借鉴具有普世价值的发达国家的人类文明。因此，"中国崛起"实际上是通过"一样"的东西得来的，是"拿来主义"的成功，主要是"同"的成功而不是"不同"的成功。可以说，改革开放三十多年既是中国特色社会主义的成功，也是具有普世价值的人类文明在中国的开花结果。

　　这位学者还提出，市场经济的核心价值是自由。自由是市场经济的核心价值，发展就是扩展自由；自由是发展的首要目的，也是促进发展不可缺少的重要手段。改革开放三十多年，就是放松管制，逐步扩大农民和企业的自由。改革开放初最经常出现的词就是"放权""让利""松绑""搞活"。这些不正是"自由"和"市场"的内容吗？反观全国的改革开放，哪里最能"自己做主"，最有自由，哪里就最有活力，就最能创造财富。改革开放之初，安徽、四川率先"包产到户"，给农民生产经营的自主权，并向全国推广，解决了中国人吃饭的问题。20世纪80年代中期，政府给了人们经商的自主和自由，于是有了万元户，有了最初的联想、万科、海尔。1992年以后，政府给了资本更多的自主和自由，于是那些最初的联想、万科、海尔，以及刘永好、任正非们，纷纷茁壮成长，成为巨人。新旧世纪之交，当政府还不知互联网为何物时，这一最开始被政府"遗忘"的角落，自生自发地孕育出了新浪、阿里巴巴等世界级公司。可以想象，如果政府一开始就像现在这样对网络严格"规范""关爱有加"，那么新浪、阿里巴巴可能早就被"规范"掉了，或者被国有资本死死地绑起来了。让自己国民有交易的自由，投资的自由，发展的自由，甚至是在市场上犯错的自由，这才是发展的要诀。正是自由这一普世价值，创造了"中国奇迹"，造就了当代的中国企业家，而中国的企业家能否进一步走向世界，中国能否进一步发展，很大程度又取决于人民能否更充分地享有自由。当然，自由并不是可以毫无约束为所欲为，而是法治下的"自由"。当下的中国，不是自由太多了，而是太少了。自由的空间有多大，发展的空间就有多大；给人民一片自由的天空，什么人间奇迹都会创造出来！

　　也就是说，赞同普世价值的人认为改革开放的成功就是实践普世价值的结果。这种对改革开放的总结和解释表面来看非常有道理，改革开放不就是引入市场经济，不就是引入自由、民主、人权吗？但是，问题在于，"同样"搞市场经济，"同样"建设民主政治，为什么苏联陷入分裂？为什么俄罗斯经济还没有达到苏联解体前的最高水平？为什么拉美国家的经济起起伏伏、一直不能做到稳步上升？这些说明：把中国改革开放的成功完全归因于所谓的普世价值的实践与事实不符，在实践上解释不通。离开社会主义制度，离开共产党的领导，离开中国特色，中国不会保持30多年的年均超过9%以上的发展速度，不会保持一个安全、稳定的发展环境。

再如，关于"中国向何处去"的问题。赞同普世价值的人提出：今天的中国，虽然创造了经济奇迹，社会也有了很大的进步，但也存在严重的问题：环境污染、资源枯竭、腐败泛滥、信仰危机、贫富悬殊、分配不公、社会分裂。套用狄更斯的话就是：这是个最坏的时代，也是个最好的时代。总之，这是一个令人困惑的时代。许多人都在思考，这个时代的问题出在哪里，未来的路径又在哪里？细观可知，当下中国，非痛于经济改革的市场化取向，而痛于市场化之不足和与之相配套的政治体制改革不到位、不彻底、不全面，痛于法治、民主、自由、人权、公平、正义这些普世价值还未能真正落实。对此，众多有识之士做了许多全面而深刻的论述，此不赘述，仅以现实和历史两个事例作比照，以为警醒。历史和现实都告诉我们，政治改革是经济改革的必然要求。宪政、民主、法治，是现代市场经济所必然要求的上层建筑保证。当下的中国，在继续坚定不移地推进经济领域市场化改革、健全社会保障体系的同时，必须加快与之配套的政治改革。马克思主义的一个最基本的原理就是经济基础决定上层建筑，上层建筑要适应经济基础，有什么样的经济基础就应有什么样的上层建筑。经过三十多年的改革，我国的经济基础已发生了很大的变化，但政治体制还基本上是计划经济那一套，这样必然导致今天这种畸形的权贵市场经济。如果我们不搞政治体制改革，真正的市场经济就无法建立起来，社会就谈不上全面、协调、可持续发展。

另有赞同普世价值的学者认为，改革开放就是要摆脱专制主义的羁绊，回到民主革命的道路上来。改革开放所要达到的目标，就是民主革命所要达到的目标，那就是：取代国家政权对经济、政治、文化、社会的全面垄断，实现经济市场化、政治民主化、文化自由化、社会平等化。民主、自由、平等，都是普世价值所要求的。否定普世价值，拒绝民主自由，实质上就是否定改革的民主主义性质，否定民主革命。普世价值的理论探讨和广泛宣传，应当成为现阶段启蒙运动的一项重要内容。当前的民主革命，包括改革开放、维权运动、启蒙运动，都需要推广普世价值的观念，推动普世价值的实现。在一定意义上说，改革开放也好，民主革命也好，都是争取实现普世价值的过程。只有普及普世价值，使它深入人心，改革开放才能找准明确的方向，民主革命才有完成的希望。

对于这样一些言论该怎么看？西方式的自由真的是我们需要的自由、西方式的民主真的适合中国吗？先来看看自由。

"自由、平等、博爱"是资产阶级革命时期提出的口号，是资产阶级反宗教、反封建的思想武器。但是，对于作为"思想武器"的自由，资产阶级思想家们却一直没有给出一个令人信服的界定。20 世纪最大的自由主义者之一伯林就说过："同幸福与善、自然与实在一样，自由是一个意义漏洞百出以至于没有任何解释能够站得住的词。"[1]

尽管在词义上"漏洞百出"，但是资产阶级思想家们对于自由的具体内容却从来没有"模糊"过，他们所说的自由无非是拥有私有财产的自由、自由贸易、自由竞争和人身自由（即工人出卖自己劳动力的自由）。我们可以把它们称为"形式自由"，因为它们所强调的是机会的均等，没有把"自由的条件"考虑在内。极端自由主义者认为，一旦考虑自由的条件，就会限制个人的自由行动和经济领域的自由冒险精神。然而，"对那些不能使用自由的人，自由又是什么呢？没有运用自由的适当条件，自由的价值何在？"[2]告诉那些目不识丁、衣不蔽体的人有受教育、有自由竞争的权利，这无疑是对他们的生活状况的讽刺和嘲弄。没有实现条件，自由只能是"空头支票"。这样的自由本质上是强者、有产者的自由，是"资本的

---

① 以塞亚·伯林：《自由论》，译林出版社 2003 年版，第 189 页。

② 以塞亚·伯林：《自由论》，译林出版社 2003 年版，第 192 页。

自由"。在 1848 年《关于自由贸易问题的演说》中，马克思就指出："先生们，不要受自由这个抽象字眼的蒙蔽！这是谁的自由呢？这不是一个普通的个人在对待另一个人的关系上的自由。这是资本压榨劳动者的自由。"[①]

随着资本主义的发展，西方自由主义者也认识到"形式自由"的危险，只有少数人有自由的危险。柏林曾经这样反省："我觉得，困扰着西方自由主义者良心的……是这样一种信念：少数拥有自由的人靠剥夺绝大多数没有自由的人而获得自由，或至少无视大多数人没有自由这个事实。"[②] 于是他们试图在自由主义的理论框架内，探讨如何解决资本主义所缺少的公正问题。艾德勒认为，在正义、自由、平等三者中，正义应当处于支配地位，应用正义来限制自由和平等。[③] 罗尔斯指出："各种地位不仅要在一种形式的意义上开放，而且应使所有人都有平等的机会达到它们。"[④] 但是，在私有财产神圣不可侵犯的前提下，公平问题是不可能解决的。罗尔斯们也只是让渡给无产阶级"部分自由"，并没有真正实现自由的平等性，他们的自由仍然是形式大于内容。并且，即使是这种形式自由，在现实中也不断被践踏：斯诺登所披露的"棱镜"项目说明，穆勒等古典自由主义者所倡导的个人自由已经荡然无存，个人完全处在自我标榜为最自由国家的美国政府的监控之下。卢科斯指出：关于抽象个人的概念是有缺陷的，但是"这种理解个人的方式在历史上曾经是进步的。对于打碎传统的特权和等级制，对于瓦解彼此分隔互不相通的社会阶层和等级，对于以合法权利的形式确立人类的普遍要求，这种观点曾是重要的武器。现代民主社会的正式法律机构是抽象个人的保护者。它提供形式上的平等（在法律面前）和形式上的自由（免于非法的或专横的对待）。这些是重要的和不可缺少的成就。但是，如果我们要认真对待平等和自由，就必须超越这种形式上

① 《马克思恩格斯选集》第 1 卷，人民出版社 1995 年版，第 227 页。
② 以赛亚·伯林：《自由论》，译林出版社 2003 年版，第 193 页。
③ 参见艾德勒：《六大观念》，三联书店 1998 年版，第 170 页。
④ 罗尔斯：《正义论》，中国社会科学出版社 1988 年版，第 68 页。

的平等和自由。而要做到这一点，就只能以具有具体的、社会的特点的非抽象的个人的观点为基础，这里说的个人由于是人，所以都要求他们生活在其中的社会这样来对待他们：承认他们有个人的尊严，能够运用和增进他们的自主性，能够在专属自己的范围内从事有价值的活动，能够发展他们的各种潜力"①。这里，卢科斯看到了问题，但解决的方法是无力的。

自由是马克思主义理论中的一个核心概念，马克思主义就是为了实现人的自由和解放。马克思主义的创始人把未来社会称为"自由人的联合体""自由王国""建立在个人全面发展和他们共同的社会生产能力成为他们的社会财富这一基础上的自由个性"等。但是，与西方自由主义者从个体出发看自由不同，马克思恩格斯把自由视为一种社会状态，认为只有在共同体中才可能有个人自由，每个人的自由发展是一切人的自由发展的条件，自由王国只有在消灭私有制的基础才能达到。也就是说，马克思恩格斯在继承自由主义思想的基础上，真正实现了对形式自由的超越：他们把公正、自由的条件纳入自由的考量中，他们所说的自由不再是少数人的，而是每个人的自由。这样的自由不再是形式自由，而是一种"实质的自由"或"公正的自由"。

进而言之，相对于封建等级制，形式自由是一种进步；相对于形式自由，实质自由更是一种进步。

再来看看民主。

从字面上看，民主（Democracy）源于希腊文 demos（人民）和 kratein（统治），意即人民统治，用毛泽东的话说就是人民当家作主。民主的本质不在于民主的具体形式，而在于是否真正代表人民利益，是否真正为人民谋利益。

与自由一样，民主也是一个歧义丛生的概念。从历史上看，民主的名下实际涵盖着相当广泛的制度。雅典民主是最早也是最知名的民主，被称

---

① 艾德勒：《西方人看个人主义》，红旗出版社 2002 年版，第 166 页。

为直接民主或纯粹民主,是一种人们直接投票决定政府政策的制度。罗马共和国时期实行的是代议制民主,即选出民意代表来参与政府或议会进行决策。现代西方民主国家实行的基本都是代议制民主,但在不同国家又有不同形式,如美国是总统制、英国是君主立宪制、德国是议会共和制、日本是议会民主制等。看来,一方面,民主可以与不同的社会制度结合,有资产阶级的民主,也有奴隶制的民主和封建制的民主;另一方面,民主有不同形式,每一种民主形式都不是完美的,每一种民主形式都是各国人民自己的选择。如果我们要实行西方的民主制,那么是实行哪一种民主呢?

那些膜拜西方民主制的人肯定会选择美国的"自由民主制",认为那是一种既保留了民主的原则又能够保护个人自由的制度,这也是历史终结论的提出者福山所认为的人类政府的最终形式。民主的本意是人民统治,然而在美国,人民从来就不是全体公民。1776年《独立宣言》发表时,黑人和妇女就不在人民之列,因为没有选举权;穷人与富人的选举权也不平等,因为纳税多的人有多张选票。只是到了1870年黑人才有选举权,1920年选举中的性别歧视才被禁止,1964年选举权才不受税收限制。如今,这些公开的不平等虽然在形式上取消了,但是穷人并没有成为"统治的人民",因为选举依然是"富人的游戏"。1860年林肯竞选总统时的花费是10万美元,到了1980年竞选总统的花费上升到10亿美元,2008年达到24亿美元,2012年更是达到惊人的60亿美元,2016年美国大选又创新高,花费高达68亿美元。钱从哪来?主要靠党、官、商的利益交换。难怪西方媒体说美国的联邦选举制度已经沦为"集团贿选制度",美国的民主被卖给了出价最高的人。恩格斯早在1893年就说过:"美国人早就向欧洲世界证明,资产阶级共和国就是资本主义生意人的共和国;那里,政治同其他任何事情一样,只不过是一种买卖。"① 可以说,美国式的民主正面临着政治精英化、居高的国债、选民投票率下降、被垄断的舆论、大选

---

① 《马克思恩格斯选集》第4卷,人民出版社1995年版,第717页。

中的腐败、政党轮流执政的短期效应、对外强制性干涉等问题。如果民主只是有钱人的游戏,民主只是不断降低的投票率,民主越来越成为合法地剥夺弱者的幌子,民主就是不断地制造"合法"的战争,这样的民主还值得我们向往和追求吗?

有人可能会说,美国的民主制度也许存在一些问题,但它使美国保持了活力,雄踞世界头号强国地位一百多年,并且在可以预见的将来,仍将占据这一位置,所以它是迄今最好的制度。事实真的是这样吗?美国取得并保持住头号强国地位,与制度有关,但并没有必然联系。美国的头号强国地位与两次世界大战(大发战争财)、美国人确立的布雷顿森林货币体系、移民文化、美国本土自南北战争以来未发生战争、两大阵营的对峙等因素密切相关。如果按照强国与制度之间画等号的逻辑,我们同样可以说中国特色社会主义制度是当今最好的制度,因为它使得中国这样一个大国保持了三十多年、年均9%以上的高速增长,创造了中国奇迹;在世界经济陷入低迷之际,唯有中国这边风景独好;并且在可以预见的未来,这个奇迹仍将会延续下去。每一个国家都有自己的传统、国情和独特的历史命运,都应该走自己的道路,任何照搬别国制度的做法从来不会成功。2004年前后中亚爆发的所谓"颜色革命",2010年底在西亚北非开始的"阿拉伯之春",这些所谓"民主运动"的结局怎样呢?无非是政治和社会的动荡、经济和生活水平的下滑,如今埃及的混乱状况就是最好的证明。

民主是近百年来中国人孜孜以求的目标,五四时期提出的口号就是民主与科学。自从甲午战争开始,先进的中国人就认识到单纯学习西方的"器物"还不足以赶上并超过西方,还必须变革制度。于是,中国人就开始学习西方的民主制度,坚持不懈地在民主之路上探索。可以说,西方的各种民主形式,比如君主立宪制、总统制等,都在中国试验过或部分试验过,但都没有成功。新中国成立以后,中国共产党人在继承前人探索的基础上,大力进行社会主义民主建设,终于走出了一条中国特色社会主义民主之路。由于它是建立在公有制为主体的基本经济制度的基础上,所以它不受资本的操纵，不是少数人的民主，而是最广大人民的民主，是一种"实质民主"，真正实现了人民当家作主。正是在这一制度的保证下，我们不仅创造了中国经济持续快速发展的奇迹，还使中国社会焕发出蓬勃旺盛的活力，并且在社会急剧变革和转型中保持了社会大局的长期稳定。事实雄辩地证明，中国特色社会主义民主制度是唯一适合我们的制度，只有坚持这一制度，我们才能取得更加美好的明天。

看来，所谓的普世价值之争实质上并不是一场学术之争，而是政治之争、政权之争，一些赞成普世价值的人的目的并不是只有学术上的诉求，并不是为搞清楚一个学术问题，而是要把中国引向邪路、歪路，引向西方的道路，引向新自由主义，引向西方的三权分立模式，其目的是否定党的领导，否定社会主义制度。对于这样一种诉求，中国共产党人当然不能同意，必须予以反击。因为，改革开放三十多年，我们之所以能够取得巨大成就，最根本的就是我们走出了一条适合自己的中国特色社会主义道路，我们所要做的就是坚定不移地沿着这条道路继续走下去。同时，我们还必须明确，我们反对照搬西方的民主、自由，这并不意味着我们不要民主、自由。党的十八大已经把民主、自由纳入社会主义核心价值观的内容，我们不仅要培育社会主义的民主观、自由观，而且要在实践中实现人民的自由和民主权利。2016 年 1 月 21 日，习近平总书记在阿拉伯国家联盟总部演讲时指出：现代化不是单选题。历史条件的多样性，决定了各国选择发展道路的多样性。阿拉伯谚语讲："自己的指甲才知道哪里痒"。在发展道路的探索上，照搬没有出路，模仿容易迷失，实践才出真知。一个国家的发展道路，只能由这个国家的人民，依据自己的历史传承、文化传统、经济社会发展水平来决定。

中篇　规范篇

　　如果一个民族、一个国家没有共同的核心价值观，莫衷一是，行无依归，那这个民族、这个国家就无法前进。

——习近平

第四章　从核心价值体系到核心价值观

任何一种核心价值体系的提出都不是心血来潮，而必然要经历一个酝酿、提出到巩固的过程。社会主义核心价值体系和核心价值观的提出，经历了怎样一个过程？两者是什么关系、有什么特征？

第一节　社会主义核心价值体系的提出

中国共产党人尤为重视核心价值体系和核心价值观建设，并把它作为社会主义精神文明建设的重要组成部分。中国共产党之所以重视核心价值体系和核心价值观建设，是由其性质和宗旨决定的。人民群众是历史的创造者，社会主义是人民群众的事业，人民群众的理想信念、精神状态和人心所向，最终决定着社会主义事业的成败。人民群众是社会主义国家的主人，理应享受社会主义发展的成果。人民群众不仅有物质需求，而且有精神需求，他们的精神需要应该得到满足。物质贫乏不是社会主义，精神空虚也不是社会主义。社会主义社会一定是富裕社会。所谓的"富裕"不仅是物质上富有，不仅是物质财富的极大涌流，而且也应该包括精神上的富有，包括人民群众的精神需求不断得到满足。马克思曾经指出："富有的人同时就是需要有总体的人的生命表现的人，在这样的人身上，他自己的实现作为内在的必然性、作为需要而存在。"① 就是说，富有的人一定是个性丰富、精神充实、思想境界高尚的人，一定是有理想信念、精神上不缺"钙"的人。

早在 1944 年 9 月 8 日，毛泽东在张思德追悼会上的演讲中就提出，中国共产党是"为人民服务的"②；在 1945 年 4 月中国共产党第七次全国代表大会所作的政治报告中，毛泽东再一次强调："紧紧地和中国人民站在一起，全心全意为中国人民服务，就是这个军队的唯一宗旨"，并提出了建设一个独立、自由、民主、统一和富强的新中国的目标。"为人民服务"就是中国共产党为适应时代要求而提出的一种新的社会主义的价值观。这种价值观与资产阶级的那种利己主义、极端个人主义的价值观完全不同，它体现的是一种集体主义、社会主义的价值观念。为人民服务的最高境界是大公无私、无私奉献，这是共产党员所应遵循的价值规范；为人民服务的最基本要求就是爱祖国、爱人民、爱科学、爱劳动、爱社会主义，这是社会主义国家的普通公民所应该遵循的道德规范。所以，新中国成立后，中国共产党领导人民广泛开展了以为人民服务为核心、以爱国主义、集体主义、社会主义为主要内容的道德建设。为了培育为人民服务的价值观，中国共产党采取了多种多样的形式和方法，其中很重要的方法就是树立模范典型、弘扬时代精神，先后树立了雷锋、焦裕禄、王进喜、蒋筑英等模范人物，先后概括提炼了抗美援朝精神、"两弹一星"精神、大庆精神等。这些先进人物和崇高精神，激励和鼓舞了一代又一代中国人，使爱国主义、集体主义、社会主义观念深入人心，使为人民服务成为中国共产党人乃至全体中国人的共同价值

---

① 《马克思恩格斯全集》第 3 卷，人民出版社 2002 年版，第 308 页。

② 张思德生前是中央警备团战士。1933 年参加革命，任劳任怨；1944 年 9 月 5 日，在陕北山中烧炭，炭窑崩塌，因奋力将队友推出窑外，自己被埋而牺牲。毛泽东在《为人民服务》的演讲中这样说道："人总是要死的，但死的意义有不同。中国古时候有个文学家叫做司马迁的说过：人固有一死，或重于泰山，或轻于鸿毛。为人民利益而死，就比泰山还重；替法西斯卖力，替剥削人民和压迫人民的人去死，就比鸿毛还轻。张思德同志是为人民利益而死的，他的死是比泰山还要重的。"

追求。①

　　改革开放后，中国共产党一直坚持"两手抓、两手都要硬"，既抓物质文明建设，也不断加强精神文明建设。早在改革开放之初，1979年10月，邓小平在中国文学艺术工作者第四次代表大会上发表祝词时强调："我们要在建设高度物质文明的同时，提高全民族的科学文化水平，发展高尚的丰富多彩的文化生活，建设高度的社会主义精神文明。"②他还强调：要大力发扬党和人民在长期实践中形成的崇高精神，"大声疾呼和以身作则地把这些精神推广到全体人民、全体青少年中间去，使之成为中华人民共和国的精神文明的主要支柱，为世界上一切要求革命、要求进步的人们所向往，也为世界上许多精神空虚、思想苦闷的人们所羡慕"。之后，他又一再强调精神文明建设的重要性。1980年12月，他在中共中央工作会议上的讲话中强调："我们要建设的社会主义国家，不但要有高度的物质文明，而且要有高度的精神文明。所谓精神文明，不但是指教育、科学、文化（这是完全必要的），而且是指共产主义的思想、理想、信念、道德、纪律，革命的立场和原则，人与人的同志式关系，等等……没有这种精神文明，没有共产主义思想，没有共产主义道德，怎么能建设社会主义？"③1983年4月，他在会见印度共产党中央代表团时指出，在社会主义国家，一个真正的马克思主义政党要致力于建设物质文明，"与此同时，还要建设社会主义的精神文明，最根本的是要使广大人民有共产主义的理

① "为人民服务"是新中国成立后中国共产党确立的公民个人层面的价值观。在国家层面，中国共产党的每一次全国代表大会也都提出了自己的价值目标。例如，在抗日战争胜利前夜召开的中国共产党的第七次全国代表大会上，毛泽东在《论联合政府》的政治报告中指出：中国有两个前途，一个是不独立、不自由、不民主、不统一、不富强的黑暗的中国；一个是独立、自由、民主、统一和富强的新中国，中国共产党的伟大任务和历史使命就是要努力实现第二个前途；在党的十二大上，胡耀邦代表党中央所作的报告中提出：新时期中国共产党的总任务是，团结全国各族人民，自力更生，艰苦奋斗，逐步实现工业、农业、国防和科学技术现代化，把我国建设成为高度文明、高度民主的社会主义国家。

② 《邓小平文选》第2卷，人民出版社1994年版，第208页。

③ 《邓小平文选》第2卷，人民出版社1994年版，第367页。

想，有道德，有文化，守纪律。国际主义、爱国主义都属于精神文明的范畴"。①1985 年，他在党的全国代表会议上的讲话中指出："不加强精神文明的建设，物质文明的建设也要受到破坏，走弯路。光靠物质条件，我们的革命和建设都不可能胜利。过去我们党无论怎样弱小，无论遇到什么困难，一直有强大的战斗力，因为我们有马克思主义和共产主义的信念。有了共同理想，也就有了铁的纪律。无论过去、现在和将来，这都是我们的真正优势。"② 正是由于有了这种认识，所以，在 1982 年第五届全国人民代表大会第五次会议通过的《中华人民共和国宪法》就把"五爱"即"爱祖国、爱人民、爱劳动、爱科学、爱社会主义"作为全体公民的道德要求，随后在全社会广泛开展了"五讲四美三热爱"（讲文明、讲礼貌、讲卫生、讲秩序、讲道德，心灵美、语言美、行为美、环境美，热爱共产党、热爱祖国、热爱社会主义）活动，使社会主义道德在全社会得到普及。1986年，党的十二届六中全会通过了《中共中央关于精神文明建设指导方针的决议》，强调，建设有中国特色社会主义，把我国建设成为高度文明、高度民主的社会主义现代化国家，这是现阶段我国各族人民的共同理想。要用这一共同理想动员和团结全国各族人民。社会主义精神文明建设的根本任务就是培育有理想、有道德、有文化、有纪律的社会主义公民，提高整个中华民族的思想道德素质和科学文化素质。10 年之后，也就是 1996 年，党的十四届六中全会又通过了《中共中央关于加强社会主义精神文明建设若干重要问题的决议》，要求在把物质文明搞得更好的同时，大力加强社会主义精神文明建设，在世纪之交开创精神文明建设的新局面。

尽管我们党一直非常重视精神文明建设，强调"两手抓、两手硬"，但在实践中还是存在"一手软、一手硬"的问题。20 世纪 90 年代，思想理论界曾经有一场"道德爬坡"还是"道德滑坡"的争论。这说明经过改

---

① 《邓小平文选》第 3 卷，人民出版社 1993 年版，第 28 页。
② 《邓小平文选》第 3 卷，人民出版社 1993 年版，第 144 页。

革开放 10 年左右的时间，中国的道德状况出现了一些问题，拜金主义、利己主义、极端个人主义有蔓延趋势。正是针对此种状况，2001 年，中共中央印发的《公民道德建设实施纲要》提出，要坚持以为人民服务为核心，以集体主义为原则，以爱祖国、爱人民、爱劳动、爱科学、爱社会主义为基本要求，在全社会倡导"爱国守法、明礼诚信、团结友善、勤俭自强、敬业奉献"二十字的基本道德规范。2006 年 3 月，胡锦涛在参加全国政协讨论会时提出了以"八荣八耻"为主要内容的社会主义荣辱观，要求以热爱祖国为荣、以危害祖国为耻，以服务人民为荣、以背离人民为耻，以崇尚科学为荣、以愚昧无知为耻，以辛勤劳动为荣、以好逸恶劳为耻，以团结互助为荣、以损人利己为耻，以诚实守信为荣、以见利忘义为耻，以遵纪守法为荣、以违法乱纪为耻，以艰苦奋斗为荣、以骄奢淫逸为耻。"八荣八耻"实际是社会主义道德的具体化。

正是在以往精神文明建设的基础上，针对我们发展中存在的问题和短板，2006 年 10 月，党的十六届六中全会第一次明确提出了"建设社会主义核心价值体系"的重大命题和战略任务，强调建设和谐文化首要的就是建设社会主义核心价值体系，并且明确了社会主义核心价值体系的内容，指出：马克思主义指导思想，中国特色社会主义共同理想，以爱国主义为核心的民族精神和以改革创新为核心的时代精神，社会主义荣辱观，构成了社会主义核心价值体系的基本内容。这一概括内容丰富，意义深远，既突出了我们党和国家的指导思想，又强调社会主义理想信念的重要作用；既继承吸收了中国文化的优秀传统，又结合当今时代特点和中国特色社会主义实际，凸显了社会主义精神文明的本质特征，指明了社会主义和谐文化的发展方向。

从一个国家层面、全党层面的重大命题和战略任务的提出，到被全党、全国人民认识、认可、接受是有一个过程的，同时命题也需要不断深化，任务也需要"细化"。所以，社会主义核心价值体系提出后，我们党又不断对其进行阐释，不断进行强调，一方面引起全社会的关注，另一方面深化研究。2007 年 6 月 25 日，胡锦涛在中央党校省部级干部进修班讲话时再次强调，要大力建设社会主义核心价值体系，巩固全党全国人民团结奋斗的共同思想基础。2007 年 10 月，党的十七大进一步明确，推动社会主义文化大发展大繁荣，首要的是建设社会主义核心价值体系，增强社会主义意识形态的吸引力和影响力。并指出：要巩固马克思主义指导地位，坚持不懈地用马克思主义中国化最新成果武装全党、教育人民，用中国特色社会主义共同理想凝聚力量，用以爱国主义为核心的民族精神和以改革创新为核心的时代精神鼓舞斗志，用社会主义荣辱观引领风尚，巩固全党全国各族人民团结奋斗的共同思想基础。大力推进理论创新，不断赋予当代中国马克思主义鲜明的实践特色、民族特色、时代特色。切实把社会主义核心价值体系融入国民教育和精神文明建设全过程，转化为人民的自觉追求。积极探索用社会主义核心价值体系引领社会思潮的有效途径，主动做好意识形态工作，既尊重差异、包容多样，又有力抵制各种错误和腐朽思想的影响。可以看出，党的十七大报告不仅提出了构建社会主义核心价值体系的基本途径，同时也回答了在新形势下如何增强民族凝聚力和吸引力这一重大问题。

党的十七大之后，思想理论界掀起了宣传、研究和阐释核心价值体系的高潮，全党全社会也掀起建设社会主义核心价值体系的高潮，我们党也不断推进对社会主义核心价值体系的认识。2008 年 4 月 9 日，时任中宣部部长的刘云山在建设社会主义核心价值体系研讨会上发表讲话，从有何意义、如何理解、如何贯彻、哪些原则四个方面，对核心价值体系进行了全方位阐释，认为建设社会主义核心价值体系符合社会发展规律，是古今中外治国理政、安民固邦的经验教训给我们的深刻启示，标志着我们党对社会主义制度在价值层面的探索达到一个新高度，为全面推进中国特色社会主义事业提供了有力精神支撑，适应了国际国内形势变化对意识形态工作的新要求，为我们党在经济全球化和社会多样化形势下团结带领人民开拓前进树立了精神旗帜。讲话还对社会主义核心价值体系的基本内容、现实目标、鲜明特征、实践要求进行了阐释。2009 年 1 月，由中宣部组织编写的《社会主义核心价值体系学习读本》出版，《读本》不仅对建设社会主义核心价值体系的重大意义、基本内容和实践要求给出了标准化阐释，而且对核心价值体系四个方面的内容进行了定位，明确马克思主义指导思想是社会主义核心价值体系的灵魂，中国特色社会主义共同理想是社会主义核心价值体系的主题，民族精神和时代精神是社会主义核心价值体系的精髓，社会主义荣辱观是社会主义核心价值体系的基础。这四个方面相互联系、相互贯通，各具功能、各有侧重，相互联系、不可分割，科学严谨、完整系统，是有机统一的整体。马克思主义指导思想解决的是举什么旗的问题，中国特色社会主义共同理想解决的是走什么路、实现什么样的目标的问题，民族精神和时代精神解决的是应当具备什么样的精神状态和精神风貌的问题，社会主义荣辱观解决的是人们行为规范的问题。《读本》的出版标志着我们党对社会主义核心价值体系的认识达到了一个新阶段。

实践不断发展，认识也不会止步。2011 年 10 月召开的党的十七届六中全会，审议通过了《中共中央关于深化文化体制改革推动社会主义文化大发展大繁荣若干重大问题的决定》，会议强调，社会主义核心价值体系是"兴国之魂"，建设社会主义核心价值体系是推动文化大发展大繁荣的根本任务。这是继"以经济建设为中心是兴国之要""四项基本原则是立国之本""改革开放是强国之路"等著名论断之后，我们党提出的又一具有重大现实意义和深远历史影响的重要论断，进一步明确了社会主义核心价值体系在党和国家事业发展中的重要地位和作用。全会指出：当前还需要提炼简明扼要、便于传播践行的社会主义核心价值观，对于建设社会主义核心价值体系具有重要意义。由此，提炼概括社会主义核心价值观的工作提上了日程。

第二节　社会主义核心价值观的提出

事实上，提炼社会主义核心价值观的工作从核心价值体系提出来时就开始了，党的十七届六中全会发出提炼社会主义核心价值观的号召后，这个工作就进入了高潮，2012 年思想理论界的一个热点问题就是核心价值观的提炼问题。当时有几百个版本，一开始并没有分层次，有一个词四个字的，也有一个词两个字的，不仅思想理论界的学者自发在研究，而且宣传部门也组织专家学者专门研究。我们仅以《红旗文稿》为例，来看看当时研究的热度。

2012 年，《红旗文稿》从第 2 期开始一直到第 9 期，连续发表了多篇有分量的讨论社会主义核心价值观的文章。其中有两篇值得关注。一篇是第 2 期以"柯缇组"的名义发表的文章，文章提出核心价值观提炼的原则，其中就有一条是，社会主义核心价值观必须是国家层面、社会层面、制度层面的价值取向，而不应该是针对公民个人的道德规范，并把社会主义核心价值观概括为：以人为本、共同富裕、民主法治、公平正义、团结和谐、开放包容。这篇文章的前面还加了一个编者按，欢迎理论界的学者投稿，讨论核心价值观的提炼问题。另一篇是在第 4 期上发表的江苏省委党校副校长杨明的文章《国家与公民：社会主义核心价值观概括的基本路径》，文章提出，要从国家和公民两个层面来概括社会主义核心价值观，认为国家层面的核心价值观可以概括为：富强民主文明和谐，因为以往我们党就把"建设富强民主文明和谐的社会主义现代化国家"作为中国特色社会主义的奋斗目标；他把公民层面的核心价值观概括为：仁爱、正义、守法、诚信。这样一种概括，这样一种分层，与后来党的十八大公布的核心价值观已经非常接近了。仅《红旗文稿》就发表了这么多篇文章进行讨论，全国有近万家期刊，社科类也有上千家，发表的讨论核心价值观的文章数量可想而知。也就是说，社会主义核心价值体系提出后，思想理论界一方面深化核心价值体系的研究，另一方面就是在核心价值体系的基础上提炼核心价值观。

如果说在社会主义核心价值体系的基础上概括核心价值观是一个"自上而下"的过程，那么，为了提炼社会主义核心价值观，还有一个"自下而上"的方法，那就是全国各地各行业，首先概括提炼自己的核心价值观，然后再在这些"地方价值观"的基础上，概括提炼全国全社会的核心价值观。这个工作从社会主义核心价值体系提出以来，也一直在做。如北京提出"爱国、创新、包容、厚德"的北京精神，上海提出"海纳百川、追求卓越"的上海精神，解放军提出"忠诚于党、热爱人民、报效国家、献身使命、崇尚荣誉"的当代军人核心价值观，等等，这些地方或行业的精神、价值观为社会主义核心价值观的凝练发挥了重要作用。

任何一个社会的价值理念都有多种，既有前一个社会形态甚至是更前一个社会形态的，也有后一个社会形态的，更有同时代的其他民族其他国家其他社会的价值理念，这些价值理念相互影响。如何提炼核心价值观？这就必须遵循一定的规则。2012 年前后讨论比较多的就是提炼的原则问题。

一般而言，核心价值观的提炼应该考虑以下因素：第一，核心价值观是意识形态的精髓，它必须是国家的价值取向和社会制度性质的体现。核心价值观与公民道德不同，不能用公民道德来替代核心价值观。可以说，一种核心价值观是对国家及其社会制度的历史发展脉络的精准定位，同时也是对人类历史发展趋势的科学把握。因此，必须分清社会制度价值观和公民道德。第二，核心价值观必须是目标性、理念性的价值观，而不能是工具性、手段性的价值观。作为制度层面的价值取向，核心价值观必须是战略目的性的而不能是战术手段性的，必须是理念性的而不能是工具层面的。第三，核心价值观必须是基本性的、持久性的价值观，而不能是次生性的、短暂性的价值观。核心价值观应该经得起时间的考验与社会生活的锤炼，不能今天提出明天就废弃，否则整个社会就会陷入混乱。阶段性的目标、短期性的追求、可以随意更改的价值观，不是核心价值观。第四，核心价值观是统摄力、解释力、主导性最强的价值观，它是其他一般价值观的主导，是整个社会的价值观的核心和灵魂，它必须统摄其他价值观而不是被其他价值观所统摄。不占主导地位、不能够统摄其他价值观的价值观只是一般价值观。第五，核心价值观是一种超越性、崇高性的理念，可以凝聚人心、提振精神、引领方向，具有强大的精神感召力。核心价值观不是现实已经存在的价值，它们是超越性的目标价值，是崇高性的价值追求，符合人类的根本利益和长远利益。在这种意义上，核心价值观代表历史前进方向，具有世界意义，可以得到各国人民的肯定和认同。

那么，具体到社会主义核心价值观，它的提炼应该遵循哪些原则呢？

坚持以马克思主义为指导，体现社会主义的本质。社会主义社会作为人类社会的一个发展形态，与其他社会形态相比有着本质区别。社会主义社会所具有的独特属性，决定了社会主义核心价值观必须是这种社会主义本质属性在价值层面的集中反映。因此，社会主义核心价值观首先是社会主义的。提炼、概括社会主义核心价值观，就要首先认识到，社会主义是在马克思主义理论指导下形成的思想体系、社会制度和实践运动。如果要使社会主义核心价值观充分反映社会主义制度的本质属性和社会主义的价值导向，就必须要有高度自觉性，坚持以马克思主义立场、观点、方法为思想武器，善于从马克思主义经典著作对社会主义本质属性的科学阐述中进行归纳概括，善于将社会主义社会与封建主义社会、资本主义社会等其他社会形态进行对比，并从中抓住最关键、最根本、最核心的要义。

扎根中华历史文化土壤，传承中国传统价值的精华。价值观属于文化的范畴，必须与一个国家和民族特定的历史文化传统相结合。核心价值观一定是在一个国家、民族长期发展过程中孕育形成的，反映着这个国家、民族的思想结晶和文化积淀。中华民族历史悠久，我们的祖先曾经创造了灿烂的文明，这是我们宝贵的精神财富。提炼、概括社会主义核心价值观，必须把优秀传统文化作为重要依据与来源，赋予其符合时代要求的新内涵。同时还要将社会主义核心价值观烙上中华文化的精神印记，在具体表述上也要尽可能体现中华文化特色，展示出中华文化独特的历史韵味。

立足中国特色社会主义伟大实践，符合广大人民群众的期待。社会实践与群众认同是核心价值观生成与发展的基础和关键，鲜明的实践性和广泛的认同性是社会主义核心价值观的突出特色。在建设中国特色社会主义的历史背景下，核心价值观必须立足中国特色社会主义伟大实践，并回答实践提出的问题，只有这样才会有合理的现实基础，才会被人们普遍接受。提炼、概括社会主义核心价值观，必须反映人民群众的利益诉求和价值追求，结合社会主义现代化建设的经验，紧扣中国社会发展进步的主题，如此才能使社会主义核心价值观推动社会理想实现，得到人民群众认同。

坚持国家、社会和个人的统一。社会主义核心价值观首先必须是国家层面、社会层面、制度层面的价值取向，规定着国家和社会发展的基本方向，它的一个显著特征就是国家、社会与个体的内在统一。提炼、概括社会主义核心价值观，必须能够为国家建设和社会发展提供明确的评判标准和价值依据，提供先进的、根本的价值导向和理想信念，从而影响社会经济、政治、文化以及方方面面，引领各个领域、各个层次都形成自身具体的价值观念，进而实现在中国特色社会主义事业中发挥统摄作用的目的。社会主义核心价值观必须用以引导、规范社会成员的行为，通过彰显制度精神以及塑造国家形象，来获得人们的认同，凝聚不同阶层的人们向着共同的目标迈进。

广泛借鉴世界文明成果，符合人类最美好的价值追求。任何一种核心价值观都应当具有人类共性和自身个性的双重特征。社会主义核心价值观自然首先要体现并保持其独特的个性，但同时在整个人类文明的大背景下，还要自觉追求与人类文明进步方向的一致性。提炼、概括社会主义核心价值观，必须着眼于整个人类历史与人类文明的发展，反映人类最美好的价值追求和理想目标，吸收人类文明的共同成果。我们既要反对把西方的价值观念作为"普世价值"，又不能把属于人类社会普遍追求的精神价值拱手让给西方。

依托社会主义核心价值体系，反映其精神内核和根本原则。核心价值观是核心价值体系的抽象提炼、高度概括和"总纲领"，是核心价值体系的"核心"。培育社会主义核心价值观是建设社会主义核心价值体系的重要举措,两者相互依存、相互作用、相辅相成、有机统一。提炼、概括社会主义核心价值观,必须紧紧扣住社会主义核心价值体系的几个方面内容,力求简洁、凝练地反映这个体系的本质内涵,而不能离开这个体系另搞一套。①

正是在以往充分讨论的基础上,并依照以上原则,2012 年 11 月,我们党在十八大上明确提出了以"三个倡导"为基本内容的社会主义核心价值观。党的十八大报告是这样说的:"倡导富强、民主、文明、和谐,倡导自由、平等、公正、法治,倡导爱国、敬业、诚信、友善,积极培育社会主义核心价值观"。这"三个倡导"就是对社会主义核心价值观的基本内容的最新阐释,既阐明了社会主义核心价值观的丰富内涵,又指明了构筑精神家园的正确方向,提出了便于公民践行和传播的核心价值。

全面、完整对社会主义核心价值观进行深入阐释的是 2013 年 12 月中共中央办公厅专门印发的《关于培育和践行社会主义核心价值观的意见》。《意见》对社会主义核心价值观提出的重大意义,对于核心价值观的基本内容,对于培育和践行核心价值观的指导思想、基本原则、实践要求,对于核心价值观与核心价值体系的关系等问题,都有了非常明确和详尽的阐述。《意见》有几点值得关注:

第一,明确把培育和践行社会主义核心价值观作为一项重大战略任务。《意见》第一部分第一句话就是:"培育和践行社会主义核心价值观,是推进中国特色社会主义伟大事业、实现中华民族伟大复兴中国梦的战略任务。"什么是战略任务?就是事关全局的、长远的、根本的,重大战略任务就是诸多战略任务中重大的。进言之,一个党和国家的重大战略任务,是事关党和国家生死存亡的、全局的、长远的、紧迫的目标,比如,构建社会主义和谐社会、建设创新性国家、推进依法治国等等,由此可见

---

① 参见王晓晖:《积极培育和践行社会主义核心价值观》,《求是》2012 年第 23 期。

我们党把核心价值观建设放在了非常高的位置。

第二，明确了"三个倡导"是社会主义核心价值观的基本内容。党的十八大报告只是提出了"三个倡导"，"三个倡导"之后的一句话是积极培育和践行社会主义核心价值观，并没有明确说明"三个倡导"是社会主义核心价值观的基本内容，也没有明确"三个倡导"分别是国家、社会、公民三个层次。而《意见》则把这两个问题明确了。《意见》指出："富强、民主、文明、和谐是国家层面的价值目标，自由、平等、公正、法治是社会层面的价值取向，爱国、敬业、诚信、友善是公民个人层面的价值准则，这 24 个字是社会主义核心价值观的基本内容，为培育和践行社会主义核心价值观提供了基本遵循。"这里要说明的是，从党的十八大报告提出"三个倡导"，到把"三个倡导"作为社会主义核心价值观的基本内容，这中间是有一个认识发展过程的。在党的十八大上以及此后的几次会议，都没有明确，是《意见》非常明确地把"三个倡导"的地位固定下来了，也把社会主义核心价值观的内容固定下来了，那就是"三个倡导"，就是三个层面。

第三，明确了核心价值观与核心价值体系的关系。党的十八大报告提出后，有些人不理解，为什么要在核心价值体系之后再提核心价值观？这二者是什么关系？因为核心价值体系是四个方面的内容：马克思主义指导思想、中国特色社会主义共同理想、以爱国主义为核心的民族精神和以改革创新为核心的时代精神、社会主义荣辱观。这四个方面的内容似乎与核心价值观没有什么直接的关系，"三个倡导"与四个方面对应不上。党的十八大报告没有回答这些问题，《意见》明确对这些问题进行了回答，指出："社会主义核心价值观是社会主义核心价值体系的内核，体现社会主义核心价值体系的根本性质和基本特征，反映社会主义核心价值体系的丰富内涵和实践要求，是社会主义核心价值体系的高度凝练和集中表达。"

可以看出，如果说在党的十八大报告中，培育和践行社会主义核心价值观还只是一句口号，那么，到了《意见》的出台，核心价值观已经展开成为一个完整的体系，标志着社会主义核心价值观已经被完整提出。

总的来看，2012 年 11 月党的十八大之前是社会主义核心价值观的酝酿阶段，党的十八大到《意见》的出台是核心价值观的提出阶段，《意见》颁布后，核心价值观的培育和践行就进入了高潮阶段。特别是 2014 年可以称为"核心价值观年"，因为在这一年，不仅全社会掀起了践行社会主义核心价值观的高潮，而且尤为重要的是，习近平总书记多次集中、专门阐释核心价值观。主要有以下几次：

2014 年 2 月 24 日，中共中央政治局就培育和弘扬社会主义核心价值观、弘扬中华传统美德进行了第十三次集体学习。习近平总书记在主持学习时强调：构建具有强大感召力的核心价值观，关系社会和谐稳定，关系国家长治久安。要把培育和弘扬社会主义核心价值观作为凝魂聚气、强基固本的基础工程，继承和发扬中华优秀传统文化和传统美德。

2014 年 5 月 4 日，习近平总书记在与北京大学师生座谈时专门谈了核心价值观的问题，他指出：人类社会发展的历史表明，对一个民族、一个国家来说，最持久、最深层的力量是全社会共同认可的核心价值观。核心价值观，承载着一个民族、一个国家的精神追求，体现着一个社会评判是非曲直的价值标准。青年的价值取向决定了未来整个社会的价值取向，广大青年树立和培育社会主义核心价值观，需要在勤学、修德、明辨、笃实上下功夫。

2014 年 5 月 30 日，习近平总书记在北京市海淀区民族小学主持召开座谈会时指出：我们倡导的富强、民主、文明、和谐，自由、平等、公正、法治，爱国、敬业、诚信、友善的社会主义核心价值观，体现了古圣先贤的思想，体现了仁人志士的夙愿，体现了革命先烈的理想，也寄托着各族人民对美好生活的向往。只要是中国人，就应该自觉培育和践行社会主义核心价值观。他指出：任何一个思想观念，要在全社会树立起来并长期发挥作用，就要从少年儿童抓起。少年儿童培育核心价值观，主要是要做到记住要求、心有榜样、从小做起、接受帮助。

2014 年 9 月 9 日，习近平总书记在同北京师范大学师生代表座谈时指出：广大教师要用好课堂讲坛，用好校园阵地，用自己的行动倡导社会主义核心价值观，用自己的学识、阅历、经验点燃学生对真善美的向往，使社会主义核心价值观，润物细无声地浸润学生们的心田、转化为日常行为，增强学生的价值判断能力、价值选择能力、价值塑造能力，引领学生健康成长。

2014 年 10 月 15 日，习近平总书记在文艺工作座谈会上指出："这段时间，我们集中强调了培育和践行社会主义核心价值观问题。今年 2 月，中央政治局专门就培育和弘扬社会主义核心价值观进行集体学习，我作了讲话，对全社会提了要求。五四青年节，我到北京大学去，对大学师生讲了这个问题。5 月底，我在上海考察工作时，对领导干部弘扬和践行社会主义核心价值观提了要求。六一儿童节前夕，我在北京海淀区民族小学同师生们座谈时讲了这个问题。6 月上旬，我在两院院士大会上对院士们也提了这方面要求。9 月教师节前一天，我到北京师范大学同师生座谈，再次强调了这个问题。今天，我也要对文艺界提出这方面要求，因为文艺在培育和弘扬社会主义核心价值观方面具有独特作用。"他再次强调：核心价值观是一个民族赖以维系的精神纽带，是一个国家共同的思想道德基础。如果没有共同的核心价值观，一个民族、一个国家就会魂无定所、行无依归。为什么中华民族能够在几千年的历史长河中生生不息、薪火相传、顽强发展呢？很重要的一个原因就是中华民族有一脉相承的精神追求、精神特质、精神脉络。"因此，我们要在全社会大力弘扬和践行社会主义核心价值观，使之像空气一样无处不在、无时不有，成为全体人民的共同价值追求，成为我们生而为中国人的独特精神支柱，成为百姓日用而不觉的行为准则。"

一个大国的领导人如此密集地就一个问题反复阐释，并不厌其烦地多次申明他"集中强调"了这个问题，足见核心价值观问题在他心中的分量，足见这个问题对于党和国家的重大意义。习近平总书记的这些论述，不仅

"惊醒"了全党全社会，而且形成了一个严密完整的社会主义核心价值观理论体系，把中国共产党人对于价值、核心价值体系、核心价值观的认识推进到了新阶段，把中国共产党人对于社会主义建设规律的认识推进到了新阶段。

我们党提出培育和践行社会主义核心价值观，并不是为了喊喊口号、装点门面，而是为了让全体公民内化于心、外化于行。2015年4月，中宣部、中央文明办印发了《培育和践行社会主义核心价值观行动方案》，针对培育和践行核心价值观存在的问题，对如何培育和践行提出了要求，进行了部署，强调要紧密联系群众生产生活实际，结合各行各业特点，广泛进行宣传教育，广泛进行探索实践，在贯穿结合融入上下工夫，在落细落小落实上下功夫，在坚持不懈、久久为功上下功夫，广泛深入开展培育和践行社会主义核心价值观主题实践活动，努力在全社会形成共同的价值追求。强调要坚持以理想信念教育为核心，深入学习宣传贯彻习近平总书记系列重要讲话精神，学习宣传贯彻"四个全面"战略布局，深化中国特色社会主义、中国梦和中国道路学习宣传教育，引导人们坚定理想信念，增强道路自信、理论自信、制度自信。强调要在深化拓展爱国、敬业、诚信、友善公民层面活动的基础上，向国家层面和社会层面延伸，进一步围绕富强、民主、文明、和谐的价值目标，围绕自由、平等、公正、法治的价值取向，设计工作抓手，组织开展活动，着力把培育和践行社会主义核心价值观的要求具体化。2016年12月，中共中央办公厅、国务院办公厅印发了《关于进一步把社会主义核心价值观融入法治建设的指导意见》，《意见》指出，社会主义核心价值观是社会主义法治建设的灵魂。把社会主义核心价值观融入法治建设，是坚持依法治国和以德治国相结合的必然要求，是加强社会主义核心价值观建设的重要途径。要从巩固全体人民团结奋斗的共同思想道德基础的战略高度，充分认识把社会主义核心价值观融入法治建设的重要性紧迫性，切实发挥法治的规范和保障作用，推动社会主义核心价值观内化于心，外化于行。《意见》强调，进一步把社会主义核心价值观融入法治建设，必须全面贯彻党的十八大和十八届三中、四中、五中、六中全会精神，深入贯彻习近平总书记系列重要讲话精神和治国理政新理念新思想新战略，全面落实依法治国基本方略，坚持依法治国和以德治国相结合，把社会主义核心价值观融入法治国家、法治政府、法治社会建设全过程，融入科学立法、严格执法、公正司法、全民守法各环节，以法治体现道德理念、强化法律对道德建设的促进作用，推动社会主义核心价值观更加深入人心，为实现"两个一百年"奋斗目标、实现中华民族伟大复兴的中国梦提供强大价值引导力、文化凝聚力和精神推动力。

可以看出，社会主义核心价值观并非心血来潮，它的提出是慎重的，经过了一个酝酿、积淀、形成的过程，经历了"自上而下""自下而上"的多次反复，是中国共产党长期致力于核心价值观建设的结晶。它是在社会主义核心价值体系建设基础上形成的，吸收了人类文明的成果，反映了中国特色社会主义的要求，是社会主义核心价值体系的高度凝练和集中表达。正是由于社会主义核心价值观反映了整个社会的"价值共识"，反映了当前整个社会对于价值认识的"最大公约数"，所以它一经提出，便得到了广大人民群众的广泛认同和衷心拥护。

核心价值观提出后，思想理论界在大力宣传的同时，也出现了一些问题。一方面，各种解读的理论文章、各地宣传教材，对核心价值观的解释都不一样，有各种各样的说法。另一方面也有一些质疑，主要集中在：第一，"三个倡导"12个词24字，太长，不容易记忆，而中国传统的价值观仁义礼智信，西方的价值观自由民主人权等，就比较容易记忆。第二，把核心价值观分为国家、社会、个人三个层面不合理，西方和中国传统就没有分，比如把自由列为社会的，难道它就不是个人的、国家的？西方谈论的自由首先是个人自由，同时也是一种制度安排，是对国家制度设计的要求。再比如，个人层面的几个价值理念，只是对个人的道德要求，不是核心价值观。第三，即使认可三个层面的划分，但对词的排序也有不同意见，比如，和谐，一般讲和谐社会，应该放在社会层面；法治，一般讲法治国家，应该放在国家层面。第四，有些词汇重叠。比如，平等和公正。平等在西方主要是身份的平等，即法律意义上的平等，不包括经济的平等、结果的平等，但是在社会主义国家，平等就包括经济的和结果的平等，而这就与公正的含义一样了。因为在西方，公正主要是程序的、法律的，但在社会主义国家，公正不仅是程序的，也是结果的，不仅是形式的，也是实质的。所以这两个词很难区分开。第五，与西方的价值观区别不开，难以体现社会主义性质。比如，自由、民主、平等这些价值理念，西方人讲我们也讲，那么我们与西方有什么区别。这是一个必须回答的问题，否则就容易引起混乱。第六，有些词不像核心价值观。比如，有人认为，法治、富强等不是什么价值理念，或者说，不是社会主义的价值理念，谁不追求财富呢？谁不爱发财呢？哪个国家不讲爱国呢？哪个社会不讲诚信、敬业、友善呢？这些理念都体现不出社会主义性质。第七，社会主义核心价值体系与核心价值观的关系说不清楚，等等。

对于这些质疑，我们将在后面的解读中给出回答。这里首先看核心价值观与核心价值体系的关系、核心价值观三个层面的关系。

我们党先是提出建设社会主义核心价值体系，现在又强调培育和践行社会主义核心价值观，这两者之间到底是什么关系？

简单地说，社会主义核心价值观是在社会主义核心价值体系基础上提出来的，是社会主义核心价值体系的内核，体现着社会主义核心价值体系的根本性质和基本特征，反映着社会主义核心价值体系的丰富内涵和实践要求，是社会主义核心价值体系的高度凝练和集中表达。这四句话，实际上是对核心价值观和核心价值体系关系的一个基本定位。

社会主义核心价值体系与社会主义核心价值观本质上是内在一致、根本统一的。这主要表现为以下几个方面：第一，在性质上根本一致。不论是社会主义核心价值体系还是社会主义核心价值观，两者的根本性质都是社会主义的，而不是资本主义的或封建主义的。它们都体现了社会主义意识形态的本质要求，体现了社会主义制度在思想和精神层面的质的规定性，凝结着社会主义先进文化的精髓，是中国特色社会主义道路、理论体系和制度的价值表达。第二，在方向或目的上根本一致。不论是提出社会主义核心价值体系还是提出社会主义核心价值观，都是实现中华民族伟大复兴的中国梦的价值引领，都是为了巩固马克思主义在意识形态领域的指导地位、巩固全党全国人民团结奋斗的共同思想基础，都是为了促进人的全面发展、引领社会进步，都是为了凝聚全面建成小康社会、实现中华民族伟大复兴中国梦的强大正能量。第三，在实践要求上根本一致。核心价值观与核心价值体系都坚持重在建设，就是要弘扬共同理想、凝聚精神力量、建设道德风尚，都是为了形成全民族奋发向上、团结和睦的精神纽带，使我们的国家、民族、人民在思想和精神上强起来，更好地坚持中国道路、弘扬中国精神、凝聚中国力量。第四，在开放性上根本一致。社会主义核心价值体系和社会主义核心价值观都不是一劳永逸的，不是一经提出便成为"永恒"，不再发展，不再推进。事实上，两者都是适应时代和实践的需要产生的，当然也都必须随着时代和实践的发展而不断发展，也就是说，与马克思主义一样，两者都具有开放的品格。特别是作为社会主义核心价值观的基本内容的"三个倡导"，由于更为具体，与实践的关系更为贴近，其开放性因而也更为明显。

把握好社会主义核心价值观与社会主义核心价值体系的关系，还要认识到两者各有侧重、不尽相同。第一，核心价值体系是基础，核心价值观是核心。先有核心价值体系，再有核心价值观，核心价值观是在核心价值体系的基础提出来的，核心价值体系是核心价值观的基础和前提，是核心价值观形成和发展的必要条件。而核心价值观则是核心价值体系的内核，是核心价值体系的精髓，是核心价值体系的内容、性质和要求的最集中表达。社会主义核心价值体系包括马克思主义指导思想、中国特色社会主义共同理想、民族精神和时代精神、社会主义荣辱观四个方面，是一个系统性、总体性的框架；而社会主义核心价值观强调的"三个倡导"，则把这四个方面的内在精神更为清晰地揭示了出来，从而确立了当代中国最基本的价值观念。因此可以说，核心价值观贯穿、渗透于核心价值体系的四个方面内容之中，以更为集中和凝练的方式表达了核心价值体系的内容。第二，核心价值体系是体系，核心价值观是词汇、概念。任何一个社会都有自己的核心价值观，中国传统社会的核心价值观是仁义礼智信；西方资本主义国家也都有自己的价值观，尽管各个国家的价值观不完全相同，但大都被概括为自由、平等、民主、人权、幸福等词汇。也就是说，不论是传统中国的还是现代西方的核心价值观，都比较简单明了、容易记忆，因而便于宣传、培育和践行。而社会主义核心价值体系则是一个由很多论断组成的严密、完整的体系，这些论断比较宏观，所涵盖的内容极其庞大，不够形象和具体。比如中国特色社会主义共同理想，它到底是一个怎样的理想？其具体内容包括哪些方面？如何才能使这个理想更有吸引力、使它更贴近每一个中国人的生活？这样的一些特点核心价值体系都不具备。所以，必须对核心价值体系进行概括和提炼。社会主义核心价值观倡导的富强、民主、文明、和谐，自由、平等、公正、法治，爱国、敬业、诚信、友善，明确了国家、社会、公民三个层面的价值目标、价值取向、价值准则，就是社会主义核心价值体系的凝练表达，它们把社会主义核心价值体系具体化、形象化了，符合大众化、通俗化要求，便于阐发、便于传播。当然，从核心价值体系到核心价值观，并不仅仅是一个简单的概括、提炼的过程，同时也是一个挖掘、深化的过程，它不仅把核心价值体系潜藏着的内核挖掘了出来，而且把核心价值体系的内容进一步深化了，赋予了它更为丰富、更为生动、更为深刻的内容。第三，较之核心价值体系，核心价值观更加强化了实践导向，社会主义核心价值观强调的"三个倡导"指向十分明确，每个层面都对人们有更具体的价值导向，是实实在在的要求，规范性和实践性都很强，便于遵循和践行。培育和践行核心价值观，为推进核心价值体系建设进一步明确了切入点和工作着力点，有利于更好把各项任务落到实处。①

如前所言，社会主义核心价值观分别从国家、社会、公民个人三个层面规定了社会主义核心价值观的基本内容。那么，为什么要从这三个层面来规定核心价值观？这三个层面的价值观之间是一种什么样的关系呢？

人是社会性存在物，只有在社会中才能存在下去，所以必须结成一个共同体，共同面对来自自然或其他群体的挑战。国家就是一定范围内的人群所形成的共同体形式，是指拥有共同的语言、文化、种族和历史的社会群体。国家不是简单的共同体，而是一个有着军队、法律、政府的共同体，能够保护成员的生命，维护成员的权利，推动社会的发展。因此，国家与个人的命运息息相关，国家好，民族好，个人才能好；国弱、国破则意味着人民要遭殃。一百多年来的中国近现代史从正反两个方面证明了这点。从鸦片战争一直到新中国成立，中国积贫积弱，中国被西方所有列强侵略、蹂躏，中国人民生活在水深火热之中。新中国成立后，中国人民站了起来，国家独立并逐渐走向富强，如今的中国人扬眉吐气、自尊自信，再也不是任人欺凌的"东亚病夫"。历史的记忆告诉我们，一个国家必须有自己的价值目标，从而把国人凝聚起来，这样的国家才有希望。建设什么样的国家，确立什么样的国家价值，历来是人类社会发展中的首要问题。今天的中国，如果说有什么价值共识能够将亿万中华儿女凝聚在一起的话，那就是建设现代化国家、实现民族复兴。"富强、民主、文明、和谐"作为国家层面的价值目标，正是全党全社会共同认同的美好价值追求，是激励全国各族人民共同奋斗的价值力量，是推进国家治理现代化的根本价值内涵。

社会是一个由有一定联系、相互依存的人们组成的整体，它是人们的社会生活体系，是人们生产、生活的"场所"。马克思认为，社会是人们的社会关系的总和。当然，社会不是简单的社会关系的汇集，而是一个有

---

① 参见刘云山：《着力培育和践行社会主义核心价值观》，《求是》2014年第2期。

机联系、相互合作的有机整体。按照现代政治学理论，社会活动分为公共领域和私人领域，公共领域就是国家，私人领域就是个人生活和个人交往的社会，这是一个随着现代民族国家的形成而逐渐独立的领域，在这个领域，人们生产、交往和生活。既然社会是人们的生产关系、生活关系、交往关系，那么就需要一定处理各种关系的价值导向，需要一定的价值取向来引导、规范人们的行为，监督、制约国家的权力。这是社会健康运行、永葆活力的保证。

个人是组成国家、社会的最小单元。个人的存在和发展当然离不开国家、社会，但是，国家、社会发展的成果最终要落实为个人的发展和完善，国家的强盛、社会的繁荣也必须依靠每个社会成员的共同努力。这就要求个人在处理个人与国家、个人与社会、个人与他人的关系时，必须遵循一定价值准则。

"三个倡导"正是从国家、社会、公民个人三个层面对社会主义核心价值观的基本内容进行了规定，它阐明了在社会主义初级阶段，我们党和国家在国家层面的价值追求是什么，在社会层面的价值取向是什么，以及在公民个人层面的价值准则是什么。可以说，这样的三个层面涵盖了核心价值观的方方面面，构成了一个完整、严密的价值框架，为当前中国社会的各个方面都提供了基本价值遵循。

具体而言，三个层面的价值观可以从两个方面来看：

一方面，这三个层面各有侧重，相互补充。"三个倡导"包含着社会主义最基本、最核心、最重要的价值理念。富强、民主、文明、和谐是中国特色社会主义的基本价值追求，是中国特色社会主义共同理想的具体化、价值化，它体现的是我国经济、政治、文化、社会和生态文明建设的发展要求。国家层面的价值目标在核心价值观中居于统领地位，是国家的主导价值观，体现了党的基本主张及国家发展目标，反映了中国人民追求民族复兴的心声。自由、平等、公正、法治是中国特色社会主义的基本社会属性，它体现的是我国作为中国特色社会主义社会的整体目标要求和总体价值趋向。这一层面的内容作为社会价值观，是核心价值观内容中的重要支柱，是引领中华民族向着理想社会目标奋斗的旗帜，是我们党和国家的核心价值理念，是最能体现我们这个国家、社会的社会主义性质的价值理念。爱国、敬业、诚信、友善体现了我国全体公民的基本道德准则和价值追求。这一层面的内容体现了社会主义社会公民道德行为的本质属性，是公民个人应当树立的基本价值追求和应当遵循的根本道德准则，也是公民的基本价值观，是国家和社会层面的价值观的基础。因此，社会主义核心价值观的这三个层面对国家、社会、个人都具有规定性、规范性和导向性。

另一方面，这三个层面相互联系、内在贯通。这源于国家、社会、个人之间的相互联系、内在贯通。国家是社会发展到一定阶段的产物，反过来对社会又有巨大的反作用。因此，国家的价值目标，决定着社会的价值取向，影响着公民个人的价值行为。社会是国家与公民个人连接的中介，既是国家治理的行为基础，又是社会成员的行为依托。因此社会的价值取向，既深刻影响着国家的价值目标，又决定着个人的价值行为。社会充满活力、健康有序，国家的价值目标才能实现，也会给个人带来愉悦的心境、积极的心态，激励人们爱国敬业、诚信友善。无论是国家还是社会，都离不开个体的活动，都是建立在每个人的实践基础上的，因此，个人层面的价值观是国家和社会层面的价值观的基础，没有了这个基础，国家的价值目标难以实现，社会的价值取向难以落实。

看来，社会主义核心价值观三个层面是一个完整的、不可或缺的整体；它们是三个层面，而不是三个实体；它们不仅有机联系，而且相互贯通，指向一个目标，那就是凝聚实现中华民族伟大复兴中国梦的强大正能量。

第三节　核心价值体系和核心价值观的特征

《社会主义核心价值体系学习读本》非常明确地把社会主义核心价值

体系的特征概括为四个方面：科学性、民族性、时代性和开放性。社会主义核心价值观提出后，思想理论界对其特征进行了深入探索，但一直没有形成比较权威的说法。我们认为，鉴于社会主义核心价值观已经提出，鉴于核心价值体系和核心价值观隶属于同一个层面，考虑到一些人对于核心价值体系和核心价值观的质疑，可以把核心价值体系和核心价值观一并考虑，结合新形势新特点进行概括。综合以上因素，我们认为社会主义核心价值体系和核心价值观有以下特征：

社会主义性质。社会主义核心价值体系和核心价值观是社会主义的，而不是资本主义或封建主义的，是社会主义意识形态的本质体现，具有社会主义性质。

社会主义核心价值体系和核心价值观集中反映着社会主义制度的本质要求，体现着最广大人民的根本利益。中国特色社会主义制度，包括经济制度、政治制度等。在经济制度方面，坚持和完善公有制为主体、多种所有制经济共同发展的基本经济制度，坚持和完善按劳分配为主体、多种分配方式并存的分配制度。在政治制度方面，坚持党的领导、人民当家作主和依法治国的有机统一，坚持完善人民代表大会制度、中国共产党领导的多党合作和政治协商制度、民族区域自治制度以及基层群众自治制度。这些都是我国社会主义的基本制度，必须长期坚持，决不能动摇。社会主义核心价值体系和核心价值观正是社会主义制度在价值层面的本质规定，它渗透于经济、政治、文化、社会建设的方方面面，在所有社会主义价值目标中居于核心和统摄地位，是社会主义意识形态的核心和灵魂，是我国社会主义制度的内在精神之魂，为中国特色社会主义的发展和完善提供了思想根基。

我们可以通过对一些价值理念的解读来看其社会主义性质。比如富强，什么是富强？字面理解就是富裕强大，现在一般对富强的解释就是民富国强，具体目标就是"两个一百年"，就是到中国共产党成立一百年时全面建成小康社会，到新中国成立一百年时建成社会主义现代化国家。这样来理解富强，还太简单，太具体。在这里，应该把富强理解为一种富强观，它要回答民富与国富的关系、先富与共富的关系、物质富裕与精神富裕的关系、中国富与他国富的关系、富强与霸权的关系等；要回答富强为了谁、依靠谁，如何富、怎样才算富、富起来以后干什么等一系列问题。富强为了谁，这是富强观的首要问题。有些国家很强大，但人民并不富裕，是国强民穷，比如苏联，而我们所追求的富强是国强民富；有些国家很强大，一少部分人也先富起来了，但永远是一部分人富裕、少数人富裕，资本主义国家就是这样；我们也允许一部分人先富起来，但我们是先富带后富，最终走向共同富裕，因为我们富强是为了人民、依靠人民。怎样才算富裕？单纯的经济实力强大、军事实力强大，就是富强吗？邓小平回答说，贫穷不是社会主义，精神空虚也不是社会主义，必须物质文明和精神文明同样强大才是真正的富强。从如何实现富强来看，西方资本主义国家靠的是，对内是羊吃人，对外则是侵略和掠夺，那么我们追求富强也要这样吗？显然不能。我们是社会主义国家，对内对外都不能这样，我们靠的是独立自主、自力更生，靠的是人民群众的辛勤劳动。那么，富强起来后干什么呢？现有的历史逻辑是国强必霸，国家一旦强大了，就要走向霸权，就要欺负别的国家。现在一些国家、特别是周边国家也担心我们会走向那个逻辑，但那不是我们要的富强。习近平总书记多次讲过，我们要走和平发展道路，我们主张合作共赢，我们反对任何形式的霸权主义，我们强大起来也不会称霸。所有这些问题其实都是富强观要回答的。进而言之，富强观就是要对富强所涉及的一些根本性问题给出回答，以便为建设富强国家提供一套正确的理念或基本遵循，使我们在走向富强的过程中不至于走歪了、走偏了。

再比如自由、民主、平等，这些词虽然在社会主义社会中和资本主义社会中字面一样，但含义却根本不同。其最根本的不同是，西方国家所倡导的自由民主平等是形式的，是少数人的，而我们所倡导的是实质的，是多数人的。这从西方国家自由、民主、平等的发展史就可以看出来。

美国的《独立宣言》和法国的《人权宣言》发表时，虽然提出了自由、民主、平等、人权等价值观，但是这些权利只是作为目标，并没有成为现实。1789 年法国的《人权宣言》中的"人"和"公民"两个法文词，指的就是男性公民、男人，更确切地说，是指白种男性公民，不包括妇女，不包括有色人种，黑人、黄种人等均不在公民的行列。这个宣言通过两年后即 1791 年，一位叫作奥林匹·德古吉的法国女人，起草了一个《女人和女性公民权利宣言》，却被送上了断头台，她所希望的妇女投票权直到一个半世纪后才实现。1776 年美国的《独立宣言》也一样，宣言的制定者们，有的想在宣言中提出废除奴隶制，但最终因大多数人的反对而没有成功。因此，宣言所宣称的"人人平等"仍然是男性白人之间的平等，不包括妇女、奴隶、华人。白人中穷人的权利与富人也不一样，因为纳税多的人有多张选票，而谁能够纳税多？当然是富人。所以，《独立宣言》宣称的自由、平等并不是像今天所理解的那样，真正得到实现。那时的自由，包括了贩卖奴隶的自由，包括了奴役奴隶的自由，包括了屠杀印第安人的自由，包括了向中国倾销鸦片的自由，包括了排华自由。1882 年，美国国会通过了"排华法案"，尽管华工是当年美国铁路建设的主力军，是美国开发西部的重要力量，但是种族主义占主导的美国社会大规模排斥华人，把华人当作劣等民族。尽管当时美国国会讨论这个法案时，有人提出这个法案违反美国的自由、平等原则，但是法案还是被通过。这个法案禁止华工入境，禁止华工归化为美国公民，并驱逐了一批华人。这个法案直到 1943 年才被废除，直到 2012 年，在美国华人的压力下，美国国会才通过了一个表示歉意的决议。最近在美国发生的弗格森案再一次证明，所谓平等远远没有实现。2014 年 11 月在美国密苏里州弗格森小镇，一名非洲裔青年布朗被白人青年枪杀，白人警察被免予起诉后，美国多地爆发反种族歧视示威。奥巴马当选总统后，他在多次演讲中宣称把美国带入后种族时代，但弗格森案和一些统计结果显示，平等只是幻想。与 30 年前相比，黑人的地位仍然没有变化：1974 年，美国黑人的贫困率是 30%，今天是28%，不论经济形势如何变化，黑人的失业率是白人的一倍。皮尤研究中心的数据显示：白人2011年的年均收入是611175美元，黑人年均收入只有39760元。①

二战后，经历了两次世界大战的洗礼，西方一些有识之士开始反思自身的价值观，反思自己价值观中的缺陷。于是才有了1948年联合国通过的《世界人权宣言》，这个《宣言》指出：人人"不分种族、肤色、性别、语言、宗教、政治或其他见解"，都应该享受人权的原则。自由、平等、人权才第一次真正在字面上按照它们的本义得到解释。但是，字面上的正确解释并不意味着真正的自由、平等、人权的实现，种族主义理念继续主导着西方国家的国内外政策。正是因为不堪忍受种族歧视，美国黑人在20世纪60年代掀起了民权运动，于是才有了马丁·路德·金的演讲"我有一个梦想"，就是说，在《独立宣言》发布187年之后，对于美国的黑人来说，自由、平等仍然只是一个梦。

这些说明什么呢？说明西方的民主、自由、人权都是形式的。而我们的自由、民主、平等却是实质的，是人民群众的实实在在的权利。进言之，社会主义核心价值体系的每一个方面、核心价值观的每一个词，鲜明地打着社会主义印迹。

科学性。马克思主义是中国共产党人的指导思想，在意识形态领域居于指导地位。马克思主义是科学的世界观和方法论，是指导无产阶级解放的思想武器。在马克思恩格斯之前，圣西门、傅立叶、欧文等曾经提出过种种空想社会主义理论，是马克思恩格斯把社会主义理论由空想变为科学。马克思恩格斯指出："我们所称为共产主义的是那种消灭现存状况的现实的运动。这个运动的条件是由现有的前提产生的。"②1883年3月17日，在伦敦海格特公墓安葬马克思时，恩格斯这样说道："正像达尔

---

① 参见《环球时报》2014年11月29日和《参考消息》2014年11月28日。
② 《马克思恩格斯选集》第1卷，人民出版社1995年版，第87页。

文发现有机界的发展规律一样,马克思发现了人类历史的发展规律。"① 马克思一生有两大发现:唯物史观和剩余价值学说。前者揭示了人类社会发展的一般规律,后者则揭开了资本主义生产的秘密,说明资本主义生产的不合理性和资本主义灭亡的必然性。有人也许会质疑:马克思恩格斯宣布资本主义必然灭亡已经过去 165 年了,但是资本主义却垂而不死、腐而不朽,如何解释? 首先,在人类历史的长河中,一百多年不过是一瞬间。历史上,奴隶社会和封建社会都曾存在过 1000 多年。而若是从荷兰 1581 年宣布独立开始算,资本主义社会不过 400 余年,从英国资产阶级革命胜利的 1688 年开始算就更短,才 300 多年。马克思早就说过,"无论哪一个社会形态,在它所能容纳的全部生产力发挥出来以前,是决不会灭亡的"。② 在这样短的时间,资本主义并未发挥出它的全部生产力。其次,虽然资本主义通过不断自我调整来适应生产力的发展,但是资本主义的自我调整是有"底线"的,那就是不能挑战生产资料的私人占有。因此,生产的社会化与生产资料的私人占有之间的矛盾依然存在,并且愈来愈不可调和。欧洲主权债务危机和发源于美国的金融危机都充分说明了这点。现实告诉我们,马克思所揭示的"两个必然"并未过时,马克思主义的科学性和真理性不容置疑。

社会主义核心价值体系和核心价值观就是马克思主义的价值理论的中国化,是马克思主义与中国实际相结合的产物,它的科学性就来源于马克思主义。核心价值体系四个方面的内容之一就是以马克思主义为指导,马克思主义指导思想是社会主义核心价值体系的灵魂;而核心价值观是在马克思主义指导下提炼出来的,它的培育和践行也必须以马克思主义为指导。解放思想、实事求是、与时俱进是我们党的思想路线,社会主义核心价值体系和核心价值观就是实事求是的产物,它立足于中国实际和时代特

---

① 《马克思恩格斯选集》第 3 卷,人民出版社 1995 年版,第 776 页。
② 《马克思恩格斯选集》第 2 卷,人民出版社 1995 年版,第 33 页。

征，吸收了人类文明的优秀成果，适应了当代中国社会发展和中国特色社会主义事业的需要。一切为了群众，一切依靠群众是党的群众路线，是马克思主义的"人民是历史创造者"观点的中国化。核心价值体系和核心价值观也是群众路线的产物，它总结了人民群众的价值实践，凝聚了全党全国各族人民的价值共识。核心价值体系和核心价值观的创造主体是人民群众，其培育和实践主体也是人民群众，只有人民群众建设核心价值体系、践行核心价值观，它才能真正成为实现中国梦的推动力量。核心价值体系的每一个方面、核心价值观的每一个价值理念都贯穿着马克思主义的立场、观点和方法，建设核心价值体系、培育和践行核心价值观的目的也是为了巩固马克思主义在意识形态领域的指导地位，核心价值观与马克思主义是根本一致的。

人民性。在《实践论》中，毛泽东指出，唯物辩证法有两个特点：一是实践性，二是阶级性。事实上，不仅唯物辩证法有阶级性，而且整个马克思主义都有阶级性。马克思从不讳言自己的立场，他说"哲学把无产阶级当作自己的物质武器，同样，无产阶级也把哲学当作自己的精神武器"。[①] 列宁也曾经说过哲学有自己的党性。西方马克思主义的重要代表阿尔都塞后期在解释马克思的认识论断裂时也指出，正是立场的转变才使马克思从意识形态中脱颖而出，马克思主义哲学的其他特性，诸如实践性、历史性等，只有从其"立场"出发才能得到合理的解释。这些说明，"立场"或阶级性是马克思主义的最根本特性。然而，改革开放以来，一些马克思主义的研究者"去政治化""去阶级化"，以至于遗忘了马克思主义的"立场"，遗忘了马克思主义作为无产阶级解放武器的特性。马克思主义研究既远离了政治和现实，也不"清楚"为了谁、依靠谁，研究失去了灵魂和方向。

在理解社会主义核心价值体系和核心价值观时，我们也必须要明确

---

① 《马克思恩格斯选集》第 1 卷，人民出版社 1995 年版，第 15 页。

"立场"，搞清楚社会主义核心价值体系和核心价值观是"为了谁""依靠谁"。《关于培育和践行社会主义核心价值观的意见》指出：培育和践行社会主义核心价值观要坚持以下原则：坚持以人为本，尊重群众主体地位，关注人们利益诉求和价值愿望，促进人的全面发展。这就说明，社会主义核心价值观的立场非常鲜明，那就是以人为本，为了人民群众，依靠人民群众，把实现好、维护好、发展好最广大人民群众的根本利益作为最高标准，把实现人的全面发展作为最终目的。所以，《意见》强调，要把培育和践行社会主义核心价值观落实到经济发展实践和社会治理中。因此可以说，社会主义核心价值观凝聚了各族人民的根本利益，表达了广大人民的共同愿望，获得了全国各族人民广泛认同，是具有鲜明民族特色、广泛民众基础的价值体系。

实践性。社会主义核心价值体系和核心价值观是实践经验的升华，并以指导实践为根本目的和最终归宿。实践性是社会主义核心价值体系和核心价值观的本质特征。

马克思曾经说过，全部社会生活在本质上是实践的。实践是价值活动以及价值关系产生的最根本基础。实践决定着价值观的生成、发展与实现，决定着价值观的基本指向。社会主义核心价值观作为当今中国的核心价值理念和价值目标，是在中国特色社会主义实践中形成和发展起来的。改革开放是社会主义核心价值体系和核心价值观最直接的实践基础，改革开放的发展过程，既是中国特色社会主义全面发展和不断变革的过程，也是社会主义核心价值体系和核心价值观逐步形成并不断深入人心的过程。在改革开放过程中，我们党不断探索和回答什么是马克思主义、怎样坚持马克思主义，什么是社会主义、怎样建设社会主义，建设什么样的党、怎样建设党，实现什么样的发展、怎样发展等重大问题，在汲取人民群众的创造性经验的基础之上，不断赋予社会主义核心价值体系和核心价值观新的时代内涵和实践要求。中国特色社会主义道路、理论体系、制度、文化，无不体现了社会主义核心价值体系和核心价值观的科学内涵和本质要求。同时，社会主义核心价值体系和核心价值观还借鉴了人类文明一切优秀成果，其中不仅包括世界社会主义发展的实践经验，而且包括世界各国探求发展道路的实践经验。可以说，社会主义核心价值体系和核心价值观是我们党领导人民在建设中国特色社会主义伟大实践中，作出的符合社会发展规律和时代进步要求的价值选择。

社会主义核心价值体系和核心价值观不仅来源于实践，而且必须回到实践，一方面接受实践的检验，另一方面实现自己：一种价值理念，如果不转化为人民群众的行动，不在实践中发挥作用，这种理念还只是纸面上的，还不是现实的力量。马克思曾经指出："批判的武器当然不能代替武器的批判，物质力量只能用物质力量来摧毁；但是理论一经掌握群众，也会变成物质力量。"① 价值理念回到实践，就是精神变物质的过程，就是鼓舞、凝聚、感召、影响人民群众的过程。因此，核心价值体系和核心价值观的生命力在实践，它的力量在实践。离开了实践，核心价值体系和核心价值观就失去了生命之源、力量之源，就不会开花结果，就会枯萎、死亡。

核心价值体系和核心价值观的实践性说明，核心价值体系和核心价值观不是静止的、一成不变的，一经形成就永不改变，而是开放的、不断发展的，因为实践是不断发展的。随着实践的发展，它们会不断深化、不断升华，不断展现出强大的生命力、凝聚力和感召力。当然，核心价值体系和核心价值观的开放性与稳定性是统一的，开放性并不是说今天形成明天就要改变，因为实践也具有稳定性。

民族性。社会主义核心价值体系和核心价值观深深植根于中华民族的沃土之中，积淀着中华民族最深层的行为准则和精神追求，符合了民族心理，反映了民族特征，体现了民族品格，具有鲜明的民族性。

牢固的核心价值体系和核心价值观，都有其固有的根本。不忘本来才

---

① 《马克思恩格斯选集》第 1 卷，人民出版社 1995 年版，第 9 页。

能开辟未来，善于继承才能更好创新。抛弃传统、丢掉根本，就等于割断了自己的精神命脉。每个民族都存在着特有的文化传统与精神积淀。一种核心价值体系和核心价值观的确立，必须建立于本民族的文化传统之上。这对于文化积淀深厚，精神传承久远的民族来说更重要、更突出。独特的民族性使社会主义核心价值体系和核心价值观具有众望所归的凝聚力和深入人心的穿透力。

中华优秀传统文化积淀着中华民族最深沉的精神追求，包含着中华民族最根本的精神基因，代表着中华民族独特的精神标识，是中华民族生生不息、发展壮大的丰厚滋养。博大精深的中华优秀传统文化是我们在世界文化激荡中站稳脚跟的根基。中华传统美德是中华文化精髓，蕴含着丰富的思想道德资源。核心价值体系和核心价值观，吸收了中华优秀传统文化中的"天人合一""自强不息""厚德载物""勤俭廉政""克己奉公""仁爱孝悌""诚实守信""尚和合、求大同"等理念，因而具有了鲜明的民族特色。核心价值体系中的民族精神、荣辱观中的主要内容，核心价值观中的和谐、诚信、友善等价值理念，都是明显具有中国风格的概念。

建设社会主义核心价值体系，培育和践行核心价值观，也必须发挥优秀传统文化怡情养志、涵育文明的重要作用。这就要求建设优秀传统文化传承体系，加强对优秀传统文化思想价值的挖掘，梳理和萃取中华文化中的思想精华，作出通俗易懂的当代表达，赋予新的时代内涵，使之与中国特色社会主义相适应，让优秀传统文化在新的时代条件下不断发扬光大。重视民族传统节日的思想熏陶和文化教育功能，丰富民族传统节日的文化内涵，开展优秀传统文化教育普及活动，培育特色鲜明、气氛浓郁的节日文化。开展移风易俗，创新民俗文化样式，形成与历史文化传统相承接、与时代发展相一致的新民俗。

在对待传统文化问题上，必须反对两种态度：历史虚无主义和复古主义。历史虚无主义否定传统文化的价值，把传统的东西完全当作糟粕。复古主义与此相反，认为一切还是古代的好，在核心价值观问题上，认为

"三个倡导"太多，不容易记忆，还是传统的仁义礼智信好。这两种态度均不是科学的。历史就是我们的过去，是我们发展的基础，没有了过去，何来现在和未来？离开了历史，我们就如同空中浮萍，失去根基。过去的东西有精华当然也有糟粕，全盘囫囵吞枣地接受，就等于无视现在和未来。科学的态度是扬弃，取其精华，去其糟粕，坚持古为今用、推陈出新，有鉴别地加以对待，有选择地予以继承，努力用中华民族创造的一切精神财富来以文化人、以文育人。

时代性。核心价值体系和核心价值观是一定时代、一定地域、一定人群共同的价值目标和价值追求的集中体现，具有鲜明的时代性。不同的时代具有不同的核心价值体系和核心价值观，不同时代的价值观并不因时间的延伸而改变。封建社会和资本主义社会都经历了不同的发展阶段，但是它们的核心价值观却一直未变。仁义礼智信作为核心价值观在中国存在了几千年，自由、平等、博爱是法国大革命时期提出的口号，至今它们仍然是西方资本主义国家的核心价值理念。

从理论上说，按照马克思主义理论，社会意识源于社会生活，是对社会生活的思想反映和心理感知，其内容和形成发展取决于特定的社会经济基础和政治上层建筑，受制于社会生产力发展水平和与之相适应的全部社会生产关系。因此，任何意识形态要想保持旺盛的生命力，就必须与时代发展的进程相一致，必须具有鲜明的时代性。

社会主义核心价值体系和核心价值观的时代性，体现为对时代课题的回应、时代精神的升华。与时俱进是马克思主义的品质，也是核心价值体系和核心价值观的品格，实践在发展，时代主题在变化，核心价值体系和核心价值观正是在回应变化了的实践主题中产生的。时代精神是历史时代的本质特征及其发展趋势在社会心理、群众情绪、精神文化方面的反映，以整体性和综合性的形式表现了人们的共同愿望和要求。当今中国的时代精神就是以改革创新为核心的精神，它的特征是与时俱进，本质是以人为本，核心就是改革创新；它反映了和平、发展、合作的时代主题，反映了中国特色社会主义的要求和全国各族人民的愿望。核心价值体系以系统、理论的形式反映了时代精神，而核心价值观就以浓缩的形式升华了时代精神。

《易经》有云："凡益之道，与时偕行"，"动静不失其时，其道光明"，说的都是科学把握时代特征，紧紧跟上时代步伐，找准历史方位，才能推动历史进步。不论是形成社会主义核心价值体系还是提炼、践行社会主义核心价值观，我们必须遵循这一原则：体现时代性、把握规律性、富于创造性。

包容性。价值体系和价值观具有阶级性，特别是核心价值体系和核心价值观，更是阶级意志和利益的体现。但是，任何核心价值体系和核心价值观都必须建立在人类已有文明的基础上，都必须反映人类进步的历史趋势。否则，很难形成，形成了也不会得到肯定和认同。

社会主义核心价值体系和核心价值观虽然具有中国风格、中国气派、中国特色，但它并没有脱离人类文明发展的大道，而是在吸收人类文明优秀成果的基础上形成的，具有极强的包容性。社会主义核心价值体系和核心价值观着眼于时代的发展和变化，着眼于全面建成小康社会的伟大实践，着眼于中华民族的伟大复兴，具有鲜明的时代特征。特别是社会主义核心价值观把自由、平等、民主等价值纳入了进来，更是体现出鲜明的时代性。自由、民主、平等是西方人自我标榜的自己的核心价值，他们一直拿这些所谓的"普世价值"来批评中国，说我们不自由、不民主、不平等。但事实上，它们所说的自由、民主、平等都是资产阶级的，都是少数人的，而对于广大的人民群众来说，这些价值和权利都流于形式。尽管如此，相对于封建社会的等级制、专制制度和人身依附关系来说，资产阶级的自由、民主、平等又是一种进步。正是在资产阶级的自由、民主、平等的基础上，共产党人发展出了自己的自由、民主、平等，那就是多数人的、实质的自由、民主、平等。写进"三个倡导"的自由、民主、平等是吸收了资产阶级的自由、民主、平等的积极因素，又超越了它们的社会主义的自由、民主、平等。所以，尽管中西用词相同，但是含义却有根本区别。在这个问题上，我们既要看到继承性，认识到社会主义核心价值观与人类文明的接续关系，更要看到差异性，认识到社会主义核心价值观与资本主义的核心价值观有本质区别。

第五章　核心价值体系和核心价值观提出的重大意义

　　为什么建设社会主义核心价值体系？为什么要培育和践行社会主义核心价值观？它们有怎样的针对性？又有什么意义？《关于培育和践行社会主义核心价值观的意见》指出：培育和践行社会主义核心价值观，是推进中国特色社会主义伟大事业、实现中华民族伟大复兴中国梦的战略任务，是一项凝魂聚气、强基固本的基础工程，对于巩固马克思主义在意识形态领域的指导地位、巩固全党全国人民团结奋斗的共同思想基础，对于促进人的全面发展、引领社会全面进步，对于集聚全面建成小康社会、实现中华民族伟大复兴中国梦的强大正能量，具有重要现实意义和深远历史意义。

第一节　巩固共同思想基础

　　共同思想基础，对于一个政党、一个国家至关重要。没有共同思想基础的维系和支撑，党将不党，国将不国，民族不会有凝聚力。共同思想基础不是凭空产生的，而是根源于共同的利益、生长于共同的事业、凝结于共同的目标；共同思想基础不是自动产生、巩固的，它依赖于自觉地努力，依赖于政党、执政者持续不断地倾注心血。建设社会主义核心价值体系、培育和践行核心价值观，正是为巩固马克思主义在意识形态领域的指导地位，巩固全党全国人民团结奋斗的共同思想基础。

思想政治工作是我们的优势。中国共产党是一个注重自身建设的党，从党成立之日起，我们党就把自身建设摆在重要位置。而在党的建设中，思想政治建设是党的建设的核心和灵魂，决定着党的建设方向，在党的建设中居于中心地位。

思想政治建设之所以是党的根本性建设，就在于它关系党的旗帜、道路、方向，关系党的理想、信仰、信念，关系每一名党员的世界观、人生观、价值观。中国共产党是以马克思主义为指导思想、以实现共产主义为奋斗目标的无产阶级政党。马克思主义创始人马克思恩格斯指出：共产党人"胜过其余无产阶级群众的地方在于他们了解无产阶级运动的条件、进程和一般结果"。① 没有了马克思主义的指导，没有了理论上的清醒和自觉，共产党就失去了先进性，就失去了领导无产阶级的能力和资格，就不再是共产党。所以，共产党人必须加强思想政治建设，把它放在党的建设的首位。

在长期的革命、建设和改革进程中，我们党一直重视思想政治建设，特别是指导思想建设。在党成立前，毛泽东就认识到"主义"的重要性，他说："主义譬如一面旗帜，旗子立起了，大家才有所指望，才知所趋赴。"②1921 年中国共产党成立时，就立起了马克思主义这面旗帜，不断推进马克思主义中国化。不仅如此，在革命、建设、改革的每一阶段、每一时期，我们党都不断同"左"和右的思想倾向进行斗争，不断巩固马克思主义在意识形态领域的指导地位。也就是说，在推进理论创新、推进马克思主义中国化上，在思想政治建设上，我们党从来没有停步。

中国共产党不仅重视思想上建党，而且注重做好干部群众的思想政治工作。思想政治工作是经济工作和其他一切工作的生命线；改善党的领

---

① 《马克思恩格斯选集》第 1 卷，人民出版社 1995 年版，第 285 页。
② 逄先知：《毛泽东年谱（1893—1949）》上卷，人民出版社 1993 年版，第 71 页。

导，最主要的就是加强思想政治工作。思想政治工作是我们党和社会主义国家的重要政治优势，是教育、组织和动员广大群众为实现自身利益而奋斗的强大武器。

我们党历来高度重视思想政治工作，善于运用思想政治工作推动党的事业发展。新中国成立六十多年特别是改革开放三十多年来，思想政治工作战线贯彻中央要求，与时代同步伐、与人民共命运，走过了不平凡历程，积累了宝贵经验，在社会主义革命、建设和改革各个历史时期发挥了不可替代的重要作用。新中国成立后，以毛泽东同志为核心的党的第一代中央领导集体，继承发扬革命战争年代开展思想政治工作的优良传统，紧紧围绕社会主义革命和建设的历史任务加强思想政治工作。毛泽东指出："掌握思想教育，是团结全党进行伟大政治斗争的中心环节，如果这个任务不解决，党的一切政治任务是不能完成的。"[1] 正是在这一思想指导下，我们党广泛开展马克思列宁主义和毛泽东思想的宣传教育，开展社会主义思想和共产主义理想教育，建设社会主义新道德新风尚，建立社会主义新型人际关系，极大激发了亿万人民建设新中国的巨大热情。同时在实践中形成了一支思想政治工作的基本队伍，形成了思想政治工作的基本格局和一系列重要原则。但是，由于在探索我国社会主义建设道路的过程中发生失误，思想政治工作同党的其他工作一样也经历了曲折，特别是"文化大革命"这样的严重错误，给我们留下了深刻的教训。党的十一届三中全会后，我国进入改革开放历史新时期，思想政治工作也揭开了新的篇章。以邓小平同志为核心的党的第二代中央领导集体，在推动党和国家工作中心转移和实行改革开放的过程中，大力加强思想政治工作和社会主义精神文明建设，着力培育"四有"新人，思想政治工作焕发出新的生机和活力。邓小平始终坚持"思想政治工作是经济工作和其他一切工作的有力保证"。他强调："在工作重心转到经济建设以后，全党要研究如何适应新的

[1] 《毛泽东选集》第3卷，人民出版社1991年版，第1094页。

条件，加强党的思想工作，防止埋头经济工作，忽视思想工作的倾向"。①
党的十三届四中全会后，以江泽民同志为核心的党的第三代中央领导集
体，高度重视加强和改进思想政治工作，坚持以科学的理论武装人、以正
确的舆论引导人、以高尚的精神塑造人、以优秀的作品鼓舞人，开创了社
会主义市场经济条件下思想政治工作的新局面。江泽民说，党的思想政治
工作，是经济工作和其他一切工作的生命线，是团结全党和全国各族人民
实现党和国家各项任务的中心环节，是我们党和社会主义国家的重要政治
优势。""思想政治工作只能更加重视，不能有任何忽视；只能大大加强，
不能有丝毫削弱；只能改进提高，不能止步不前。党的十六大以来，以胡
锦涛同志为总书记的党中央，把思想政治工作摆在更加突出的位置，推动
思想政治工作在改进中加强、在创新中发展，形成了新的格局，进入了新
的阶段。胡锦涛指出，要抓好思想理论建设这个根本，学习马克思列宁主
义、毛泽东思想、中国特色社会主义理论体系，深入学习科学发展观，推
进学习型党组织建设，教育引导党员、干部矢志不渝为中国特色社会主义
共同理想而奋斗。

　　党的十八大以来，以习近平同志为核心的党中央，一方面抓全面深化
改革；另一方面抓党的建设，抓思想政治工作，特别是抓意识形态工作。
习近平同志强调，经济建设是党的中心工作，意识形态工作是党的一项极
端重要的工作，一刻也不能放松和削弱意识形态工作。在这方面，我们有
过深刻教训。一个政权的瓦解往往是从思想领域开始的，政治动荡、政权
更迭可能在一夜之间发生，但思想演化是个长期过程。思想防线被攻破
了，其他防线就很难守住。苏共倒台的一个重要原因，就是放弃了马克思
主义在意识形态领域的指导地位，放任丑化苏共历史的社会思潮泛滥。历
史和现实反复表明，能否做好意识形态工作，事关党的前途命运，事关国
家长治久安，事关民族凝聚力和向心力。说到底，经济建设与意识形态工

---

① 《邓小平文选》第 3 卷，人民出版社 1994 年版，第 48 页。

作的关系就是经济基础与上层建筑的关系。马克思主义告诉我们，经济基础决定上层建筑，上层建筑对经济基础又有反作用。这就要求我们，既要有硬实力，也要有软实力；既要切实做好中心工作，为意识形态工作提供坚实物质基础，又要切实做好意识形态工作，为中心工作提供有力保障；既不能因为中心工作而忽视意识形态工作，也不能使意识形态工作游离于中心工作。意识形态工作一定要把围绕中心、服务大局作为基本职责，胸怀大局、把握大势、着眼大事，找准工作切入点和着力点，做到因势而谋、应势而动、顺势而为。

当前，推进中国特色社会主义伟大事业，实现中华民族伟大复兴的中国梦，迫切需要加强改进思想政治工作，特别是意识形态工作。经过新中国六十多年特别是改革开放三十多年的奋斗，我国站在了一个新的历史起点上，进入了新的发展阶段。这既是一个发展机遇期，也是一个矛盾凸显期。当前，我国进入了经济新常态，正面对经济增长速度换挡期、结构调整阵痛期、前期刺激政策消化期"三期叠加"的状况，经济社会发展中一些深层次矛盾逐渐显现出来，并呈现出新旧矛盾相互交织、长期性和阶段性矛盾相互交织、可以预料和难以预料的矛盾相互交织的局面。同时，转变经济发展方式、调整经济结构的任务还很繁重，就业压力还比较大。总的看，我国发展的战略机遇期没有改变，但面临的形势可能更加复杂、挑战可能更加严峻，统一思想的任务很重，凝聚力量的任务很重，维护稳定的任务很重。这就迫切要求我们充分发挥思想政治工作的优势，通过深入、扎实、持久的思想政治工作，通过社会主义核心价值观的培育和弘扬，坚定干部群众的信心，增强人们的精神力量，把13亿多人民群众的思想和行动统一到中央的决策和部署上来，把智慧和力量凝聚到全面建成小康社会上来。

推进改革开放事业、发展社会主义市场经济，也迫切需要加强改进思想政治工作，特别是意识形态工作。改革开放和发展社会主义市场经济作为一场伟大的革命，既带来了经济体制、社会结构、利益格局的深刻变革和调整，进一步解放了生产力，激发了人们的创造力和全社会的活力，又带来了思想观念的深刻变化，人们思想活动的独立性、选择性、多变性、差异性不断增强，社会思想日趋多元多样多变。同时，随着与各国经济技术和思想文化交流的扩大，资本主义腐朽思想观念也会乘虚而入。特别是西方敌对势力从未放弃对我西化分化的战略图谋，加紧进行思想文化渗透。国内思想理论领域正确的与错误的、先进的与落后的、积极的与消极的彼此交织，思想认识问题与现实社会问题相互影响。这就不可避免使一些人容易在思想上产生混乱。这就迫切要求加强改进思想政治工作，加强意识形态工作，讲清楚一些重大的理论是非问题，在一些重大理论是非问题上表明自己的立场，不断增强中国特色社会主义道路自信、理论自信、制度自信、文化自信，以社会主义核心价值体系和核心价值观引领社会思潮，坚持用中国特色社会主义共同理想激励广大党员、干部和人民群众，尊重差异，包容多样，最大限度地形成社会思想共识，不断增强建设中国特色社会主义的自信心和自豪感，毫不动摇地走中国特色社会主义道路。

提高党的执政能力、保持和发展党的先进性，迫切需要加强改进思想政治工作，特别是意识形态工作。中国共产党是世界第一大党，拥有8900多万党员、450多万个党组织，建党90多年，执政60多年，改革开放30多年，经历了革命、建设、改革不同阶段，党员的思想会懈怠、意志会衰退、进取心会减弱。因此，必须加强党的建设，加强思想政治工作、特别是意识形态工作，提高党的执政能力，增强党的先进性。而提高党的执政能力，一个重要方面就是提高引导、组织和动员群众的能力；增强党的先进性，一个重要方面就是做好群众工作、不断密切党同人民群众的血肉联系。党要带领人民实现新世纪新阶段的宏伟目标，必须通过广泛深入的思想政治工作，宣传群众、教育群众、引导群众、组织群众，把人民群众紧密团结在党的周围，争取人民群众对党的理论路线方针政策的支持和拥护。党要始终站在时代前列引领中国发展进步，也必须通过广泛深入的思想政治工作，倾听群众呼声，了解群众意愿，集中群众智慧，使作出的决策、采取的举措更加符合客观实际和时代要求，更加符合广大人民的愿望。只有善于把党的主张化为广大群众的自觉行动，善于把广大群众的愿望体现到党的方针政策中，才能使党的根基、血脉和力量深深植根于人民之中，才能实现党的目标和任务。因此，这就要求我们深入研究新形势下思想政治工作、特别是意识形态工作的特点和规律，牢牢掌握意识形态工作的领导权、主动权、话语权，把全党全国人民的思想统一到中华民族伟大复兴的中国梦上来。

当前意识形态领域斗争极端复杂。习近平总书记强调一刻也不能放松和削弱意识形态工作，绝非无的放矢，而是以世界视野和历史眼光，在准确研判国际国内思想文化领域的状况、特别是意识形态领域斗争形势的基础上，作出的科学论断，有着极强的战略性、前瞻性和针对性，有着坚实的历史依据和现实依据。

从国际来看，意识形态斗争是世界范围内两种社会制度、不同发展道路较量的集中体现。冷战结束后，意识形态终结的言论不绝于耳。最为著名者当属弗朗西斯·福山和塞缪尔·亨廷顿。福山提出历史的终结，也就是人类意识形态演进的终结和作为人类政府最终形式的西方自由民主制的普及。亨廷顿断言，冷战结束后，人们之间的区别不是意识形态的、政治的或经济的，而是文化的。然而，历史并未按照福山们所设计的道路前行，意识形态的演进并未终结，意识形态斗争的激烈程度一如既往。中国作为最大的社会主义国家，西方敌对势力把西化分化的重点放在了中国，中国成为意识形态斗争的焦点和前沿阵地，他们利用各种手段加紧对我国进行思想渗透，目的就是要动摇马克思主义在我国意识形态领域的指导地位，搞乱人们的思想。因此，我们在意识形态领域面临的斗争和较量是长期的、复杂的，有时甚至是尖锐的。特别是在当前，经济全球化浪潮的冲击，新科技革命的影响，多元价值观的出现，网络时代的来临和国际共产主义运动的曲折复杂，这些因素使得世界范围内各种思想文化交流交融交锋更加频繁，国际思想文化领域斗争更加深刻复杂，围绕发展模式和价值观的较量日益凸显。伴随着中国经济上的成功，中国发展模式的影响日益扩大，西方一些势力虽然不能不承认中国的经济成就，但从来没有也不可能认可中国的政治制度，反而认为中国的成功会威胁到西方的制度模式和价值观。于是，"中国威胁论""中国崩溃论""棒杀论""捧杀论"等论调此起彼伏。西方总是攻击我们的体制、经济形势、食品安全、人权、社会治安、贪污腐败等问题，总是戴着有色眼镜看我们，好的事情也往坏的地方引，还竭力通过各种手段向我们国内传播，攻击造谣，借题发挥、小题大做，大造舆论。实现中华民族伟大复兴的中国梦提出来后，西方一些势力担心中国梦会扩大中国在世界上的影响，刻意矮化、曲解、抹黑中国梦，极尽挑拨离间、混淆视听之能事，其目的无非是动摇中国共产党执政的根基，最终改变中国的"颜色"。中国作为共产党执政的社会主义国家，将长期面对西方遏制、促变的压力。

在国内，我们党坚持物质文明和精神文明一起抓，在生产力取得巨大发展的同时，精神文明建设也取得非凡成就，全党的道路自信、理论自信、制度自信、文化自信不断增强，民族自信心和凝聚力大大增强，实现中华民族伟大复兴中国梦成为社会思想领域最强劲的主旋律，全党全国人民团结奋斗的共同思想基础不断巩固。同欧美一些国家受困于金融危机、债务危机相比，同一些发展中国家陷入发展陷阱相比，同西亚北非一些国家政治动荡、社会混乱相比，我国发展可以说是风景这边独好。当今世界，要说哪个政党、哪个国家、哪个民族能够自信的话，那中国共产党、中华人民共和国、中华民族是最有理由自信的。然而在这种情况下，国内还是有一些错误观点不时出现，有的宣扬西方价值观，有的专拿党史国史说事，有的以"反思改革"为名否定改革开放，有的否定四项基本原则。意识形态领域各种思潮在传播技术的推动下，变得空前活跃。新自由主义、历史虚无主义、民主社会主义、普世价值、宪政民主等思潮暗流涌动，不断给党的思想政治工作制造各种困难。那些极力宣扬所谓的"普世价值"的人是真的要说什么"普世价值"吗？根本不是，其目的就是要同我们争夺阵地、争夺人心、争夺群众，最终推翻中国共产党领导和中国社会主义制度。如果听任这些言论大行其道，势必搞乱党心民心，危及党的领导和社会主义国家政权安全。应当承认，我们党的制度、工作并非十全十美，我们还面临很多困难和问题。但是，对待问题必须持正确的态度，不能以偏概全，攻其一点、不及其余，把形势说得一片漆黑；不能遇到一些问题就全盘否定中国特色社会主义道路、理论、制度、文化，就全盘否定中国共产党的历史和奋斗。邓小平指出："资产阶级自由化泛滥，后果极其严重。特区搞建设，花了十几年时间才有这个样子，垮起来可是一夜之间啊！"① 这些都提示我们，国内意识形态领域的斗争还很尖锐。如果我们不予以揭露和批判，就会动摇我们的共同思想基础。意识形态领域的此种复杂状况与经济、社会领域的深刻变动密切相关。在单一的公有制条件下，经济基础是单一的，分配方式是单一的，人们之间的富裕程度也差别不大，加之中国处于半封闭的环境，因此意识形态领域状况也相对单一。而改革开放以来，伴随着所有制形式转变为以公有制为主导、多种所有制形式并存，分配方式由按劳分配转向多种分配方式并存，贫富差距也逐渐拉大。经济基础决定上层建筑，经济和社会领域的这些变化势必反映到意识形态领域，由此造成了目前意识形态领域的复杂状况。

对于意识形态工作的极端重要性，大多数党员干部在认识上是清楚的，但至于如何在实践中正确把握，在一些地方和部门就明显存在说起来清楚、做起来不清楚的现象，存在着重视经济工作、轻视意识形态工作的现象。现在，是不是存在对意识形态工作不想抓、不会抓、不敢抓的问题呢？肯定是存在的。有些干部爱惜自己的"羽毛"，想当什么开明士绅，对于一些错误观点和错误倾向，不敢碰硬、不敢批评。在一些大是大非、政治原则问题上，含糊其辞，退避三舍，做旁观者，用"不争论""不炒热""让说话"为自己的不作为开脱，想以此博得社会各种人的喝彩，赢得各种舆论的好评。更为严重的是，在一些党员、干部那里，有的以批评

---

① 《邓小平文选》第 3 卷，人民出版社 1994 年版，第 379 页。

和嘲讽马克思主义为"时尚"、为噱头；有的精神空虚，认为共产主义是虚无缥缈的幻想，"不问苍生问鬼神"，热衷于算命看相、求神拜佛，迷信"气功大师"；有的信念动摇，把配偶子女移民到国外、钱存在国外，给自己"留后路"，随时准备"跳船"；有的心为物役，信奉金钱至上、名利至上、享乐至上，心里没有任何敬畏，行为没有任何底线。这些不仅败坏了党风，而且带坏了社会风气。邓小平说过："党和政府愈是实行各项经济改革和对外开放的政策，党员尤其是党的高级负责干部，就愈要高度重视、愈要身体力行共产主义理想和共产主义道德。否则，我们自己在精神上解除了武装，还怎么能教育青年，还怎么能领导国家和人民建设社会主义！"① 一些党员、干部对意识形态的这种态度，一些党员、干部的这样一种思想状况，使得意识形态领域的形势更为严峻。这就提醒我们，在意识形态问题上，我们不能马虎、麻痹，必须全党动手，树立大宣传的工作理念，动员各条战线各个部门一起来做，一起来建设社会主义核心价值体系、培育和践行核心价值观。党委主要负责同志要带头抓意识形态工作，带头阅看本地区本部门主要媒体的内容，带头把住本地区本部门媒体的导向，带头批评错误观点和错误倾向。在事关党和国家命运的斗争中，所有领导干部都不能做旁观者，党委要发声，各个方面都要发声，发出统一明确的信号，形成一呼百应的态势，把意识形态工作的领导权、管理权、话语权牢牢掌握在手中，任何时候都不能旁落，巩固马克思主义在意识形态领域的指导地位，巩固全党全国人民团结奋斗的共同思想基础，否则就要犯无可挽回的历史性错误。

党内是如此，整个社会也出现了一些不容忽视的状况。

当前，我国进入全面建成小康社会决定性阶段，世情、国情继续发生深刻变化，我们面临的发展机遇和风险挑战前所未有，各种社会矛盾和问题相互叠加、集中呈现。改革开放的深化，新旧体制、新旧观念的转换，

① 《邓小平文选》第 2 卷，人民出版社 1994 年版，第 367 页。

必然要引起人们的思维方法、生活方式、价值观念的变化。人们思想活动的独立性、选择性、多变性、差异性明显增强。特别是利益驱动机制的强化，社会分配收入的差距，使人们面临兴奋与困惑，喜悦与不满伴生。搞社会主义市场经济，不仅为我们做好思想政治工作创造了更好的物质条件和精神条件，同时，市场经济活动存在的负面影响也要反映到人们思想意识和人与人的关系上来。我们对外开放，开阔了人们眼界，增加了见识，活跃了思想，但资产阶级的腐朽思想文化也会乘虚而入。加之我国社会长期存在的封建主义残余思想包括封建迷信和愚昧落后的思想观念，在新的历史条件下也会沉渣泛起。这不仅会增强竞争的意识、效率意识、民主法制意识和开拓精神，而且会引起人们追求目标的变化、评判是非标准的变化、社会生活的变化。这种变化，一方面将使整个经济和社会生活充满生机和活力，另一方面拜金主义、享乐主义和极端个人主义也会滋生；一方面人们的消费方式日趋丰富多样，对精神生活的创造和享受日趋丰富，另一方面唯利是图、尔虞我诈、损公肥私、敲诈勒索等消极现象也会日益增多；一方面，在改革开放大潮中，广大党员和领导干部发挥着先锋模范作用；另一方面，也有少数党员甚至领导干部理论淡漠、信仰动摇、意志衰退、精神空虚，有的被错误思潮所俘虏，有的热衷于封建迷信活动，有的腐败堕落、跌入违法犯罪的泥坑，严重损害了党的形象和威信，也削弱了对广大群众进行思想教育的效果。邓小平指出："我们要建设的社会主义国家，不但要有高度的物质文明，而且要有高度的精神文明。所谓精神文明，不但是指教育、科学、文化（这是完全必要的），而且是指共产主义的思想、理想、信念、道德、纪律，革命的立场和原则，人与人的同志式关系，等等……从延安到新中国，除了靠正确的政治方向以外，不是靠这些宝贵的革命精神吸引了全国人民和国外友好人士吗？没有这种精神文明，没有共产主义思想，没有共产主义道德，怎么能建设社会主义？"①

①《邓小平文选》第2卷，人民出版社1994年版，第367页。

进言之，在当前的思想领域，一方面，人们的思想空前活跃，价值观念、思维方式、审美趣味等日益多样化，各种观念、观点，甚至包括一些稀奇古怪、匪夷所思的想法，借助新兴媒体以几何级数呈现，令人眼花缭乱、目不暇接；另一方面，也出现了消极的变化，崇高被消解，英雄被矮化，理想被打碎，消费主义流行，物质主义蔓延。评价一个人成功的标准也不再是看一个人的奉献多少，而是比车子、拼房子、看票子，是看住什么社区、穿什么衣服、开什么车。整个社会的利益分化和阶层固化严重，社会活力降低，社会的凝聚力弱化，西方近代以来出现的焦虑、紧张、压抑等病症蔓延到中国。如今的中国，患抑郁病的人多了，自杀的人多了，"当一天和尚撞一天钟"的人多了，"自我"的人多了，动不动就拔刀子、走极端的人多了，仇官、仇富的人多了，心理不平衡的人多了……不仅老百姓焦虑、不平衡，而且一些官员也焦虑、不平衡；不仅没钱的焦虑、不平衡，有钱人也焦虑、不平衡。社会心理的空前活跃与社会心理的严重失衡并存，这成为社会稳定的最大隐患。一言以蔽之，思想政治工作面临严峻挑战。

建设社会主义核心价值体系、培育和践行社会主义核心价值观，就是为了化解社会矛盾，正确把握和积极引导社会心理、社会思潮和社会舆论，把人们的消极情绪转化为积极情绪，把人们的病态心理调整为健康心理，把人们的活跃思维转化为有益于社会发展的创造性活动；就是在具体利益矛盾、各种思想认识差异之上，求同存异，最广泛地形成价值共识、价值追求、价值取向；就是要在多元中立主导、多样中达共识、多变中求和谐，最大限度地实现社会的整合与凝聚，把涓涓细流汇聚成实现中国梦的强大正能量。

第二节　构筑道德高地

国无德不兴，人无德不立。道德是一个社会的文明程度、健康状况的测量器。改革开放以来，随着社会主义市场经济的发展，道德建设也在扎实推进，取得了明显成效，为经济和社会的发展，为社会的和谐进步，提供了精神动力和思想保证。与此同时，思想道德领域也出现了一些令人忧虑的现象，道德失范的事件时有发生。虽然这些现象不占主流，但影响甚大。如果不及时加以解决，就有可能演化为整个社会道德体系的坍塌。建设核心价值体系、培育和践行核心价值观，正是为了使人们崇德向善，增强人们的价值判断力和道德责任感，不断提高人们道德水平，不断提升人们道德境界。

社会转型需要道德重构。改革开放前，中国实行的是计划经济。所谓计划经济，是指一个国家在生产、资源分配和产品消费各方面都按照计划来进行的经济制度，是马克思恩格斯所设想的那个取代资本主义的未来社会的经济制度，是为了避免"事后调节"而造成的浪费所设想的一种经济制度。应该说，计划经济在新中国成立初期，为国家经济迅速复苏起到了重要作用，但是计划经济高度僵化的体制也严重束缚了生产力的发展。改革开放以来，我们党作出科学研判：我国仍处于并将长期处于社会主义初级阶段。我们开始大力发展市场经济，解放和发展社会生产力，逐渐形成和完善了社会主义市场经济体制。这一过程大致经历了三个阶段：从计划经济为主、市场经济为辅，到社会主义经济是公有制基础上有计划商品经济，再到破除把计划经济和市场经济看作属于社会基本制度范畴的束缚、提出建立社会主义市场经济体制。此后，我国社会主义市场经济迅速发展，从让市场起基础性作用，直到党的十八届三中全会提出"使市场在资源配置中发挥决定性作用和更好发挥政府作用"，我们在发展和完善社会主义市场经济体制上不断形成新的理论认识、取得重大实践成就。

伴随着市场经济的深入发展，加之允许一部分人、一部分地区先富起来，中国社会的面貌由此发生极大变化。经济制度变了：由单一公有制变为公有制为主体、多种所有制经济共同发展；分配方式变了：单一的按劳分配转向按劳分配为主体、多种分配方式并存；人的存在变了，出现了不同利益主体，产生了不同的社会阶层；人的关系，包括人与人之间的关系、人与社会的关系、人与自然的关系，也都发生了深刻改变。按照马克思主义理论，社会存在的变化必然反映到社会意识领域，也必然要求社会意识领域的变化。具体说，社会的转型必然引起道德的变化，也必然要求道德转型。一些道德规范过时了，一些道德规范的实现方式要改变，道德评价标准要更新，适应市场经济和新的存在方式的新道德规范要确立，等等。应该承认，当前的中国仍然处于道德转型的过程中，新的、适应社会主义市场经济的道德体系尚未完全建立。在这个过程中，人们的道德观念已经发生了很大改变。

道德主体更加个性化、自主化。计划经济是以高度的指令性计划、平均主义和"千人一面"的意识形态为基本特征的。道德主体以集体和社会为本位，个性不被提倡，个人无足轻重，被国家、民族、单位、家庭所淹没。市场经济是一种自主经济，商品生产者必须是独立的市场主体，市场主体必须具有独立人格、自主意识和平等要求。法国大革命时期提出的自由、平等的口号就是为了适应资本主义发展的要求：自由的重要内容就是财产自由、人身自由和经济自由，平等就是废除等级制，每个人都受到尊重，每个人都有自由地从事经济活动、发展自己的平等权利。同样，中国的市场经济的发展也张扬了个性和个人，个人利益得以实现，个人需要得到满足，个体主观能动性得以发挥，个体在群体及社会中的地位和价值得到承认。道德主体的个性、差异性、自主性由此凸显。

道德目标、道德原则"趋利化"。中国传统文化中有"义利之辨"，主流的价值观是重义轻利、讲义不讲利，正所谓"正其义不谋其利"。改革开放前，当时提倡的价值取向是以集体主义、社会主义为原则，以为人民服务为核心，具体的道德要求就是大公无私、无私奉献。这样一种道德要求的前提当然是公有制，是共产党的领导。因为在这样的制度安排下，国家、社会为每个公民安排好一切，人人都为他人，因此个人不用为自己考虑，不需要讲私利，也不应该讲私利。只有社会的每个成员都真心实意为他人、民族、国家，这个社会才能正常运转，否则，如果一部分人只奉献，一部分人只索取，这样的社会维持不了太久。这当然是一种理想的，也是完美的设计，它的存在必须建立在物质财富极大涌流、文化产品丰富、人的素养极高、人的物质和文化需要得到满足的基础上，如果人的基本需要都得不到满足，大公无私、无私奉献的品德不可能持久维持。这也正是我们发展市场经济的根本原因。但是，市场经济所要求的道德与计划经济不同。计划经济时期要求人不讲私利，而市场经济则是以"经济人"的存在为前提，是以利益主体的存在为前提。它不仅要求人的人格独立、财产自由，而且把对个人利益的追求看作正当的、健康的、积极的，是有益于社会发展和进步的。因为市场经济就是一种利益经济，它遵循的原则就是利益的最大化，追逐利润也是市场行为的内在动力。这样，传统文化和计划经济时代的耻于言利的道德被追求富裕的欲望所代替。道德目标、道德准则出现了"趋利化"的倾向。

道德标准和评价多样化。计划经济是高度统一的经济体制，在这种体制下，道德主体和道德原则是统一的，道德标准和评价是单一的，共产主义道德是当时确立的唯一道德体系，"无私奉献""大公无私""毫不利己，专门利人"是普遍追求的道德境界，也是评价人们道德行为的唯一标准。市场经济的发展打破了这一固定不变的道德模式，随着经济结构深刻调整，社会结构深刻变化，利益主体日益多元、多样，出现了不同的社会阶层，每个人站在不同的立场就有了不同的标准，人们的思想意识、价值观念、道德标准因此也多元、多样了。

由"情感信用"向"契约信用"转变。孔子的弟子子贡曾经请教孔子治国之道，孔子说"足食，足兵，民信之矣"。当子贡问三者中去掉哪一项时，孔子说去兵。子贡进一步问剩余的两项如何选择时，孔子说去食，他还说："民无信不立"，信对于立国是最重要的。也就是说，中国传统文化是重信的。重信的传统一直"延续"到计划经济时代，在共产主义道德体系中，诚信是最基本的道德要求。有学者把诚信分为原始社会天然诚信、农业社会的家族或人际诚信、近现代契约社会的公共诚信。实际上，天然诚信和人际诚信都是一种情感诚信，是靠血缘关系或人情维系的，以共同的生活和邻里守望相助为基础。中国传统社会和计划经济时代就是这种诚信。但到了市场经济社会，市场经济斩断了人与人之间的血缘亲情纽带，打破了传统地域限制，使"熟人社会"进入"陌生人世界"。这样，原有维系诚信的纽带"断裂"了，原有的诚信体系不再适用了，需要建立新的诚信体系。而市场经济是一种契约经济、诚信经济，市场经济的发展需要市场主体严格守信，否则市场秩序就会紊乱，健康的市场就无法存在。市场经济维系诚信的方式就是契约，契约一旦订立，就具有了法律效率，违反契约就会受到法律的惩罚，所以市场经济又是法治经济，没有了法律的保障，市场的诚信难以建立。所以，由计划经济到市场经济，诚信体系必须转变，中国也确实发生了转变。

一些传统道德观念淡化，一些新的道德观念和意识产生。新中国成立以后，以社会主义、集体主义为原则、以为人民服务为核心的共产主义道德，曾经凝聚了亿万人民的力量，调动了广大人民群众的积极性，出现了前所未有的道德繁荣局面。在道德转型过程中，一些传统的道德观念和准则淡化了，比如见义勇为、助人为乐、拾金不昧等；一些新的适应市场经济的道德观念和准则产生了：市场经济是一种竞争经济，为了各自的利益，市场主体之间必然激烈竞争、优胜劣汰，人们的竞争意识由此增强；市场经济是平等经济，它只承认等价交换，不承认任何超市场的特权，人们的特权思想由此淡化，平等意识、权利意识由此增长；市场经济是开放经济，为了获取利润，会不遗余力开拓市场，人们的开放意识因此增强；市场经济是法治经济，人们的法律意识由此提高，等等。这也正是新的道德体系的重构过程。

看来，一方面，经济生活、社会生活的变化引发了道德的转型，也要求道德的转型；另一方面，道德领域所发生的上述变化是一把"双刃剑"，既有积极的方面，也有消极的影响，既有正面的建构，也出现了负面的现象。在社会变革、道德转型时期，人们的思想观念、道德意识必然千差万别、良莠不齐，先进的与落后的、正确的与错误的、激进的与保守的、传统的与现代的思想和观念相互交织、相互激荡。总的来看，我们还处在道德转型的途中，适应市场经济的新型道德体系还未形成，道德建设的任务任重道远。而这也正是培育和践行社会主义核心价值观的重要原因。

道德进步与道德困惑、道德失范并存。改革开放三十多年来，我们一直存在着"道德滑坡"还是"道德爬坡"的争论，一直存在道德是进步还是退步的争论。这个争论在20世纪90年代中期出现过一个高潮，最近几年，由于一些极端的或影响巨大的道德失范现象频频出现，又成为热点。如何看待今日中国的道德状况？是进步还是退步了？

首先应该明确这样一个问题，就是道德不是抽象的、永恒的，而是具体的、历史的。不同时代、不同民族存在一些共同的道德要求。但是，每一时代、每一民族都有自己独特的道德要求，道德会随着时代的发展而发展，随着环境的变化而变化。

具体到中国改革开放三十多年来的道德发展，改革开放以来，中国社会发生了巨大而深刻的变化，我们经历了从高度集中的计划经济体制到充满活力的社会主义市场经济体制、从封闭半封闭到全方位开放的历史性转变，社会结构深刻变动，利益格局深刻调整，思想观念深刻变化。所有这些意味着原有的一些适应计划经济时代的道德规范、道德观念"过时"了，要求产生一些与社会主义市场经济相适应的新的道德观念和道德准则。也就是说，随着改革开放的深入和社会主义市场经济的发展，道德领域必然要发生一些变化，固守原有的道德，眼睛只盯着过去，事实上犯了形而上学的错误，即把道德静止化、永恒化了。

如果立足于这样一种观念来看改革开放三十多年来中国社会道德的发展，应该承认，总体上是上升的、进步的，当前的道德主流是好的。主要表现在以下几个方面：第一，中国传统的美德得以继承和弘扬，这些美德包括勤劳勇敢、敬老爱幼、自强不息、爱好和平等。近年来，中国举办了一系列国际活动，如奥运会、世博会、亚运会等，在这些活动中，中国人展示了讲文明、讲礼仪的公共道德，中国展示了环境好、秩序好的良好形象，中国的志愿者展示了热情、周到服务的奉献精神。近年来，中国应对了一系列大灾大难，如汶川特大地震、玉树强烈地震、舟曲特大山洪泥石流等，在面对这些重大自然灾害时，中国人民展示了自强不息、顽强拼搏，万众一心、同舟共济，自力更生、艰苦奋斗的伟大抗震救灾精神。第二，社会主义道德得到进一步发扬，这些道德包括艰苦奋斗、务求实效，淡泊名利、无私奉献，紧跟时代、勇于创新，知难而进、一往无前等。第三，产生了大量与社会主义市场经济、与时代相适应的道德意识和规范，比如，对生命的尊重、个体意识、个性意识、责任意识、竞争意识和创新精神、民主和自由意识、环保意识等。第四，从发展趋势和方向看，对于道德建设，党中央和各级政府非常重视，人民群众也非常关心，我们又有很好的基础，所以从动态上讲，当代中国的道德建设必定呈上升趋势，必然会不断进步。第五，在我们身边，每天都在上演无数可歌可泣的好人好事。比如，奋不顾身用双手接住孩子、被称为"最美妈妈"的吴菊萍；跪倒在地、口对口为生命垂危的溺水老人做人工呼吸、被称为"最美女孩"的90后护士余书华；看到落水儿童、义无反顾跳入水中、被称为"最美爷爷"的65岁老人占祖亿；看到孩子落水，奋不顾身跳入河中救人而牺牲的、被称为"最美奶奶"的69岁农村老太太柴小女，等等。再比如，我们的全国道德模范的评选已经评了四届，每一届都评选出了50名全国道德模范，几百名道德模范提名奖。各省、市、县、乡、社区也都自己的道德模范，这些模范的数量何止成千上万！这些道德模范的感人事迹，影响了很多人。①

---

① 2011年7月2日，浙江杭州，一住宅小区内，一个2岁女童从10楼坠落，楼下的吴菊萍奋不顾身过去用双手接住孩子，导致其手臂骨折，被称为"最美妈妈"。2011年7月27日，重庆，90后护士余书华跪倒在地，口对口为生命垂危的溺水老人做人工呼吸，被称为"最美女孩"。2011年7月31日，浙江衢州常山县钱塘江上游常山港湾，65岁的占祖亿看到落水儿童，义无反顾跳入水中，被称为"最美爷爷"。2011年8月12日，河南南阳内乡县赵店乡红堰村，69岁的农村老太太柴小女在河边洗衣服，看到4个孩子落水，奋不顾身跳入湍急的河中救人，救出3个，当她去救第4个时，再也没有出来，网友称她为"最美奶奶"。

特别值得强调的是，前面提到的"最美"群体都是网民"评选""授予"的，广大网民的价值观、道德观在这里得到充分体现。这就说明大多数中国人在基本的价值判断上、在道德观上并没有扭曲，他们仍然是传统美德的坚定拥护者。只要社会制度设计得更为完善，也能成为传统美德的实践者。正是在这个意义上，我们才说30多年来道德总体是上升的、进步的，当前的道德生态的主流是好的。

肯定主流并不是要掩盖问题。目前的中国社会的确产生了很多道德困惑，出现了很多道德冷漠、道德失范的现象。助人为乐、见义勇为是中国传统美德，这一美德直到20世纪80年代还一直被坚守着。然而近年来，我们却遭遇了"见义难勇为""见义不敢为"的尴尬和困惑。这与多名见义勇为者，比如南京的彭宇、天津的许云鹤等，反遭诬陷、讹诈密切相关。①

在13亿多中国人的日常生活中，这几起事件微不足道。但在资讯异常发达的今天，经过媒体的报道、发酵，它们深深地刺激了中国人的神经。在面对同样的情境时，大多数人再也没有了以前的那种义无反顾、挺身而出、勇往直前；每个人都会纠结、尴尬：不救，于心何忍，良心何在？救了，官司缠身怎么办？最后只能是以多一事不如少一事自我宽慰，宁可遭受良心的谴责，也不愿被人诬陷。而这样的事情经历多了，良心也被麻

---

① 2006年11月20日，徐老太在南京市水西门广场一公交站台候车时，被撞倒摔成了骨折。徐老太指认撞人者是刚下车的彭宇，并告到法院索赔13万多元。彭宇表示无辜，称自己是看到老太太跌倒在地，赶过去扶，后来与其他市民一起将她送到医院，自己却被老太太及其家属认定为"肇事者"。2007年9月4日，鼓楼区法院一审宣判，判决彭宇赔偿受害人4.5万余元。二审期间，双方当事人达成和解协议，最后案件以和解撤诉结案。彭宇案对国人的震动很大，有网友说彭宇案让中国人的道德倒退了30年，自此以后，再无人愿意助人为乐、见义勇为。

2011年10月21日，许云鹤驾车沿天津市红桥区红旗路由南向北行驶，途中看见王老太由西向东跨越路中心的护栏，后王老太倒地受伤。许云鹤表示，当时他立即停下车，从车里翻出创可贴给老太贴上，并拨打了120。但老人称自己被许云鹤的车撞倒。2011年6月16日，天津市红桥区人民法院就此事作出判决，许云鹤被判决赔偿王老太108606元。

木所取代。于是，中国社会就出现了佛山"小悦悦事件"，出现了"老人倒地无人扶""有人出事不敢问""有人落水不敢救"的道德冷漠现象。

道德困惑并不是今天才产生的。1982 年 7 月 11 日，解放军第四军医大学三年级学员张华，因救不慎跌入化粪池的 69 岁老农魏志德而牺牲。张华的事迹在媒体报道后，有人就提出：年轻大学生为救一个老农而牺牲，值不值？认为就社会价值而言，大学生肯定比老农对社会的贡献大，所以张华救人是"金子"换"石头"。虽然当时的主流观点是正面肯定张华的行为，但私下里，认为"不值"的观点仍然大量存在，人们的道德困惑并没有真正解决。

道德困惑也不限于他人遇到困难和危险时是否出手相助，道德的很多方面人们都感到困惑。比如，市场经济要求个性意识，但是张扬个性与个人主义有什么分别？市场经济鼓励人们可以追求利润，要求等价交换，那么这些经济原则是否可以"移植"到政治、文化、社会领域，在正常交往时，利益是否可以作为一个杠杆，是否也在某种程度上遵循等价交换？对于道德模范、见义勇为者，是否需要进行物质奖励？进行物质奖励是不是亵渎了道德的崇高性？是否要用物质利益来刺激人们的道德热情，引导人们崇德向善？等等。这些困惑不及时解决，势必会影响人们的道德判断和道德行为。

除道德困惑和道德冷漠外，更令人忧虑的是道德失范、道德败坏。在政治领域，腐败形象极为严重，已经到危及执政地位的程度：跑官、要官现象屡禁不止，奢靡享乐、个人主义突出，形式主义、官僚主义严重，言行不一、弄虚作假，不讲原则、不负责任，司法不公、执法不严，等等。在经济领域，从以次充好、制假卖假到坑蒙拐骗、杀人越货，为了金钱和利益，无所不用其极，不要说伦理道德，就连生命都视如草芥。单就食品领域而言，先是苏丹红、三聚氰胺，后是塑化剂、瘦肉精，还有毒米、毒面、毒馒头。在社会生活领域，极端个人主义、利己主义、拜金主义流行，在极少数人眼里，为了私利，父母可以不要，兄弟姐妹可以反目成仇，甚至是性命相搏。在金钱面前，在现实的物质诱惑面前，一切的一切都失去了光彩，一切的一切都无足轻重，唯一闪亮的是那金光灿灿的金子。

造成目前状况的原因是复杂的。有制度设计上的缺陷。比如，对见义勇为者没有相应的救助和保护机制：一旦见义勇为者受到伤害，有相应的保护措施，使见义勇为者没有后顾之忧；对于被救反过来诬告他人者，缺乏必要的惩罚措施，使得那些人不敢也不能冤枉好人。有诚信缺失的原因。诚信是道德的基石，没有诚信，其他道德无从谈起。如今，在人与人、人与单位、人与政府之间，缺乏起码的信任和理解。有贫富差距过大等社会方面的原因。贫富差距大，社会保障体系不健全，没有社会保障的老人心理失衡，这是一些老人自己摔倒后会诬陷他人的重要原因。除了这些之外，还有一个更为重要的原因，就是价值引导、道德引导需要加强。制度的完善是基础，但仅仅制度完善还是不够的，单纯制度的力量不足以解决中国社会的问题。人们的心态、心理上的精神疾病还必须靠精神的力量来治愈。比如，诚信问题、社会责任问题、焦虑问题、心理失衡问题等，所有这些问题的根源在于个人主义、利己主义，如果每个人只关注个人利益，不关心群体利益，不关注国家、民族大义，只是围绕小我的圈子看问题，只关心自己欲望的满足，那么，制度设计再合理，也会被人钻空子。美国的很多博物馆当天的票可以全天用，买了票，如果当天想出来办完事再回去，就不用把卡放回去，直接带着，办完事回来接着看。但是，一些人却从中看到有空子可钻，比如一个代表团10人，4个人先买票进去，一个人把4张票带出来，带3个人进去，两次就可以了，这样就省了6个人的钱。再比如，美国商店有两周内可以免费退货的规定，一些人到美国后，利用这个规定，先买下，用两周，然后退货，再买再用，如此循环，用的全是新的，还不用花钱。所以，制度不是万能的，制度再完善，总有不完善的地方，如果有人天天琢磨制度的漏洞，总是能够找到。治理国家，不能单靠法治，还必须靠德治，使人真正心悦诚服，这样才能有合法性。德治就是解决精神层面的问题。精神层面的问题不解决，人人只关心自己，还是会让每个人不平衡、焦虑，必须使中国人的目光转向崇高，从物质的东西中解放出来，从小我中走出来，走向大我，走向民族、国家、他人，走向精神、艺术、审美。而这就要建设社会主义核心价值体系，需要培育和弘扬社会主义核心价值观。核心价值观建设，就是要把人引向崇高，引向国家、民族，引向大我。1806 年，德国古典哲学大师黑格尔就说过：从前有一个时期，人们的上天是充满了思想和图景的无穷财富的，那时的精神必须以强制的力量才能指向世俗的东西而停留于尘世。而当务之急却似乎恰恰相反，"人的目光是过于执着于世俗事物了，以至于必须花费同样大的气力来使它高举于尘世之上。人的精神已显示出它的极端贫乏，就如同沙漠旅行者渴望获得一口饮水那样在急切盼望能对一般的神圣事物获得一点点感受"。[①] 今天的一些中国人就是太世俗、太功利、太低级、太自我了，核心价值体系和核心价值观建设就是要使人的目光重新回到天上，要像康德那样，抬头望星空，低头思道德。

对于道德困惑、道德失范、道德败坏的现象，我们应该用辩证思维，应该看道德状况的总体，看道德发展的趋势，而不是把个别当一般，把树木当森林。当前在我们身边，是出现了一些"扶老人反被诬陷""老人倒地无人搀扶"等现象，但这些只是个案，不是主流，也不代表趋势。这些个案，只是经由媒体、特别是网络被无限放大了，对此，我们必须有正确态度。同时，当前的中国社会并不是一个冷漠的社会，当代的中国人也不是没有同情心，中国人的道德感还是存在的。对于"殷红彬案"，[②] 不论对当前的道德状况作何评价的人，大家的态度是一致的，那就是谴责诬陷扶人的人，赞美扶人者，这说明老百姓心中"有义"，有同情心，有救人扶困的道德愿望，有基本的是非、美丑、好恶的价值判断。只是由于那些诬

---

① 黑格尔：《精神现象学》上卷，商务印书馆 1996 年版，第 5 页。
② 2011 年 8 月 26 日，殷红彬在驾驶大巴车途中，停车搭救了骑车侧翻的石老太，结果却反被获救者的儿子诬陷为撞人者。幸亏公交车的监控录像将救人的过程清晰记录下来，殷红彬这位幸运的好心人才被还以清白。

陷好人的人的存在，大家才不敢"勇为"。而"殷红彬们""前赴后继"地产生、那些最美人物的涌现，不正是人民群众的道德感的证明吗？现在，很多私家车都装了"汽车黑匣子"，以防止类似的情况出现时被冤枉，装"黑匣子"本身说明很多车主是有救人的愿望的。"殷红彬案"等引起整个社会的关注，道德问题成为热点，一方面说明当代中国人道德意识的增强；另一方面也反映了人民群众要求改善当前道德状况的愿望。这是我们加强道德建设的基础，是解决道德领域存在问题的基础，也是我们建设社会主义核心价值体系、培育和践行社会主义核心价值观的基础。

有人把道德失范、道德败坏现象的出现归罪于市场经济的发展，认为都是市场经济惹的祸。那么，市场经济与道德建设之间到底是一种什么样的关系？

经济与道德、市场经济与道德的关系是一个老话题了，在20世纪90年代就有这方面的讨论。我们甚至可以追溯到中国古代的义利之辨。中国古人就讲要舍生取义、舍利取义。有些人就以为古人把二者完全对立了起来。其实，古人的意思是指当二者发生矛盾时，要怎么做，而不是说二者完全对立。孔子就说过讲仁、讲义可以得到大利，他还说"富而可求也，虽执鞭之士，吾亦为之"。这说明中国传统文化虽然讲义，但并不排斥利，只是排斥"非义之利"。这说明中国古人就已经认识到义与利有对立的一面，但也有和谐的一面，并不是完全对立的。

市场经济与道德就是这样一种辩证关系，既对立又统一。市场经济追求利，道德讲求义，二者势必会发生冲突。冲突又分为两种情况：一是经济行为与人类社会共同道德的冲突，此类冲突又表现在两个方面：一方面是讲义有时会牺牲利，追求利有时就会伤害义；另一方面，如果把市场经济所需要的逐利意识、个性意识、竞争意识泛化到经济生活之外的社会生活领域，就会危及道德建设。二是经济行为与计划经济、农业经济时期道德的冲突。这方面的冲突随着人们的道德观念的进步就会消失，而现在很多认为经济与道德冲突的人看到的就是这方面的冲突。

同时，市场经济与道德又是统一的。一方面，良好的道德环境是市场经济健康发展的条件，我们常常说市场经济是诚信经济，就是说市场经济是建立在诚信之上的，没有诚信，经济交往的成本就会提高，有些经济交往就无法进行。另一方面，经济的发展又为人们的道德行为提供了必要的经济基础，也为确立人们的道德意识提供了实践基础：一旦不道德的行为造成的损失远远大于道德行为带来的收益，人们就会自觉遵守道德规范。

从市场经济与道德的这样一种关系看，发展社会主义市场经济势必会给道德建设带来一些困惑、机遇、挑战和问题，比如，一些非道德现象的出现，传统道德规范的失效，道德的转型，新道德体系的建立。这种影响既有积极的、正面的，也有消极的、负面的。负面的影响肯定有，但负面影响到底有多大，却取决于人们对道德建设的重视程度。所以，把今天道德领域出现的问题完全归罪于发展市场经济是不对的，这正如把当今中国出现的问题归罪于改革开放一样没有道理。毋庸讳言，今天的道德问题与我们的精神文明建设"一手软"有关，与西方腐朽思想的侵袭有关，与我们国家发展的阶段有关。所以，核心价值体系和核心价值观建设就是为了让中国人心有所属，行有依归。

王岐山在中国共产党第十八届中央纪律检查委员会第四次全体会议上指出：我们这么大一个国家，13亿人，不可能仅仅靠法律来治理，需要法律和道德共同发挥作用。法律法规再健全、体系再完备，最终还要靠人来执行。领导干部一旦在德上出问题，必然导致纲纪松弛、法令不行。从党的十八大以来查处严重违纪违法案例看，有的领导干部根本不学党规党纪，不知法律法规，无视规矩、不讲廉耻，根本不把党纪国法当回事，毫无戒惧之心。职位越高、权力越大，越应心存敬畏、战战兢兢、如履薄冰，决不能无法无天、胆大妄为。中华传统文化中蕴含着深厚的治国理政、管权治吏思想，有丰富的礼法相依、崇德重礼、正心修身的历史智慧。"国家"是我们民族独有的概念，国与家紧密相连、不可分离。修身齐家治国平天下，修身为首要。中华传统文化是责任文化，讲究德治礼序，等等。这里，王岐山的意思就是要将法治与德治结合起来，在强化"硬约束"的同时，不断进行"软教育"，不断提高各级领导干部的思想境界和道德水平，不断坚定理想信念，也就是不断进行核心价值体系和核心价值观建设。

第三节　凝聚强大正能量

2012 年 11 月 29 日，习近平总书记在参观《复兴之路》展览时提出了中华民族伟大复兴中国梦，他说："实现中华民族伟大复兴是一项光荣而艰巨的事业，需要一代又一代中国人共同为之努力"，"我坚信，到中国共产党成立 100 年时全面建成小康社会的目标一定能实现，到新中国成立 100 年时建成富强民主文明和谐的社会主义现代化国家的目标一定能实现，中华民族伟大复兴的梦想一定能实现"。此后，他又多次强调中国梦，2013 年 3 月 17 日，在第十二届全国人民代表大会第一次会议闭幕会上，习近平总书记用"三个必须"来指明实现中国梦的路径：实现中国梦必须走中国道路，必须弘扬中国精神，必须凝聚中国力量。2013 年 3 月 23 日，在莫斯科国际关系学院的演讲中，习近平总书记进一步概括了中国梦的基本内涵：实现中华民族伟大复兴，是近代以来中国人民最伟大的梦想，我们称之为中国梦，基本内涵是实现国家富强、民族振兴、人民幸福。正是通过这一系列论述，习近平总书记把中国梦的基本内涵、具体目标、实现路径、依靠力量等方方面面的内容完整地揭示了出来。可以说，从 2013 年开始，实现中华民族伟大复兴中国梦就成为一面鲜艳的旗帜，一个鲜明的方向，一个令人激动、催人奋进的号角，鼓舞着亿万中国人向着这个目标迈进。《咬文嚼字》评选出的 2013 年十大流行语，"中国梦"位居榜首。此后，这个词不仅热度不减，而且持续升温，为全国各族人民所关注，也为世界所关注。

如何实现中国梦？那就要坚持中国特色社会主义道路、理论体系、制度、文化，坚定中国特色社会主义道路自信、理论自信、制度自信、文化自信；就要像习近平总书记在庆祝中国共产党成立 95 周年大会上的讲话中所说的那样："历史和人民选择中国共产党领导中华民族伟大复兴的事业是正确的，必须长期坚持、永不动摇；中国共产党领导中国人民开辟的中国特色社会主义道路是正确的，必须长期坚持、永不动摇；中国共产党和中国人民扎根中国大地、吸纳人类文明优秀成果、独立自主实现国家发展的战略是正确的，必须长期坚持、永不动摇。"①

具体而言，实现中国梦就要走中国道路、弘扬中国精神、凝聚中国力量，就要不断提高文化软实力。

走中国道路必须培育核心价值观。道路决定命运，道路直通梦想；梦想承载未来，梦想昭示希望。实现国家富强、民族振兴、人民幸福的中国梦，必须走中国道路，这就是中国特色社会主义之路。中国特色社会主义道路，是中国人民在新的伟大实践中作出的历史性选择。这一道路既坚持了科学社会主义的基本原则，又根据我国实际和时代特征赋予其鲜明的中国特色，体现了人类历史发展的统一性与多样性、共性与个性的统一。中国道路是现代化的世界进程多样性的一个样本，是中国共产党领导全国人民努力探寻规律并按照规律办事的结果。

中国道路的成功开辟，凝聚了几代中国共产党人的艰辛探索。1840年鸦片战争以来中国 170 多年的历史，我们伟大的祖国经历了刻骨铭心的磨难，我们伟大的民族进行了感天动地的奋斗，我们伟大的人民创造了彪炳史册的伟业。鸦片战争后，中国逐步成为半殖民地半封建社会，列强对中国的侵略步步进逼，封建统治日益腐败，祖国山河破碎、战乱不已，人民饥寒交迫、备受奴役，中国面临着亡国灭种的民族危机。救亡图存的民族使命迫在眉睫。争取民族独立、人民解放，实现国家富强、人民富裕，成为近代中国社会的两大历史性课题。在那个风雨如晦的年代，为改变中

---

① 习近平：《在庆祝中国共产党成立 95 周年大会上的讲话》，《人民日报》2016 年 7 月 2 日。

华民族的命运，中国人民和无数仁人志士进行了千辛万苦的探索和不屈不挠的斗争。太平天国运动，戊戌变法，义和团运动，孙中山先生领导的辛亥革命，不甘屈服的中国人民一次次抗争，但又一次次失败。事实说明，不触动封建根基的自强运动和改良主义，旧式的农民战争，资产阶级革命派领导的革命，照搬西方资本主义的其他种种方案，都不能完成中华民族救亡图存的民族使命和反帝反封建的历史任务。要解决中国发展进步问题，必须找到能够指导中国人民进行反帝反封建革命的先进理论，必须找到能够领导中国社会变革的先进社会力量。

十月革命一声炮响，给中国送来了马克思列宁主义。从五四运动开始，中国工人阶级作为先进的社会力量崭露头角，一批先进的知识分子高举民主和科学的旗帜，为新思想新理论在中国的传播开辟了道路。1921年，在马克思列宁主义同中国工人运动相结合的进程中，中国共产党应运而生。中国共产党的诞生，是近现代中国历史发展的必然产物，是中国人民在救亡图存斗争中顽强求索的必然产物。从此，中国革命有了正确前进方向，中国人民有了强大精神力量，中国命运有了光明的发展前景。

九十多年来，中国共产党团结带领人民在中国这片古老的土地上，书写了人类发展史上惊天地、泣鬼神的壮丽史诗，集中体现为完成和推进了三件大事：紧紧依靠人民完成了新民主主义革命，实现了民族独立、人民解放；紧紧依靠人民完成了社会主义革命，确立了社会主义基本制度；紧紧依靠人民进行了改革开放新的伟大革命，开创、坚持、发展了中国特色社会主义。这三件大事，从根本上改变了中国人民和中华民族的前途命运，不可逆转地开启了中华民族不断发展壮大、走向伟大复兴的历史进程。九十多年来，我们取得的一切成就，是一代一代中国共产党人同人民一道顽强拼搏、接续奋斗的结果。中国特色社会主义就是中国共产党人经过九十多年的奋斗、创造、积累的结果，对于这一伟大成果，我们必须倍加珍惜、长期坚持、不断发展。

社会主义核心价值体系和核心价值观正是中国特色社会主义道路的价

值表达，是中国道路在价值领域的体现，是以价值目标、价值取向、价值准则的形式表达、展示出来的中国道路。社会主义核心价值体系和核心价值观的内容与中国特色社会主义道路的内容是根本一致的。建设核心价值体系、培育和践行核心价值观，就是走中国道路，就是为了保证既不走封闭僵化的老路，也不走改旗易帜的邪路；走中国道路也必须建设核心价值体系、培育和践行核心价值观，只有沿着正确的道路坚定走下去，中华民族伟大复兴的中国梦才能实现。

弘扬中国精神必须培育核心价值观。中国精神，就是以爱国主义为核心的民族精神和以改革创新为核心的时代精神。实现中国梦，必须弘扬中国精神。中国精神是中华民族在长期的求生存、图发展、谋振兴的过程中形成的共同的民族品格、民族意识、民族心理、民族情怀的总和，是绵延数千年并沉淀于中国人民血液之中的巨大精神力量，是支撑中华民族百折不挠、勇往直前的灵魂，是实现中华民族伟大复兴、建设中国特色社会主义的不竭动力。

人是需要一点精神的，一个国家和民族也是这样。人无精神则不立，国无精神则不强。伟大的事业需要、催生伟大的精神，伟大的精神支撑、推动伟大的事业。一个国家，一个民族要自立于世界民族之林，不仅要有强大的物质基础，更要有强大的精神力量。精神是一个民族赖以长久生存的灵魂，唯有精神上达到一定的高度，这个民族才能在历史的洪流中屹立不倒、奋勇向前。这种精神是一种理想，是一种信念，是一种品格，是一种意志，是一个国家一个民族在一定时期所能达到的共同的精神高度。没有精神力量的支撑，一个国家一个民族就找不到方向，形不成力量，就失去根基和动力，就如同行尸走肉，空中浮萍。

现代社会，价值多元化是一个不争的事实。在市场经济条件下，不同利益群体、不同阶层、不同族群，甚至不同年龄、不同性别、不同个人都会有不同的价值心理、价值观念。价值多元、多样有积极意义，因为差异、多样是创新的前提，是社会富有活力的条件。但在一个社会中，如果只有差异和多样，没有一致和统一，社会就成为一盘散沙，国家就会走向分裂。任何一个社会，都必须确立一个发展目标，告诉人们追求什么，希望什么。任何一个社会，都应该有价值导向，告诉人们什么是对的，什么是错的；任何一个社会，都应该有价值准则，告诉人们应该做什么，又该怎样做。因此，任何社会在保持价值多样性的同时，都会把价值的多样性和统一性结合起来，自觉、主动、积极地寻求价值共识，构建反映社会制度本质和社会进步方向的主导性价值，也就是核心价值，以引导整个社会的价值走向，凝聚人心，汇聚力量。建设核心价值体系、培育和弘扬核心价值观，正是在价值多样的形势下，凝聚价值共识，构建主导性价值的重要举措；就是为了更好地弘扬共同理想、凝聚精神力量、建设道德风尚，使我们的国家、民族、人民在思想和精神上强起来，心往一块想，劲往一处使，为实现中华民族伟大复兴中国梦贡献力量。

社会主义核心价值体系和核心价值观就是中国精神的凝练表达，中国精神贯穿于核心价值体系和核心价值观之中，它们在内容上一致：相互包含、相互贯通；在功能上一致：凝聚人民、动员人民、激发人民创造活力；在目标上一致：为了实现中华民族伟大复兴中国梦。

凝聚中国力量需要培育核心价值观。中国梦是民族的梦，也是每个中国人的梦。实现中华民族伟大复兴凝聚了几代中国人的夙愿，体现了中华民族和中国人民的整体利益，是全体中华儿女的共同期盼。历史和现实都告诉我们，每个人的前途命运都与国家和民族的前途命运紧密相连。国家好，民族好，大家才会好。生活在我们这个伟大祖国和伟大时代的中国人民，共同享有人生出彩的机会，共同享有梦想成真的机会，共同享有同祖国和时代一起成长与进步的机会。

人民是历史的创造者，群众是真正的英雄。人民群众是建设中国特色社会主义、实现中国梦的力量源泉，人民群众是实现中国梦的依靠力量。中国力量，归根到底是人民的力量，是全国各族人民大团结的力量。我们有13亿多人，8900多万党员，如果能够把这么多人的力量汇聚起来，那将是一股多么强大的力量啊！回顾历史，中国共产党之所以能够在革命、建设和改革的不同时期，击败强敌，化解难题，取得一个又一个胜利，靠的就是团结一切可以团结的力量，靠的就是全国人民的共同奋斗。邓小平说过："如果搞得乱七八糟、一盘散沙，那还有什么希望？过去帝国主义欺侮我们，还不是因为我们是一盘散沙？"①所以，只要我们紧密团结，万众一心，为实现共同梦想而奋斗，实现梦想的力量就无比强大，我们每个人为实现梦想的努力就拥有无比广阔的空间。

今天，中华民族从来没有如此接近我们民族伟大复兴的中国梦，从来没有像这样接近梦想成真，从来没有像这样创造奠定如此雄厚的实现中国梦的基础。我们的经济总量跃居世界第二，外汇储备居世界第一，一些重要的原材料的生产和需求，如煤炭、钢铁等，世界第一；很多工业产品，如汽车、空调、冰箱等产量和销量均居世界第一。与此同时，我们必须清醒认识到，实现中国梦，我们面临的困难和风险前所未有，面临的挑战前所未有。今日的中国，在取得巨大成就的同时，也面临更严峻的挑战。从经济看，中国经济进入新常态，面临速度换挡、结构调整、动力转换的巨大挑战；从改革看，进入深水区和攻坚期，好吃的肉都吃掉了，剩下的都是难啃的硬骨头，特别是利益调整难度大大提高；从社会看，进入矛盾凸显期，各种矛盾和问题集中爆发，民生问题迫切需要解决，群体性事件增多，社会风险加大；从收入看，进入中等收入国家，势必面对"中等收入陷阱"：经济增长乏力、贫富差距拉大、贪污腐败严重、生态环境危机等；从精神需求看，经济发展起来、物质生活水平提高后，人们的权利意识水涨船高，对公平正义有了新的诉求，对精神文化生活有了新的期待。这些新意识、新诉求、新期待势必又会"加重"人们对于当前社会矛盾和问题的感受。特别是随着网络时代的来临，信息来源渠道增多，信息传播速度加快，负面新闻有被"发酵"、放大的可能。而中国是一个有960多万平

----

① 《邓小平文选》第3卷，人民出版社1993年版，第197页。

方公里、13 亿多人口的大国，有一种说法，再小的事乘以 13 亿也是大事，再大的事除以 13 亿也变成小事。衣食住行是小事，但 13 亿多人的衣食住行就是天大的事。13 亿人，每个人的需求、想法都不一样，发生一些摩擦、矛盾、问题在所难免。在这种情况下，如何引导人们看大势、抓主流，正确看待中国所处历史方位，辩证看待社会矛盾，如何巩固中国共产党的执政基础，如何增进社会共识、凝聚起实现中国梦的强大正能量，成为摆在中国共产党人面前的紧迫问题。

建设社会主义核心价值体系、培育和践行社会主义核心价值观，为的就是凝聚中国力量。不论是社会主义核心价值体系的共同理想，还是社会主义核心价值观包括的国家的价值目标、社会的价值取向和公民的价值准则，不论是富强民主文明和谐的中国，还是自由平等公正法治的社会，还是爱国敬业诚信友善的公民，都是中国梦的具体内容，都是我们追求的目标，都是全国各族人民的价值共识，都是全体中国人的价值追求，都可以使全国各族人民团结起来，凝聚起实现中国梦的强大正能量。

实现中华民族伟大复兴是一项光荣而艰巨的事业，需要一代又一代中国人共同为之努力、为之奋斗。历史的接力棒传递到我们这一代中国人手中，以什么样的精神状态跑好关键时期的接力赛，决定着能否如期顺利实现中华民族伟大复兴。天下兴亡，匹夫有责。我们每个人都要把个人的理想追求融入实现国家繁荣富强的伟大梦想之中，凝聚成实现民族复兴的强大力量，在实现国家和民族的共同梦想中实现个人的理想。有梦想，有机会，有奋斗，一切美好的东西都能够创造出来。我们一定要牢记历史使命，心往一处想，劲往一处使，实干、实干、再实干，不动摇、不懈怠、不折腾，凝心聚力，把 13 亿多人的智慧和力量汇聚成不可战胜的磅礴力量，中华民族复兴的伟大梦想就一定能够实现！

实现中国梦必须提高文化软实力。当今时代，文化越来越成为民族凝聚力和创造力的重要源泉，越来越成为综合国力竞争的重要因素，丰富精神文化生活越来越成为人民群众的热切愿望。建设中国特色社会主义、实现中华民族伟大复兴中国梦，就必须提高文化软实力。

提高文化软实力，建设文化强国，是中国共产党根据中国当前的发展状况提出的重大战略任务。今日中国，国家的发展进步举世公认，按现在的发展速度，在不远的将来，我们就有可能超越美国，成为世界第一；改革发展的成果惠及国人，人民的生活水平大幅度提高，2015年，中国人均GDP已经达到8000多美元，到2020年将会超过1万美元，中国已经步入了小康社会，正向全面小康迈进。古人云：仓廪实而知礼节，衣食足而知荣辱。物质水平提高了，水涨船高，精神需求必然增长。这就要求提高文化软实力，满足人民精神需求。同时，从国际看，随着中国经济实力的提升，中国需要提高自己的文化软实力，提高自己文化的生命力、凝聚力、感召力，需要在国际上有自己的话语权，能够发出自己的声音，而不是人云亦云。而核心价值体系和核心价值观是文化的内核，是文化软实力的灵魂，提升文化软实力，关键就要建设核心价值体系，培育自己的核心价值观。从国内看，面对改革开放的巨大成就，中国人需要总结自己的发展道路、发展模式，以便更加自觉、更加清醒地前行。于是，中国道路、中国模式、中国奇迹成为热门话题，而核心价值体系和核心价值观是中国模式、中国道路的重要内容，甚至是最重要的内容。进一步说，建设核心价值体系、培育核心价值观是中国实力提升后的一种必然选择，也是国际范围应对价值冲突加剧的一种客观要求。

从精神生产的特有属性和内在规律来看，任何文化都是所包含的精神价值与承载这些精神价值的物质基础和传播形态之间的有机统一。其中，精神价值是文化的"魂"，是思想观念中最深层、最核心的内容，决定着民族文化的性质和方向，是文化思想性的根本体现；而承载文化精神价值的物质基础和传播形态是文化的"体"，是文化实现教育功能、以文化人的根本途径。在当代中国，精神文化中的"魂"就是社会主义核心价值体系和核心价值观，它代表着社会主义社会的精神价值，蕴含着中华民族优秀传统文化和人类文明有益成果，是社会主义先进文化的根本体现；而当代中国文化的"体"是传播先进文化的有效途径，担负着建设核心价值体系、弘扬核心价值观的重要责任。"体"的形式多样，中国特色社会主义的任何一种实践形态都可以成为承载社会主义核心价值体系和核心价值观的体。"魂"是核心、精神，是主导、"本"，决定着中国特色社会主义事业的发展方向。"体"是形态、依托，是手段、"用"，决定着"魂"的传播力和影响力。"魂"与"体"相互依存、相辅相成、缺一不可，统一于中国特色社会主义实践之中。离开"魂"，"体"就没有精神价值的支撑，就会偏离正确方向，变得空洞无物，失去吸引力、影响力。离开"体"，"魂"就无所依附、难以传播，精神价值就难以实现。

"魂"与"体"的关系说明，实现中华民族伟大复兴，社会主义核心价值体系和核心价值观建设处于关键地位，是工作的重中之重。在国际形势风云变幻的情况下，要将广大人民的思想意志凝聚在一起，不断开创经济社会发展的新局面，使中华民族更好地屹立于世界民族之林，就必须大力建设能够引导、凝聚全国人民的社会主义核心价值体系和核心价值观。

历史和实践反复证明，没有核心价值体系和核心价值观，一个社会就没有团结安定的精神纽带，一个民族就难以强大、独立，一个国家就没有统一意志和共同行动。在一定意义上，有了核心价值体系和核心价值观才能有文化自信，自觉推进核心价值体系和核心价值观建设才算有了文化自觉，而文化强国之强也根本体现在文化的凝聚力、影响力、吸引力上。只有核心价值体系和核心价值观内化于国人之心、外化于国人之行，并得到世人的认可、肯定和推崇，我们才能称得上是真正的文化强国。

第六章　社会主义核心价值体系的基本内容

　　社会主义核心价值体系是社会主义意识形态的本质体现，是社会主义意识形态的核心内容和最重要组成部分，是社会主义制度在价值层面的本质规定，反映了社会主义基本制度的本质要求，是全党全国各族人民团结奋斗的共同思想基础，指引着社会主义的前进方向。建设社会主义核心价值体系，是我们党在思想文化领域的重大理论创新和重大战略任务，是巩固执政地位的战略举措，是一项重要的基础工程和灵魂工程。社会主义核心价值体系是一个内涵丰富、层次清晰、结构严密的有机整体，包括四个方面内容：马克思主义指导思想、中国特色社会主义共同理想、以爱国主义为核心的民族精神和以改革创新为核心的时代精神、社会主义荣辱观。其中，马克思主义指导思想是灵魂，中国特色社会主义共同理想是主题，以爱国主义为核心的民族精神和以改革创新为核心的时代精神是精髓，社会主义荣辱观是基础。这四个方面，各具功能、各有侧重、相辅相成、不可分割、科学严谨，共同组成一个完整系统的科学理论体系。科学、准确把握社会主义核心价值体系，就必须对这四个方面有全面深入的认识。

第一节　马克思主义指导思想是灵魂

　　指导思想是一个政党的精神旗帜。作为社会主义意识形态的核心内容，社会主义核心价值体系首先要解决的是旗帜问题，就是举什么旗、走什么路、朝着什么目标前进的问题，而这个问题是由党的理论来回答的，是由党的指导思想来宣示的。正如列宁所说，没有革命的理论，就不会有革命的运动。因此，理论、指导思想对于一个国家、一个政党、一种运动而言是带有根本性、全局性、长远性的问题，是必须首先要解决的。

马克思主义是我们党立党立国的根本指导思想。背离或放弃马克思主义，我们党就会失去灵魂、迷失方向。在坚持马克思主义指导地位这一根本问题上，我们必须坚定不移，任何时候任何情况下都不能有丝毫动摇。马克思主义的指导地位不是自封的，不是偶然的，而是历史的选择、人民的选择，是由党的性质决定的，也是由马克思主义的科学性决定的。

近代以后，由于西方列强的入侵，由于封建统治的腐败，中国逐渐成为半殖民地半封建社会，山河破碎，生灵涂炭，中华民族遭受了前所未有的苦难。面对困难，中国人民没有屈服，而是挺起脊梁，奋起抗争，以不屈不挠的精神，进行了一场场气壮山河、波澜壮阔的伟大斗争。正如毛泽东所说，自1840年鸦片战争失败那时起，先进的中国人，经过千辛万苦，向西方国家寻找真理。什么空想社会主义、社会达尔文主义、科学主义、改良主义、民主主义等纷至沓来，什么民主制、君主立宪制、共和制等纷纷涌入。然而，中国人向西方学得很不少，但行不通，理想总是不能实现。多次奋斗，包括辛亥革命那样全国规模的运动，都失败了。1917年，俄国爆发了十月革命，过去蕴藏的不为外国人所见的伟大的俄国无产阶级和劳动人民的革命力量，在列宁领导之下，像火山一样突然爆发出来。只有在这时，中国人从思想到生活，才出现一个崭新的时期。中国人找到了马克思列宁主义这个放之四海而皆准的普遍真理，中国的面目就为之一新了。也正是在马克思主义与中国工人运动结合的过程中，中国共产党诞生了。

正是以马克思主义为指导，中国共产党团结带领中国人民进行28年浴血奋战，打败日本帝国主义，推翻国民党反动统治，完成新民主主义革命，成立了中华人民共和国，实现了中国从几千年封建专制政治向人民民主的伟大飞跃；团结带领中国人民完成社会主义革命，确立社会主义基本制度，消灭一切剥削制度，推进了社会主义建设，完成了中华民族有史以来最为广泛而深刻的社会变革，实现了中华民族由不断衰落到根本扭转命运、持续走向繁荣富强的伟大飞跃；团结带领中国人民进行改革开放新的伟大革命，极大激发了广大人民群众的创造性，极大解放和发展了社会生产力，极大增强了社会发展活力，人民生活显著改善，综合国力显著增强，国际地位显著提高，实现了中国人民从站起来到富起来、强起来的伟大飞跃。这些伟大胜利，使具有五千多年文明历史的中华民族全面迈向现代化，让中华文明在现代化进程中焕发出新的蓬勃生机；使具有五百年历史的社会主义主张在世界上人口最多的国家成功开辟出具有高度现实性和可行性的正确道路，让科学社会主义在 21 世纪焕发出新的蓬勃生机；使具有六十多年历史的新中国建设取得举世瞩目的成就，中国这个世界上最大的发展中国家在短短三十多年里摆脱贫困并跃升为世界第二大经济体，彻底摆脱被开除球籍的危险，创造了人类社会发展史上惊天动地的发展奇迹，使中华民族焕发出新的蓬勃生机。历史告诉我们，没有先进理论的指导，没有用先进理论武装起来的先进政党的领导，没有先进政党顺应历史潮流、勇担历史重任、敢于作出巨大牺牲，中国人民就无法打败压在自己头上的各种反动派，中华民族就无法改变被压迫、被奴役的命运，我们的国家就无法团结统一、在社会主义道路上走向繁荣富强。① 马克思主义及其在中国的发展，为党和人民事业发展提供了既一脉相承又与时俱进的科学理论指导，为增进全党全国人民团结统一提供了坚实思想基础。

以马克思主义为指导，是由党的性质、宗旨决定的。中国共产党是马克思主义与中国工人运动相结合的产物，是中国工人阶级的先锋队，同时

① 参见习近平：《在庆祝中国共产党成立 95 周年大会上的讲话》，《人民日报》2016 年 7 月 2 日。

是中国人民和中华民族的先锋队。中国共产党与世界上的其他共产党一样，除了最广大人民的利益，没有自己的特殊的利益。人民立场是中国共产党的根本政治立场，是马克思主义政党区别于其他政党的显著标志。为什么人、靠什么人的问题，是检验一个政党、一个政权性质的试金石。中国共产党第一次代表大会通过的中国共产党纲领，规定党的纲领是：革命军队必须与无产阶级一起推翻资本家阶级的政权；承认无产阶级专政，直到阶级斗争结束，即直到消灭社会的阶级区分。自从 1921 年成立以来，中国共产党始终相信人民，紧紧依靠人民，充分调动广大人民的积极性、主动性、创造性，凝聚起众志成城的磅礴之力，才战胜了一个又一个艰难险阻，取得了一个又一个伟大胜利。在纪念红军长征胜利 80 周年大会上的讲话中，习近平总书记曾经举了这样一个例子。在湖南汝城县沙洲村，3 名女红军借宿徐解秀老人家中，临走时，把自己仅有的一床被子剪下一半给老人留下了。老人说，什么是共产党？共产党就是自己有一条被子，也要剪下半条给老百姓的人。习近平总书记指出：一部红军长征史，就是一部反映军民鱼水情深的历史。同人民风雨同舟、血脉相通、生死与共，是中国共产党和红军取得长征胜利的根本保证，也是我们战胜一切困难和风险的根本保证。中国共产党之所以能够发展壮大，中国特色社会主义之所以能够不断前进，正是因为依靠了人民。中国共产党之所以能够得到人民拥护，中国特色社会主义之所以能够得到人民支持，也正是因为造福了人民。"水能载舟，亦能覆舟。"这个道理我们必须牢记，任何时候都不能忘却。老百姓是天，老百姓是地。忘记了人民，脱离了人民，我们就会成为无源之水、无本之木，就会一事无成。我们要坚持党的群众路线，始终保持党同人民群众的血肉联系，始终接受人民群众批评和监督，心中常思百姓疾苦，脑中常谋富民之策，使我们党永远赢得人民群众信任和拥护，使我们的事业始终拥有不竭的力量源泉。

人民立场也是马克思主义的根本政治立场。早在《〈黑格尔法哲学批判〉导言》中，马克思就指出，"哲学把无产阶级当作自己的物质武器，同样，无产阶级也把哲学当作自己的精神武器"。① 正如恩格斯《在马克思墓前的讲话》中所指出的：马克思首先是一个革命家，"他毕生的真正使命，就是以这种或那种方式参加推翻资本主义社会及其所建立的国家设施的事业，参加现代无产阶级的解放事业，正是他第一次使现代无产阶级意识到自身的地位和需要，意识到自身解放的条件"。② 马克思一生有两大发现：唯物史观和剩余价值学说，正是这两大发现揭开了资本主义生产的秘密、资本主义剥削的秘密，正是这两大发现，使社会主义由空想变成了科学。进言之，马克思毕生的使命就是为无产阶级的解放事业提供理论根据，揭示其"合法性"，并依据社会发展规律"设计"发展道路和目标。"完成这一解放世界的事业，是现代无产阶级的历史使命。深入考察这一事业的历史条件以及这一事业的性质本身，从而使负有使命完成这一事业的今天受压迫的阶级认识到自己的行动的条件和性质，这就是无产阶级运动的理论表现即科学社会主义的任务。"③ 正是因为马克思主义的这一立场、这种性质，使得它能够与中国工人运动相结合，促成了中国共产党的诞生，使得它成为共产党人的理论武器，成为共产主义事业的指导理论。

坚持马克思主义指导思想作为社会主义核心价值体系的灵魂，就要坚定共产主义远大理想。作为无产阶级解放的理论，马克思主义的最核心内容就是对人类社会发展规律的认识，就是揭示出资本主义必然灭亡、社会主义必然胜利，就是揭示出共产主义是人类社会发展的方向。"正像达尔文发现有机界的发展规律一样，马克思发现了人类历史的发展规律。"④ 早在 1847 年，各国的共产党人集会于伦敦，用英文、法文、德文、意大利文、弗拉芒文和丹麦文向世人公布了自己的理想，那就是要实现共产主

---

① 《马克思恩格斯选集》第 1 卷，人民出版社 1995 年版，第 15 页。
② 《马克思恩格斯选集》第 3 卷，人民出版社 1995 年版，第 777 页。
③ 《马克思恩格斯选集》第 3 卷，人民出版社 1995 年版，第 760 页。
④ 《马克思恩格斯选集》第 3 卷，人民出版社 1995 年版，第 776 页。

义。这个当年令旧欧洲的一切反动势力恐惧的游荡的幽灵，在一百多年的共产主义运动中"现身"，在各个国家的社会主义实践中"现身"。一百多年来，"共产党人为工人阶级的最近的目的和利益而斗争，但是他们在当前的运动中同时代表运动的未来"。① 他们从来没有忘记，他们的最终目的是要实现"每个人的自由发展是一切人的自由发展的条件"的联合体。可以说，共产党人之所以为共产党人，就是因为有马克思主义、共产主义信仰。这是共产党人身份的象征，是共产党人区别于其他人的最醒目的标志，是共产党人站稳政治立场、抵御各种诱惑、经受各种考验的决定性因素。习近平总书记在庆祝中国共产党成立 95 周年大会上的讲话中指出："革命理想高于天。中国共产党之所以叫共产党，就是因为从成立之日起我们党就把共产主义确立为远大理想。我们党之所以能够经受一次次挫折而又一次次奋起，归根到底是因为我们党有远大理想和崇高追求。"没有理想信念，或者理想信念不坚定，精神上就会"缺钙"，就会得"软骨病"，就可能导致政治上变质、经济上贪婪、道德上堕落、生活上腐化。80 多年前，中国共产党人曾经进行了一次人类历史上的伟大壮举，那就是长征。长征历时之长、规模之大、行程之远、环境之险恶、战斗之惨烈，在中国历史上是绝无仅有的，在世界战争史乃至人类文明史上也是极为罕见的。在漫漫征途中，红军将士同敌人进行了 600 余次战役战斗，跨越近百条江河，攀越 40 余座高山险峰，其中海拔 4000 米以上的雪山就有 20 余座，穿越了被称为"死亡陷阱"的茫茫草地，用顽强意志征服了人类生存极限，红军将士上演了世界军事史上威武雄壮的战争活剧，创造了气吞山河的人间奇迹。创造这一奇迹靠的是什么？那就是坚定的理想信念。崇高的理想，坚定的信念，永远是中国共产党人的政治灵魂，是红军能够征服空气稀薄的冰山雪岭、穿越渺无人烟的沼泽草地、纵横十余省长驱二万五千里的根本原因。

---

① 《马克思恩格斯选集》第 1 卷，人民出版社 1995 年版，第 306 页。

　　有人也许会质疑：马克思恩格斯宣布资本主义必然灭亡已经过去 160 多年了，但是资本主义却垂而不死、腐而不朽，如何解释？列宁曾经把社会主义形象地比喻成一座未经勘探、人迹未至的高山，认为进行社会主义建设需要长期奋斗和艰辛探索。人类社会已有几百万年的历史，有文字记载的历史已经有 5000 多年，科学社会主义才产生 160 多年，在人类历史的长河中不过是一个"历史瞬间"。我们要看到，社会主义代替资本主义是一个必然的历史趋势，同时又是一个漫长的历史过程。从英国资产阶级革命算起，资本主义制度确立至今已有 300 多年的历史。在这一过程中，资本主义有过快速的发展，也经历过多次停滞和危机，但仍在自我调节中不断向前发展。必须看到，西方发达国家仍将在经济科技军事等方面长期占据优势，我们还必须同发达的资本主义进行长期的斗争。这里需要指出的是，我们坚定理想信念，不是思想僵化，不是守着故纸堆不放，而是对真理的坚守。正如习近平总书记指出的："石可破也，而不可夺坚；丹可磨也，而不可夺赤。"理想信念的坚定，来自思想理论的坚定。认识真理，掌握真理，信仰真理，捍卫真理，是坚定理想信念的精神前提。中国共产党人的理想信念，建立在马克思主义科学真理的基础之上，建立在马克思主义揭示的人类社会发展规律的基础之上，建立在为最广大人民谋利益的崇高价值的基础之上。我们坚定，是因为我们追求的是真理。我们坚定，是因为我们遵循的是规律。我们坚定，是因为我们代表的是最广大人民根本利益。① 马克思主义的"两个必然"没有过时，马克思主义的基本理论也没有过时。

　　在当今西方社会，马克思主义仍然具有重要影响力。在 21 世纪来临的时候，马克思被西方思想界评为"千年第一思想家"。美国学者海尔布隆纳在他的著作《马克思主义：赞成与反对》中表示，要探索人类社会发

_____

① 参见习近平：《在纪念红军长征胜利 80 周年大会上的讲话》，《人民日报》2016 年 10 月 22 日。

展前景，必须向马克思求教，人类社会至今仍然生活在马克思所阐明的发展规律之中。有人说，马克思主义政治经济学过时了，《资本论》过时了。这个说法是武断的。远的不说，就从国际金融危机看，许多西方国家经济持续低迷、两极分化加剧、社会矛盾加深，说明资本主义固有的生产社会化和生产资料私人占有之间的矛盾依然存在，但表现形式、存在特点有所不同。国际金融危机发生后，不少西方学者也在重新研究马克思主义政治经济学、研究《资本论》，借以反思资本主义的弊端。邓小平深刻指出："我坚信，世界上赞成马克思主义的人会多起来的，因为马克思主义是科学……资本主义代替封建主义的几百年间，发生过多少次王朝复辟？所以，从一定意义上说，某种暂时复辟也是难以完全避免的规律性现象。一些国家出现严重曲折，社会主义好像被削弱了，但人民经受锻炼，从中吸取教训，将促使社会主义向着更加健康的方向发展。因此，不要惊慌失措，不要认为马克思主义就消失了，没用了，失败了。哪有这回事！"① 马克思主义深刻揭示了自然界、人类社会、人类思维发展的普遍规律，为人类社会发展进步指明了方向；马克思主义坚持实现人民解放、维护人民利益的立场，以实现人的自由而全面的发展和全人类解放为己任，反映了人类对理想社会的美好憧憬；马克思主义揭示了事物的本质、内在联系及发展规律，是"伟大的认识工具"，是人们观察世界、分析问题的有力思想武器；马克思主义具有鲜明的实践品格，不仅致力于科学"解释世界"，而且致力于积极"改变世界"。在人类思想史上，还没有一种理论像马克思主义那样对人类文明进步产生了如此广泛而巨大的影响。历史和现实都证明，无论时代如何变迁、科学如何进步，马克思主义依然显示出科学思想的伟力，依然占据着真理和道义的制高点，迄今依然有着强大生命力。②

---

① 《邓小平文选》第 3 卷，人民出版社 1993 年版，第 382—383 页。

② 参见习近平：《在哲学社会科学工作座谈会上的讲话》，《人民日报》2016 年 5 月 18 日。

　　时代是思想之母，实践是理论之源。实践发展永无止境，我们认识真理、进行理论创新就永无止境。马克思主义并没有结束真理，而是开辟了通向真理的道路。恩格斯说："我们的理论是发展着的理论，而不是必须背得烂熟并机械地加以重复的教条。"①他还指出："马克思的整个世界观不是教义，而是方法。它提供的不是现成的教条，而是进一步研究的出发点和供这种研究使用的方法。"毛泽东曾经指出："马克思主义的哲学辩证唯物论有两个最显著的特点：一个是它的阶级性，公然申明辩证唯物论是为无产阶级服务的；再一个是它的实践性，强调理论对于实践的依赖关系，理论的基础是实践，又转过来为实践服务。"②实践是不断发展的，实践的品格就使得马克思主义随着实践的发展而不断发展，使得它成为一个开放的体系，使得它能够永葆生机和活力。马克思主义自产生以来，就没有停止前进的脚步。仅从中国共产党九十多年的历史看，中国共产党人把马克思主义与中国实际相结合，形成了毛泽东思想和中国特色社会主义理论体系两大理论成果。中国共产党之所以能够完成近代以来各种政治力量不可能完成的艰巨任务，就在于始终把马克思主义这一科学理论作为自己的行动指南，并坚持在实践中不断丰富和发展马克思主义。

　　今天，时代变化和我国发展的广度和深度远远超出了马克思主义经典作家当时的想象。当今世界正处在大发展大变革大调整时期，当代中国正沿着中国特色社会主义道路奋力前进。这是一个风云际会的时代，也是一个英雄辈出的时代。特别是在中国这样一个大国进行的社会主义实践，还只有短短的几十年，还处在初级阶段，我们没有现成的理论可以指导，也没有现成的经验可以借鉴。坚持马克思主义，就要不断发展马克思主义，就要在发展中坚持，在坚持中发展。面对着新的时代特点和实践要求，马克思主义面临着进一步中国化、时代化、大众化的问题。问题是创新的起

---

① 《马克思恩格斯选集》第 4 卷，人民出版社 1995 年版，第 588 页。
② 《毛泽东选集》第 1 卷，人民出版社 1991 年版，第 284 页。

点，也是创新的动力源。只有聆听时代的声音，回应时代的呼唤，认真研究解决重大而紧迫的问题，才能真正把握住历史脉络、找到发展规律，推动理论创新。坚持以马克思主义为指导，必须落到研究我国发展和我们党执政面临的重大理论和实践问题上来，落到提出解决问题的正确思路和有效办法上来。我们要以更加宽阔的眼界审视马克思主义在当代发展的现实基础和实践需要，坚持问题导向，坚持以我们正在做的事情为中心，聆听时代声音，更加深入地推动马克思主义同当代中国发展的具体实际相结合，不断开辟 21 世纪马克思主义发展新境界，让当代中国马克思主义放射出更加灿烂的真理光芒。

坚持马克思主义就要学习、掌握、应用马克思主义，就要解决真懂真信真用的问题。马克思主义经典作家眼界广阔、知识丰富，马克思主义理论体系和知识体系博大精深，涉及自然界、人类社会、人类思维各个领域，涉及历史、经济、政治、文化、社会、生态、科技、军事、党建等各个方面，不下大气力、不下苦功夫是难以掌握真谛、融会贯通的。恩格斯曾经说过："即使只是在一个单独的历史事例上发展唯物主义的观点，也是一项要求多年冷静钻研的科学工作，因为很明显，在这里只说空话是无济于事的，只有靠大量的、批判地审查过的、充分地掌握了的历史资料，才能解决这样的任务。"[①] 对马克思主义的学习和研究，不能采取浅尝辄止、蜻蜓点水的态度。学习就要原原本本地学，就要从马克思主义经典作家的著作学起；学习不仅要学习经典著作，而且更要学习马克思主义中国化最新理论成果，学习 21 世纪中国的马克思主义。习近平总书记系列重要讲话就是马克思主义最新成果，就是 21 世纪中国的马克思主义。我们要深学之、常思之。同时，学习的目的全在于运用，"凡贵通者，贵其能用之也"。新形势下，坚持马克思主义，最重要的是坚持马克思主义基本原理和贯穿其中的立场、观点、方法，特别是用马克思主义的立场、观点

---

① 《马克思恩格斯文集》第 2 卷，人民出版社 2009 年版，第 598 页。

和方法来分析问题、解决问题。马克思主义来自实践，也必须回到实践，只有回到实践中，马克思主义才能永葆生机活力。

第二节　中国特色社会主义共同理想是主题

一个政党，既要有远大的理想，也要有近期的目标。共产主义远大理想是人类社会发展的总趋势、总方向，是一个长远的目标，它的实现可能需要几百年乃至几千年，需要具体化为一个又一个阶段性目标。中国特色社会主义共同理想，就是中国共产党人为实现共产主义远大理想而描绘的当代中国的近期目标，它把党在社会主义初级阶段的目标、国家的发展、民族的振兴和人民的幸福紧密联系在一起，反映了全体中国人民的根本利益和共同愿望，是当代中国人正在实践的伟大事业，因而成为社会主义核心价值体系的主题。

共产主义远大理想与中国特色社会主义共同理想是有机统一的。中国共产党人的最终目标是实现共产主义，我们现在的所有的努力、我们现在所推进的事业，都是朝着这个最终目标前进的。而中国特色社会主义共同理想是共产主义理想在我国社会主义初级阶段的现实体现，是实现共产主义理想的必经阶段。没有远大理想的指引，就不会有共同理想的确立和坚持；没有共同理想的推进和实现，远大理想就没有现实的基础，就会沦为空谈。对于中国共产党人而言，坚定理想信念，就既要立志高远，树立共产主义远大理想，又要脚踏实地，为实现近期目标而奋斗。

如何理解中国特色社会主义共同理想？它是一种什么样的目标，包括哪些内容呢？中国特色社会主义不仅是一个目标，而且是一条道路；不仅是一种理论，而且一种实践和制度；不仅是一个当代中国人的共同理想，而且是一项中国人民正在推进的伟大事业，它是目标、道路、理论、实践、制度、事业的统一。当我们说中国特色社会主义的时候，它可以用来指称奋斗目标，也可以用它来指称一条道路，又可以用它来指称一种理论或制度，还可以用它来指称一项伟大事业、伟大实践，因为它们都是中国特色社会主义的不同方面，中国特色社会主义就是由这些方面组成的。由此我们才能更深刻地理解它为什么会成为社会主义核心价值体系的主题。

作为一个目标，中国特色社会主义的总任务就是建设富强民主文明和谐的社会主义现代化国家。在十八届中央政治局第一次集体学习时，习近平总书记曾经用"三个总"来阐释中国特色社会主义，"三个总"即总依据、总布局、总目标。

中国特色社会主义的总依据，就是社会主义初级阶段。社会主义初级阶段是当代中国的最大国情、最大实际。社会主义初级阶段的论断包括两层含义：一是我国已经进入社会主义社会；二是我国的社会主义社会正处于并将长期处于初级阶段，在这个阶段，我们的生产力还不够发达，物质产品不够丰富，人民的生活水平还不够高，地区发展还不够均衡，等等。总而言之，我们还是发展中国家，离发达国家还有一定差距。我们在任何时候任何情况下都要牢牢把握这个最大国情，推进任何方面的改革都要牢牢立足这个最大实际。我们不仅在谋划长远发展时要立足初级阶段，而且在日常工作中也要牢记初级阶段。立足初级阶段，就要始终坚定不移坚持党在初级阶段的基本路线，这就是"一个中心、两个基本点"，即以经济建设为中心，坚持四项基本原则、坚持改革开放。基本路线是党和国家的生命线，也是人民的幸福线，必须毫不动摇地坚持。中国特色社会主义总布局，就是"五位一体"的总体布局，即坚持以经济建设为中心，在经济不断发展的基础上，协调推进经济建设、政治建设、文化建设、社会建设、生态文明建设以及其他各方面建设。马克思主义的最高目标、共产主义运动的最终目的就是实现共产主义社会，实现人的全面发展。中国特色社会主义也要促进人的全面发展，这就要求中国特色社会主义是全面发展、全面建设的社会主义，不仅抓物质文明建设，而且抓精神文明建设；不仅抓经济、政治、文化建设，而且抓生态文明建设，把中国建设成为一个富强中国、文明中国、和谐中国、美丽中国。中国特色社会主义总任务，就是实现社会主义现代化和中华民族伟大复兴。我们党领导人民进行革命建设改革，就是要让中国人民富裕起来，国家强盛起来，振兴伟大的中华民族。建设一个富强民主文明和谐的社会主义现代化国家，是我们党在社会主义初级阶段的奋斗目标，我们党的庄严使命、改革开放的根本目的、我们国家的奋斗目标，都聚焦于这个总任务、归结于这个总任务。我们要用这个奋斗目标，把 56 个民族、13 亿多中国人民凝聚起来，一代一代接着走下去。

社会主义现代化国家和中华民族伟大复兴如何实现？那就是走中国特色社会主义道路。方向决定道路，道路决定命运。道路问题是关系党的事业兴衰成败第一位的问题，道路就是党的生命。中国特色社会主义道路是实现社会主义现代化的必由之路，是创造美好生活的必由之路，是党和人民团结的旗帜、奋进的旗帜、胜利的旗帜。党和国家的实践和历史充分证明，只有社会主义才能救中国，只有中国特色社会主义才能发展中国。

中国特色社会主义就是由道路、理论体系、制度、文化"四位一体"组成的。中国特色社会主义道路是实现途径，它既坚持以经济建设为中心，又全面推进经济建设、政治建设、文化建设、社会建设、生态文明建设以及其他各方面建设；既坚持四项基本原则，又坚持改革开放；既不断解放和发展生产力，又逐步实现全体人民共同富裕，实现人的全面发展。中国特色社会主义道路是中国共产党带领中国人民，把马克思主义与中国实际相结合，按照中国国情，独自探索创造的。改革开放三十多年来，我国经济飞速发展，人民生活水平显著提高，国际地位空前改善，实践充分证明，这条道路是唯一适合中国的现代化之路。中国特色社会主义理论体系是行动指南，是指导党和人民沿着中国特色社会主义道路实现中华民族伟大复兴的正确理论，是立于时代前沿、与时俱进的科学理论，是扎根于中国大地、符合中国实际的当代马克思主义，包括邓小平理论、"三个代表"重要思想、科学发展观，与马列主义、毛泽东思想是一脉相承又与时俱进的关系。中国特色社会主义制度是根本保障，是具有鲜明中国特色、明显制度优势、强大自我完善能力的先进制度，包括政治制度、经济制度、文化制度等。比如，人民代表大会制度、中国共产党领导的多党合作和政治协商制度、民族区域自治制度、基层群众自治制度，这些是我们的根本政治制度和基本政治制度；公有制为主体、多种所有制经济共同发展，是我们的基本经济制度。从更加成熟更加定型的制度看，我国社会主义实践已经走完了前半程，前半程我们的主要历史任务是建立社会主义基本制度，现在已经有了很好的基础；后半程，我们的主要历史任务是完善和发展中国特色社会主义制度，为事业发展、人民幸福、国家长治久安提供更完备、更稳定、更管用的制度体系，推进国家治理体系和治理能力现代化。中国特色社会主义文化积淀着中华民族最深层的精神追求，代表着中华民族独特的精神标识，是中国人民胜利前行的强大精神力量。这四个方面，就是中国特色社会主义的基本内涵，中国特色社会主义"特"就"特"在道路、理论体系、制度、文化这四个方面相辅相成、内在统一、紧密联系上，特就特在它们统一于中国特色社会主义伟大实践和事业上。

中国特色社会主义是改革开放新时期开创的，也是建立在我们党长期奋斗基础上的，是由我们党的几代中央领导集体团结带领全党全国人民经历千辛万苦、付出各种代价、接力探索取得的根本成就。它来之不易，它是从改革开放三十多年的伟大实践中走出来的，是在中华人民共和国成立六十多年的持续探索中走出来的，是在对近代以来一百七十多年中华民族发展历程的深刻总结中走出来的，是在对中华民族五千多年悠久文明的传承中走出来的，具有深厚的历史渊源和广泛的现实基础。以毛泽东同志为核心的第一代中央领导集体，对如何建设社会主义进行了艰辛探索，其中走了弯路，特别是犯了"文化大革命"那样的全局性错误，但也取得了很多积极成果，建立起社会主义基本制度，建立起比较完整的工业体系，为新的历史时期开创中国特色社会主义提供了宝贵经验、理论准备、物质基础。以邓小平同志为核心的第二代中央领导集体，重新确立了解放思想、实事求是的思想路线，以巨大的政治勇气和理论勇气提出并进行改革开放，第一次比较系统地回答了在中国这样的经济文化比较落后的国家如何建设社会主义、如何巩固和发展社会主义的一系列问题，开拓了马克思主义新境界，取得了社会主义建设伟大成就，成功开创了中国特色社会主义。以江泽民同志为核心的第三代中央领导集体，成功把中国特色社会主义推向21世纪。新世纪新阶段，以胡锦涛同志为总书记的党中央，成功在新的历史起点上坚持和发展了中国特色社会主义。党的十八大以来，以习近平同志为核心的党中央，与时俱进，开拓创新，把中国特色社会主义推进到了新阶段。可以这样说，中国特色社会主义，承载着几代中国共产党人的理想和探索，寄托着无数仁人志士的夙愿和期盼，凝聚着亿万人民的奋斗和牺牲，是近代以来中国社会发展的必然选择，是历史的选择、人民的选择。

近些年来，国内外有些舆论提出中国特色社会主义是不是社会主义的问题，有人说是"资本社会主义"，有人说是"修正主义"，有人说是"国家资本主义"，有人说是"新官僚资本主义"，等等。这些说法是完全错误的。习近平总书记指出："中国特色社会主义是社会主义，不是别的什么主义"，[1]"我们要建设的是中国特色社会主义，而不是别的其他什么主义。历史没有终结，也不可能终结。中国特色社会主义是不是好，要看事实，要看中国人民的判断，而不是看那些戴着有色眼镜的人的主观臆断"。[2]

中国特色社会主义之所以是社会主义，就在于：其一，它的最高目标是实现共产主义。中国特色社会主义只是阶段性目标，其最终指向是共产主义。中国特色社会主义是最高纲领与基本纲领的统一。中国特色社会主义的基本纲领，就是建立富强民主文明和谐的社会主义现代化国家，这既是从我国基本国情出发的，也没有脱离党的最高理想。如果丢失了共产党人的远大目标，就会迷失方向，变成功利主义、实用主义。其二，它坚持

---

①　《习近平谈治国理政》，外文出版社2014年版，第22页。

②　习近平：《在庆祝中国共产党成立95周年大会上的讲话》，《人民日报》2016年7月2日。

人民立场。判断一个社会是什么样的社会，判断一种制度是否是社会主义，对人民的态度是根本标准。社会主义与其他社会制度的根本区别就在于对人民的态度上，就在于是为少数人服务还是为人民大众服务上。中国特色社会主义坚持全心全意为人民服务宗旨，把人民幸福作为出发点和落脚点，把人民拥护不拥护、赞成不赞成、高兴不高兴、答应不答应作为衡量一切工作得失的根本标准。这充分体现了它的社会主义性质。其三，它坚持人民代表大会制度、中国共产党领导的多党合作和政治协商制度、民族区域自治制度、基层群众自治制度；坚持公有制为主体、多种所有制经济共同发展的基本经济制度；坚持按劳分配为主体、多种分配方式并存的分配制度等，这些是社会主义性质的制度保证。其四，它坚持党的基本路线，特别是坚持中国共产党的领导，这是社会主义性质和方向的根本保证。其五，作为奋斗目标，不论富强民主，还是文明和谐，这些价值目标，这些社会主义现代化的丰富内涵，都是社会主义的，都与资本主义不同，也与其他民族存在差别。

在如何看待中国特色社会主义问题上，有的人搞历史虚无主义，割裂改革开放前和改革开放后两个历史时期，全盘否定改革开放前，认为这两个时期没有什么关系。这是一种非常错误的看法，不仅理论上是错误的，而且会导致非常严重的政治后果。古人说："灭人之国，必先去其史。"国内外敌对势力往往拿中国革命史、新中国历史来做文章，根本目的就是搞乱人心，煽动推翻中国共产党的领导和我国社会主义制度。苏联为什么解体？苏共为什么垮台？一个重要原因就是意识形态领域失守了，全面否定苏联历史、苏共历史，否定列宁、斯大林，结果思想乱了，人心乱了，各级党组织发挥不了作用了，最后一个政党、一个国家分崩离析。这些都是惨痛的教训，必须深刻吸取。对于共和国的历史，我们必须辩证地看，总的说来，我们党的历史是光辉的历史，虽然我们党在历史上犯过错误，特别新中国成立后犯了一些大错误，但是，我们的革命成功了，我们的建设也取得了很大成就，中国人站起来了，社会主义中国站住了，社会主义制度基本建立起来了，中国的国际地位大大提高了。这些是大成就、大成功，不是想虚无就可以虚无掉的。具体到改革开放前后两个时期来看，可以从三个方面来把握：第一，如果没有改革开放，我们可能就会像苏联那样亡党亡国，同时，如果没有改革开放前积累的思想、物质、制度条件，改革开放也难以进行。第二，虽然两个历史时期思想指导、方针政策、具体工作有很大差别，但是两者不是彼此割裂，更不是彼此对立的。改革开放前我们党就提出了很多正确主张，只是它们没有得到落实，而是到改革开放后才得以落实。第三，不能用前一个时期否定后一个时期，也不能用后一个时期否定前一个时期，没有前一个时期的探索、积累，就不可能有后一个时期的巨大成就。对于改革开放前，我们要实事求是，分清主流和支流，不能一棍子打死，要看到历史的继承性，看到那一代中央领导集体为探索如何建设社会主义所付出的巨大努力。

坚定中国特色社会主义共同理想，就要有定力，就要坚定"四个自信"。近年来，随着我国综合国力的提高和国际地位的提升，国内外关于中国道路、中国模式的争论愈演愈烈。棒杀者有之，捧杀者有之，真心赞赏者也有之。2004 年 5 月，英国著名思想库伦敦外交政策研究中心发表了《北京共识》研究报告，认为中国摸索出了一条不仅适合中国，也可以作为发展中国家榜样的发展模式。提出"历史终结论"的美国学者福山也修正了自己的观点，认为中国模式的有效性证明，历史并没有终结，西方民主自由并非人类历史的终点。在国内，改革开放近四十年，我们国家的发展进入了一个瓶颈期、敏感期、矛盾凸显期，各种问题和矛盾集中爆发，经济增速下降、动力不足，发展模式需要转型，贫富差距拉大，道德领域底线失守、红线不断被突破，城乡、地区差距未得到根本解决，等等。有人由此认为，改革不能说成功了，现在的道路有问题，应该往回走；而另外的人则认为应该往西方走，只有走西方的发展道路，中国才能走出目前的"困境"。然而，事实真的是这样吗？改革开放以来，我们的经济飞速发展，创造了令世界瞩目的"中国奇迹"。实践已经证明，中国特色社会主义道路是一条光明之路、幸福之路、希望之路，我们对此应该有坚定信心，应该坚定中国特色社会主义道路自信、理论自信、制度自信、文化自信。当然，我们强调坚定道路自信、理论自信、制度自信、文化自信，不是说就故步自封、不思进取了，有自信并不等于止步不前，并不是骄傲自满，而是要与时俱进、开拓创新，我们必须不断有所发现、有所发明、有所创造、有所前进，使中国特色社会主义永远充满蓬勃生机活力。我们要永远记住，我们所进行的一切完善和改进，都是在既定方向上的继续前进，而不是改变方向，更不是要丢掉我们党、国家、人民安身立命的根本。同时，要深刻认识资本主义社会的自我调节能力，充分估计到西方发达国家在经济军事科技方面长期占据优势的客观现实，认真做好两种制度长期合作和斗争的各方面的准备。在相当长时期内，初级阶段的社会主义还必须同生产力更发达的资本主义长期合作和斗争，还必须认真学习和借鉴资本主义创造的有益文明成果。进一步说，要有战略定力，一方面坚信我们的道路、方向是正确的；另一方面又要无比清醒，充分认识到我们的差距和不足，不要犯超越阶段的错误，不要急躁、不要冒进。要集中注意力办好自己的事情，做好自己的工作，踏踏实实把我们的经济搞好，把人民的生活水平提高，不断建设对资本主义具有优越性的社会主义，不断为我们赢得主动、赢得优势、赢得未来打下坚实的基础。另外，我们要有战略思维、辩证思维、底线思维，要看主流、看大势，不要被浮云遮蔽眼睛，不要只看阴暗面、负面，时刻保持理性态度，站在中华民族伟大复兴的高度、站在五千年文明的高度，放眼整个世界，如此才能正确把握中国方位，如此才能对中国特色社会主义有更深刻的认识。

坚定中国特色社会主义共同理想，必须坚持党的领导。中国特色社会主义有很多特征，比如坚持人民立场，坚持共同富裕，坚持不断解放和发展生产力，坚持以马克思主义为指导，坚持公平正义，坚持以公有制为主体、多种所有制经济共同发展的基本经济制度等，但是，中国特色社会主义最根本、最核心、最本质的特征就是中国共产党领导，有了这一条，其他特征才存在、才成立。办好中国的事情，关键在党。中国特色社会主义制度的最大优势是中国共产党领导，坚持四项基本原则，根本也是坚持党的领导。我们党是一个有 8900 多万党员、450 多万个党组织的世界第一大党，党的凝聚力、战斗力关乎事业兴衰、国家存亡。所以习近平总书记说，治国必先治党，治党务必从严。只要我们党能够保持先进性和纯洁性，只要我们党始终是中国特色社会主义事业的坚强领导核心，那么中国特色社会主义的社会主义性质就能得到保证，中国特色社会主义的共产主义方向就能得到保证。坚持党的领导，就要改善党的领导。党的十八大以来，治党成为新一届领导班子的主题、抓手、重点，从"从严治党"到"全面从严治党"，从"党风廉政建设"到"党风廉洁建设"，中国共产党人把对党建的认识推进到新境界，把党建实践推进到新阶段。我们党坚持"老虎""苍蝇"一起打，总共有两百多位高级领导干部被查被抓，使不敢腐的震慑作用得到发挥，不能腐、不想腐的效应初步显现，反腐败斗争压倒性态势已经形成，党风明显好转，人民拍手称快，党的执政根基更加巩固。在当前，特别是对于 8900 多万党员而言，坚定共同理想，坚持党的领导，就要增强政治意识、大局意识、核心意识、看齐意识，向以习近平同志为核心的党中央看齐，向党的路线方针政策看齐，维护习近平同志的核心地位，维护党中央权威和集中统一领导，做到令行禁止、上下统一、步调一致，心往一处想、劲往一处使，如此，中国特色社会主义共同理想就一定能实现。

　　坚定中国特色社会主义共同理想，就要准备进行许多新的历史特点的伟大斗争，就要准备进行新长征。邓小平说过：巩固和发展社会主义制度，还需要一个很长的历史阶段，需要我们几代人、十几代人甚至几十代人坚持不懈地努力奋斗。习近平总书记指出："坚持和发展中国特色社会主义是一篇大文章，邓小平同志为它确定了基本思路和基本原则，以江泽民同志为核心的党的第三代中央领导集体、以胡锦涛同志为总书记的党中央在这篇大文章上都写下了精彩的篇章。现在，我们这一代共产党人的任务，就是继续把这篇大文章写下去。"① 历史是不断向前的，要达到理想的彼岸，就要沿着我们确定的道路不断前进。每一代人有每一代人的长征路，每一代人都要走好自己的长征路。今天，我们这一代人的长征，就是要实现"两个一百年"奋斗目标、实现中华民族伟大复兴的中国梦。今天的长征同当年的红军长征相比，同改革开放以来我们已经走过的新长征之路相比，虽然在环境、条件、任务、力量等方面有一些差异甚至有很大不同，但都是具有开创性、艰巨性、复杂性的事业。我们还有许多"雪山""草地"需要跨越，还有许多"娄山关""腊子口"需要征服，一切贪图安逸、不愿继续艰苦奋斗的想法都是要不得的，一切骄傲自满、不愿继续开拓前进的想法都是要不得的。我们永远要有逢山开路、遇河架桥的精神，锐意进取、大胆探索，统筹推进"五位一体"总体布局、协调推进"四个全面"战略布局，一心一意为实现"两个一百年"奋斗目标而努力工作，不断把实现中国特色社会主义共同理想的历史进程推向前进。我们必须坚持以经济建设为中心，坚持以新发展理念引领经济发展新常态，破解发展难题，厚植发展优势，不断为坚持和发展中国特色社会主义奠定强大物质基础；必须坚定不移高举改革旗帜，坚决冲破思想观念束缚，坚决破除利益固化藩篱，坚决清除妨碍生产力发展和社会进步的体制机制障碍，不断推进国家治理体系和治理能力现代化；必须解放思想、实事求是、与时俱进，坚定不移推进理论创新、实践创新、制度创新以及其他各方面创新，让党和国家事业始终充满创造活力、不断打开新局面。习近平总书记指出：站立在 960 万平方公里的广袤土地上，吸吮着中华民族漫长奋斗积累的文化养分，拥有 13 亿中国人民聚合的磅礴之力，我们走自己的路，具有无比广阔的舞台，具有无比深厚的历史底蕴，具有无比强大的前进定力。中国人民应该有这个信心，每一个中国人都应该有这个信心。我们要

---

① 《习近平谈治国理政》，外文出版社 2014 年版，第 23 页。

虚心学习借鉴人类社会创造的一切文明成果，但我们不能照抄照搬别国的发展模式，也绝不会接受任何外国颐指气使的说教。

第三节　民族精神和时代精神是精髓

人无精神则不立，国无精神则不强。精神是一个民族赖以长久生存的灵魂，唯有精神上达到一定的高度，这个民族才能在历史的洪流中屹立不倒、奋勇向前。一个民族的复兴需要强大的物质力量，也需要强大的精神力量。没有人民精神世界的不断丰富，没有民族精神力量的不断增强，一个国家、一个民族不可能真正成为强大国家。我们生而为中国人，最根本的是我们有中国人的独特精神世界，有百姓日用而不觉的价值观。由民族精神和时代精神组成的中国精神，是中华民族自强不息、发展壮大的精神支撑，是我们不断开拓新征程、开创新未来的不竭精神动力，是凝心聚力的兴国之魂、强国之魂。正是在精神之于一个人、之于一个民族、之于一个国家的重大意义上，民族精神和时代精神才成为社会主义核心价值体系的精髓。

中国特色社会主义是一项充满艰辛、充满创造的伟大事业。没有坚强精神的支撑，是没有前途的。有没有高昂的精神，是衡量一个国家综合国力强弱的一个重要尺度。综合国力，不仅包括经济实力、技术实力，这种物质力量是基础，而且包括民族精神、民族凝聚力，精神力量也是综合国力的重要组成部分。按照马克思唯物辩证法的观点，物质生产在社会发展中起决定性的作用，但同时精神活动也在改造世界中有着积极的能动作用。在一定条件下，精神可以变物质，精神的力量可以转化为物质的力量。强大的精神力量不仅可以促进技术力量的发展，而且可以使一定的物质技术力量发挥更大的作用。在革命建设改革的各个历史时期，用革命精神武装起来的中国共产党人和中国人民克服了种种艰难险阻，创造了一个又一个人间奇迹。新中国成立后不久，毛泽东就号召全党同志一定要保持过去革命战争时期的那么一股劲，那么一股革命热情，那么一种拼命精神。今天，我们要走好自己的长征路，仍然需要强大的精神支撑。

民族精神是激发一个民族团结一致、奋起直追的精神纽带，是民族文化的最本质、最集中的体现。中华民族有着五千多年的文明史，近代以前中国一直是世界强国之一。在几千年的历史流变中，中华民族从来不是一帆风顺的，遇到了无数艰难困苦，但我们都挺过来、走过来了，其中一个很重要的原因就是世世代代的中华儿女培育和发展了独具特色、博大精深的中华文化，培育了中国人独特而悠久的精神世界，让中国人具有很强的民族自信心，也形成了以爱国主义为核心的民族精神，为中华民族克服困难、生生不息提供了强大精神支撑。

爱国主义是民族精神的核心和灵魂。爱国，就是一种对祖国强烈和真挚的感情，一种为祖国勇于担当和奉献的精神，是维护民族团结、凝聚民族力量的纽带，是一个国家、民族生生不息、发展壮大的力量源泉。它包含了对祖国的成就和文化感到自豪，强烈希望保留祖国的特色和文化，对祖国其他同胞的强烈认同感，是同一地域的人们在长期的共同生活过程中形成的一种对于自己国家、民族和人们的深厚感情。中华民族是由 56 个民族构成的多民族国家。历史发展表明，国家统一、民族团结，则政通人和、百业兴旺；国家分裂、民族纷争，则丧权辱国、人民遭殃。毛泽东曾经指出："国家的统一，人民的团结，国内各民族的团结，这是我们的事业必定要胜利的基本保证。"① 在长期的共同生活过程中，中华民族形成了深厚的爱国主义传统。这是中华民族身份的象征，是中华民族的精神基因，是维系国家统一、民族团结的精神纽带，是中华民族历经风雨曲折而始终坚如磐石的一个重要原因。对外来侵略者无比痛恨，对卖国求荣的民族败类无比鄙视，对爱国仁人志士无比崇敬，已经成为我们宝贵的民族性格。越是在困难的时候，越是外敌入侵、民族的生存和发展受到威胁的危

---

① 《毛泽东文集》第 7 卷，人民出版社 1999 年版，第 204 页。

急关头，中国人民的爱国主义精神就越加显示出强大的力量。多少年来，这种伟大的爱国主义精神和民族团结精神，鼓舞着中国人民和一切爱国者万众一心、坚韧不拔地为民族解放和民族振兴而奋斗，为维护民族尊严和国家主权而奋斗。正是在这种伟大精神的支撑下，中华民族不断发展壮大，绵延五千多年而不绝。也是在这种精神的鼓舞下，中国共产党带领中国人民取得了革命、建设、改革的巨大成功。

当代中国，随着经济体制深刻变革、社会结构深刻变动、利益格局深刻调整，社会利益关系更加复杂化，利益诉求更加多样化，统筹兼顾各方面利益的难度增大。无论社会阶层结构多么复杂，利益群体如何分化，一个富强的中国始终是集中负载每个阶层和群体利益的最大载体，国家强大、民族振兴、人民幸福始终是各个阶层和群体的共同追求，是社会心理的最大公约数。由于中国人同根同祖同文同源，对中国和中华民族具有根深蒂固的认同感、归属感，无论其他文化兴起的势头多么迅猛，也无法取代爱国主义在人们灵魂深处的位置。大力弘扬爱国主义，帮助人们把实现国家利益最大化作为根本抉择，有利于人们在利益竞争面前保持理性和宽容，有效防止利益竞争激化社会矛盾，从而更好实现和谐稳定。

爱国主义从来都不是抽象的，而是具体的、历史的。爱国就要爱自己的国家、民族、人民，就要爱自己的土地、文化、历史和现实，就要维护国家利益。在当代中国，最根本的国家利益已不再局限于维护国家的主权和领土完整，而是拓展到了实现国家富强和民族振兴，即国家利益的重心已经由生存转变为生存与发展。把我国建设成为一个民族团结、国家统一的富强民主文明和谐的社会主义现代化国家，就是当下我国人民的最根本利益。习近平总书记指出，实现中华民族伟大复兴的中国梦，是当代中国爱国主义的鲜明主题。同时，爱国还要爱党爱社会主义。中国共产党是爱国主义精神最坚定的弘扬者和实践者，是中华民族和中国人民根本利益的最忠实代表，始终把实现中华民族伟大复兴作为自己的历史使命。九十多年来，我们党团结带领全国各族人民进行的革命、建设、改革实践，是爱国主义的伟大实践，写下了中华民族爱国主义精神的辉煌篇章。习近平总书记指出，弘扬爱国主义精神，必须坚持爱国主义和社会主义相统一。我国爱国主义始终围绕着实现国家富强、人民幸福而发展，最终汇流于中国特色社会主义。祖国的命运和党的命运、社会主义的命运是密不可分的。只有坚持爱国和爱党、爱社会主义相统一，爱国主义才是鲜活的、真实的，这是当代中国爱国主义精神最重要的体现。

改革开放以来，有的人只看到我国与西方发达国家在物质生产和生活水平上的差距，就以为一切都是西方的好，对西方盲目崇拜，对祖国妄自菲薄。有的人甚至为了个人私利，不惜丧失国格、人格，不惜损害国家和民族的利益。这种观念和现象早在近代就已经出现，近年来，随着中国的强大，随着我国生活水平的提高，随着西方种种乱象的频繁出现，崇洋媚外的心态已经有所改变，但在一些人的内心深处仍有残留。所以，2015年12月30日下午，习近平总书记在中共中央政治局就中华民族爱国主义精神的历史形成和发展进行第二十九次集体学习时强调，弘扬爱国主义精神，必须尊重和传承中华民族历史和文化。对祖国悠久历史、深厚文化的理解和接受，是人们爱国主义情感培育和发展的重要条件。中华优秀传统文化是中华民族的精神命脉。要努力从中华民族世世代代形成和积累的优秀传统文化中汲取营养和智慧，延续文化基因，萃取思想精华，展现精神魅力。当然，弘扬爱国主义精神，必须坚持立足民族又面向世界，要把弘扬爱国主义精神与扩大对外开放结合起来，尊重各国的历史特点、文化传统，尊重各国人民选择的发展道路，善于从不同文明中寻求智慧、汲取营养，增强中华文明生机活力。

爱国主义只是民族精神的核心，民族精神还有更丰富的内涵。中华民族的精神，最突出的就是团结统一、爱好和平、勤劳勇敢、自强不息的精神。中华民族是一个伟大的民族，有着维护统一、反对分裂的光荣传统，尽管中国历史上也有过多次内忧外患，也曾出现过若干次分裂局面，但都是短暂的，最后总是归于统一。中国作为一个统一的多民族国家，始终屹立在世界的东方，靠的就是我们维护国家统一、反对民族分裂的强大精神力量。中华民族历来是一个爱好和平的民族，有着五千多年历史的中华文明，始终崇尚和平，和平、和睦、和谐的追求深深植根于中华民族的精神世界之中，深深溶化在中国人民的血脉之中。中国人自古就推崇"协和万邦""亲仁善邻，国之宝也""四海之内皆兄弟也""远亲不如近邻""亲望亲好，邻望邻好""国虽大，好战必亡"等和平思想，"以和为贵""和而不同""化干戈为玉帛""国泰民安""睦邻友邦""天下太平""天下大同"等理念世代相传，爱好和平的思想深深嵌入了中华民族的精神世界，今天依然是中国处理国际关系的基本理念。中国历史上曾经长期是世界上最强大的国家之一，但没有留下殖民和侵略他国的记录。从 1840 年鸦片战争爆发到 1949 年中华人民共和国成立，中华民族遭受了世所罕见的外族入侵和内部动荡，中国人民遭受了前所未有的苦难，一度到了濒临亡国灭种的危险境地。仅在中国人民抗日战争中，中华民族就付出了 3500 万人伤亡的沉重代价。近代以后经历了长期苦难的中国人民最懂得和平的宝贵，最懂得发展的重要。中国人民深知，和平对人类就像阳光和空气一样重要，没有阳光和空气，万物就不能生存生长。中国人民也素以勤劳勇敢、吃苦耐劳著称于世，中华民族的意识中，勤劳勇敢是兴国立身之本。几千年来，我们的民族一直信奉"天道酬勤""克勤于邦，克俭于家""民生在勤，勤则不匮""功崇惟志，业广惟勤""仁者必有勇"等箴言。敬业是中华传统美德的重要内容，《礼记》中有"敬业乐群"之说，孔子也主张"敬事而信""执事敬"。中华民族自古以来就有"天行健，君子以自强不息"的奋斗精神，一部中华民族史就是一部独立自主、自力更生、不懈奋斗、不断超越自我的历史。

民族精神是历史性与时代性、继承性与开放性的统一。民族精神是民族全部历史的产物，它是一个民族在长期的共同生活和共同实践过程中形成的，是一个民族的心理特征、文化传统、思想情感、道德意识等方面的综合反映，深深融入一个民族的民族意识、民族性格、民族气质中，并随着民族实践的发展而丰富。中国共产党人是中华民族精神的继承者，也是中华民族精神的弘扬者、发展者。在革命建设改革的各个历史时期，中国共产党人在实践中都形成了自己的优良传统，培育了井冈山精神、长征精神、延安精神、抗战精神、西柏坡精神、雷锋精神、"两弹一星"精神、大庆精神、改革开放精神、抗洪精神、载人航天精神、抗震救灾精神等。这些精神，继承和发扬了中华民族精神，丰富了中华民族精神内容，把中华民族精神推进到了新阶段。

时代精神是一个民族在一个时代的精神气质、精神风貌、社会心理、价值理念、审美趣味、思维方式等方面的集中体现，反映着时代进步潮流，代表着历史发展趋势。在黑格尔看来，所谓时代精神，是指一个贯穿着各个文化部门的特定的本质和性格，它表现它自身在政治里面以及别的活动里面，把这些方面作为它的不同的成分。他提出哲学是时代的精神，他说："它是最盛开的花朵。它是精神的整个形态的概念，它是整个客观环境的自觉和精神本质，它是时代的精神、作为自己正在思维的精神。"[1]马克思所说的"哲学是时代精神的精华"就是从这里来的。时代精神和民族精神是中国精神的两个方面，民族精神强调的是精神的民族性、历史性，体现在一个民族的全部历史中；时代精神强调的是精神的时代性、现实性，体现在一个民族的特定时代中。民族精神是时代精神的基础和源泉，时代精神是民族精神的体现和延续，两者相辅相成、内在统一。

以改革创新为核心的时代精神是改革开放新时期形成的。改革开放是当代中国最鲜明的特色，是我们党在新的历史时期最鲜明的旗帜，改革开放是决定当代中国命运的关键抉择，是党和人民事业大踏步赶上时代的重要法宝。改革开放以来，我们从农村到城市、从沿海到内陆、从东部到中西部、从经济领域到其他各领域，各地区、各领域的改革依次全面铺开，妨碍发展的思想观念被冲破，束缚发展的体制机制被革除，人们的思想大

---

① 黑格尔：《哲学史讲演录》第 1 卷，商务印书馆 1997 年版，第 56 页。

解放、精神大振奋，中国人民的面貌、中华民族的面貌，都发生了历史性变化。波澜壮阔的史诗般的实践，孕育形成了中华民族今天的时代精神。这一精神内涵丰富，包括解放思想、实事求是、与时俱进的精神，以人为本、尊重科学、崇尚和谐的观念，诚实守信、团结友爱、互助奉献的风尚，民主法治、自由平等、公平正义的理念，效率、竞争、开放的意识，等等。

在当代中国人的时代精神中，改革创新精神是核心。纵观世界，变革是大势所趋、人心所向，是浩浩荡荡的历史潮流，顺之则昌、逆之则亡。领导我们这样前无古人、世所罕见的伟大事业，最要不得的是思想僵化、故步自封。改革开放三十多年来，改革是主旋律，是决定中国命运的关键一招。改革就是改变生产关系和上层建筑中不适应生产力和经济基础的方面，就是破除体制机制弊端，释放社会活力和发展动力。2013 年 11 月，习近平总书记在党的十八届三中全会上指出："三十五年来，我们党靠什么来振奋民心、统一思想、凝聚力量？靠什么来激发全体人民的创造精神和创造活力？靠什么来实现我国经济社会快速发展、在与资本主义竞争中赢得比较优势？靠的就是改革开放。"[①]回顾改革开放以来的历程，每一次重大改革都给党和国家发展注入新的活力、给事业前进增添强大动力，党和人民事业就是在不断深化改革中波浪式向前推进的，就是在改革从试点向推广拓展、从局部向全局推进中不断发展的。没有改革开放，我们不可能有今天这样的大好局面。

创新是民族进步的灵魂，是一个国家兴旺发达的不竭源泉，也是中华民族最深沉的民族禀赋，正所谓"苟日新，日日新，又日新"。生活从不眷顾因循守旧、满足现状者，从不等待不思进取、坐享其成者，而是将更多的机遇留给善于和勇于创新的人们。"明者因时而变，知者随事而

---

① 　中央文献研究室编：《习近平关于全面深化改革论述摘编》，中央文献出版社 2014 年版，第 8 页。

制。""不日新者必日退。"整个人类历史，就是一个不断创新、不断进步的过程。没有创新，就没有人类的进步，就没有人类的未来。中华民族是勇于创新、善于创新的民族。18 世纪之前，我国发展长期处于世界领先地位，就是与我国科技发明和创新密切相关。然而，16 世纪以来，在人类社会进入前所未有的创新活跃期后，我国的创新却由领先变为落后，这是近代中国被动挨打的重要原因。当今世界，经济社会发展越来越依赖于理论、制度、科技、文化等领域的创新，国际竞争力也越来越体现在创新能力上，创新能力已经成为综合国力的重要组成部分。谁在创新上先行一步，谁就能拥有引领发展的主动权。改革开放以来，我们实施科教兴国战略、建设创新型国家，实施创新驱动发展战略，把创新作为新发展理念的核心，把创新提升到国家层面来推进，大力推进科技创新、理论创新、制度创新、文化创新以及其他各方面创新，由此才取得了巨大成就，创造了中国奇迹。但是，与发达国家相比，我们的创新能力还不强。虽然在一些重要领域跻身世界前列，但关键核心技术受制于人的局面没有根本改变，创造新产业、引领未来发展的科技储备远远不够，产业还处于全球价值链中低端，军事、安全领域高技术方面同发达国家仍有较大差距。

正是在分析近代以来世界发展历程特别是总结我国改革开放以来成功实践的基础上，我们才把改革创新作为时代精神的核心。

改革创新精神是大胆试、大胆闯的精神。邓小平说过："改革开放胆子要大一些，敢于试验，不能像小脚女人一样。看准了的，就大胆地试，大胆地闯。深圳的重要经验就是敢闯。没有一点闯的精神，没有一点'冒'的精神，没有一股气呀、劲呀，就走不出一条好路，走不出一条新路，就干不出新的事业。"① 这段话是对改革创新精神的最好阐释。中国的改革开放、中国特色社会主义是一项前无古人的伟大事业，是一项崭新的事业，既没有现成的理论可以指导，也没有现成的经验可以借鉴，如何推进？只

---

① 《邓小平文选》第 3 卷，人民出版社 1993 年版，第 372 页。

能"摸着石头过河"，就必须大胆探索、勇于开拓，舍此别无他途。当然，鼓励大胆试大胆闯，并不是"盲动"、一下子铺开，而是加强顶层设计，在有了顶层设计的基础上，采取试点探索、投石问路的方法，取得了经验，形成了共识，看得很准了，再推广开来，积小胜为大胜。我们是一个大国，决不能在根本性问题上出现颠覆性错误，一旦出现就无可挽回、无法弥补。所以要处理好解放思想与实事求是的关系、顶层设计与摸着石头过河的关系、改革发展稳定的关系，把改革的力度、发展的速度和社会可接受的程度统一起来。但是在这里，最关键的还是要有改革的勇气，有一股子闯劲，不论改革到了什么程度、进展到哪一个阶段，如果没有此种精神，谨小慎微、畏首畏尾、四平八稳、犹犹豫豫、裹足不前，就不会有任何进展，就干不成任何事情。

　　改革创新精神是担当精神和责任意识。改革创新就是要打破旧的，建立或创造新的。旧的思想观念、体制机制、状态格局等都是与特定的人相连的，都与特定人的地位、名利相关。打破旧的，往往意味着利益格局的重新调整。习近平总书记说：深化改革，难免触动一些人的"奶酪"，碰到各种复杂关系的羁绊，不可能皆大欢喜。突破既得利益，让改革落实，需要有勇气、有胆识、有担当。畏首畏尾，不敢出招，怕得罪人，是难以落实措施、推动工作的。①改革面临的矛盾越多、难度越大，越要有与时俱进、攻坚克难的信心，越要有"明知山有虎，偏向虎山行"的勇气，越要有敢于啃硬骨头、敢于涉险滩的决心。同时，改革创新是有风险的，任何一项改革、任何一个创新，都是试验的创造过程，前期准备再周密，顶层设计再严密，都没有百分之百的把握，都存在失败的可能。而失败不仅意味着伤害我们的事业，而且很可能影响个人的地位、前途。所以，没有担当精神和责任意识的人，是不敢改革创新的。担当和责任从何而来？来

---

① 参见中央文献研究室编：《习近平关于全面深化改革论述摘编》，中央文献出版社 2014 年版，第 152 页。

自人民立场，来自中国共产党人的党性，来自推进中国特色社会主义伟大事业、实现中华民族伟大复兴中国梦的使命，来自共产主义远大理想和中国特色社会主义共同理想。只有理想信念坚定、立场坚定，我们才会生发出强烈的历史使命感和责任感，才敢于担当、敢于碰硬，才无所畏惧、心地坦荡、勇往直前。

改革创新精神是一种问题意识。马克思说过：问题是时代的声音。每个时代总有属于它自己的问题。人类认识世界、改造世界的过程，就是一个发现问题、解决问题的过程。毛泽东指出，问题就是事物的矛盾，哪里有没有解决的矛盾，哪里就有问题。实践发展永无止境，矛盾运动永无止境，旧的问题解决了，又会产生新的问题。只有树立强烈的问题意识，才能实事求是地对待问题，才能找到引领时代进步的路标。习近平总书记指出，我们中国共产党人干革命、搞建设、抓改革，从来都是为了解决中国的现实问题。九十多年来，我们党之所以能够走在时代前列、引领中国进步，一个重要原因就在于准确把握民族独立、人民解放和国家富强、人民幸福的历史性课题，并为此进行不懈奋斗。革命战争年代，正是成功解决了中国革命的目标、道路、领导力量和依靠力量等一系列根本问题，才最终赢得新民主主义革命的伟大胜利。新中国成立后，正是创造性地解决了对农业、手工业和资本主义工商业进行社会主义改造等重大问题，才顺利实现了从新民主主义向社会主义的过渡，并开启了社会主义建设新征程。改革开放以来，正是紧紧抓住什么是社会主义、怎样建设社会主义，建设什么样的党、怎样建设党，实现什么样的发展、怎样发展等重大问题，并在实践中不断取得突破，才成功开辟和拓展了中国特色社会主义康庄大道，使当代中国和中华民族展示出光明前景。可以说，强烈的问题意识贯穿于革命、建设、改革全部实践，成为党和国家事业发展的强大动力。现在，我们已经站在一个新的历史起点，我们已经有了非常坚实的基础和十分有利的条件，但面临的矛盾和问题也世所罕见，正处于爬坡过坎的紧要关口，正如邓小平曾经预言的，发展起来以后的问题不比不发展时少。如果没有强烈的问题意识，不能有效破解前进中的难题，改革就难以深入推进，发展就难以打开新的空间。①

总之，实现中华民族伟大复兴中国梦需要强大的精神支撑和精神动力。如果说以爱国主义为核心的民族精神是将全国各族人民凝聚在一起的精神纽带，那么，以改革创新为核心的时代精神，则是我们排除万难、奋勇前进的强大精神动力。鲁迅说过："惟有民魂是值得宝贵的，惟有他发扬起来，中国才有真进步。"②

第四节　社会主义荣辱观是基础

荣誉和耻辱是对人们的道德行为的社会评价，荣誉是对人们行为的肯定和褒扬，耻辱是对人们行为的否定和贬斥。荣辱观是人们对荣辱的基本态度和根本观点，是世界观、人生观、价值观的体现，既是一种道德认识，也是一种道德要求。它是具体的、历史的，具有时代性、阶级性、民族性。

作为社会主义核心价值体系的重要方面，社会主义荣辱观是社会主义道德体系的集中体现，是对每一个公民的道德要求。"荣"即是正面的道德规范，"辱"或"耻"即是负面的道德清单。提出和树立社会主义荣辱观，一方面是为了树立正确的荣辱观、道德观，使人们明确是非、美丑、善恶、对错；另一方面是为了提供一套道德准则，道德底线、道德红线，使人们知道该做什么、不该做什么，使人们行有依归、行有规矩。可以说，这样的规矩和要求是一个社会正常运转的基础，是每一个公民都应该遵守的基本准则。做人做事第一位的是崇德修身，道德之于个人、之于社会，都具有基础性意义，因而荣辱观才成为社会主义核心价值体系的基础。

---

① 参见刘云山：《增强问题意识　坚持问题导向》，《学习时报》2014 年 5 月 19 日。

② 鲁迅：《学界的三魂》，载《华盖集续编》，人民文学出版社 2006 年版，第 29 页。

　　道德之所以具有基础性意义，还在于它关涉民族独立性问题。一个民族、一个国家如果没有自己的精神独立性，那政治、思想、文化、制度等方面的独立性就会被釜底抽薪。所以，我们不仅强调依法治国，而且强调以德治国，要把法治与德治结合起来、统一起来，要把道德建设、核心价值观建设作为国家治理体系和治理能力的重要内容。因为，国家治理体系就是一个国家整个制度体系，它不仅包括法律制度、各种政治制度、经济制度、文化体制机制等，而且包括道德规范、价值理念、文化传统等。前者属于"硬制度"，后者属于"软制度"；前者属于他律，后者属于自律。2016 年 12 月 9 日，十八届中央政治局进行了第三十七次集体学习，主题就是我国历史上的法治与德治。在主持学习时，习近平总书记指出：法律是成文的道德，道德是内心的法律。法律和道德都具有规范社会行为、调节社会关系、维护社会秩序的作用，在国家治理中都有其地位和功能。法安天下，德润人心。法律有效实施有赖于道德支持，道德践行也离不开法律约束。法治和德治不可分离、不可偏废，国家治理需要法律和道德协同发力。他认为，中国特色社会主义道路的一个鲜明特点，就是坚持依法治国和以德治国相结合，强调法治和德治两手抓、两手都要硬。这既是历史经验的总结，也是对治国理政规律的深刻把握。

　　中华民族是高度重视道德修养的民族，素来以文明之国、礼仪之邦著称。《大学》说："德者，本也。"中国传统文化的各家各派都把修身作为主题，儒家讲究修身齐家治国平天下，把修身作为最基础的"功夫"，先把自己修炼好，"内圣"才能化为"外王"，一般的中国人把这个道理翻译成"先做人后做事"。儒家要成为"圣人"，道家要成为"真人"，佛教要成"佛"，其实都是追求个人境界、尤其是道德境界的提升。中国传统道德的一个重要内容就是荣辱思想。孔子说，"行己有耻"。孟子说，"仁则荣，不仁则辱"。荀子说，"先义而后利者荣，先利而后义者辱"。先人们认为，知耻是一个人最基本的道德意识和道德情感，正所谓"知耻而后勇""不知荣辱乃不能成人""宁可毁人，不可毁誉""宁可穷而有志，不可富而失节"等格言警句，都说明古代的哲人志士将荣辱放到了与人格一样重要的地位。而社会主义荣辱观正是对中国传统道德中荣辱思想的继承和弘扬，并使之具有了鲜明的时代性、实践性和现实针对性。

社会主义荣辱观适应了当前道德建设的需要。改革开放以来，我国经济发展很快，人民生活水平提高也很快。同时，我国社会正处在思想大活跃、观念大碰撞、文化大交融的时代，出现了不少问题。其中比较突出的一个问题就是一些人价值观缺失，观念没有善恶，行为没有底线，什么违反党纪国法的事情都敢干，什么缺德的勾当都敢做，没有国家观念、集体观念、家庭观念，不讲对错，不问是非，不知美丑，不辨香臭，浑浑噩噩，穷奢极欲。现在社会上出现的种种问题病根都在这里。这方面的问题如果得不到有效解决，改革开放和社会主义现代化建设就难以顺利进行。邓小平早就告诫我们，风气如果坏下去，经济搞成功又有什么意义？会在另一方面变质！所以，必须坚持物质文明和精神文明一起抓，两手抓，两手都要硬。在我们的社会主义社会里，是非、善恶、美丑的界限绝对不能混淆，坚持什么、反对什么，倡导什么、抵制什么，都必须旗帜鲜明。社会主义荣辱观的提出，就为我们在当前形势下明辨是非、区别善恶、分清美丑提出了新要求，提供了新标准，为我们确立了行为的底线和红线。其中的主要内容就是"八荣八耻"，即坚持以热爱祖国为荣、以危害祖国为耻，以服务人民为荣、以背离人民为耻，以崇尚科学为荣、以愚昧无知为耻，以辛勤劳动为荣、以好逸恶劳为耻，以团结互助为荣、以损人利己为耻，以诚实守信为荣、以见利忘义为耻，以遵纪守法为荣、以违法乱纪为耻，以艰苦奋斗为荣、以骄奢淫逸为耻。这八个方面，涵盖了个人、集体、国家三者关系，贯穿了社会生活的方方面面，反映了马克思主义的世界观、人生观、价值观，明确了当代中国最基本的价值取向和行为准则，既有先进性导向，又有广泛性要求，对加强社会主义道德建设、形成积极健康的社会风尚，具有重大的现实意义和深远的历史意义。

树立和培育社会主义荣辱观，荣辱感特别重要。荣辱感就是对荣誉的珍惜、爱护，对耻辱的鄙视、抵制。有了这样一种强烈的情感，人才能在面对荣辱选择时做出求荣避辱的抉择。荣辱感与荣辱界限是否分明、荣辱标准是否清晰有关，一个社会是非、美丑、善恶界限分明，一个人就知道该选择什么、不选择什么。这实际是一个人与环境的关系问题，人是环境的产物，但人也在改变着环境。但是，在荣辱标准、荣辱界限与荣辱感之间还有一个"间距"，还需要一个"转化"，而荣辱感正是在一次次的荣辱选择实践过程中不断内化、提升的。这就要求我们从点滴做起，从日常生活做起，从小事做起，从小学生做起，逐渐把荣辱标准、荣辱界限内化为我们的信仰、信念、情感、行为准则，真正做到内化于心、外化于行。

第七章　社会主义核心价值体系的凝练表达

　　建设社会主义核心价值体系，并不是为构建一个理论体系、价值体系，而是确立全党全国人民的共同思想基础，是为了让全体中国人行有所依、心有所归。然而，核心价值体系作为一个理论体系，内容丰富，思想深刻，不易于为人掌握。这就需要提炼，将其凝练为易于为人民群众接受的形式。而社会主义核心价值观就是社会主义核心价值体系的凝练表达，是社会主义核心价值体系的核心，就是高度简化、高度集中、高度凝练的核心价值体系。

第一节　我们要建设什么样的国家

　　国无德不兴。如同大海航行离不开灯塔一样，一个国家同样必须有自己的价值目标。价值目标是国家发展的灵魂和精神支撑，引领着国家向着既定的方向前行。历史已经反复证明，国家的价值目标，直接塑造着国家的形象，直接决定着社会的价值取向，直接影响着公民个人的价值行为。如果说当代中国有什么价值共识能够把亿万中华儿女紧紧凝聚在一起、牢牢团结在一起，那就是中华民族伟大复兴的中国梦，就是建设一个富强、民主、文明、和谐的社会主义国家。"富强、民主、文明、和谐"作为国家层面的价值理想，集中体现了我国在社会主义初级阶段正在追求实现的价值目标，深刻表达了社会主义中国的国家意志，符合广大人民的意愿和诉求。

（一）富强

富强是人类社会共同的价值追求。在中国，"富强"一词最早见于《管子·形势解》："主之所以为功者，富强也。故国富兵强，则诸侯服其政，邻敌畏其威。"这里，富强正是作为治国理政的价值目标提出来的。在西方，近代哲学家霍布斯把他的理想国比喻为《圣经》中力量巨大的怪兽"利维坦"，为的也是国家的统一和强盛。可以说，正是对富强的追求，才推动了生产力的提高、社会的发展和文明的进步。作为社会主义核心价值观国家层面的价值目标，富强包括两个方面的内容：国家强大和人民幸福。这两个方面紧密联系、内在统一，没有国家的强大，就没有人民的幸福；同样，国家强大就是为了人民幸福，也只有让人民幸福，才能凝聚起振兴国家的强大力量。正如习近平总书记指出的："中国梦归根到底是人民的梦，必须紧紧依靠人民来实现，必须不断为人民造福。"①

回溯历史长河，中华民族曾经创造出世界最先进的生产力和最辉煌的科技成就，出现过令世人赞叹、令国人骄傲的富强时期。在世界历史版图上，汉初盛景、大唐雄风、康乾盛世等，都留下了一道道难以磨灭的辉煌记忆。一直到18世纪，中国在不少方面依然居于世界前列。然而，到了明朝后期和清朝前期，当西欧各国相继由农业为主的封建社会进入到以工业为主的资本主义社会的时候，中国还停留在封建社会中，已然落伍于世界潮流。18世纪中叶，西方开始了工业革命，大规模工厂化生产取代了手工业生产，由此带来了生产力的快速发展。正像马克思恩格斯所说："资产阶级在它的不到一百年的阶级统治中所创造的生产力，比过去

---

① 《习近平谈治国理政》，外文出版社2014年版，第140页。

一切世代创造的全部生产力还要多，还要大。"①生产力的发展，综合国力的增强，使得资产阶级不再满足于国内市场，它要向外扩张，开拓世界市场。于是，所有的大陆、所有的民族都被"卷到文明中来了"。从鸦片战争开始，西方资本主义国家对华发动了一次又一次侵略战争，迫使中国腐败的统治者妥协就范，中国从一个独立大国逐渐沦落为半殖民地半封建社会。正是从那时起，推翻帝国主义和封建主义的统治，实现民族独立和人民解放；彻底改变国家贫穷落后的面貌，实现国家繁荣富强和人民共同富裕，成为中华民族面临的两大历史任务。中国不同的阶级阶层和政治力量，纷纷登上政治舞台，提出并实践过各式各样的救国方案。然而，从太平天国运动、洋务运动、戊戌变法到孙中山领导的旧民主主义革命，都未能把中国从积贫积弱、任人宰割的悲惨境地中解救出来。"十月革命一声炮响，给我们送来了马克思列宁主义。"②中国共产党带领全国人民经过28年艰苦卓绝的斗争，推翻了帝国主义、封建主义和官僚资本主义的反动统治，建立了人民民主专政的国家政权，彻底改变了旧中国四分五裂的局面，为建立一个独立、统一、民主、富强的新中国创造了基本前提。新中国成立后，中国共产党团结带领各族人民，仅用了三年时间就恢复了遭到严重破坏的国民经济，在此基础上成功进行了社会主义改造，创造性地实现了由新民主主义到社会主义的历史性转变，全面确立了社会主义基本制度，实现了中国历史上最深刻最伟大的社会变革，为当代中国发展进步奠定了坚实基础。党的十一届三中全会后，中国共产党把工作中心转移到经济建设上来，实行改革开放，并从中国实际出发，逐步确立了党在社会主义初级阶段的基本理论、基本路线、基本纲领、基本经验，开辟了适合我国国情的中国特色社会主义发展道路，使我国日益强盛起来，人民日益富裕起来，中国的面貌发生了翻天覆地的变化。1949年，我国的社会生产

---

① 《马克思恩格斯选集》第1卷，人民出版社1995年版，第277页。

② 《毛泽东选集》第4卷，人民出版社1991年版，第1471页。

总值只有 557 亿元，到 2016 年，我国的国内生产总值已经达到 74.41 万亿元，是世界上的第二大经济体，是全球货物进出口贸易第一大国，是世界外汇储备最多的国家。中国已经成为世界经济的重要引擎。特别是在世界经济普遍陷入低迷的今天，同欧美一些国家受困于金融危机、债务危机相比，同一些发展中国家陷入发展陷阱相比，同西亚北非一些国家政治动荡、社会混乱相比，我国发展可以说是风景这边独好。当今世界，要说哪个政党、哪个国家、哪个民族能够自信的话，那中国共产党、中华人民共和国、中华民族是最有理由自信的。如果说哪个政党、哪个国家、哪个民族感到自豪的话，那中国共产党、中华人民共和国、中华民族是最应该感到自豪。中国近代以来一百多年的历史说明，一个国家、一个民族要自立于世界民族之林，就必须富强起来。

贫穷不是社会主义，社会主义的本质就是不断解放和发展社会生产力，消灭剥削，消除两极分化，最终实现共同富裕。马克思主义认为，生产力决定生产关系，经济基础决定上层建筑，物质生产是人类社会发展的基础。在《德意志意识形态》中，马克思恩格斯指出，"人们为了能够'创造历史'，必须能够生活。但是，为了生活，首先就需要吃喝住穿以及其他一些东西。因此第一个历史活动就是生产满足这些需要的资料，即生产物质生活本身"。[①] 社会主义要创造更高的生产力，使人民享有高水平的物质生活和精神生活。社会主义制度优于资本主义制度，说到底是要创造远远高于资本主义的生产力。生产力发展上不去，就无法最终战胜资本主义。1978 年，邓小平在听取吉林省委常委汇报工作时指出："按照历史唯物主义的观点来讲，正确的政治领导的成果，归根结底要表现在社会生产力的发展上，人民物质生活的改善上。如果在一个很长的历史时期内，社会主义国家生产力发展的速度比资本主义国家慢，还谈什么优越性？"现阶段，我国仍处于并将长期处于社会主义初级阶段的基本国情没有变，人

---

① 《马克思恩格斯选集》，人民出版社 1995 年版，第 79 页。

民日益增长的物质文化需要同落后的社会生产之间的矛盾这一社会主要矛盾没有变，我国是世界上最大的发展中国家的国际地位没有变。这"三个没有变"，决定了经济建设仍然是党和国家的中心工作，决定了大力发展生产力仍然是解决我国所有问题的关键。

富强作为一种价值目标，就是追求国家有强大的综合国力和广泛的国际影响力，人民富足安康、生活幸福。经过近代以来一百七十多年、新中国成立近七十年、改革开放近四十年的艰辛探索，社会主义中国追求的富强目标形成了自己独特的内涵，主要包含以下价值理念：

民富国强。这是社会主义富强观的核心理念，体现了社会主义追求富强的根本要求和根本目的。中国现在处于并将长期处于社会主义初级阶段，解放和发展生产力是社会主义建设的根本任务，必须把发展作为第一要务，通过全面深化改革不断增强发展的动力，提高发展的效益，实现比资本主义更好更快的发展。与私有制社会不同，社会主义国家富强的目的不是为了巩固统治阶级的统治地位，而是从人民群众的根本利益出发谋发展、促发展，不断满足人民群众日益增长的物质文化需要，切实保障人民群众的经济、政治和文化权益，让发展的成果惠及全体人民。富国强兵绝不以牺牲人民的切身利益为代价。人民幸福既是国家强盛的目的，也是国家强盛的基础。这是社会主义的本质要求。我们需要始终坚持人民至上的价值取向，走以人为本的科学发展道路，切实保障每个人自由而全面的发展，为实现社会主义核心价值观的"富强"发展目标提供深厚的力量源泉。

共同富裕。这是关于致富途径和最终目标的理念。共同富裕是人类对未来社会的美好愿望和不懈追求，体现了社会主义的价值本质和追求目标，是社会主义发展的应然状态。中国特色社会主义是全体人民的共同事业，必须充分调动一切积极因素，通过发展社会主义市场经济，形成公平竞争的体制和机制，让一切劳动、知识、技术、管理、资本的活力竞相迸发，让一切创造社会财富的源泉充分涌流，鼓励一部分地区、一部分人先富裕起来，带动和帮助其他地区、其他人致富，最终达到共同富裕。邓小平曾指出："社会主义原则，第一是发展生产，第二是共同富裕。"社会主义最大的优越性就是共同富裕，这是体现社会主义本质的一个东西。富民强国绝不是为了少数人的利益，搞贫富两极分化。但共同富裕需要一个长期的渐进的过程，也是一个由局部到整体、由量变到质变的过程，我们不能将共同富裕理解为平均富裕、同步富裕。搞平均主义，必然会挫伤人们创造财富的积极性，使经济发展缺乏活力，最终只能导致共同贫困。

全面发展。这是关于强国目标和发展方式的理念。富裕不等于强盛，富国未必是强国。物质财富是国力，精神财富、制度财富也是国力，国家强盛不仅要有强大的硬实力，还要有强大的软实力。经济大国不意味着世界强国。必须整体提高综合国力，在增强经济实力的同时着力增强政治、文化、军事、外交、科技、人才等各方面的实力。比如说，金山银山是财富，绿水青山是更长久的财富和可持续的生产力，我们既要绿水青山，也要金山银山。党的十八大将生态文明建设纳入"五位一体"发展总布局，并强调生态文明的建设关系到人民福祉和民族未来的长远大计。要正确处理好经济发展同生态环境保护的关系，牢固树立保护生态环境就是保护生产力、改善生态环境就是发展生产力的理念，更加自觉地推动绿色发展、循环发展、低碳发展，决不以牺牲环境为代价去换取一时的经济增长。

互利共赢。这是关于如何处理国际利益关系的理念。中国人民追求富强，是要自立于世界民族之林，维护好国家核心利益，与世界各国平等相待、互联互通、共同发展、共同幸福。任何时候都不能闭关锁国，坚持对外开放，既追求本国利益，也兼顾别国利益，不搞我赢你输，努力实现双赢，做到惠本国、利天下。实现富强不是为了一己私利，而是要在国际事务中积极发挥负责任大国的作用，为维护世界和平、促进共同发展承担应尽的义务；在维护国际公平正义、推动人类社会进步上有更大的作为，做出更大的贡献。世界繁荣稳定是中国的机遇，中国发展也是世界的机遇。可以说，中国通向富强的和平发展道路能不能走得通，很大程度上要看我们能不能把世界的机遇转变为中国的机遇，把中国的机遇转变为世界的机遇，在中国与世界各国良性互动、互利共赢中开拓前进。

实现富强，首先要始终坚持以经济建设为中心、大力发展生产力。改革开放以来，我们取得如此巨大的成就，最根本的原因就是把工作中心转移到以经济建设为中心上来，一心一意谋发展，专心致志搞建设。其次，要坚持以人民为中心的发展思想。人民群众是发展的主体，也是发展的最大受益者。要把实现人民幸福作为发展的目的和归宿，做到发展为了人民、发展依靠人民、发展成果由人民共享。要顺应人民群众对美好生活的向往，不断实现好、维护好、发展好最广大人民根本利益。再次，要坚持我国基本经济制度。毫不动摇巩固和发展公有制经济，坚持公有制主体地位，发挥国有经济主导作用，不断增强国有经济活力、控制力、影响力、抗风险能力。毫不动摇鼓励、支持和引导非公有制经济发展，激发非公有制经济活力和创造力。最后，要处理好经济社会发展中的重大关系。要处理好抓住发展机遇和创新发展理念、发展模式的关系。从全球范围看，科学技术越来越成为推动经济社会发展的主要力量，创新驱动是大势所趋。要坚定不移走中国特色自主创新道路，坚持自主创新、重点跨越、支撑发展、引领未来的方针，加快创新型国家建设步伐，勇于创造引领世界潮流的科技成果。要处理好政府和市场的关系，切实发挥市场在资源配置中的决定性作用，更好发挥政府作用，把"看不见的手"和"看得见的手"都用好，努力形成市场作用和政府作用有机统一、相互补充、相互协调、相互促进的格局。要处理好发展速度和发展质量的关系。发展必须保持一定的速度，但并不是单纯追求增长速度。要坚持以提高发展质量和效益为中心，把握发展新特征，加快转变经济发展方式，推进供给侧结构性改革，实现更高质量、更有效率、更加公平、更可持续的发展。要处理好国内发展和对外开放的关系。我国经济与国际经济的互动和依存在不断加强，要求我们树立全球视野，进行双向思维，提高在全球范围内优化资源配置的能力，善于从国际国内条件的相互转化中抓住发展机遇，从国际国内资源的优势互补中创造发展条件，真正做到内外兼顾、互利共赢。

（二）民主

民主的基本含义是"人民的权力"或"人民进行治理或统治"，确认一切权力属于人民。古希腊的雅典是典型的奴隶制民主政体，它通过全体公民直接参与的"公民大会""五百人议事会"和由公民构成的"陪审团法院"等机构的活动实现"人民的统治"。不过在古希腊，真正享有公民权利的公民只占人口的极少数，占人口绝大多数的奴隶、妇女和相当数量的平民、自由民都没有参与管理国家的民主权利，因而所谓的"人民的统治"实质上不过是少数人对多数人的统治。一切人都具有平等的政治权利——这一民主的基本理念，萌生于资产阶级启蒙运动，卢梭提出主权在民的政治原则，并认为主权就是公意——人民的意志——的运用。资本主义社会在长期发展中最终以法律的形式承认所有公民都享有平等的民主权利，这无疑是历史的重大进步。然而，资本主义民主有其不可克服的局限性，即形式上平等而实质上不平等。从形式上看，所有的公民都有选举权和被选举权，都可以参加国家事务管理，但由于资本主义社会是以生产资料私有制为基础的，存在着严重的阶级对立和贫富两极分化，这就使每个人实际享有的民主权利出现了天壤之别。在资本主义社会，金钱才是决定一切的，金钱能够左右政治，左右人们的民主权利。各个资产阶级垄断集团为了掌控国家政权，利用金钱收买选票，操纵媒体，推介自己的候选人，整个竞选活动实际上是资本集团的财力比拼，是资本操纵下的政治游戏。这种民主不过是一些垄断集团之间政治上的争权夺利，因而实质上是用金钱来决定胜负的"金元民主"，实现的依然是少数人对多数人的统治。

中国特色社会主义民主与西方资本主义民主根本不同，它是马克思主义民主理论与中国特色社会主义实践相结合的产物，是对资本主义民主的扬弃和超越，是符合民主本意的、更高类型的民主。习近平总书记指出："人民是否享有民主权利，要看人民是否在选举时有投票的权利，也要看人民在日常政治生活中是否有持续参与的权利；要看人民有没有进行民主选举的权利，也要看人民有没有进行民主决策、民主管理、民主监督的权利。社会主义民主不仅需要完整的制度程序，而且需要完整的参与实践。"① 我国的社会主义民主不仅有完整的制度程序，而且有完整的参与实践，人民通过选举、投票行使权利和人民内部各方面在重大决策之前和决策实施之中进行充分协商，尽可能就共同性问题取得一致意见，是中国社会主义民主的两种重要形式。这两种民主形式相互补充、相得益彰，共同构成了中国社会主义民主政治的制度特点和优势，把保证人民当家作主具体地、现实地体现到国家政治生活中。在党的领导下，通过不断健全民主制度，丰富民主形式，拓宽民主渠道，从各层次各领域扩大公民有序政治参与，人民实现了内容广泛、层次丰富的当家作主。

民主要求一切权力为民所赋、为民所有、为民所用。民主是人类政治文明进步的产物，人民民主是社会主义的本质和生命。近代以来，中国也曾试图借助西式民主谋求国家复兴，君主立宪制、复辟帝制、议会制、多党制、总统制都试过了，结果都行不通，是中国共产党领导人民成功开辟了中国特色社会主义政治发展道路。中国人民孜孜追求的民主价值目标，有了自己独特的内涵。社会主义民主观主要包含以下价值理念：

人民主权。这是社会主义民主的核心理念，回答了什么是民主的问题。人民是国家权力的真正主体，国家的一切权力属于人民，人民依法平等享有管理国家事务、经济和文化事业、社会事务的民主权利，实现人的全面发展和国家进步的统一。因此，管理国家和社会事务的权力是人民的权力，必须用来为人民服务，体现人民的主权地位。执掌国家政权的政党必须忠实代表人民利益，把人民的愿望作为努力的方向，把人民的意志转化为党的主张，体现为国家意志，依宪执政、依法执政。国家权力机关在

---

① 习近平：《在庆祝中国人民政治协商会议成立 65 周年大会上的讲话》，《人民日报》2014 年 9 月 22 日。

执政党的领导下，保障人民当家作主的权利，巩固人民民主制度，维护最广大人民的根本利益，对破坏社会主义制度、损害人民根本利益的行为，予以惩戒和震慑。

协商统一。这是关于社会主义民主实现途径的理念。在社会主义制度下，人民的根本利益是一致的，众人的事情由众人商量着办，在充分反映人民意愿的基础上，通过民主协商凝聚共识，找到全社会意愿和要求的最大公约数，形成统一意志和共同目标，再通过群众的创造性实践把这种统一的意志和共同的目标变为现实，是人民民主在实践中的真谛。正如习近平总书记在庆祝中国人民政治协商会议成立 65 周年大会上指出："社会主义协商民主应该是实实在在、而不是做样子的，应该是全方位的、而不是局限在某个方面的，应该是全国上上下下都要做的、而不是局限在某一级的。协商就要真协商，真协商就要协商于决策之前和决策之中，从制度上保障协商成果落地，使决策和工作更好地顺乎民意、合乎实际。"

权责相称。这是从国家层面对公民权利的概括。生存权和发展权是人民最基本的权利。在社会主义制度下，人民享有经济地位上的平等，由此决定了人民没有高低贵贱之分，平等地享有广泛的、随着经济社会的发展不断完善的经济权利、政治权利、社会权利、文化权利，成为国家、社会和自己命运的主人。民主既是一种权利，也是一种责任，有责就要担当。人民依法享有广泛的权利和自由，与承担应尽的义务和责任是统一的。世界上不存在无责任的权力，也不存在无权力的责任。不承担任何责任或者权力大于责任，就会导致特权或权力滥用；同样不赋予任何权力或权力赋予得不适当，也会导致责任削减或责任推诿，因此在合理配置权力的时候，要遵循权责相称的原则。每个公民行使民主权利，都要在国家的法律规范下有序进行，任何组织和个人都不允许有超越宪法和法律的特权。

守护公正。这是关于权力监督的理念，明确了民主的保障。公平正义作为人民的向往、幸福的尺度，不仅是求解利益均衡、化解矛盾的钥匙，而且是人民民主的出发点和落脚点。让人民监督权力运行是人民当家作主的重要体现。只有让人民来监督政府，政府才不会懈怠；只有人人起来负责，才会有国家的长治久安。民主监督是保证各项权力不变质的根本方法，依法监督是制约权力滥用的有效途径。监督目的在于维护公平正义，抵制贪赃枉法，保证权为民所用、利为民所谋。监督本身也必须依法依规进行，任何违反法纪的行为都应受到法纪的制裁。"奉法者强则国强，奉法者弱则国弱。"建设法治中国，选择法治作为实现国家治理现代化的重要途径，能够让人民群众更加真切、更加直观地感受到公平正义。

中国特色社会主义民主是科学社会主义关于民主的基本原理和中国具体实际相结合的产物，它深深扎根于中国社会的土壤之中。我们要坚定中国特色社会主义制度自信，在民主建设过程中坚定不移走自己的路，不断通过改革创新完善和发展中国特色社会主义民主，更好发挥中国特色社会主义政治制度的优越性。首先要坚持中国特色社会主义政治发展道路。政治发展道路是关系根本、关系全局的重大问题。习近平总书记深刻阐明了中国特色社会主义政治发展道路的科学内涵和基本特征，指出："坚持中国特色社会主义政治发展道路，关键是要坚持党的领导、人民当家作主、依法治国有机统一，以保证人民当家作主为根本，以增强党和国家活力、调动人民积极性为目标，扩大社会主义民主，发展社会主义政治文明。"① 党的领导是中国特色社会主义最本质的特征，是中国特色社会主义制度的最大优势。"天生民有欲，无主乃乱。"② 在我们这样一个人口多、多民族、发展很不平衡的东方大国、社会主义大国，没有一个坚强有力的政治领导核心，是不可能把国家治理好的。其次，完善基本民主制度。人民代表大会制度是保证人民当家作主的根本政治制度，必须不断完善和推进。要善于使党的主张通过法定程序成为国家意志，支持人大及其常委会充分发挥国家权力机关作用。完善中国特色社会主义法律体系，健全立法起草、论

---

① 习近平：《在首都各界纪念现行宪法公布施行 30 周年大会上的讲话》，《人民日报》2012 年 12 月 5 日。

② 《尚书·商书·仲虺之诰》。

证、协调、审议机制，提高立法质量，防止地方保护和部门利益法制化。健全人大讨论、决定重大事项制度，各级政府重大决策出台前向本级人大报告。加强人大常委会同人大代表的联系，充分发挥代表作用。再次，发展社会主义协商民主。习近平总书记强调，我们要全面认识社会主义协商民主是中国社会主义民主政治的特有形式和独特优势这一重大判断；我们要深刻把握社会主义协商民主是中国共产党的群众路线在政治领域的重要体现这一基本定性；我们要切实落实推进协商民主广泛多层制度化发展这一战略任务。要推进协商民主广泛性发展。社会主义协商民主，应该是全方位的、而不是局限在某个方面的，应该是全国上上下下都要做的、而不是局限在某一级的，不仅要推进人民政协的协商民主，还要推进人大、司法、行政、社会等领域的协商民主；既要推进国家层级协商民主，又要推进地方层级协商民主，特别要推进基层协商民主，进一步拓宽基层协商民主的范围和途径，推进基层协商民主制度化水平，提高基层民主自治的质量。要拓展协商内容、丰富协商形式，推进协商民主制度化发展。要把协商民主贯穿履行职能全过程，推进政治协商、民主监督、参政议政制度建设，不断提高协商民主制度化、规范化、程序化水平。最后，要加强民主监督。民主监督是保障人民赋予执政党、国家权力机关和政府机关的各项权力不变质，保证权为民所用、利为民所谋的根本方法。让人民监督权力，这是人民当家作主的重要方面，也是广泛持续完整的参与实践所包含的重要内容。人民在日常生活中享有的持续参与的权利，即进行民主决策、民主管理、民主监督的权利，本身就构成了对国家公共权力的制约和限制。让人民监督权力关键在于形成制约和监督国家公共权力的有效机制，把权力关进制度的笼子里。因此，完善监督、制约和限制公共权力的制度体系，健全党内的自我监督机制和社会的公众监督机制，既是社会主义国家"一切权力属于人民"这一最高原则的忠实体现，也是防止权力腐败的基本手段。

当然，社会主义的实质性民主是一个不断发展、不断自我完善的过程。正如马克思在《〈政治经济学批判〉序言》中所说的那样："人类始终只提出自己能够解决的任务，因为只要仔细考察就可以发现，任务本身，只有在解决它的物质条件已经存在或者至少是在生成过程中的时候，才会产生。"① 构建社会主义实质性民主不是用抽象的政治理念来裁剪现实，而是应当高度注重政治过程的现实性、复杂性和阶段性特征，充分认识和探究实现社会主义实质性民主必须具备哪些必不可少的要素和环节，必然要经历哪些基本的发展阶段，并用实质性民主的规范性要求来考察并合理地解决我国现时期民主政治建设所存在的各种矛盾和问题。

（三）文明

文明是社会进步的标志，也是社会主义现代化国家的重要特征，是社会主义现代化国家文化建设的应有状态。习近平总书记指出："文明特别是思想文化是一个国家、一个民族的灵魂。无论哪一个国家、哪一个民族，如果不珍惜自己的思想文化，丢掉了思想文化这个灵魂，这个国家、这个民族是立不起来的。"②

汉语中的"文明"一词，最早见于《周易·乾卦》："见龙在田，天下文明"，含有光明的意思。后来的文献大多是在修养、开化的意义上来使用这个概念，如《尚书·舜典》称赞舜："俊哲文明，温公允塞。"孔子也说过："质胜文则野，文胜质则史，文质彬彬，然后君子。"在西方，英语中"文明"（civilization）来源于拉丁文"civis"，意指罗马城里人的身份，与野蛮的生活状态相对应，后来逐渐演化为人类社会发展的积极成果和进步状态。文明概念的内涵极为丰富，包括物质、精神、制度等形态的文明，也包括国家、社会、个人层面的文明。文明内涵的丰富性并不排除其共性的存在，这种共性便是"一种更高水准的进步形态"。我们今天把"文

---

① 《马克思恩格斯文集》第 2 卷，人民出版社 2009 年版，第 592 页。

② 习近平：《在纪念孔子诞辰 2565 周年国际学术研讨会暨国际儒学联合会第五届会员大会开幕式上的讲话》，《人民日报》2014 年 9 月 25 日。

明"作为国家层面的价值目标，意味着我们力争通过自己的努力，使我们国家达到一种更进步、更理想的状态，使我们国家真正成为一个伟大的社会主义文明国家。

文明是人类社会发展进步的重要标志。文明是人类改造世界过程中所形成的积极成果，一部人类史就是文明发展史，就是人类追求文明、创造文明的历史，就是文明不断累积、进步的过程。亨廷顿指出："人类的历史是文明的历史。不可能用其他任何思路来思考人类的发展。"①自进入文明时代以来，人类先后经历了奴隶制文明、封建制文明、资本主义文明、社会主义文明，最终要走向共产主义文明，这些文明形态每一种都以前一种为基础，每一种也都超越了前面的文明，进入更高形态。在此意义上，文明不仅是对人类社会发展状况的客观描述，而且是一个评价人类发展进步的重要尺度。我们可以用"文明"或"不文明"来评价一个人、一个事件、一种行为，也可以用来评价一个国家、一个社会、一个民族。在这里，"文明"就意味着更先进、更高级、更进步、更发达，而"不文明"意味着低级、落后、野蛮、愚昧。所以，每个人、每个国家、民族都会追求文明，文明因之成为人类共同的价值追求。

文明是社会主义的本质要求。社会主义是在资本主义文明中"孕育"产生的。相较于封建文明，资本主义文明摧毁了封建等级制，剔除了人身依附关系，用人权替代神权，用理性取代信仰，用科学战胜愚昧，用世俗生活取代来世生活，极大推动了生产力的发展和整个社会的进步。然而，这样一种文明进步是以野蛮的方式取得的，是通过强取豪夺、侵略殖民取得的，资本主义文明伴随着血与火的侵略和掠夺的历史。不仅如此，资产阶级还制造了新的野蛮。正如马克思恩格斯当年所描绘的，它在铲除封建、宗法关系的同时，把一切田园诗般的关系也破坏了：它除了人与人之间赤裸裸的利害关系，除了冷酷无情的现金交易，就再也没有别的联系

---

① 亨廷顿：《文明的冲突与世界秩序的重建》，新华出版社 2010 年版，第 19 页。

了。于是，拜金主义、利己主义、极端个人主义流行，信仰迷失、理想丢弃、精神空虚，人沦落为美国哲学家伯恩施坦所说的"占有性个体"，成为"欲望主体"、消费主体，人变得紧张、压抑、焦虑，有的走向自杀、抑郁。另外，伴随着资本主义的发展，原来能够促进人类文明进步的资本主义生产方式也成为人类文明发展的桎梏，生产的社会化与生产资料的私人占有之间的矛盾愈演愈烈，结果产生了周期性的经济危机，带来了社会生产的极大浪费，社会发展又回归了"野蛮"状态。今天，这样一种"野蛮状态"仍然没有被根除，也不可能被根除。1997 年的亚洲金融危机、2008 年发端于美国的金融危机、最近的欧债危机等，就是其最新的表现。而社会主义恰恰就起因于资本主义的"不文明"。不论是空想社会主义还是科学社会主义，都是为了消灭资本主义社会劳动人民的野蛮生存状态，都是为了破除阻碍人类文明发展进步的桎梏，都是为了建立一个更合理、更平等、更和谐也就是更文明的理想社会，都是为建立一种新形态的文明社会。正是在这个意义上，我们说，文明是社会主义的本质要求。

文明始终是中国共产党人的一贯价值追求。早在革命时期，中国共产党人就把建设文明国家作为自己的目标。在 1940 年 1 月写的《新民主主义论》中，毛泽东指出："我们不但要把一个政治上受压迫、经济上受剥削的中国，变为一个政治上自由和经济上繁荣的中国，而且要把一个被旧文化统治因而愚昧落后的中国，变为一个被新文化统治因而文明先进的中国。"[1]以邓小平同志为核心的党的第二代中央领导集体，明确了社会主义文明建设事业的领导力量，进一步回答了社会主义精神文明建设的指导思想、指导方针、根本任务、基本途径等重大问题，初步形成了物质文明、精神文明共同建设、相互促进的整体文明进步观。党的十八大以来，以习近平同志为核心的党中央高度重视社会主义文明建设，在继承马克思主义文明观的基础上，丰富和发展了社会主义文明观，并提出了一系列创

① 《毛泽东选集》第 2 卷，人民出版社 1991 年版，第 663 页。

新思想，如物质文明、精神文明、社会文明、生态文明应该协调发展、共同进步；高度重视精神文明建设，意识形态工作一刻也不能放松；建设文明国家必须继承和弘扬中华优秀传统文化等。由此可见，我们党历来都十分重视文明建设，把文明作为国家发展的重要目标。

实现中华民族伟大复兴中国梦的需要。近代以来，实现中华民族伟大复兴中国梦一直是几代中国人的美好夙愿。一方面，我们要振兴的是中华民族，我们要复兴的既是自己民族的辉煌，更是我们民族的优秀传统。当今世界，西方文明已然步入困境。我们要建设文明国家，当然不能步西方的后尘，不是把西方文明移植到中国来，而是要从中国传统文明中寻找治愈西方疾病的智慧。另一方面，独特的文化传统、独特的历史命运、独特的国情，注定了我们也不可能走西方文明的发展道路，不能走西方文明的老路，而必然走适合自己特点的发展道路。中国是一个有着 13 亿多人、960 多万平方公里的大国，必须创出一条新路，创造一种新的文明样式，不论是生产方式还是生活方式，都不同于西方文明。进一步说，中国的崛起将是"文明的崛起"。所谓文明的崛起，绝对不单是 GDP 成为世界第一，不单是硬实力的崛起，而且是软实力的崛起，是一套价值观念、一个意义系统、一种制度体系的被认可、称颂和追随，是人类历史上一种新的生产方式、生活方式的诞生，是一种新的发展道路、文明样式的问世。唯有这样的一种崛起才能称得上中华民族的伟大复兴，唯有这样的一种崛起才能真正实现我们精神的独立性。

社会主义是人类文明进步的最新成果，不仅要创造高度的物质文明、制度文明，而且要创造高度的精神文明。在中华文明与西方文明、传统文明与现代文明的碰撞、交流、交融的过程中，在探索中国特色社会主义文明进步的过程中，中国人民逐渐形成了对文明的独特理解。社会主义文明观主要包含以下价值理念：

以人为本。也就是以人民为本，这是社会主义文明观的核心理念，是对社会主义文明发展的目的和方向的规定，回答了为了谁、依靠谁、走向何方的问题。人是经济社会发展的目的而不是工具，人的自由全面发展是文明进步的最高理想和追求。与私有制社会的文明发展服务于少数人、剥夺多数人不同，社会主义文明发展为了人民、依靠人民，发展成果为人民所共享，使人民彻底摆脱人身依附、生产资料所有权依附，从被剥夺者的地位中解放出来，从而获得自由全面发展的条件和可能。在中国特色社会主义社会，坚持以人为本，就是坚持以人民群众为本，始终坚持人民群众是历史创造者这个马克思主义基本观点，始终坚持把人民群众作为巩固和加强我党领导地位的力量之本，始终把体现人民群众的意志和利益作为我们一切工作的出发点和归宿，始终把依靠人民群众的智慧和力量作为我们推进事业的根本工作路线，始终坚持把人民群众作为推动中国特色社会主义伟大事业的胜利之本。

科学理性。这是社会主义文明的基本要求，回答了文明的现代性问题，或者说社会主义文明与人类文明成果的关系问题。现代文明最突出的特征和最积极的成果，就是对理性的崇尚和对科学的尊重。社会主义文明当然要继承这一成果，它要求打破各种迷信，尊重知识，尊重法则，唯物辩证，实事求是，一切从实际出发，老老实实按客观规律办事，反对任何形式的盲从和超越现实的激进。摆脱各种愚昧，追求真理，修正错误，解放思想，与时俱进。从不合时宜的观念、做法的束缚中解放出来，从主观主义、形而上学的桎梏中解放出来，把最新的科学认知应用于实践，使思想和行动符合不断发展的客观实际。树立规则意识和法治精神，知法、尊法、守法，实现有序、高效的发展和治理。

厚德重义。这是中国特色社会主义文明的显著特征，回答了物质与精神、义与利的关系问题。当高楼大厦在我国大地上遍地林立时，中华民族精神的大厦也应该巍然耸立。社会主义文明在追求物质极大丰富的同时，坚决抵制物欲横流，注重不断提升人的精神境界，追求德性之真、仁爱之善、和谐之美。用正当的手段获取合理的物质利益，反对拜金主义、极端利己主义、物质主义、享乐主义，不能唯利是图、见利忘义，在需要时重义让利，甚至舍利取义。尊崇有道德的行为规范，明大德，报效祖国、服务人民、奉献社会；守公德，诚信助人、宽容谦让、团结合作；严私德，己所不欲、勿施于人，感恩自省、遵法自律。对于共产党员来说，就是要先公后私、大公无私、无私奉献，就是要讲党性、重品行、做表率，就是要引领社会风气、道德规范，向着共产主义道德提升。

继承传统。这是社会主义文明发展的基本途径，回答了文明的传承发展问题。中华优秀传统文化是中华民族的"根"和"魂"，是中华民族的突出优势，如果丢掉了，就割断了精神命脉。不忘本来才能开辟未来，善于继承才能善于创新。要坚持古为今用、推陈出新，结合新的实践和时代要求进行正确取舍，有鉴别地对待、有扬弃地继承，努力实现创造性转化、创新性发展，把跨越时空、超越国度、富有永恒魅力、具有当代精神的文化精神弘扬起来，让中华文明同世界各国人民创造的丰富多彩的文明一道，为人类提供正确的精神指引和强大的精神力量。对待传统文化，既不能片面地讲厚古薄今，也不能片面地讲厚今薄古，更不能采取全盘接受或者全盘抛弃的绝对主义态度，而是要认真汲取其思想精华和道德精髓，使中华优秀传统文化成为涵养社会主义核心价值观的重要源泉。

包容互鉴。这是社会主义文明的根本原则，回答了如何处理不同文明间关系的问题。文明是多彩的。当今世界有 70 亿人口，200 多个国家和地区，2500 多个民族，5000 多种语言。不同民族、不同文明多姿多彩、各有千秋，没有优劣之分，只有特色之别。"一花独放不是春，百花齐放春满园。"尊重文明多样性，推动不同文明交流对话、和平共处、和谐共生，才能绘就人类文明美好画卷。文明是平等的。平等是交流互鉴的前提。各种人类文明在价值上是平等的，各有不同，各有千秋，也各有不足，都应得到承认和尊重。文明是包容的。海纳百川，有容乃大。每一种文明都是独特的，都是自己人民的创造。"万物并育而不相害，道并行而不相悖。"在文明问题上，生搬硬套、削足适履不仅是不可能的，而且是十分有害的。文明是开放的。文明交流互鉴，是推动人类文明进步和世界和平发展的重要动力，是文明发展的一条重要规律，应该从不同文明中寻求智慧、汲取营养，为人们提供精神支撑和心灵慰藉，携手解决人类共同面临的各种挑战。

实现"两个一百年"奋斗目标、实现中华民族伟大复兴的中国梦，需要并将产生伟大崇高的精神，崇高的精神支撑和推动伟大事业。这就需要我们求真务实、真抓实干、勇于担当，在抓好社会主义物质文明建设的同时，切实加强社会主义精神文明建设，不断满足人民的精神需求，丰富人民的精神生活，增强人民的精神力量，不断巩固全党全国人民团结奋斗的共同思想基础。首先，坚持全面发展，坚持物质文明和精神文明比翼双飞。中国特色社会主义文明的根本目标就是实现人的全面发展，这就要求文明的建设也必须是物质文明和精神文明均衡发展、相互促进。中国仍然是世界上最大的发展中国家，提高人民群众生活水平和质量需要我们付出艰苦的努力，必须聚精会神搞建设，一心一意谋发展。同时，我们必须克服西方文明的物质主义、消费主义的弊端，在不断推进物质文明的同时，建设高度的精神文明。中华文明的崛起，一定是物质文明和精神文明比翼双飞的发展过程。随着中国经济社会不断发展，中华文明也必将顺应时代发展焕发出更加蓬勃的生命力。其次，坚守社会主义核心价值体系和核心价值观。核心价值体系和核心价值观是文化的核心、文明的灵魂，是决定文化和文明性质的最深层要素，是一种最持久、最深沉的力量，是一个国家的重要稳定器，必须大力培育和弘扬。再次，以科学态度对待传统文化。优秀传统文化是一个国家、一个民族传承和发展的根本。2013 年 9 月 26 日，习近平总书记在会见第四届全国道德模范及提名奖获得者时指出："中华文明源远流长，孕育了中华民族的宝贵精神品格，培育了中国人民的崇高价值追求。"我们要善于把弘扬优秀传统文化和发展现实文化有机统一起来，紧密结合起来，在继承中发展，在发展中继承。要把跨越时空、超越国度、富有永恒魅力、具有当代价值的文化精神弘扬起来，让收藏在博物馆里的文物、陈列在广阔大地上的遗产、书写在古籍里的文字都活起来，让中华文明同世界各国人民创造的丰富多彩的文明一道，为人类提供正确的精神指引和强大的精神动力。最后，加强文明交流互鉴。历史告诉我们，只有交流互鉴，一种文明才能充满生命力。中华文明是在中国大地上产生的文明，也是同其他文明不断交流互鉴而形成的文明。在长期演化过程中，中华文明从与其他文明的交流中获得了丰富营养，也为人类文明进步作出了重要贡献。对于一切外来文明的有益成果，我们都应该采取学习借鉴的态度，都应该积极吸纳其中的有益成分。

（四）和谐

和谐，是从社会和生态层面对国家价值目标的规定，主要包括人与人、人与社会、人与自然、国与国的和谐。在中国古代，老子设想的"鸡犬之声相闻，老死不相往来"的小国寡民状态，是一个和谐社会；儒家主张的"君君臣臣、父父子子"、各安本分的社会，也是一个和谐社会。中国历代的农民起义打出的旗号都是"均贫富""等贵贱"，如唐末王仙芝、黄巢提出过"均平"的要求；北宋的王小波、李顺说过："吾疾贫富不均，今为汝均之"；清末的洪秀全提出："有田同耕，有饭同食，有衣同穿，有钱同使，无处不均匀，无处不饱暖"，等等，所有这些实际都是为建立一个和谐社会。在古希腊，毕达哥拉斯就认为宇宙本来是和谐的，音乐之美妙也在于旋律的和谐。柏拉图所设计的理想国也是一个和谐社会，这里的和谐是指统治者和劳动人民各司其职，互不僭越。和谐作为一种价值观，不仅为中华民族所珍视，而且是世界各国人民的共同愿望，是人类社会发展的一种必然走向。

今天，我们把和谐作为国家的价值目标，就是要构建一个和谐中国、美丽中国，即民主法治、公平正义、诚信友爱、充满活力、安定有序、人与自然和谐相处的中国；就是要共建一个和谐世界，即坚持多边主义，实现共同安全；坚持互利合作，实现共同繁荣的世界；就是要通过教育引导、舆论宣传、文化熏陶、实践养成、制度保障等，使和谐的价值观内化为人们的精神追求，外化为人们的自觉行动。在这里，和谐中国、美丽中国与和谐世界是辩证统一的，因为，在历史已经成为世界历史的今天，在人类共同面对的问题日益增多的当代，中国经济已经与世界经济、中国的命运已经与人类的命运紧密联系在了一起，必须把自身发展与人类进步紧密联系在一起。我们只有高举和平、发展、合作的旗帜，坚持走和平发展道路，既通过维护世界和平来发展自己，又以自身的发展促进世界和平，加强同世界各国和平共处、互利合作，才能为我国发展创造更好的外部条件，更好地实现持久发展。

和谐是矛盾运动的一种特殊形式，是事物内部、事物与事物之间的平衡、协调、有序的良好状态或融洽关系。从外延上看，和谐包括人的身心和谐，人与人、人与社会、人与自然的和谐，以及社会各子系统——经济、政治、文化、社会、生态之间的和谐。和谐是人类的理想境界，也是社会主义追求的价值目标。在革命、建设、改革的长期实践中，我们党逐渐形成了具有中国特色的社会主义和谐观。当今中国社会的基本矛盾具有非对抗性质，孕育着必然的、普遍的、持久的社会和谐。在建设理想社会所经历的艰难曲折中，中国人民汲取了中华传统"和文化"的精华，并赋予其鲜明的时代特色和社会主义内涵。社会主义和谐观主要包含以下基本理念：

和而不同。这是社会主义和谐观的核心理念，回答了什么是和谐、和谐要达到什么目标的基本问题。追求社会和谐，是中华民族的千年企盼，人类共同的美好愿望，也是中国共产党不懈奋斗的目标。中华文化崇尚和谐，"和文化"源远流长。中国历史上，不乏田园牧歌式的"农耕和谐"和封建制度下的"等级和谐"。但是，社会主义制度的建立，才使中国真正走上了消除剥削压迫和"三大差别"，为了国家富强、民族振兴、人民幸福的共同目标，在人与自然的友好中实现现代化的和谐发展之路。没有矛盾的想法是天真的、不符合客观实际的。没有矛盾，离开了多样性，社会就缺少发展动力，世界就死气沉沉；矛盾而失去平衡，多样而不协调，势必陷入混乱不堪、争斗不已。必须在尊重差异中凝聚共识，在相互协同中保持个性，求得有矛盾的平衡、多样性的统一，最大限度地利用积极因素、抑制消极因素，从而达到整体协调又丰富多彩、相对平衡又充满生机。

协调发展。这是关于人与自然关系、社会各子系统关系的理念。人类是宇宙的一部分，离开自然界，人类难以生存发展，损害自然就是损害人类自身，保护自然界就是保护人类的未来。人类可以通过社会实践活动有目的地利用自然，但决不能违背自然规律去破坏、操纵自然，无限度地占有和挥霍物质资源。必须尊重自然、顺应自然、保护自然，实现人与自然的相生相长、相容相济。社会各子系统、国家各地区也是一个不可分割的统一体，必须遵循现代化建设规律，统筹协调，协同推进，优势互补，相辅相成，实现经济发展、政治清明、文化昌盛、社会公正、生态良好，给子孙留下天蓝、地绿、水净的家园。中国特色社会主义建设由"四位一体"发展到"五位一体"，增加了生态文明建设，更加重视科学发展，建设人与自然高度和谐的生态文明。只有经济、政治、文化、社会、生态文明建设的各个领域紧密联系，互相协调，整个社会才能始终保持有序和谐的状态。

各尽所能。这是关于社会公平和发展动力的理念，也是达到和谐的重要手段。没有公平公正就没有真正的和谐。社会主义把实现社会公平作为重要的政策导向，正确处理效率与公平的关系，更加注重社会公平，让每个人获得发展自我和奉献社会的机会、共同享有人生出彩的机会、共同享有梦想成真的机会，把积极性、主动性、创造性都充分发挥出来，尽其所能、各展所长；让一切有利于社会进步的创造愿望得到尊重，创造活动得到支持，创造才能得到发挥，创造成果得到肯定，推动社会充满活力、不断发展进步；让每个劳动者根据自己的劳动、对生产要素的贡献，得到其所应得的利益，使发展的成果更多更公平地惠及全体人民，实现劳有所得、住有所居、学有所教、老有所养、病有所医。

求同存异。这是关于国际关系的理念，也是实现和谐世界的途径和手段。存在差异，各种文明才能相互借鉴、共同提高；强求一律，只会导致人类文明失去动力、僵化衰落。世界各国是一个命运共同体，只有求同存异、同舟共济、互相尊重主权和领土完整、互不侵犯、互不干涉内政、平等互利、和平共处，才能"天下太平、共享大同"。中国希望国与国之间、不同文明之间能够平等交流、相互借鉴、共同进步，各国人民都能够共享世界经济科技发展的成果，各国人民的意愿都能够得到尊重，各国能够齐心协力推动建设持久和平、共同繁荣的和谐世界，能够共同构建人类命运共同体。中国人民珍惜和平，希望与世界各国一道共谋和平、共护和平、共享和平，以中华民族的伟大复兴为世界带来机遇、和平和进步，而绝不是威胁、动荡和倒退。

现在，我国的发展已经站在一个新的历史起点上面临的发展机遇前所未有，面对的挑战也前所未有。我们在看到难得的历史机遇的同时，更要增强忧患意识，清醒地看到面临的严峻挑战。当前，建设和谐中国，关键是要消除影响社会和谐的因素，重点要在以下几个方面下功夫：首先，完善收入分配制度，规范收入分配秩序。当前，影响社会和谐的最大问题就是社会分配不公，贫富差距拉大。改革开放初期，为了调动积极性，增强社会活力，我们允许一部分人先富起来。三十多年来。我们的经济高速发展，人民的生活水平普遍提高，但贫富差距也逐渐拉大，中国的基尼系数甚至已经超过一些资本主义国家。邓小平在 1992 年就指出："可以设想，在本世纪末达到小康水平的时候，就要突出地提出和解决这个问题。"[1] 这就要求我们，坚持按劳分配为主体、多种分配方式并存的分配制度，加强收入分配宏观调节，在经济发展的基础上，更加注重社会公平，着力提高低收入者收入水平，逐步扩大中等收入者比重，有效调节过高收入，坚决取缔非法收入，促进共同富裕。要着力改善民生，完善社会保障制度，抓

---

[1] 《邓小平文选》第 3 卷，人民出版社 1993 年版，第 374 页。

住教育、就业、收入、社保、医疗这五个与人民群众关系最直接、最密切的民生问题，努力实现"学有所教、劳有所得、病有所医、老有所养、住有所居"，让广大人民群众共享改革发展的成果。其次，正确处理各种社会矛盾，促进社会和谐。社会主义社会并不是没有矛盾的社会。随着改革发展进入关键时期，人民内部矛盾出现了多发多样的状况。这就要求我们在经济社会发展的基础上，在社会主义民主法制的轨道上正确处理各种社会矛盾，建立和完善符合我国国情和时代特征的社会矛盾调处机制，真正做到党政有力领导、公民有序参与、民意有序表达、依法维护权益、依法处理矛盾、公民享受权利和履行义务相统一，努力形成全体人民各尽其能、各得其所又和谐相处的局面。再次，加强环境治理保护，促进人与自然和谐。以解决危害群众健康和影响可持续发展的环境问题为重点，加快建设资源节约型、环境友好型社会。统筹城乡环境建设，加强城市环境综合治理，改善农村生活环境和村容村貌。加快环境科技创新，加强污染专项整治，强化污染物排放总量控制，重点搞好水、大气、土壤等污染防治。完善有利于环境保护的产业政策、财税政策、价格政策，建立生态环境评价体系和补偿机制，强化企业和全社会节约资源、保护环境的责任。完善环境保护法律法规和管理体系，严格环境执法，加强环境监测，定期公布环境状况信息，严肃处罚违法行为。

第二节　我们要建设什么样的社会

核心价值观是维系社会团结的精神纽带，是指引社会前进的精神旗帜。自由、平等、公正、法治，是从社会层面对社会主义核心价值观的高度凝练，也是对美好社会的生动表述。它反映了社会主义社会的基本属性，体现了中国特色社会主义的价值追求，也是我们党矢志不渝、长期实践的核心价值理念。作为社会层面的价值取向，自由、平等、公正、法治在实践进程中相互作用、相得益彰，外化为社会全面治理和全面进步，最大限度地增加社会和谐因素、增强社会发展活力，依靠全体人民力量营造安居乐业、幸福安全的共同家园。

今天的中国，取得了举世瞩目的成就，也面临着更高层次的挑战。经济社会快速转轨，利益诉求多元分化。经济发展起来以后，社会领域的利益纠葛、无序竞争、行为失范等问题日益凸显；物质生活改善以后，人们的权利意识显著提高，对公平正义有了新的诉求。形势越复杂、社会越多元、观念越多变，就越需要一种精神力量来统领、来凝聚，越需要寻找到人们认识的"最大公约数"。自由、平等、公正、法治的价值取向，就是引领社会思潮、凝聚社会共识、整合社会力量的"最大公约数"。倡导自由、平等、公正、法治，就是要在社会秩序中形成既有公共纪律又有个人自由的状态；在社会生活中形成以效率与公平、阶层与地位、奉献与享受的最佳结合点基础上的人人平等；在社会制度中形成各种制度的设计、修订、实施中做到起点、过程、结果的真正公正，在社会管理中形成恪守法律原则、弘扬法律精神、履行法律使命的能动法治。

（一）自由

追求自由是人类与生俱来的天性。有史以来，人类在改造自然、社会和自身的过程中，对自由一直心向往之。自由，从字面来理解，就是"由自"，就是自主、自我决定，就是随心所欲，这是自由的最原始含义。在英语中，表示自由的有两个词：Liberty 和 Freedom，这两个词都有解放、自主的意思，也就是从各种各样的束缚和限制中解放出来，按照自己的意愿行事。然而，自由并非随心所欲。黑格尔就说过，自由不是任性，任性的自由只能走向自由的反面。因为，如果每个人都任性、随心所欲，每个人的"自由"就会妨碍他人"自由"的实现，整个社会就会陷入无政府状态，就会失序，甚至引发战争，最终每个人都没有自由。

自由是马克思主义的核心概念，是贯穿马克思主义始终的主题。恩格斯在《反杜林论》中指出："自由不在于幻想中摆脱自然规律而独立，而在于认识这些规律，从而能够有计划地使自然规律为一定的目的服务。"
这是从自由与必然的关系的角度对自由的理解。在《德意志意识形态》中，
马克思恩格斯指出："只有在共同体中，个人才能获得全面发展其才能的
手段，也就是说，只有在共同体中才可能有个人自由。"① 在《共产党宣言》
中，马克思恩格斯这样写道："代替那存在着阶级和阶级对立的资产阶级
旧社会的，将是这样一个联合体，在那里，每个人的自由发展是一切人的
自由发展的条件。"② 在《政治经济学批判（1857—1858 年草稿）》中，马克
思把人类社会划分为三个发展阶段，第三个阶段就是"建立在个人全面发
展和他们共同的社会生产能力成为他们的社会财富这一基础上的自由个
性"。③ 由此可以看出，马克思恩格斯对自由的理解是一以贯之的，对他
们而言，自由就是人的全面发展，所以自由才建立在对必然的认识和利用
基础上，自由才随着人的认识能力的提高和对必然掌握程度的加深而不断
进步。

政治的自由。在政治上，自由主要是指公民享有的合法权益，也就是
人们在法律规定的范围内拥有自由行动、不受限制的权利。《中华人民共
和国宪法》规定，公民享有言论、出版、集会、结社、游行、示威的自由，
享有宗教信仰自由，公民的人身自由、人格尊严、住宅不受侵犯，公民享
有对于任何国家机关和国家工作人员提出批评和建议的权利等。对于公民
的这些自由权利，其他公民、国家、社会不能随意加以侵犯，同时它又是
受到法律约束的相对的自由而不是绝对的自由，任何人享有自由权利都不
能逾越法律的限制。在哲学上，自由是人们对必然的认识和对客观世界的
改造，自由不在于摆脱客观规律而独立，而在于认识和利用这些规律，违
背规律的所谓绝对"自由"，不是真正的"自由"，而是盲动，必然遭到规
律的惩罚。

---

① 《马克思恩格斯选集》第 1 卷，人民出版社 1995 年版，第 119 页。
② 《马克思恩格斯选集》第 1 卷，人民出版社 1995 年版，第 294 页。
③ 《马克思恩格斯全集》第 46 卷（上），人民出版社 1974 年版，第 104 页。

　　具体的自由。每个时代有每个时代的自由，不同国家、民族自由也不尽相同。虽然用语相同，但我们所倡导的自由与西方的自由就根本不同。西方自由主义者是从个体出发来理解自由的，他们所说的人是"抽象的个人"。此种"抽象的个人"落实到现实中就是资产者，是少数人，因为，他们理解的自由主要是自由贸易、自由竞争和私有财产等，而能够进行自由贸易、自由竞争、拥有私有财产的人，当然是资产者。而我们倡导的自由是从群体出发的，自由的主体不是抽象的个人，不再是少数人，而是人民，是大多数人。习近平总书记指出："马克思主义坚持实现人民解放、维护人民利益的立场，以实现人的自由而全面的发展和全人类解放为己任，反映了人类对理想社会的美好憧憬"。① 资产者的自由还是人民的自由，这是我们的自由观与西方的自由观的根本区别。

　　群体的自由。在个人与社会的关系上，西方的自由把个人凌驾于社会之上。在西方自由主义者看来，个人具有最高价值，是道德价值、道德原则的源泉，国家是为个人的权利、自由服务的。这样的自由观一方面把自由看作个人的"私事"，自由的实现依赖于个人的奋斗，另一方面又容易走向无政府主义、利己主义、极端个人主义，引发压抑、焦虑、冷漠等社会疾病。马克思主义认为，自由不是与他人无涉的"个人私事"，单个人无法获得自由；自由是一种群体状态、社会状态，只有在"真正的共同体"中，个人才能获得全面发展的条件，才能有自由；只有在社会主义社会、共产主义社会，自由才能真正实现。在社会主义社会，个人在行使自己的权利时，必须尊重他人的权利，集体的权利。如果在行使自己的自由权利时，损害了他人、集体和社会的权利，势必走向自由的反面。

　　实质的自由。尽管相对于奴隶制和封建制下的自由，西方近代以来所倡导的自由代表着人类社会的巨大进步，但是西方的自由并没有把实现人民自由的条件纳入自由的考量。对于西方自由主义者而言，自由就是机会

————————————

① 习近平：《在哲学社会科学工作座谈会上的讲话》，《人民日报》2016 年 5 月 19 日。

的均等，就是法律保护下个人不受其他限制的自由，具体内容就是私有财产权、自由贸易和人身自由，其中，私有财产权是关键。对于没有条件、特别是没有经济条件的广大人民群众来说，自由只能是形式的自由、口头的自由、自由的空头支票，它实际是富人的自由、强者的自由、资本的自由。列宁早就说过："资产阶级个人主义者先生们，我们应当告诉你们，你们那些关于绝对自由的言论不过是一种伪善而已。在以金钱势力为基础的社会中，在广大劳动者一贫如洗而一小撮富人过着寄生生活的社会中，不可能有实际的和真正的'自由'。"① 社会主义社会倡导的自由则根本不同，一方面把自由的条件纳入自由的考量，实行公有制为主体、多种所有制经济共同发展的基本经济制度，坚持以人民为中心的发展思想，实现人民共同富裕。另一方面不断增进人民群众的自由，执政的中国共产党坚持全心全意为人民服务的根本宗旨，坚持实现好、维护好、发展好最广大人民根本利益，不断发展社会主义民主，扩大人民群众有序政治参与，保证人民广泛参加国家治理和社会治理。

倡导自由，是为了树立自由的理念，建立一个自由的社会、自由的国家，使人民乐在其中，使我们的国家更有吸引力，使社会富有创造活力，实实在在地增进人民的自由。首先，着力实现人民的生存和发展权。人民群众的生存和发展权仍然是当前我们首先要保障和实现的自由权利。这就要求我们要以经济建设为中心，统筹推进"五位一体"总体布局，协调推进"四个全面"战略布局，在满足人民群众基本生存和发展需求的基础上，不断实现和扩大人民群众的政治、经济、文化、社会等各方面的权利。其次，大力推进国家治理体系和治理能力现代化。习近平总书记指出：自由是秩序的目的，秩序是自由的保障。稳定、安全、秩序，是每个人能够享有自由的关键一步。同时，良法善治不仅能够为个人自由提供坚实保障，而且可以激发每个人的创造活力，推动人的全面发展，实现人的自由个

---

① 《列宁选集》第 1 卷，人民出版社 1995 年版，第 666 页。

性。这就要求我们大力推进社会主义民主政治建设，把坚定制度自信和不断改革创新统一起来，把人民当家作主真正落实到国家政治生活和社会生活之中，保障和扩大人民的民主权利；要求我们全面推进依法治国，坚持依法治国、依法执政、依法行政共同推进，坚持法治国家、法治政府、法治社会一体建设，使党和国家的各项工作、社会生活的方方面面都走上制度化、法治化的轨道，真正为人民群众的自由提供坚实保障。再次，推动人类命运共同体建设。随着全球化进程的加快，随着历史愈益成为世界史，中国与世界的关系日益紧密，中国人的自由与世界人民的自由也日益紧密。资本的自由是建立在私有制和剥削基础之上的，是以侵略和掠夺为自己开辟道路的。中国的崛起是和平崛起，在中国人的文化传承里没有侵略基因，社会主义的国家性质也不允许剥削、侵略和掠夺，中国人民的自由不可能建立在剥夺或伤害他国人民自由权利的基础上。我们要走自己的路，要推动构建以合作共赢为核心的人类命运共同体，在增进中国人民自由的同时，也不断增进他国人民的自由。这就是我们的胸怀，而不是像有些国家那样，在国内奉行的是"文明"政策，而在国际领域遵循的是赤裸裸的强盗逻辑。

（二）平等

平等是指人们在政治、经济、社会上处于同等的地位，享有同等的权利。平等不仅是指人格上的平等，而且是指经济、政治和文化权益上的平等。从本质上说，平等是在保证每个人地位和权益平等的基础上提供均等的发展机会。

平等是人的最基本权利，是处理人与人之间关系的最基本准则。一个社会只有实现了平等，才能真正让每个人获得自由。在现代社会，作为价值目标的平等，主要是指权利平等、机会平等和结果平等，就是国家承认所有公民在法律面前平等，都享有广泛、相同的权利；社会应该为每个成员追求自身利益、自我发展和自我完善平等地提供必要的机会和条件；全社会的劳动产品和价值物对所有人平等分配。古往今来，平等在推动社会变革与社会发展中发挥着至关重要的价值导向作用。中国封建社会的历次农民革命，几乎无不将平等作为自己的价值理念和行动纲领。无论是南宋初年农民起义领袖钟相、杨么主张的"等贵贱、均贫富"，还是太平天国领袖洪秀全提出的"有田同耕，有饭同食，有衣同穿，有钱同使，无处不均匀，无处不饱暖"的社会纲领，都无不凸显了平等的价值意义。当然，在生产力十分落后的农耕社会，农民阶级的平等价值追求，带有严重的平均主义色彩，最终只能陷人空想，不可能成为持久的现实。在西方，近代以来，资产阶级启蒙思想家赋予平等以更加深刻的内涵，从而使平等成为资产阶级反对封建专制制度的最有号召力和动员力的价值理念。英国自然法和社会契约论者霍布斯认为，在自然状态下人人都是平等的，也是自由的。法国启蒙思想家卢梭认为，社会平等实质上是权利平等。美国资产阶级革命领袖杰弗逊强调，所有的人都是生而平等和独立的。总之，平等在资产阶级启蒙运动和民主革命中具有特殊的意义，是近代社会变革与发展的力量源泉。

诚然，平等只是一个历史性和相对性的概念，它所要求的内容随生产关系、社会结构的变化而变化。马克思主义认为，平等的概念，无论是以资产阶级的形式出现，还是以无产阶级的形式出现，本身都是一种历史的产物。在存在着剥削制度和剥削阶级的社会里，平等不可能真正实现；只有到了社会主义社会，消灭了剥削制度和剥削阶级，全体人民当家作主，共同享有对生产资料的所有权和支配权，并在此基础上共同享有管理国家的权力，才有可能实现实质上的平等。事实上，在阶级社会，平等只能是阶级内部的平等，跨越阶级界限的全民平等是不存在的。实现为社会全体成员共同享有的平等，必然要消灭阶级，消灭私有制。恩格斯曾说过："无产阶级平等要求的实际内容都是消灭阶级的要求。任何超出这个范围的平等要求，都必然要流于荒谬。"[①] 社会主义制度为实现平等奠定了制度

———————————

① 《马克思恩格斯选集》第 3 卷，人民出版社 1995 年版，第 448 页。

基础，提供了有利条件；社会主义社会应当比资本主义社会更高地举起平等的旗帜，将平等作为自己的价值目标。必须明确，平等不是平均，与平均主义具有本质的不同。平等并不是要平均分配社会财富，它是以承认按劳分配为主体的多种分配方式为前提的，它所反对的是贫富的两极分化和对人的权利的剥夺。

平等是社会主义的本质追求，在建设和发展中国特色社会主义进程中具有特殊的价值意义。历史与现实表明，只有社会主义运动和社会主义制度，才能开辟实现真正平等的光明大道。社会主义制度是实现和保证人民当家作主的制度。

人格平等。马克思说过："一切人，或至少是一个国家的一切公民，或一个社会的一切成员，都应当有平等的政治地位和社会地位。"[①] 这是马克思在批判以往社会、尤其是资本主义社会的阶级压迫下阐发的。在他看来，平等应当不仅是表面的，不仅在国家的领域中实行，还应当是实际的，还应当在社会的、经济的领域中实行。社会主义所追求的，正是要在实际的意义上，在国家的、社会的、经济的领域中实行平等。在社会主义社会，人民既是社会的主人，又是国家的主人，消灭剥削与消灭阶级成为可能与现实。因而，社会成员可以平等地相互对待、平等地共同管理国家和社会，于是，平等既成为社会主义社会的本质特征，又成为社会主义发展的内在要求。

权利平等。社会主义社会的平等价值取向与资本主义社会的平等理念也有质的不同。财产权是一切权利的基础，财产权不平等，其他一切平等就都是空的。在资本主义私有制度下，平等只能表现为一种阶级的平等。因为私有制的存在，必然会导致社会中一部分人获得平等的权利，而把另一部分人排斥在这种权利之外。因此，资产阶级权利平等仍然是一种阶级特权。社会主义是对资本主义制度的一种批判和否定，它是为了克服资本主义制度所导致的不公平、不平等弊端而产生的，它是人类改变现状的美

[①] 《马克思恩格斯文集》第 9 卷，人民出版社 2009 年版，第 109 页。

好理想与向往。《中华人民共和国宪法》规定："中华人民共和国公民在法律面前一律平等。"这就是说，任何公民不分民族、种族、职业、家庭出身、宗教习惯、教育程度、财产状况、居住期限，都一律平等地享有宪法和法律规定的权利，平等地履行宪法和法律规定的义务；公民的合法权益一律平等地受到保护，对违法行为一律依法予以追究；在法律面前，不允许任何公民享有法律以外的特权，任何人不得强迫任何公民承担法律以外的义务，不得使公民受到法律以外的处罚。

机会平等。平等，最关键的是人人都拥有平等参与、平等选择、平等竞争的机会，所有职位对所有人开放。习近平总书记指出："生活在我们伟大祖国和伟大时代的中国人民，共同享有人生出彩的机会，共同享有梦想成真的机会，共同享有同祖国和时代一起成长与进步的机会。"[①]这就要求我们着力促进与实现政治领域的权利平等、经济领域的机会平等、分配领域的规则平等以及广泛社会领域的形式平等和实质平等，从而营造更加平等公正的社会环境，确保广大社会成员有更多平等参与、平等协商、平等竞争、平等发展的权利和机会。

我们今天要求的平等，已经不是生产力极其低下、物质生活极其贫乏的原始社会那种平等，而是社会生产力极大发展、物质生活极大丰富、道德境界极大提高基础上的平等，是与中国特色社会主义伟大事业相适应、有利于调动广大社会成员积极性、能给广大人民带来更多机会与利益的平等。在政治领域，积极发展中国特色社会主义民主，改革和完善选举制度，切实保障公民权选举权与被选举权的平等。大力发展社会主义协商民主，保障人民平等参与国家政治生活的权利。拓宽和健全监督渠道，把权力运行置于有效的制约和监督之下，把权力关进制度的笼子，消除腐败、特权现象。法律领域，深化和推进以司法公正为核心的法律制度改革，确保法律面前人人平等。切实做到任何组织或个人不得有超越宪法和法律的

---

① 《习近平谈治国理政》，外文出版社 2014 年版，第 40 页。

特权；公民在享有宪法和法律规定的权利的同时，必须履行宪法和法律规定的义务。经济领域，在坚持以经济建设为中心、不断解放和发展社会生产力的基础上，积极推进收入分配制度改革，实现公平和效率的统一。合理调节收入分配，着力提高低收入者收入水平，扩大中等收入者比重，规范收入分配秩序，有效调节过高收入，取缔非法收入，防止两极分化。社会领域，建立健全社会保障制度建设，为所有人平等享有生存和发展权利、平等地享有基本公共服务创造条件。正如习近平总书记在中国共产党成立 95 周年大会上的讲话中所指出的："我们要顺应人民群众对美好生活的向往，坚持以人民为中心的发展思想，以保障和改善民生为重点，发展各项社会事业，加大收入分配调节力度，打赢脱贫攻坚战，保证人民平等参与、平等发展权利，使改革发展成果更多更公平惠及全体人民，朝着实现全体人民共同富裕的目标稳步迈进。"

（三）公正

公正即公平正义，既体现为一种价值理念，也体现为一种制度安排；既是一种程序上的规则和标准，也是一种状态和结果。一般说来，公正主要是指权利公正、机会公正、规则公正。公正是人类文明的基本价值，是人类共同的价值追求，更是中国特色社会主义的内在要求。社会主义社会应当是比以往任何社会形态都更加公正的社会，实现社会公平正义是我国社会主义制度的本质要求。

古往今来，企求有一个公平正义的社会，是千百万人梦寐以求的社会理想。中华民族历来崇尚公平正义。几千年来，从古代的孔子、孟子，到近现代的康有为、孙中山，中国的先贤们都不懈努力追寻着一个理想的"大同社会"。在儒家经典著作《礼记》中，对"大同社会"有过美妙的阐述："大道之行也，天下为公。选贤与能，讲信修睦。"[1]到了近代，

---

① 《礼记·礼运》。

康有为在其《大同书》中，也曾描绘出一幅没有剥削、没有压迫的人人相亲、人人平等的"大同"世界，主张实现人类真正的人权、平等、自由、博爱、独立。而中国民主革命的先行者孙中山，更是把"天下为公"当作自己的追求目标。在西方，古希腊时期柏拉图在《理想国》中首先提出了公平和正义的问题，强调公平即和谐。同时，他把正义看作个人和国家的"善德"。亚里士多德认为，公平就是公正、平等，强调"公正是一切德性的总汇"。文艺复兴以后，公平正义逐渐成为资产阶级的革命口号和价值追求。应该承认，资产阶级提出公平正义的观念不仅对资产阶级革命有巨大的意义，而且对资本主义制度体系的构建和社会的运行以及良性发展也有重要价值。但是，也应该看到，就其本质和目的而言，资产阶级公平正义理念具有阶级和时代局限性。马克思曾经指出：公平的权利"永远不能超出社会的经济结构以及由经济结构所制约的社会的文化发展"。① 这就是说，公正是社会历史的产物。在阶级社会中，公正带有鲜明的历史性和阶级性，从来就没有超阶级的公平和正义。社会公正是人类社会的美好追求。

社会主义自诞生之日起，就以消除人类社会的不公正现象为己任。由于实行了生产资料的公有制，由于人民成为国家的主人，社会主义实现了对资本主义意识形态的超越，它将公平正义原则在经济、政治、社会制度中全面贯彻，建立生产资料公有、人民当家作主、社会安定和谐的社会制度，将实质正义纳入到正义的内涵之中，从而克服了资本主义将正义等同于形式正义的缺陷。在长期的奋斗历程中，我们党始终致力于实现社会公正，对公正的认识也不断深化。

公正是中国特色社会主义的本质特征。在当代中国，社会主义公正不仅体现在各个领域，也体现在权利公正、规则公正、效率公正、分配公正等各个方面，总的目标就是社会各方面的利益关系得到妥善协调，

---

① 《马克思恩格斯选集》第3卷，人民出版社1995年版，第305页。

人民内部矛盾和其他社会矛盾得到正确处理，社会公平正义得到切实维护和实现。社会主义的公正主要包括以下内容：一是权利保障。国家和社会对公民所应该具有的生存权、社会保障权、受教育的权利等基本权利予以切实维护和保障，尊重每一个人，保证每个公民人之为人的尊严，确保人们的合法权益不受侵犯。二是规则公平。对社会成员来说，实现社会竞争中规则上的公平，在自由平等的条件下，为每一个人创造全面发展的机会；在机会的实现过程排除特权等一切非正常因素的干扰。三是按贡献分配。在生产和生活中，每个人所投入劳动的数量和质量、所投入的生产要素不完全相同，因而各自对于社会的具体贡献也有所差异，因而能力和贡献不同，人的收入适当拉开差距是公平的，有利于调动人们的积极性，有利于激发整个社会的活力。在处理个人与他人、个人与社会的关系中，要自觉以社会主义思想观念、制度要求和道德规范来指导和调节各个生活领域的关系，讲求正义，秉持公道，维护公平。党的十八大报告指出，要"逐步建立以权利公平、机会公平、规则公平为主要内容的社会公平保障体系，努力营造公平的社会环境，保证人民平等参与、平等发展权利"。

在现阶段，维护和实现社会公正保障，关键是要逐步建立以权利公平、机会公平、规则公平为主要内容的社会环境，让发展的阳光普照到每一个人，使全体人民在更加公正的基点上共享改革发展的成果。首先，营造维护权利公平的制度环境。公正的社会是一个人人具有尊严的社会，人的尊严是通过每一个具体的社会群体、每一个具体的个人体现出来的。在现代社会，思想自由和表达自由被视为人的本质属性，被看作个体人格发展不可缺少的要素。压抑思想和意见的表达，就是对人的尊严的侮辱、对人的本性的否定。公民的权利不受侵犯，是社会主义公正的应有之义，它表明每个公民拥有独立的人格和尊严，拥有在不违反公共规则的前提下行动的自由，拥有言论自由和信仰自由。习近平总书记指出："全面深化改革必须着眼创造更加公平正义的社会环境，不断克服各种有违公平正义的现象，使改革发展成果更多更公平惠及全体人民。"①因此，要切实维护和落实宪法和法律规定的公民的各项权利，保护和实现每个公民都能够平等地享有受教育的权利、工作就业的权利、参与社会政治生活以及其他法律规定的权利，努力为每个社会成员提供均等的发展机会。坚持法律和规则面前人人平等，任何人、任何团体都不能有超越法律和规则的特权。其次，解决贫富两极分化问题。社会的发展应当是以人为本的发展，具体表现为人人共享、普遍受益。在改革发展过程中，社会成员之间存在一定的收入差距是难以避免的，但应保持在合理范围内。如果社会成员收入差距悬殊而又长期得不到解决，不仅会挫伤人们的积极性，而且会影响社会的安定团结。消除城乡差别、地域差别、行业差别，尽可能地为每个人的成长和发展创造有利条件，这是中国特色社会主义一贯的努力方向。再次，建立和完善社会保障制度。作为国家和社会为保证其成员基本生活权利而提供救助和补助的一种制度，社会保障在调节收入分配、缓解社会矛盾、推动经济发展、促进国家长治久安方面具有重要作用。为了使广大人民群众"学有所教、劳有所得、病有所医、老有所养、住有所居"，要进一步完善新型农村合作医疗制度和城镇居民基本医疗保险制度，使医疗服务真正做到便民、利民、取信于民，让民众看得起病，看得好病；不断完善新型农村社会养老保险和城镇居民社会养老保险制度，使民众养老不犯愁；要健全城镇保障性住房制度，使民众能够安居乐业。

公平正义的实现是一个过程，尽管现实生活中还存在一些影响社会公平正义的问题，但这是一个国家在发展过程中难免遇到的困难。习近平总书记指出："要把促进社会公平正义、增进人民福祉作为一面镜子，审视我们各方面体制机制和政策规定，哪里有不符合促进社会公平正义的问题，哪里就需要改革；哪个领域哪个环节问题突出，哪个领域哪个环节就

---

① 习近平：《切实把思想统一到党的十八届三中全会精神上来》，《求是》2014年第1期。

是改革的重点。"①当前，要通过转变政府职能，大力发展生产力，奠定维护和实现社会公正的物质基础；要通过转变政府职能，优化维护和实现社会公正的政策体制环境；要通过转变政府职能，提高政府效率，进一步清除危害社会公正的不良因素，切实解决现实存在的不利于社会公正的诸多问题。

（四）法治

法律是治国之重器，良法是善治之前提。依法治国是指，人民群众在党的领导下，依照宪法和法律的规定，通过各种途径和形式管理国家事务，管理经济文化事业，管理社会事务，保证国家各项工作都依法进行，逐步实现社会主义民主的制度化、法律化。习近平总书记指出："依法治国是坚持和发展中国特色社会主义的本质要求和重要保障，是实现国家治理体系和治理能力现代化的必然要求。我们要实现经济发展、政治清明、文化昌盛、社会公正、生态良好，必须更好发挥法治引领和规范作用。"②

法治的核心是规范权力保障权利，为自由、平等、公正提供制度保障。法治是人类社会走向现代文明的重要标志，是民主化、规则化、现代化的重要载体和推进器。在现代社会，法治不仅是一种法律制度，而且是一种治理方式，即根据法律来规范国家的一切活动特别是统治者治国理政的活动。一个社会只有实现了法治，才能在制度上给人的自由、平等和社会的公正提供可靠的保证。

历史上，中华民族创造了自己的法律制度。春秋战国时期，以韩非为代表的法家主张严刑峻法。汉代以来，中国逐渐完成了封建律法建设，涉及政治、经济、生活各个方面。但是，在封建时代，有君权无民权，有人治无法治，有臣民无公民，特权横行，权利不张，人民饱受奴役。刑不上

---

① 习近平：《切实把思想统一到党的十八届三中全会精神上来》，《求是》2014 年第 1 期。

② 中央文献研究室编：《习近平关于全面依法治国论述摘编》，中央文献出版社 2015 年版，第 4—5 页。

大夫，法不责君王，丧失了基本的公正。而在律法的执行过程中，又渗透着君主喜好和长官意志，使法律执行没有标准可依。几千年来，中国有律法少良法，有人治少法治。新中国的成立，让中国人民的法治梦看到了曙光，然而法治之路并不平坦。在依法治国的道路上，我们经历了逐步建设法治，"文化大革命"践踏法治，"文化大革命"结束后恢复法治，改革开放大力建设法治，直到今天全面推进依法治国、建设社会主义法治国家。党的十八届四中全会通过的《中共中央关于全面推进依法治国若干重大问题的决定》指出，依法治国是坚持和发展中国特色社会主义的本质要求和重要保障，是实现国家治理体系和治理能力现代化的必然要求，事关我们党执政兴国，事关人民幸福安康，事关党和国家长治久安。

改革开放三十多年来，我国社会主义法治建设取得了举世瞩目的成就。但同时必须清醒地看到，同党和国家事业发展要求相比，同人民群众期待相比，同推进国家治理体系和治理能力现代化目标相比，法治建设还存在许多不适应、不符合的问题，主要表现为：有的法律法规未能全面反映客观规律和人民意愿，针对性、可操作性不强，立法工作中部门化倾向、争权现象较为突出；有法不依、执法不严、违法不究现象比较严重，执法体制权责脱节、多头执法、选择性执法现象仍然存在，执法司法不规范、不严格、不透明、不文明现象较为突出，群众对执法司法不公和腐败问题反映强烈；部分社会成员尊法信法守法用法、依法维权意识不强，一些国家工作人员特别是领导干部依法办事观念不强、能力不足，知法犯法、以言代法、以权压法、徇私枉法现象依然存在。这些问题，违背社会主义法治原则，损害人民群众利益，妨碍党和国家事业发展，必须下大气力加以解决。而要有效解决这些问题，就必须全面推进依法治国，坚持依法治国、依法执政、依法行政共同推进，坚持法治国家、法治政府、法治社会三位一体建设，实现国家各项工作法治化，加快建设社会主义法治国家。

在当代中国，把法治作为社会层面的价值取向，就是要在党的领导下，制定完善的法律制度，依照法律管理国家事务、社会事务，切实坚持法律面前人人平等，让尊法守法成为一种良好的社会风气和自觉的行为习惯，让人民群众在法治社会中享受到公平正义。

法律至上。法治要求法律具有普遍约束力，凡事"一断于法"，在法律面前人人平等。法律的权威、地位高于一切，公权力要由法律制度来赋予和认可，只能在法定范围内依照程序行使，无论什么人、什么阶层、什么政党，都没有凌驾于宪法和法律之上的特权，都服从于法律，决不给以言代法、以权压法、徇私枉法提供土壤。给予每个公民平等的人格尊严和自由，所有人平等地享受权利和履行义务，权利受到侵犯时可以得到平等救济。每个社会成员都受法律的保护和约束，任何人或任何组织的行为和活动都纳入法治的轨道，使社会在严密的规范化和制度化的良性运行中，形成一种稳定有序的状态，这是法治的要求，也是国家政治趋向文明的表现。

规则治理。法治实际上是要实现规则治理。在社会生活中，不同的群体有不同的利益追求，这种差异在丰富社会生活内容的同时，也容易造成人们之间的冲突和混乱，如果这些社会冲突不能得到有效解决，社会秩序就无法形成。法治为控制无序与混乱不仅提供了一系列的法治规范来协调、支配和控制人们的行为，还设定了独立的司法机构、仲裁机构，由其运用特定的法治规则解决纠纷，并且用国家强制力来作为保障裁判效力的后盾。因此，法治是实现国家富强民主、促进社会文明和谐的保证。

人权保护。法治的重要价值在于实现民主、保障公民权利。社会是由不同个人、群体、阶层构成的，在这个共存共生的过程中，人与人之间会产生矛盾和冲突。法律规定了每个公民拥有一些神圣不可侵犯的权利，划定了属于个人的神圣不可侵犯的领域，每个人在行使自己权利的同时，决不能侵犯其他人的合法权利；国家权力机关在行使权力的时候，决不能侵犯公民的合法权利。构建法治社会的重要目的，就是为了形成有效的制度安排，使人们的基本权利得到法治的确认和保障。正是通过对人们的各种权利与义务的确认和保护，法律使人们各得其所、各安其位，从而保障社会有序发展。

司法公正。法律的生命在于它的执行，只有司法公正，才能树立法律的权威，才能维护法律的尊严。司法公正对社会公正具有重要引领作用，司法不公对社会公正具有致命破坏作用。司法公正要求司法机关在执法活动中必须坚持以事实为根据，以法律为准绳，严格贯彻有法必依、执法必严、违法必究，做到严肃执法、秉公办案，实现法律所追求的社会正义。这就必须完善司法管理体制和司法权力运行机制，规范司法行为，加强对司法活动的监督，努力让人民群众在每一个司法案件中感受到公平正义。

党的十八届四中全会提出，全面推进依法治国，总目标是建设中国特色社会主义法治体系，建设社会主义法治国家。这就是，在中国共产党领导下，坚持中国特色社会主义制度，贯彻中国特色社会主义法治理论，形成完备的法律规范体系、高效的法治实施体系、严密的法治监督体系、有力的法治保障体系，形成完善的党内法规体系，坚持依法治国、依法执政、依法行政共同推进，坚持法治国家、法治政府、法治社会一体建设，实现科学立法、严格执法、公正司法、全民守法，促进国家治理体系和治理能力现代化。

首先，充分发挥立法的引领和推动作用。没有政治法律制度，人民当家作主，管理国家大事的权力就是一句空话。政治法律制度就是把人民的民主权利具体化、程序化、规范化，保障人民依法管理国家大事。现代法治的精髓就是把法律从作为政府对社会的控制手段和统治工具，变为人民在当家作主的前提下以法律约束政府权力、有效治理国家的基本措施，使国家权力服从于社会公众的共同意志，使政府权威从属于体现人民共同意志的法治权威。要恪守以民为本、立法为民理念，贯彻社会主义核心价值观，使每一项立法都符合宪法精神、反映人民意志、得到人民拥护。其次，加快建设法治政府。法治社会是一个法律面前人人平等的社会，法律一旦实施，任何人或机构，包括政府机构，都必须遵守法律，依法办事。法律的生命力在于实施，法律的权威也在于实施。习近平总书记指出："各级政府一定要严格依法行政，切实履行职责，该管的事一定要管好、管到位，该放的权一定要放足、放到位，坚决克服政府职能错位、越位、缺位现象。"① 要依法全面履行政府职能，推进机构、职能、权限、程序、责任法定化，推行政府权力清单制度。最后，促进司法公正。司法公正是法治社会能否实现的基础和关键。2014 年 1 月 7 日，习近平总书记在中央政法工作会议上强调，促进社会公平正义是政法工作的核心价值追求。从一定意义上说，公平正义是政法工作的生命线，司法机关是维护社会公平正义的最后一道防线。要完善司法管理体制和司法权力运行机制，规范司法行为，加强对司法活动的监督，努力让人民群众在每一个司法案件中感受到公平正义。最后，要建设社会主义法治文化。增强全社会厉行法治的积极性和主动性，形成守法光荣、违法可耻的社会氛围，使全体人民都成为社会主义法治的忠实崇尚者、自觉遵守者、坚定捍卫者。

第三节　我们要培育什么样的公民

"人无德不立，国无德不兴。"国家、社会是由个人组成的，个人是组成国家、社会的最小单位，国家、社会的发展要靠每个人的共同努力，而国家、社会发展的成果最终也要落实为个人的发展和完善。一个国家的气质、一个民族的性格、一个社会的风尚、一个团体的风气，无不与个人的道德境界、道德行为密切相关。中国传统文化就非常重视道德建设，甚至把道德提高到立身之本、立国之基的高度。修身齐家治国平天下，"穷则独善其身，达则兼善天下"等，无不是在追求个人品德修养的价值高

---

① 中央文献研究室编：《习近平关于全面依法治国论述摘编》，中央文献出版社 2015 年版，第 60 页。

度。进一步说，相对于国家和社会层面的价值观，公民层面的价值观更具有基础性，培育公民层面的价值规范，无疑是培育和践行社会主义核心价值观的基础工程。把爱国、敬业、诚信、友善作为价值准则，是我们党从坚持和发展中国特色社会主义、实现中华民族伟大复兴中国梦的战略全局出发，着眼于现代国家公民应当遵循的基本行为准则提出来的，凝聚了全社会的道德共识，涵盖了社会公德、职业道德、家庭美德、个人品德等方面，继承了中华民族传统美德、中国共产党革命道德和社会主义新时期道德的优秀传统，具有基础性、广泛性和普遍性。

（一）爱国

爱国是国家和民族对公民的基本道德要求，它是一种对祖国的强烈和真挚的情感，一种为祖国勇于担当和奉献的精神，它是维护民族团结、凝聚民族力量的纽带，是一个国家、民族生生不息、发展壮大的力量源泉。爱国主义是中华民族的优秀传统，在中华民族灿烂的历史上，无数中华儿女为着祖国的强盛和安危，辛勤劳作、奔走呼号、抛洒热血、无私奉献，他们是中华民族的脊梁，是中华民族绵延不绝、不断走向辉煌的支撑。

爱国主义对任何一个民族来说都是永恒的主题，它是民族之母、民族之根、民族之力、民族之魂。爱国主义是各民族、国家的社会成员对自己祖国的一种极其深厚的感情，这种情感不仅表现在爱祖国的大好河山，爱广大民族同胞，还体现在对民族文化和国家制度的认同上。也就是说，爱国主义不仅是反映个人对祖国依赖关系的情感表达，同时还是支撑民族繁荣发展的核心与调整个人与祖国之间关系的行为准则。历史表明，爱国主义从来就是动员和鼓舞人民团结奋斗的一面旗帜，是推动社会历史前进的巨大力量，是一个国家各族人民共同的精神支柱。

爱国主义是历史的，不同的时期具有不同的内容。从词源考据的角度看，爱国主义中的"国"指祖国，并非现代意义上的国家。国家是一个政治概念，是人类发展到一定时期的历史产物，属历史范畴，而祖国则是一个人出生的所在地，是一个文化地理概念，对于一个人来说，国家是可以选择的，但是祖国却是与生俱来的，从生下来的那一刻已经注定了。例如华人，其祖国必是中国但国籍并不一定是中华人民共和国，他们可以选择世界上任何一个国家定居只要其获得了该国公民资格，因此我们不能混淆了祖国与国家的基本内涵。

我们今天所言的爱国主要体现为维护祖国统一和领土完整，自觉投身到中国特色社会主义事业中，为祖国的繁荣昌盛贡献自己的力量。就中国公民而言，爱国也就是爱党，爱社会主义的中国。正如邓小平指出的："有人说不爱社会主义不等于不爱国。难道祖国是抽象的吗？不爱中国共产党领导的社会主义的新中国，爱什么呢？"[①] 中国共产党团结带领人民实现了民族独立，三大改造后走上了社会主义道路，经过六十多年的探索和发展，取得了举世瞩目的成就，进入了发展的关键期。习近平总书记在庆祝中国共产党成立 95 周年大会上的讲话中指出："中国共产党领导中国人民取得的伟大胜利，使具有 5000 多年文明历史的中华民族全面迈向现代化，让中华文明在现代化进程中焕发出新的蓬勃生机；使具有 500 年历史的社会主义主张在世界上人口最多的国家成功开辟出具有高度现实性和可行性的正确道路，让科学社会主义在 21 世纪焕发出新的蓬勃生机；使具有 60 多年历史的新中国建设取得举世瞩目的成就，中国这个世界上最大的发展中国家在短短 30 多年里摆脱贫困并跃升为世界第二大经济体，彻底摆脱被开除球籍的危险，创造了人类社会发展史上惊天动地的发展奇迹，使中华民族焕发出新的蓬勃生机。"毫无疑问，办好中国的事情，关键在党，能否实现民族的伟大复兴关键还在党，离开党的领导就会一盘散沙，终将一事无成，不承认这点就是否认人民的选择，就会陷入历史虚无主义的泥沼。因此，爱国与爱党、爱社会主义是高度一致的，我们只有团结在党的周围，坚定不移地走中国特色社会主义道路，坚定制度自信、理

---

① 《邓小平文选》第 2 卷，人民出版社 1994 年版，第 392 页。

论自信、道路自信、文化自信，万众一心，同舟共济，才能真正全面建成小康社会，实现社会主义现代化，实现人民的幸福安康。

爱国主义与民族主义有着本质的区别。从时间上看，爱国主义早于民族主义，虽然爱国主义在 16 世纪才第一次出现在英语中，但关于爱国的思想却早已为人们所接受，有着深厚的历史渊源；17 世纪后，爱国主义被赋予了政治内涵，并在 17 世纪晚期成为英国政治争论的核心话语。民族主义一词的出现则晚了很多，就本质而言，民族主义只是爱国主义的一个变种。从特征上看，爱国主义是一种理性的态度，不是个人情绪的简单宣泄，民族主义则不同，其通常带有某种非理性、狂热个人情绪和倾向。我们说，爱国当然是对国家、民族和人民的爱，但这种爱是建立在尊重其他民族的基础之上的，是建立在理性、平和的态度上的。极端民族主义和种族主义只为本民族服务，认为自己的民族高人一等，是世界上最优秀的民族，其他民族都是劣等民族，都不应该享受与本民族一样的待遇，甚至就不应该存在。当年希特勒宣扬的纳粹主义就是这样，他认为，"优等民族"有权奴役甚至消灭"劣等民族"，雅利安人的血统纯正，是最高贵的民族，当然就应该奴役犹太人、吉普赛人等劣等民族，特别是由于犹太人破坏雅利安人的纯正血统，应该予以消灭。爱国与这种极端狭隘、自私的民族情感没有任何共同之处。同时，爱国，不仅要反对狭隘的民族主义，反对东方中心论，也要反对西方中心论，反对盲目崇拜西方。现在有些人，看到我国与西方发达国家在物质生产和生活水平上的差距，就以为一切还是外国的好。对外国盲目崇拜，对祖国妄自菲薄。有的人甚至为了个人的私利，不惜丧失国格、人格，不惜损害国家和民族利益。历史遗留下来的殖民文化也沉渣泛起。这必须引起我们的高度重视。

爱国主义同世界主义虽并行不悖，但又有着较大的区别。海涅曾热情赞扬"使人温暖和心胸开阔"的爱国主义，就是与世界主义相联系的爱国主义。在欧洲，这种爱国主义几乎被启蒙时代以来，包括海涅在内的所有先进分子所遵奉。他们认为，每个人都具有双重身份，有这种双重认同的人热爱和忠实于自己的祖国，但在这种爱和忠诚之上还多了一份对人类的忠诚和对人类命运的关怀。世界主义就是一种对于人类共同体的意识，是地球人的意识。伴随着历史愈益成为世界历史，伴随着全球化进程的加快，伴随着诸如环境、资源、地球安全等需要人类共同面对的问题的增多，人类共同体的意识就会逐渐增强。但是，只要国家存在，爱国主义就会始终存在，因为它是国家兴亡的精神支柱，是个人权利的根本保障。

在《共产党宣言》中，马克思主义的创始人马克思恩格斯曾经指出，"工人没有祖国。决不能剥夺他们所没有的东西。因为无产阶级首先必须取得政治统治，上升为民族的阶级，把自身组织成为民族，所以它本身暂时还是民族的"。① 那么，"工人没有祖国"与"爱国"是矛盾的吗？当然不是。马克思恩格斯说工人没有祖国有特殊的含义。在说完上述那段话后，马克思恩格斯对"工人没有祖国"又作了两点解释：第一，"随着资产阶级的发展，随着贸易自由的实现和世界市场的建立，随着工业生产以及与之相适应的生活条件的趋于一致，各国人民的民族分隔和对立日益消失"。就是说，从人类历史进程看，随着历史愈益成为世界历史，民族的对立会消失，国家会消亡。没有了国家，何谈爱国？第二，"联合的行动，至少是各文明国家的联合的行动，是无产阶级获得解放的首要条件"。② 在马克思恩格斯生活的时代，资产阶级的力量非常强大，而无产阶级的力量还比较弱小，并且欧洲各国资产阶级也不会对其他国家的无产阶级革命置之不理。在这种情况下，无产阶级革命要取得胜利，单单在一个国家是不可能的，各国无产阶级必须联合起来，至少是欧洲的无产阶级要联合，一起战斗，才有可能取得胜利。这正如江泽民指出的："无产阶级为了实现自己的历史使命，必须在不同的历史阶段，联合一切可能联合的阶级、阶层，团结一切可以团结的力量，调动一切积极因素，并努力化消极因素为积极

---

① 《马克思恩格斯选集》第 1 卷，人民出版社 1995 年版，第 291 页。
② 《马克思恩格斯选集》第 1 卷，人民出版社 1995 年版，第 291 页。

因素，结成最广泛的统一战线。"①工人没有祖国这个论断，一方面是从历史发展趋势来说的，另一方面是从无产阶级革命的方式来说的，是基于当时欧洲的革命条件提出来的，与强调爱国主义并不矛盾，并不是要求无产阶级不去热爱自己的国家。

爱国是维系国家统一、民族团结的精神纽带。自从国家产生以来，个人的命运就与国家紧密相连。特别是到了现代，国家更是扮演着个人的"守护神"的角色，国籍是一个人的最重要的身份、归属。国兴则家昌，国破则家亡。国家国家，国在先，家在后；家人家人，家在先，人在后。家是最小国，国是千万家。历史反复证明，如果一个民族一盘散沙，就无法自立于世界民族之林，更谈不上实现民族振兴。而爱国主义就是民族团结进步的纽带，在爱国主义的旗帜下，就可以团结一切可以团结的力量，为了民族的振兴而奋斗。

爱国主义具有整合社会力量与激发主体能动性的功能。爱国不仅是个人的价值实现方式，更是民族团结统一的纽带。一个民族，一个国家，如果没有自己的精神支柱，就等于没有灵魂，就会失去凝聚力和生命力。精神力量是综合国力的重要组成部分。维护民族独立，为祖国捐躯是中华民族历来的精神风范，也是中华子孙世世代代不断发扬光大的优良传统。中华民族几千年的文明，历经风雨，几经分裂与动荡，依旧没有被打垮，反而愈发充满生机与活力，始终屹立于世界民族之林，个中原因就在于，在长期的共同生活过程中，中华民族形成了深厚的爱国主义传统。这是中华民族身份的象征，是维系国家统一、民族团结的精神纽带，是中华民族历经风雨曲折而始终坚如磐石的一个重要原因。每当遭遇困境，中华民族总能摒弃前嫌，表现出异乎寻常的凝聚力。越是在困难的时候，越是外敌入侵、民族的生存和发展受到威胁的危急关头，中国人民的爱国主义精神就越加显示出强大的力量。多少年来，这种伟大的爱国主义精神和民族团结

---

① 《新时期统一战线文献选编（续编）》，中共中央党校出版社 1997 年版，第 231 页。

精神，鼓舞着中国人民和一切爱国者万众一心、坚韧不拔地为民族解放和民族振兴而奋斗，为维护民族尊严和国家主权而奋斗。正是在这种伟大精神的支撑下，中华民族不断发展壮大，绵延五千多年而不绝。也是在这种精神的鼓舞下，中国共产党带领中国人民取得了革命、建设、改革的巨大成功。爱国主义具有强大的社会整合能力，它可以把我国各民族、各地区、各阶层紧紧团结在一起，朝着共同的目标奋进，推动我国社会主义现代化事业不断向前迈进。爱国主义还具有激发个体能动性的作用，它可以把每个人的智慧和力量紧紧融合在一起，为着共同的利益，阔步向前，为全面建成小康社会不懈奋斗。

为国奋斗、拼搏、献身当然并不是出于国家可以庇护自己，并不是实用主义的需要。爱国是一种高尚的情感，事实上，为祖国奋斗、献身是人生价值实现的一种方式。人可以分为小我与大我，小我就是个人，大我就把国家、民族乃至人类纳入了"我"的范围。一个人，当他为了小我时，他也许会获得成功，但却不可能获得大的成功；他也许会有快乐，但他的成就感、幸福感、充实感，却并不强烈。一个人，当他为了他人，社会、民族、国家、人类时，即使自己一贫如洗、一无所获，他仍然会觉得幸福、快乐，也才能最大限度实现自己的价值。正像 17 岁的马克思在《青年在选择职业时的考虑》一文中所说："在选择职业时，我们应该遵循的主要指针是人类的幸福和我们自身的完美。不应认为，这两种利益会彼此敌对、互相冲突，一种利益必定消灭另一种利益；相反，人的本性是这样的：人只有为同时代人的完美、为他们的幸福而工作，自己才能达到完美。如果一个人只为自己劳动，他也许能够成为著名的学者、伟大的哲人、卓越的诗人，然而他永远不能成为完美的、真正伟大的人物……如果我们选择了最能为人类而工作的职业，那么，重担就不能把我们压倒，因为这是为大家作出的牺牲；那时我们所享受的就不是可怜的、有限的、自私的乐趣，我们的幸福将属于千百万人，我们的事业将悄然无声地存在下去，但是它会永远发挥作用，而面对我们的骨灰，高尚的人们将洒下热泪。"①

总之，爱国主义是国家和民族对公民的基本道德要求，是一种对祖国强烈和真挚的感情，一种为祖国勇于担当和奉献的精神，是维护民族团结、凝聚民族力量的纽带，是一个国家、民族生生不息、发展壮大的力量源泉。在当代中国，社会公民培养爱国的价值准则，就是要继承和弘扬中华民族的优秀传统，坚持中国特色社会主义道路，凝聚起实现中华民族伟大复兴中国梦的强大正能量。爱国主义最鲜明的主题就是不断发展中国特色社会主义，在改革开放中加快推进社会主义现代化，全面建成小康社会，把中华民族伟大复兴的宏伟蓝图变成美好现实。

(二) 敬业

敬业是职业道德的基本要求，是一种积极向上的人生态度。敬业的基本要求是爱岗尽职，敬业的崇高境界是无私奉献。"功崇惟志，业广惟勤。"中华民族历来具有尽职尽责、爱岗敬业、勤奋工作的优秀传统。"三百六十行，行行出状元"，就是激励人们在自己的本职工作中踏踏实实地敬业奉献，实现人生价值和远大理想。把敬业作为公民个人层面的价值准则，其重大现实意义在于：引导和激励每一个公民把实现中国梦的远大理想融化到自己的工作中，辛勤劳动、敢于担当、勇于奉献。

敬业的"敬"包含了尊敬、敬重、恭敬和敬畏等意思，强调的是个人的心理、态度、观念和信仰等；"业"对应的是业务、行业、专业、职业和事业，主要是指人们的岗位、工作和职业。简单地说，敬业就是专心致志以事其业，认真负责做好本职工作，以虔诚的态度对待自己的职业，对事业有执着的追求、坚定的信念和崇高的理想，尤其是要有责任心和使命感。主要包括怎么看待劳动，怎么理解工作的价值和意义，有没有价值追求和职业理想，是否遵循包括职业道德等在内的各种行为规范，如何处理

① 《马克思恩格斯全集》第 1 卷，人民出版社 1995 年版，第 459—460 页。

与工作相关联的人或物之间的关系，对工作认真不认真、投入不投入、负责不负责等。一般意义上的敬业就是恪尽职守，这是职业道德的基本要求，是一种积极向上的人生态度。作为社会主义核心价值观的敬业，其含义更为宽泛，它不仅包括恪尽职守，而且包括热爱劳动、乐于奉献，是对公民的一种更高的道德要求，具体来说，是对社会主义国家的公民的一种道德要求。

从敬业的基本要求看，敬业就是从业者要专心致志、踏实肯干，任劳任怨、精益求精，兢兢业业、尽职尽责。作为一种道德准则，它强调的是公民个人对职业的价值和意义的高度认同，要求从业者爱一行钻一行，恪尽职守、精益求精、尽职尽责把自己所从事的工作做好，彰显了公民个人的责任意识。强烈的责任心是敬业最大的内驱力，从业者有了这种精神，无论从事什么工作，都会对自己的工作产生使命感和责任心。在此基础上，敬业还内含开拓进取的创新创业精神。它要求从业者能够不墨守成规，要以创新创业精神从事自己的职业，开创工作的新局面，创造属于自己的崭新的事业。创新创业是职业发展的力量源泉，是一个国家兴旺发达的不竭动力，是一个民族进步的灵魂。只有以创新创业精神从事自己的工作，才能发挥自身最大潜能推动事业的发展和社会的进步，才能展示从业者的价值。它强调的是公民个人的开拓创新精神。

从敬业的高层次看，敬业意味着要恪守职业道德，树立崇高的职业理想，努力追求事业上的卓越成就和良好声誉，竭尽所能地服务于社会和他人，努力提升自我价值。进言之，就是把职业作为生命信仰，把事业化为生命的内在要求，为人民工作、为大众谋幸福。这是敬业价值观最高层次的内容，其核心是为人民服务、为社会服务的奉献精神。敬业最深层的动力是从业者内心的职业信仰。把职业当作谋生的手段，把工作作为任务去完成，是一种外在要求；只有把职业作为生命信仰，把事业化为生命的内在要求，才能够实现职业与人生的合一，职业才是一种自觉自愿的活动，工作才成为人生的价值追求。因此，敬业价值观的本质是一种信仰，它把一个人的信仰与职业紧密联系在一起，使从业者有了价值追求，并且在追求中获得幸福感。它体现了公民个人为了事业"尽己所能、无私忘我"的积极主动精神。社会发展是否具有生机活力和高效率，一直是一个国家、一个民族存立的根基，它离不开内在自发的动力，离不开人们的积极和主动性，离不开社会各个领域的工作者"我要干"的主动"敬业"尽责状态，它与"要我干"具有截然不同的动力原理。在各种各样的约束面前，"要我干"之下的自主空间，与消极、退让、等待、依赖、推诿相联系；而"敬业"尽责文化遍地普及，才有"我要干"之下的积极、主动的"不用扬鞭自奋蹄"状态，这就使发展动力永无衰竭之虞，我们就不必担心发展停滞。那些流芳百世的名人伟人之所以能够为人类社会留下宝贵的物质财富和精神财富，就是因为他们能够自觉地把自己的职业活动与自己整个的人生价值联系起来，并且自觉认同工作不仅仅是一种谋生的手段，更是实现人生自我价值和社会价值的基本途径，在平凡的岗位上，为人类社会作出自己的贡献。

敬业的内涵随着历史的发展而不断丰富。中华民族很早就形成了敬业这一传统美德。《礼记》中有"敬业乐群"之说，孔子也主张"敬事而信""执事敬"。梁启超在《敬业与乐业》一文中，专门阐述了敬业的职业精神。他认为，"敬业"就是"凡做一件事，便忠于一件事，将全副精力集中到这事上头，一点不旁骛"。也就是要用敬畏、敬重的态度对待自己的工作，认真负责、一心一意、精益求精。[1] 在极其艰苦的革命战争年代，为了实现民族的独立和人民的解放，无数革命战士自觉把中国人民的解放事业当作自己的事业，形成了无私奉献的敬业精神。在这种敬业精神的引领下，中国共产党领导中国人民用"小米加步枪，打败了敌人的飞机和大炮"，最终赢得了新民主主义革命的胜利。新中国成立以后，翻身得解放的中国人民在开拓进取、无私奉献的敬业精神的引领下，掀起了一波又一

---

① 参见吴玉军：《敬业：平凡中铸就非凡》，《人民日报》2014年2月17日。

波的社会主义现代化建设高潮，把贫穷落后的旧中国，建设成了欣欣向荣的新中国，产生了"宁可少活二十年，也要拿下大油田"的"铁人精神"、默默无闻的螺丝钉精神、献身科技事业的"两弹一星"精神等。改革开放以后，在开拓进取、无私奉献的敬业精神的引领下，开创了中国特色社会主义的新局面，产生了一批像李素丽、许振超、徐虎、孔繁森这样敬业的模范人物。近年来，全国各地出现的"最美司机""最美教师""最美战士"，体现的也是敬业精神。回顾中国共产党领导中国人民进行社会主义革命、建设和改革的历程，我们可以十分清楚地看到，敬业精神植根于中国革命、建设和改革的实践之中，成为中国革命、建设和改革取得胜利的重要保证。今天，要实现中华民族伟大复兴的中国梦，仍然需要敬业精神的引领。

敬业是实现自我价值的重要途径。现代社会，敬业是公民的重要价值准则。每个人都有自己的工作或职业。职业也是个人最根本的利益所在，个人的活动主要是围绕职业而展开的。每个人都要通过职业活动来获取生存和发展的资源，实现自己的人生价值。职业是社会分工的结果，并随着生产的社会化而加速发展。职业不分高低贵贱，都是社会进步和发展所必不可少的。随着各种职业的形成和发展，为了规范从业者及其相关者的行为和利益，逐渐形成了相应的心理意识、行为规范和价值观念。敬业就是伴随着职业而生的一种价值取向。作为社会文化精神的一部分，敬业精神又是社会建构的产物，与特定的文化传统、道德规范、权力结构、管理制度、市场秩序、收入分配、职业选择等密切联系。人生的价值，只有在平凡岗位上踏踏实实地敬业奉献才能实现；远大的目标，只有在各自岗位上兢兢业业工作、一步一个脚印地前进才能达到。敬业作为公民个人层面的核心价值，其重大现实意义在于，引导和激励每一个公民把实现中国梦的远大理想融化到自己的工作中，辛勤劳动、扎实奉献，在辛勤劳动中创造价值，在扎实奉献中实现梦想。

敬业是个人价值实现的要求。美好理想不可能唾手可得，实现理想需要筚路蓝缕、矢志不移的艰苦奋斗。中华民族，从积贫积弱一步一步走到今天的发展繁荣，靠的就是一代又一代人的顽强拼搏，靠的就是中华民族自强不息的精神。实干就要立足本职、埋头苦干，从自身做起，从点滴做起，用勤劳的双手、一流的业绩创造自己人生的辉煌。离开本职工作谈论理想，那只能是空想。人是对象化存在物，人实现自己的价值，就是要把自己对象化出去，把自己的聪明才智、情感激情、辛劳汗水对象化，创造丰富的物质产品和精神产品，才能最大限度地实现自己。而工作、职业就是我们对象化的平台。

现实生活中，我们每个人都有自己的职业或工作。人类社会发展到今天，尽管生产力有了很大发展，人们的生活水平有了很大提高。但是，生产力发展的水平还不足以满足所有人的物质和文化需要，人还不能像马克思恩格斯说的那样，可以自由地选择自己的工作。在马克思恩格斯所设想的共产主义社会里，"任何人都没有特殊的活动范围，而是可以在任何部门内发展，社会调节着整个生产，因而使我有可能随自己的兴趣今天干这事，明天干那事，上午打猎，下午捕鱼，傍晚从事畜牧，晚饭后从事评判……"[1] 但在现代社会，人并不能按照兴趣选择职业，大多数人是为了谋生而工作。这样，工作就具有了工具性、手段性。但是，工具性只是工作的一种性质，工作还具有目的性，因为工作毕竟是现代人对象化自己的方式。正是在工作中，通过自己的劳动，人展示了自己；在自己劳动的产品中，人也以一定的方式实现了自己。这就要求我们要有一种敬业精神，通过自己的职业，最大限度实现自己。当然，在现代社会，由于工作的工具性，由于工作还不是人的选择，人在工作中还不能最大限度地实现自己的价值。只有到了共产主义社会，人可以自由地选择自己的工作时，劳动才成为人的第一需要，那时，人在劳动中、在工作中，才能最大限度实现自己。因为那是自己的兴趣所在，是最能发挥自己潜能的工作。那时

---

① 《马克思恩格斯选集》第 1 卷，人民出版社 1995 年版，第 85 页。

的人更需要一种敬业精神，因为工作是自己的选择，一旦选择了，就要对自己的选择负责。

作为对待生产劳动的一种根本价值态度，敬业之"业"，涵盖了人们所从事的一切促进人类生存与发展的劳动领域和工作领域，而劳动和工作正是人类社会存在和发展的基础。对劳动和工作的珍视，本质上就是对人类社会生存和发展之根基的珍视。敬业之所以能成为社会主义核心价值观的基本要求，本质上就是由劳动和工作的重要地位决定的。从哲学的高度审视，敬业所规范的内容，触及人类社会生存和发展的基础。历史唯物主义认为，生产劳动是人类社会生存和发展的基础。劳动不仅创造了人本身，也推动着人类社会不断向前发展。没有生产劳动就没有人类社会，也就没有全部的人类社会生活。从远古的石器时代发展到今天的知识经济时代，从人开始直立行走到身心的全面发展，始终是生产劳动支撑着人类社会的生存和发展。这是人类社会的基本事实。生产劳动的重要性决定了敬业价值观的必然性和重要性。

在当今中国，实现中华民族的伟大复兴，已经成为 13 亿中国人最伟大的梦想，这个梦想的实质就是国家富强、民族振兴、人民幸福。梦想是要变成现实的，从梦想到现实的转变必然是一个艰苦卓绝的过程，需要艰苦奋斗，需要勤奋敬业，需要拼搏奉献。中国共产党人带领中国人民进行改革开放所创造的奇迹，就是艰苦奋斗、苦干实干的结果。实现中华民族伟大复兴的中国梦依然需要苦干实干。每一个当下，都将成为历史，每一个人的努力，都会融入历史的进步。每一个社会个体既站在以往历史的终点，又站在未来发展的起点，都手握着历史的接力棒。面对中华民族伟大复兴的中国梦，使命在肩，责任重大，唯有实干。实干就是爱岗，爱岗就意味着敬业。那种看一看、等一等、放一放、缓一缓，都是敬业的对立面，都是与中华民族伟大复兴的中国梦背道而驰的。面对新形势，只有实干才能把握机遇；面对新挑战，只有实干才能破解难题；面对新情况，只有实干才能开创局面。正像习近平总书记在庆祝中国共产党成立 95 周年大会上的讲话中所说的："历史总是要前进的，历史从不等待一切犹豫者、观望者、懈怠者、软弱者。只有与历史同步伐、与时代共命运的人，才能赢得光明的未来。"

（三）诚信

诚信是一切道德的基础，也是一个社会赖以生存和发展的基石，是维持社会秩序的纽带，是人际关系和谐的良药，是推动科学发展的动力，也是民族团结进步的阶梯。诚信引领着先进文化的前进方向，是社会主义核心价值观的重要内容。在中华民族的道德传统中，诚信占有重要地位，仁义礼智信，诚信是五德之一；"人无信不立""一言九鼎""一言既出，驷马难追"，知行合一，讲的都是诚信的重要性。当前，诚信缺失已经引起群众的强烈不满，也严重扰乱了经济、社会秩序，障碍了市场经济的发展，成为影响社会稳定的隐患。因此，必须大力加强诚信建设，要不断完善各种必要的法律和制度，杜绝失信行为产生的渠道，压缩失信行为的空间，提高失信行为的成本，加强对失信行为的打击力度，让诚信真正内化于心、外化于行。

在中国传统文化当中，"诚"与"信"并不是一个合一的概念。"诚"的概念早在先秦的《尚书》中就出现了。《尚书》中有"神无常享，享于克诚"的记载。此时的"诚"主要指人们对鬼神、祖先的信任。后来，"诚"逐渐成为儒家思想史的一个重要范畴。"诚"指诚实、诚恳，主要指主体真诚的内在道德品质，强调的是道德主体内在的修养，即"诚于中"。比如，孟子说："诚者，天之道也，诚之者，人之道也。"在他看来，诚不仅是天道本体的最高范畴，它还是做人的规律和诀窍。《中庸》也说："诚者天之道，诚之者人之道。"宋代理学家朱熹认为：诚者，真实无妄之谓。这里都是真诚的意思。"信"，同样是中国传统伦理思想史的一个重要范畴。从字形分析，"信"从"人"从"言"，原指祭祀时对上天和先祖们所说的诚实无欺之语。春秋时期经儒家的提倡，"信"也逐渐摆脱了原始宗教的神秘色彩，发展成为纯粹的道德规范。在儒家的范畴中，"信"即信用、信任，遵守承诺，言行一致，真实可信，指主体内诚的外化。儒家经典《论语》中"信"字出现了很多次。孔子曾说过"人而无信不知其可"，意思是"信，则知其可"。孔子和孟子都将"信"作为朋友交往的重要原则。宋代理学家程颐认为："以实之谓信。"可见，"信"不仅要求人们说话诚实可靠，而且要言行一致，言必信、行必果。在今天市场经济条件下，"信"含义主要是指在市场行为中的信用、信誉和社会交往中的恪守承诺。可见，"信"强调的是道德品质的外在表现和普遍要求，即"形于外"。

也就是说，诚是内心的状态，信是外在的表现，二者有一定的差别，所以在中国传统文化中，"诚"与"信"起初是分开使用的。但是，内与外并不能完全分开，内心一定要外化，外在的行为表达内心。故许慎在《说文解字》说："诚，信也。""信，诚也。"其基本含义都是诚实无欺，信守诺言，言行一致，表里如一。由此可见，"诚"和"信"相互贯通、互为表里。"诚"是"信"的根本、基础，"信"是"诚"的结果、归宿，两者相结合共同组成了诚信的基本含义，表述的是诚实、真实、守信、无妄之义。此外诚信还体现着实事求是的精神，也就是要求人表里如一、知行合一。

早在两千多年前，孔子就曾说过："民无信不立。"中国传统文化的核心价值观是"三纲五常"，"三纲"即君为臣纲、父为子纲、夫为妻纲；"五常"，即仁义礼智信。在"五常"中，信是根本。周敦颐说："诚，五常之本，百行之源也。"就是说，诚是"五常"的基础，是人的各种善行的根源。中国传统文化历来鄙视阳奉阴违、言而无信，人前一套、背后一套的小人，推崇光明磊落、言行一致、一诺千金的君子。宋代大儒朱熹把"口能言之，身能行之"的君子，看作"国宝"。中国传统文化不仅把信看作一种个人的道德品质，而且将其提升到国之根本的高度来认识，因为，修身才能齐家治国平天下。

不仅封建社会讲诚信，资本主义社会也讲诚信。市场经济就是诚信经济。在资本主义社会，诚信的基础是一种互利互惠的契约伦理。西方社会契约论者把诚信视为人的一种承诺、履约的道德法则，把道德与法治结合起来。西方近代法学家格劳修斯就指出：守约是人的本性，人们订立契约，就会产生民法，因此"有约必践""有罪必罚"。近代英国哲学家托马斯·霍布斯认为，人生来是自私的，只会维护自己的利益。人类必须通过订立社会契约，由国家以法律指导人民的行为，以谋求共同利益。为了保证利益的实现，就必须履行已订立的契约，也就是要诚信。也就是说，基于契约论的诚信并不注重人的内在品质，履行契约最重要，结果最重要，至于心里怎么想，并不在考虑的范围。

显然，社会主义价值观的诚信不仅与封建社会的诚信不同，而且与西方基于市场经济所要求的诚信也并不完全相同。作为社会主义核心价值观的诚信，是对社会主义社会里的公民的道德要求，由于它建立在公有制的基础上，建立在人与人之间的非对抗性关系的基础上，因而能够真正实现表里如一、内外一致，把外在的表现与内在的品质统一起来。

诚信作为公民个人层面的核心价值，其重大现实意义在于，把诚实守信作为基本道德元素，通过每一个人对诚实守信的自觉坚守，共同构筑起实现中华民族伟大复兴中国梦的道德支撑。

诚信是社会发展的基石。任何人都不能脱离社会，每个人都是社会的一员，人类通过社会交往获得知识、友谊、信任、肯定，从而找到自己在社会中的位置，产生归属感和安全感，社会性是人的本质属性。荀子曾经说过："人力不若牛，走不若马，牛马为之所用，何也？人能群，彼不能群也。"意思是说，人的力量没有牛大，人的速度没有马快，为什么牛和马会被人驱使？就是人有配合抱团的能力而牛马们没有。马克思主义认为，人是社会性存在物，离开社会根本无法生存。人的自觉活动的生命本性决定了人是以能动的、创造的方式——实践——而存在的，正是在实践中并通过实践，改变了人作为"一定的狭隘的人群的附属物"的自然性存在方式，使人获得了社会性，成为社会存在物。正是这个意义上，人的存在才先于本质，人生来并没有什么固定的本质，人的所有规定性都是在实践中形成的。而实践活动就是一种社会性活动。既然人无法离开社会而存在，那么人就需要维持社会的存在，就要处理好人与人之间的关系。而诚信就是处理人与人关系的最基本的价值准则。一个社会，如果没有诚信，就会人人自危，就会紧张、压抑和焦虑，就会增加社会成本。《吕氏春秋·贵信》说，如果君臣不讲信用，则百姓诽谤朝廷、国家不得安宁；做官不讲信用，则少不怕长，贵贱相轻；赏罚无信，则人民轻易犯法，难以施令；交友不讲信用，则互相怨恨，不能相亲；百工无信，则手工产品质量粗糙，以次充好，丹漆染色也不正。现今世界，现代人在积极争取权利和利益时，一些人却错误地认为，自由就是随心所欲、不受约束、为所欲为，就可以为了一己私利而不择手段，损人利己，将道德规范、承诺信誉、合约法律置之度外。改革开放以来，中国经济飞速发展，但是，信用制度、市场规则、法律法规尚未健全，于是一些见利忘义之人就钻制度、法律不完备的空子，不讲信用，不履行契约，言而无信，从而使得市场失序，社会道德状况受到严重影响。在这种情况下，加强诚信建设，把诚信作为社会主义核心价值观的重要内容，就具有特别重要的意义。

诚信是社会主义社会发展的道德要求。一个社会要和谐发展，一靠法律，二靠道德。法律是硬性的强制，道德是软性的约束，两者缺一不可。法律总有覆盖不到的领域和角落，单纯的强制不利于社会的凝聚；而只靠道德不具有威慑力，也不足以维持社会的正常运转。在人类的道德体系中，诚信友爱对社会的和谐发展具有重要价值。诚信友爱可以最大限度地减少社会生活中的各种内耗和摩擦，使社会的运行成本大大降低，可以构筑良好的人际关系，使人们彼此信任，相互帮助，平等相处，合作共事，增加社会的凝聚力。社会主义社会是以大力发展生产力、实现共同富裕为目标的，是在人格、权利、机会等方面追求人与人平等的社会，这就决定了社会成员之间在根本利益上是一致的。在社会劳动过程中，每个人都是平等的劳动者，没有尊卑贵贱的区别，团结合作、和谐相处，这是维护社会主义经济基础、保障人民群众根本利益的基本道德条件。发展社会主义市场经济，要鼓励和保护有序竞争，承认合理的差别，使一部分人先富起来。但又必须发扬团结友爱的精神，做到扶贫济困，先富帮后富，为逐渐缩小差别、达到共同富裕的目标而努力。社会主义社会关系的这一基本特点，决定了诚信友爱应当成为社会主义社会的基本道德规范，代表着中国特色社会主义的本质要求。

诚信是构建社会主义和谐社会的道德基础。千百年来，诚信一直是中华民族最基本的传统道德要求，对于人际和谐产生了重要的作用。当前，我们正在建设的社会主义和谐社会，是民主法治、公平正义、诚信友爱、充满活力、安定有序、人与自然和谐相处的社会。而这一切都要以诚信为基础：民主必须在取信于民的基础上才能得到充分发扬，法治的过程应该是一个诚信的过程；只有尊重和遵守诚信规则，人们的创造活动才能得到维护，创造才能得到发挥，社会才充满活力；没有诚信与法治作保护，社会秩序出现混乱，人的权益无法得到保障，公平公正就难以实现，安定有序也成为空话。因此，唯有在诚信的基础上，人与人之间才能坦然相处，也才能建立起良好和谐的人际关系。而社会成员按照诚信的道德原则进行联系交往，则是使社会系统协调、和谐的最重要的基础条件。现在，中国社会正处于转型时期，而诚信缺失一般发生在社会的转型期，是社会转型时期的综合症和常见病。转型期的这种通病在我国也已经有所显现。解决这严峻的挑战，需要我们大力进行诚信道德建设，通过社会主义核心价值体系和核心价值观规范政府信用、企业信用、法治信用。特别是政府的诚信，关系公平、公正、民主、法治，是当前诚信建设的重点。

诚信是社会主义市场经济的灵魂。经济基础决定上层建筑，社会的经济决定社会的政治和意识形态，当然也决定社会的核心价值观。市场经济是以价值规律为主导通过市场交易来配置资源的经济。市场的自发性和市场主体的趋利性会导致各种非诚信行为产生，但是市场运行的平等性要求又会抑制非诚信行为的蔓延。市场经济越发展、越规范，诚信在经济运行中的作用就越大。特别是当市场经济进入金融经济阶段，诚信就更为重要。在金融经济时期，从现款交易，到形形色色的商业信用票据、期权交易等信用工具，从进出口现汇结算，到信用证、付款交单、承兑交单到赊账，其实都是信用交易，都是为了扩大交易量，缩短交易期，降低交易成本。另外，以国家信用为担保的巨额国债等，也是一种信用交易。不难想象，没有了信用，不履行合约，经济秩序就会紊乱，严重的会导致经济危机，进而引发社会动荡。所以，信用已经成为市场经济乃至整个社会的稳定器。市场经济既是竞争激烈的经济，也是最讲信用的经济，诚信是市场经济的根基和灵魂，拥有良好诚信资源的市场经济，才可能是健康的市场经济。当前，随着我国社会主义市场经济的发展，诚信已成为社会主义市场经济的基本规范和原则。加强诚信建设，需要制度、教育、监督和惩处等多种方式，制度是约束制约，文化是"软约束"，我们要以公民容易接受的艺术形式进行诚信文化建设，形成诚实守信的文化环境，发挥约束和监督作用，从而规范人们的行为，使公民能够自觉遵守规则。

（四）友善

友善是人类生存和发展的基本价值要求，是社会交往的基本道德规范，是和谐、团结与合作的重要基础。友善的前提是真诚，就是要有一颗爱心、真心，有此心，才会真正善待他人、乐于助人。友善是中华民族优秀的文化传统，老吾老以及人之老，幼吾幼以及人之幼，讲的就是友善。今天我们把友善作为价值准则，就是以社会和谐、共同发展为目标，提倡对他人、社会、自然的爱，提倡人与人之间平等相待、友好相处、团结互助，在全社会褒扬友善之举、吹动友善之风，让友善成为社会和谐的润滑剂。

从词源上考察，友善在古汉语中是由"友"和"善"这两个具有独立含义的字构成的。"友"是象形字，表示握手结交，造字的本义是：两人结交，协力互助。《说文解字》解释说："同志为友"。"友"的基本意思就是志趣相投，协力互助，相互鼓励。"善"是会意字，由"羊"和"目"组成，"羊"象征吉祥，"目"表示安详温和。善字本义是：神态安详，言语谦和。因此，善就是两个人互道吉祥话语。正如《说文解字》所释："善，吉也。""友"与"善"二字结合，其含义是，在人际交往中基于善良之心所表现出来的友好言行。《周易》讲："地势坤，君子以厚德载物"。孔子提出"仁者爱人""礼之用，和为贵"。孟子认为："取诸人以为善，是与人为善者也，故君子莫大乎与人为善。"（《孟子·公孙丑上》）意思是选取学习别人的优点用来完善修补自己，这是和别人一起做善事。所以君子最看重的就是对别人做善事了。孟子还强调人性本善，提出人应该具有"四心"——恻隐之心、羞恶之心、辞让之心和是非之心，其内涵都在于以善为原则处理人与人的关系，是发自内心地帮助、成就他人。

西方文化也讲友善。古希腊思想家亚里士多德，在其名著《尼各马可伦理学》中就曾专门讨论过友爱问题。亚里士多德认为，有三种不同性质的友爱，即有用的友爱、快乐的友爱和完善的友爱；也有三种最基本的共同生活形式，即家庭关系、伙伴关系和公民关系。其中，家庭关系和伙伴关系属于私人的共同生活，公民关系属于政治的共同生活，或叫城邦生活。友爱，不论是对于私人生活还是城邦生活，都是必需的，但是范围和程度会有所不同。在城邦生活中，公民之间的友爱相比于私人生活中家庭成员之间的友爱或伙伴之间的友爱，要淡薄得多，因为"这种关系中的友爱是以法律为基础的相互有用的友爱，其正义就是相互履行契约的责任，特别是在公民间的自愿的交易中"。[1] 由此，我们不难看出中西文化对友善的理解的异同之处。一方面，从"友善"意味着人们对于他人的自我道德投射，即发现他人与自我的道德相似性这个意义上讲，中西文化都把"友善"的本质界定为对于他人所具备的优秀品质的推崇，"友善"的发生基于人们对于美德的追求。"友善"不是建立人际关系的技巧，而是人际

---

[1] 宋希仁：《西方伦理思想史》，中国人民大学出版社 2010 年版，第 72 页。

之间为了实现善的价值的相互促进和帮助，是一种宽广胸怀、一种大爱。在这一点上，两者对"友善"的理解是相似的。另一方面，作为西方文明发源地之一的古希腊，由于航海贸易和商品经济的发展，较早地摆脱了以血缘关系为基础的制度，逐渐形成了以地域和财产为基础的政治共同体，出现了相对平等的公民和公民关系，产生了较强的契约意识和法律意识，并孕育出了一套比较适用于公共生活的公共伦理和政治、法律规则。这与中国封建社会的层级结构、伦理道德等都是不同的。虽然西方当时的公民只是少数自由人，但这种思想和实践却为西方文化奠定了根基、明确了路径。后来经过资本主义的发展和现代化运动，在西方一些主要资本主义国家就逐步形成了目前相对成熟稳定的、与西方市场经济和法律制度相适应的公共伦理和公民道德。

　　我们党一贯重视友善这一传统美德的传承与发扬。这种传承和升华是一种以马克思主义的世界观和方法论对传统的文化进行科学的扬弃，为今日的进步所用，而不是让这些思想观念成为封闭的思想体系，或者在现实中被滥用而发生演变，成为脱离人民群众的复古主义，甚至是带有一定欺骗性的道德说教。毛泽东早在 1939 年就曾讲过："关于孔子的道德论，应给以唯物论的观察，加以更多的批判"[1]，"孔子的知（理论）既是不根于客观事实的，是独断的，观念论的，则其见之仁勇（实践），也必是仁于统治者阶级而不仁于大众的；勇于压迫人民，勇于守卫封建制度，而不勇于为人民服务的"[2]，因此应当"将其放在恰当的位置"[3]。这是毛泽东在其著作中最早提出"为人民服务"，而且也正是在运用唯物史观对孔子的道德思想进行批判继承时提出了"为人民服务"这一无产阶级的道德观。毛泽东对待传统文化的态度和做法，特别是他坚定的人民立场和将传统文化放在恰当位置的重要思想，对我们今天继承和弘扬传统文化依然具有十分

---

① 《毛泽东文集》第 2 卷，人民出版社 1993 年版，第 163 页。

② 《毛泽东文集》第 2 卷，人民出版社 1993 年版，第 163、164 页。

③ 《毛泽东书信选集》，中央文献出版社 2003 年版，第 132、133 页。

重要的指导意义。

改革开放以来，随着我国经济社会的发展，我们党对友善的理解和要求也不断深化和完善。2001 年 9 月 20 日，由中共中央印发的《公民道德建设实施纲要》，就把"团结友善"作为公民应当遵守的基本道德规范；2006 年 3 月，中共中央提出"八荣八耻"的社会主义荣辱观，其中的第五条就是"以团结互助为荣，以损人利己为耻"；同年 10 月，党的十六届六中全会通过的《中共中央关于构建社会主义和谐社会若干重大问题的决定》提出构建民主法治、公平正义、诚信友爱、充满活力、安定有序以及人与自然和谐的社会主义和谐社会。2012 年，党的十八大报告倡导践行社会主义核心价值观，将友善作为社会主义核心价值观基本内容之一，说明友善在化解社会张力、调整社会心态、营造社会和谐的实践中具有基础性地位。为了自身的快乐、家人的幸福、社会的融洽，我们每个人都应当深入理解友善的力量与价值，自觉践行社会主义友善价值观。

友善正是道德的重要内容，是维持人类的存在、维护社会和谐的重要价值准则。人作为社会性动物，每一个人都必须与其他人交往，一方面，人需要在共同生活中满足自己的需求；另一方面，只有在相互交往中，人才能实现自身的价值。但是，无论任何一种社会状态，个人利益之间都存在矛盾、甚至冲突。如果缺乏友善的道德品质，人与人之间就难以跨越差异和矛盾的沟壑，共同生活将变得非常艰难。作为公民基本道德品质的友善，既指向他人，也指向自己。怀一颗善良的心、成为善良的人是友善的前提。把善心传递给他人的过程就是"友善"。友善的品质促使人们在公共生活中寻求相互认同，积极、主动地履行彼此间义务，以善意拉近彼此间的距离，以友善的行为赢得他人的尊重，使得社会健康发展，使每个人不断完善。

友善与友爱、善意有联系也有区别。从友善与友爱的关系来讲，友善包括友爱但又不等于友爱。友善是道德上的理性或理智之爱，友善内在地包含对与自己有直接利害关系的亲友的友爱。而友爱在一定意义上是带有情感回报性质的爱，无论是亲人间的血缘之爱、男女之情爱，抑或是友人间的友情，都是以过去的或未来的互动性乃至互惠性的体验为基础。典型的友爱具有基于亲密的交往和共同生活的主动性与情感性。然而，友善不仅涵盖了友爱，还包括对陌生的他者的理解、尊重以及在必要时的毫无回报可能的救助，包括对宏观的甚至有些抽象的社会群体的关心和对非同类的自然界的保护与爱护。广义上的友善并不一定需要以对被友善者的感情为基础，它可能是以人性的通感和同情为根基。由于友爱具有情感性、亲密性特点，是以一定程度上的共同生活为基础的，因此，友爱可能发生于两个好人之间，也可能发生于两个坏人之间。友善却超越了被友善者对自己是否直接有用这一动机，行动者主要是出于善良意志。因此，友善所包含的爱是超越个体功利性的大爱、博爱。友善与友爱的联系还表现在，狭义的友善是友爱的起点，广义的友善包括了友爱。从友善与善意的关系讲，友善包含善意但又超越善意，即友善是包括善意的行动。友善不完全等同于善意，善意可能只是还未付诸行动的善良意向，友善则是行动着的善意。善意是指好意、善良的心意，侧重于友善行动前的动机。真正的友善必定是发自内心的仁爱，这就是说，友善包含着善意，友善者一定是怀有为对方的益处着想的善良动机，然而，友善本身又不仅仅只是善意这一意识性的主观形态，否则，便陷入了友善问题上的动机论。友善自身不只是道德的善良意志，它更具有实践行动的品质，它是一种去做应当做的事情的德性。友善作为德性，它的存在样态更多是善意的行动。

　　友善是社会主义社会的道德要求。从1516年空想社会主义者托马斯·莫尔的《乌托邦》问世以来，世界社会主义已经有了五百多年的历史，其间经过了空想社会主义到科学社会主义的发展过程。空想社会主义之所以在16世纪诞生，就是源于当时社会的不和谐、不友善。从15世纪末开始，英国就开始了野蛮的资本原始积累过程。托马斯·莫尔描写的"羊吃人"，就是资本主义原始积累的真实写照。为了纺织业的发展，英国资产阶级发动了"圈地运动",用暴力把农民从世代耕种的土地上赶走,把土地圈起来养羊,抵抗的农民遭到毒打或杀害,房子被烧毁,被剥夺土地的农民被迫背井离乡,四处流浪,国家对流浪农民不仅不帮助,反而颁布惩治流浪的血腥法律,用鞭打、烙印、绞刑等办法惩治流浪者。资本原始积累延续了三百多年,这三百多年,是一个漫长、血腥的历史过程。正如马克思指出的,"资本来到世间,从头到脚,每个毛孔都滴着血和肮脏的东西"①。正是在这种情况下,被压迫、剥削的无产阶级改变社会现状的愿望和要求日益强烈。而社会主义,不论是空想社会主义还是科学社会主义,都是为适应无产阶级渴望改变现状的要求产生的。空想社会主义设计了一个理想的、没有剥削、没有压迫、社会团结友善的美好社会的图景,但是没有找到实现这个理想社会的道路。而马克思恩格斯创立的科学社会主义,则不仅描绘了未来的理想社会的图景——每个人的自由发展是一切人的自由发展的条件的联合体,而且找到实现那个联合体的道路,那就是通过无产阶级革命,推翻资本主义制度,消灭私有制,建立一个人民当家作主的、公有制的社会主义国家。进言之,社会主义就是为了消灭不平等、不和谐、不自由、不友善而产生的,它与平等、和谐、自由、友善有着天然的姻亲关系,社会主义内在地要求友善待人。

友善是处理公民关系的基本道德规范。友善作为处理公民关系的基本道德规范,是由公民关系所内在规定的。在宗族社会中,血缘关系是社会成员相互联系的主要依据。而在现代社会中,公民关系则成为社会成员共同生活的根本纽带。随着社会的发展,特别是社会分工的进一步细化,作为公民基本道德规范的友善,意味着公民之间必须建立公共意识,在社会生活中不能只关切自我利益的实现,必须将他人纳入自己的视野。友善作为公共道德,要求人们能够明晰自我权利与他人权利之间的边界,在维护自我权利的同时也维护他人权利。友善还是维护和谐社会的伦理秩序。友

---

① 《马克思恩格斯选集》,人民出版社 1995 年版,第 266 页。

善是社会生活的润滑剂。首先，友善维系着公民之间的平等。亚里士多德曾指出，平等是友爱固有的特点。友善是建立在主体的平等地位之上的，友善的双方都拥有共同的要求，彼此间有着同样的愿望。其次，友善维系着公民间的真诚。友善不是一种偶然的情绪，而是一种稳定的道德联系。在这种联系之中，公民之间真诚相待，建立互爱互信的伦理秩序。再次，友善维系着公民间的互助。友善虽然不以互利为前提，但是在友善的联系中，公民之间进一步巩固了互助的关系。在公民互助中，大家都平等相待，没有任何公民因为给予帮助或者接受帮助而处于人格的优先或者弱势地位。①

---

① 参见李建华：《友善：必须着力倡导的价值观》，《光明日报》2013 年 7 月 6 日。

下篇 实践篇

道不可坐论，德不能空谈。于实处用力，从知行合一上下功夫，核心价值观才能内化为人们的精神追求，外化为人们的自觉行动。

——习近平

第八章　不忘历史才能开辟未来

　　建设社会主义核心价值体系、培育和弘扬社会主义核心价值观，必须立足中华优秀传统文化。牢固的核心价值体系和核心价值观，都有其固有的根本。抛弃传统、丢掉根本，就等于割断了自己的精神命脉。博大精深的中华优秀传统文化是我们在世界文化激荡中站稳脚跟的根基。中华文化源远流长，积淀着中华民族最深层的精神追求，代表着中华民族独特的精神标识，为中华民族生生不息、发展壮大提供了丰厚滋养，也是核心价值体系和核心价值观的滋养源泉。我们要坚持古为今用、推陈出新，有鉴别地加以对待，有扬弃地予以继承，努力用中华民族创造的一切精神财富来以文化人、以文育人。

第一节　可以提供丰厚滋养

　　在几千年的历史发展中，中华民族创造了悠久灿烂的中华文明，为人类作出了卓越贡献，成为世界上伟大的民族。纵观中国历史，尽管经历了多次的外族入侵，但中华文化从来没有中断过，是世界文化中唯一没有中断过的文化，这使得中华民族经历几千年的历史变迁仍得以延续。包括儒家思想在内的中国传统思想文化中的优秀成分，对中华文明形成并延续发展几千年而从未中断，对形成和维护中国团结统一的政治局面，对形成和巩固中国多民族和合一体的大家庭，对形成和丰富中华民族精神，对激励中华儿女维护民族独立、反抗外来侵略，对推动中国社会发展进步、促进中国社会利益和社会关系平衡，都发挥了十分重要的作用。毛泽东指出："我们这个民族有数千年的历史，有它的特点，有它的许多珍贵品质。""从孔夫子到孙中山，我们应当给以总结，承继这一份珍贵的遗产。"① 所有这些，都是我们培育和弘扬社会主义核心价值观的宝贵资源。

人类在社会历史发展中，不断地通过实践活动满足着自身的物质和精神需要。在通过反复实践满足自身需要的价值活动中，人们对各种事物的好恶、美丑、是非、善恶等观念也必然会在思想意识中逐渐地沉淀下来，其中最核心、最稳定和最根本的内容，就形成了价值观。价值观是人们对周围世界的意义和价值的反映和判断，是对世界、社会、他人以及与自己的关系的一种具有系统性、综合性和稳定性的观点。对于特定的主体来说，价值观的形成和发展总是既与其社会地位、经济状况息息相关，与其在社会关系中的地位和所从事的活动密不可分，更与其文化传统有着密切联系。建设社会主义核心价值体系和核心价值观，不能离开中华优秀传统文化这一本源。习近平总书记指出："要认真汲取中华优秀传统文化的思想精华和道德精髓……使中华优秀传统文化成为涵养社会主义核心价值观的重要源泉。"② 这深刻揭示了优秀传统文化与社会主义核心价值观的内在关系，深刻阐明了优秀传统文化对建设核心价值体系和培育核心价值观的重要意义。

按照马克思主义的观点，物质生产决定精神生产，因而从总体和发展趋势看，一个国家、一个民族、一个地区物质生产水平越高，生活越富裕，其精神文化应该越先进。可是中外发展历史上都不乏相反的例子，即先进的物质生产水平和富裕的物质生活非但没有产生先进的精神文化，反

---

① 《毛泽东选集》第 2 卷，人民出版社 1991 年版，第 534 页。

② 《习近平谈治国理政》，外文出版社 2014 年版，第 164 页。

而滋长了奢靡之风、自大之风、堕落之风、不思进取之风，落后文化甚至腐朽思想沉渣泛起。物质生产与精神生产之间具有不平衡的关系，精神生产具有相对的独立性，二者的发展并不是完全同步或同一发展方向的。马克思在《路易·波拿巴的雾月十八日》中说："人们自己创造自己的历史，但他们并不是随心所欲地创造，并不是在他们自己选定的条件下创造，而是在直接碰到的、既定的、从过去承续下来的条件下创造。一切已死的先辈们的传统，像梦魇一样纠缠着活人的头脑。"①社会实践证明，传统文化有着巨大的历史惯性。一个社会在政治制度上的变革往往发生于瞬间，然而思想文化领域里的变化却是相当迟缓而又漫长。传统文化代代相传，深刻影响着人们的生活方式，对于价值观的形成起着深远影响。

文化深深蕴含在每个人的意识里，表现在每个人的行为体验和日常道德之中，人们的一举一动、一言一行，都受文化的熏陶，是由心灵内在向行为外在的文化体现。中国自古被称为"礼仪之邦"，中华传统文化特别注重伦理道德，认为人之所以异于禽兽、人之所以为人，就因为人有道德。对一个人的人格评价，首先要看他是否有德行。"穷则独善其身，达则兼济天下"，就是一个标准。如果像颜回那样有了崇高的道德，即使穷困潦倒，只有"一箪食一瓢饮"，也能得到人们的景仰；反之，如果一个人没有崇高的道德，即使贵为王侯，也得不到人们的敬重。因此，我国传统文化历来注重"教化"，旨在提高人的道德素质。汉代司马迁在《史记·太史公自序》中说："《春秋》上明三王之道，下辨人事之纪，别嫌疑，明是非，定犹豫，善善恶恶，贤贤贱不肖，存亡国，继绝世，补弊起废，王道之大者也。"西汉刘向《说苑·指武》说："圣人之治天下也，先文德而后武力。凡武之兴，谓不服也；文化不改，然后加诛。"这种以"教化"为主旨的文化观念影响深远。正是这种道德教育的深远影响，造就了我国历史上无数名垂千古的脊梁人物，如屈原、范仲淹、岳飞、文天祥、史可

---

① 《马克思恩格斯选集》，人民出版社1995年版，第585页。

法等。直到今天，在我国各地特别是农村中，许多人并没有受过太多的正规教育，但在当地历代传承的乡风民俗、村规家训、先贤故事、治家谚语、民谣民歌、民间故事、剪纸、年画、戏曲等民间民俗文化的长期熏陶教化下，获得精神滋养、砥砺家园情怀，明白安身立命的道理和做人做事的准则，在不知不觉中形成了积极向上、健康文明的意识，促进了自身思想道德素质的提高。在现实生活中往往可以发现，传统文化传承弘扬得好的地方，往往民风淳朴向上、社会和谐安定；而在一些传统文化缺失、文化生活贫瘠的地方，社会问题相对较多，甚至出现嗜赌成风、迷信盛行等现象。

改革开放以来，我国经济发展很快，人民生活水平提高也很快。同时，我国社会正处在思想大活跃、观念大碰撞、文化大交融的时代，出现了不少问题。其中比较突出的一个问题就是一些人价值观缺失，观念没有善恶，行为没有底线，什么违反党纪国法的事情都敢干，什么缺德的勾当都敢做，没有国家观念、集体观念、家庭观念，不讲对错，不问是非，不知美丑，不辨香臭，浑浑噩噩，穷奢极欲。一些带有封建迷信、愚昧、颓废、庸俗等色彩的腐朽、落后文化乘虚而入，"黄赌毒"等社会丑恶现象沉渣泛起，烧香拜佛、巫婆神汉、算卦占卜等腐朽东西时有出现。这方面的问题如果得不到有效解决，改革开放和社会主义现代化建设就难以顺利推进。充分发挥优秀传统文化的社会功能，可以推动形成良好社会道德规范，提升道德的社会约束力，营造和谐健康的社会氛围。《论语·为政》中说："道之以政，齐之以刑，民免而无耻；道之以德，齐之以礼，有耻且格。"与西方文化更多强调竞争、张扬个性不同，中华传统文化的价值取向的最大特点是对自身、对他人、对社会、对国家的责任意识和大局意识，强调个人发展要能够符合社会需要，实现个人生命价值的同时也能促进整个社会的和谐进步，强调讲和睦、讲孝义、讲恪守其分，追求和睦合作、和谐普世，提倡"中和"，强调"礼之用，和为贵""和而不同"，倡导把握和处理事情恰到好处、不偏不倚，注重人与人之间的和睦相处、人与自然的和美共存、人与社会的和谐发展。比如在处理人与人之间的关系方面，费孝通曾说过："中国人历来讲修养，讲人与人的关系。中国的传统文明里边有一套人怎么对付人以取得协调的经验。不要否定一切成一个虚无主义者。我同意梁漱溟先生的看法，西方在处理人同物的关系上比我们东方文明强，他们有科学。可是他们对生活在社会中的人的主观世界的研究却没有我们强，他们依靠宗教来调整精神世界，而我们则懂得怎样主观控制自己的精神世界，也就是所谓'修养'。"① 在广大民众的日常生活中，人的行为准则要合乎传统道德规范。这与社会主义核心价值体系和核心价值观是高度契合的，同时也反映出社会主义核心价值体系和核心价值观必须植根于中国传统文化之中。

那么，中国优秀传统文化为什么会能够成为社会主义核心价值体系和核心价值观的滋养源泉？就是因为社会主义核心价值体系和核心价值观与中华优秀传统文化是相承相通的。

思想内涵上相通。社会主义核心价值体系以马克思主义为指导，其以人为本的精神闪耀着马克思主义关于"人"的论述的科学精神光芒。马克思指出，共产主义是真正意义上顺应社会发展规律的社会制度，也是最符合人的价值取向和追求的制度。在共产主义社会中，人的个性得以实现，人真正成为"完整的人"，成为"有个性的人"。社会主义核心价值体系和核心价值观强调以人为本，这里的"人"，不是指个人或少数人，而是大多数人或最广大的人民群众。以人为本，就是肯定人民是历史的英雄，是历史的真正创造者，就是要维护好、实现好、发展好最广大人民群众的根本利益。可以说，社会主义核心价值体系的本质就是从人民的根本利益出发，以不断满足人民群众日益增长的物质文化需要为目标，让全体人民群众都能享受到发展的成果，让人民群众的政治、经济和文化权益都能得到有效保障。在这个层面上，以人为本充分体现着社会主义核心价值体系的

---

① 《费孝通文集》第 11 卷，群言出版社 1999 年版，第 216 页。

本质和精髓，同时，以人为本的"人"，还指全面发展的人或人的全面性，就是说，要把人的全面发展作为我们一切工作的出发点和落脚点，作为最终目的。这与中国传统的"人道""仁"等观念和利民、裕民、惠民等主张有相通之处。《论语·颜渊》记载："樊迟问仁。子曰：'爱人'。"这里的"人"泛指一切人在内，体现了一种博爱的人本精神。再比如"泛爱众""仁者爱人""仁者无不爱"，强调用对待家庭成员间的友善态度和爱心来对待别人。我们的一些先圣先贤们较早提出了"民本"思想，孟子说"民为贵，社稷次之，君为轻"，提倡"为政以德"，"乐以天下，忧以天下"①，切实做到与民同乐，为民解忧。对百姓所要求的，想方设法去满足他们，而他们不想要的或厌恶的，就不要强制他们接受，以争取民心，正所谓"得其心有道，所欲与之聚之，所恶勿施，尔也"。②当然，这种"民本"思想是建立在一种"恩赐"观念之下的，是以等级制的存在为前提的，这实际上包含着把"民"看成是应该接受"恩赐"的对象，最高的境界也不过是"当官要为民做主"罢了，和真正的"以人为本"思想是根本不同的。我们建设社会主义核心价值体系和核心价值观，要吸收中国传统文化中这种"人道""仁"的精神内涵，同时加以创造性转化，注入以人为本的科学理念，强调尊重人、塑造人，强调权为民所用、情为民所系、利为民所谋，为实现所有人的全面、自由的发展而不懈努力。

理想信念上相通。社会理想是一种政治信念和民族精神，是社会全体成员的共同理想，是在整个社会中占主导地位的共同奋斗目标。共同的社会理想有利于整合整个社会的资源和创造力，可以为一个民族和社会向前发展提供持续动力。中国特色社会主义共同理想以实现中华民族的伟大复兴为目标，是全体中华儿女为之不懈奋斗的坚定信念，是整个国家和社会为之不懈奋斗的政治方向。在一定意义上，它对个人理想具有整合作用，

---

① 《孟子·梁惠王下》。

② 《孟子·离娄上》。

因为它本身就是众多的个体理想的寄托和来源。个体理想也只有升华为社会理想，才会有深厚的社会基础和持久的生命力，才具有实现的可能，也更有意义。中国传统文化的核心特征是群体性和整体性，几千年的传统农业文明和自然经济要求通过群体的力量来实现民族的生存与发展，使得中国传统文化把整体价值置于个体价值之上，把群体利益置于个体利益之上。正如费孝通所指出的："在人际关系中'推己及人'，懂得'己所不欲，勿施于人'，自觉地'老吾老以及人之老，幼吾幼以及人之幼'，由此出发，才能在群体生活里，建立起一种互相尊重、互相容忍、互相有利的合作关系，实现共同的发展。以德凝聚成的群体才是牢固的，所以说'以德服人者王'。"① 在传统文化的熏陶下，人们具有很强的集体意识，推崇把利国利民放在利己之上，这深刻影响着中华民族的价值取向，促使人们为国家民族恪尽职责，正所谓"天下兴亡，匹夫有责"。北宋著名理学家张载就提出，要"为天地立心，为生民立命，为往圣继绝学，为万世开太平"。这些思想与我们今天强调共同理想也是相通的，正是因为中国特色社会主义共同理想植根于中华优秀传统文化的土壤中，所以具有深厚的吸引力和凝聚力。

精神追求上相通。实现"两个一百年"奋斗目标，实现中华民族伟大复兴的中国梦，是历史和时代赋予中国共产党和中国人民最伟大而光荣的使命。完成这一神圣使命，必须有伟大的精神作为支撑和动力。社会主义核心价值体系，尤其是以爱国主义为核心的民族精神和以改革创新为核心的时代精神，就是实现民族复兴的坚强精神支撑和强大精神动力。这些精神直接凝练、吸收了中华优秀传统文化的精华。一个民族的传统文化是由人类在社会实践和意识活动中经过长期孕育形成的价值观念、审美情趣、政治理念、知识体系、思维方式、道德伦理、宗教信仰、民族性格等方面的总和，它深深地熔铸在一个民族人民的血液中，对民族精神的形塑发挥

---

① 《费孝通文集》第 14 卷，群言出版社 1999 年版，第 408 页。

着最基础、最深刻的影响。中国文化在其历史发展的长河中，逐渐形成了一个以华夏文化为中心，同时汇集了国内各民族文化的统一体。这个统一体发挥了强有力的同化作用，在中国历史上的任何时候都未曾分裂和瓦解过。即使在内忧外患的危急关头，在政治纷乱、国家分裂的情况下，它们都能保持完整和统一。习近平总书记指出，"儒家思想同中华民族形成和发展过程中所产生的其他思想文化一道，记载了中华民族自古以来在建设家园的奋斗中开展的精神活动、进行的理性思维、创造的文化成果，反映了中华民族的精神追求，是中华民族生生不息、发展壮大的重要滋养"。①中华民族历来崇尚民族国家利益，爱国主义是我们民族精神的核心精神，是中华民族几千年凝结起来、积淀下来的对祖国最纯洁、最高尚、最神圣的感情。发生在汉代的苏武牧羊故事之所以在我国世代流传、家喻户晓，正是因为苏武卓绝的节操为人们树立了榜样。他身陷匈奴十九年，历尽艰险，始终对祖国忠贞不贰。班固在《汉书·苏武传》中称赞道："孔子称：志士仁人，有杀身以成仁，无求生以害仁。使于四方，不辱君命。苏武有之矣。"与此相应，那些叛国之人则遭到痛斥。同时，中华优秀传统文化提倡和鼓励创新，《礼记·大学》中的"苟日新，日日新，又日新"折射出不断更新自己、主动适应时代、积极推动发展的向上朝气，沉淀为中华民族思想观念的精髓，这些都为核心价值体系和核心价值观的建设提供了养分。

伦理道德上相通。荣辱观是一个社会道德观的重要内容，它直接反映出一个社会的道德准则和价值取向，是人们世界观、人生观、价值观的直接体现。社会主义荣辱观提炼和升华了中华民族悠久的民族精神和传统美德，树立了新的历史条件下中华民族的道德标杆。中华传统文化中包含着深厚的"知荣辱"思想，为社会主义荣辱观的培育提供了坚实基础，是我

---

① 习近平：《在纪念孔子诞辰 2565 周年国际学术研讨会暨国际儒学联合会第五届会员大会开幕式上的讲话》，《人民日报》2014 年 9 月 25 日。

们建设社会主义核心价值体系和培育核心价值观的重要思想资源。春秋时期，管仲认为，礼义廉耻是一个国家不可或缺的四个维度，共同维护着国家的安全。他说："国有四维，一维绝则倾，二维绝则危，三维绝则覆，四维绝则灭……何谓四维。一曰礼，二曰义，三曰廉，四曰耻，礼不逾节，义不自进，廉不蔽恶，耻不从枉。故不逾节则上位安，不自进则民无巧诈，不蔽恶则行自全，不从枉则邪事不生。"① 四维之所以重要，就在于礼能使人守规矩，义能使人公正无私，廉能使人刚正不阿，耻能使人有羞耻之心。孟子则以"仁、义、礼、知"为标准表达了对"荣辱"的看法，他说："无羞恶之心，非人也；无辞让之心，非人也；无是非之心，非人也。恻隐之心，仁之端也；羞恶之心，义之端也；辞让之心，礼之端也；是非之心，知之端也。"明末清初著名思想家顾炎武援引《五代史·冯道传论》中的论述，说："礼义廉耻，国之四维；四维不张，国乃灭亡……礼义，治人之大法；廉耻，立人之大节。盖不廉则无所不取，不耻则无所不为。"另一位清代思想家龚自珍说："士皆有耻，则国家永远无耻矣；士不知耻，为国家之大耻。"这些论述都反映出中华民族自古以来就有着强烈的"荣辱"意识。在一定意义上说，社会主义荣辱观就是对传统荣辱观的改造、发展和超越，实现了传统荣辱观向现代荣辱观的转换，为培养和塑造具有崇高道德修养的社会主义公民和推动良好社会风尚的形成指明了前进道路和方向。

中华优秀传统文化不仅为社会主义核心价值体系和核心价值观建设提供了丰厚滋养，而且提供了重要保障。习近平总书记指出，优秀传统文化是一个国家、一个民族传承和发展的根本，如果丢掉了，就割断了精神命脉。历史和现实都表明，一个抛弃了或者背叛了自己历史文化的民族，不仅不可能发展起来，而且很可能上演一场历史悲剧。

传承和弘扬传统文化可以增进民族认同。文化是民族的血脉。我们

---

① 《管子·牧民》。

认识一个民族，并不仅仅看这个民族的生存区域，也不单看他们的民族服装，而主要依靠他们自身所体现的文化特点来区分。顾炎武在《日知录》里说："有亡国，有亡天下，亡国与亡天下奚辨？曰：异姓改号，谓之亡国；仁义充塞而至于率兽食人，人将相食，谓之亡天下。"这是说，亡国与亡天下是不同的。一个朝代的更换，皇帝异姓，这叫亡国。而亡天下是指我们一个民族道德文化的沦丧和消亡，由此可见文化在一个民族延续中的作用。随着全球化进程的加快，历史愈来愈成为世界史，知识更新的速度加快，信息的传播的速度也加快，不同文化的交融交流交锋越来越明显，但另一方面，"民族意识"越来越增强，也越来越受到重视。任何民族都生活在特定的地理环境、经济环境及社会环境中，这些环境，决定了他们的生产生活、生活方式和思维方式，决定了他们的民族心理和民族性格，这就形成了民族文化特性。各个民族要发展自己，要在世界民族之林中有自己的一席之地，就要坚守自己文化的个性，传承和弘扬自己的文化传统，于是，民族意识在全球化的条件下反而越来越强。比如，以色列为了建国，决定恢复只有在宗教仪式中才使用的希伯来文作为日常通行语言，经过几十年的努力，现在希伯来语不仅已成为耶路撒冷大街小巷中的生活用语，而且也逐渐成为世界各国犹太人追寻文化根源的凭借。文学作品也呈现出这样的特点，各地区各民族的文学都在努力表现本民族的特色。尼日利亚作家索英卡的作品给人们留下的印象之所以十分深刻，就在于他有独特的风格，有浓厚的非洲气息。一位西方评论家说："没有一个非洲作家比索英卡更为成功地让世界上其他人用非洲的眼光来看人类。"由此可见，没有"民族意识"，就不可能创造出有特色的文化来；没有有特色的文化，就不可能真正引起世界的关注。价值观是一个社会的文化内核，社会主义核心价值体系本身也必然具有鲜明的民族特色。只有从中华民族长期创造形成的优秀传统文化中汲取养分，社会主义核心价值体系才能充分反映中华民族的根本利益，从而得到一致认同，成为全民族的共同精神财富，

　　传承和弘扬传统文化可以抵制西方的"普世价值"。文化无形、无声，深深熔铸在社会生活的各个层面、各个领域，自发地左右着人的生产和生活，影响和制约着人与社会的各个方面的发展。当前，西方国家把它们的自由、民主、人权等理念包装成所谓"普世价值"，大肆向包括中国在内的广大发展中国家进行文化渗透，企图搞乱人们的思想，进而从中浑水摸鱼。可以说，普世价值既是西方国家诱导社会主义国家和平演变的理论工具，也成为西方国家对发展中国家进行文化殖民的理论工具。苏东剧变，首先就是从思想上的蜕变开始的；西亚北非一些国家在西方所谓"普世价值"影响下，搞"颜色革命"，结果造成了国家分裂、社会动乱、贫富悬殊等严重后果。现在，境内外一些人把"现代化"等同于"西方化"，将西方的主流意识形态吹捧为"人类思想进化史的终结"，鼓吹"全盘西化"，盲目地"以洋为尊""以洋为美""唯洋是从"，热衷于"去思想化""去价值化""去历史化""去中国化""去主流化"，注定是行不通的。中国传统文化是人们在长期的生产、生活中形成的，也是世代相传下来的思想、道德、习俗等，是历史地沉淀下来的稳定的生活方式，其优秀的因素，往往具有超越时代的意义，到今天仍然具有生命力。比如爱国情感，民族的精神，自强不息、勤劳节俭的美德，富贵不能淫、威武不能屈的品格，主张和为贵、和而不同的和谐思想，"仁者爱人""泛爱众"的仁爱精神，讲求信义、注重人伦孝悌的道德思想等，所有这些并不受时代的限制，都是我们民族传统文化的优秀特质。习近平总书记指出："当代中国是历史中国的延续和发展，当代中国思想文化也是中国传统思想文化的传承和升华，要认识今天的中国、今天的中国人，就要深入了解中国的文化血脉，准确把握滋养中国人的文化土壤。"①

　　传承和弘扬传统文化可以增强文化自信。在所有影响人类的因素中，

---

① 习近平：《在纪念孔子诞辰 2565 周年国际学术研讨会暨国际儒学联合会第五届会员大会开幕会上的讲话》，《人民日报》2014 年 9 月 25 日。

最深沉、最持久的就是文化的影响。任何人的行为都靠思想信念来指导，而只有文化才能影响一个人的思想信念系统，从而持久地影响他的行为系统。我们党高度重视文化的作用，党的十八届六中全会把坚持中国特色社会主义文化和坚持中国特色社会主义道路、理论体系、制度并列提出，强调坚定对中国特色社会主义的道路自信、理论自信、制度自信、文化自信。文化自信的核心是价值观自信，习近平总书记强调，文化的影响力首先是价值观念的影响力，世界上各种文化之争，本质上是价值观念之争。要保持对自身文化的自信、耐力、定力，"引导人民树立和坚持正确的历史观、民族观、国家观、文化观，增强做中国人的骨气和底气"。①在这中间，中华传统文化发挥着不可替代的重要作用。在中华传统文化中，家国同构的观念一直贯穿始终。中国人历来把国家利益、民族利益、社会利益置于首位，这与西方文化所强调的个人主义完全不同。从孟子的"舍生取义"到贾谊的"国而忘家，公而忘私"，从岳飞的"精忠报国"到文天祥的"人生自古谁无死，留取丹心照汗青"，从顾炎武的"天下兴亡，匹夫有责"到林则徐的"苟利国家生死以，岂因祸福避趋之"，中华优秀传统文化的优秀基因已植根于中华民族心理的深层，形成了一种强大的凝聚力和向心力，它往往超越了时空、地域、民族和阶级的界限，能够在涉及民族、国家利益问题上，把广大中华儿女凝为一体、共御外侮。这是各族人民共同的精神支柱，是动员和鼓舞人民团结奋斗的一面旗帜，是中华民族始终傲然屹立于世界民族之林的根基。正如习近平总书记所指出的，我们不是历史虚无主义者，也不是文化虚无主义者，不能数典忘祖、妄自菲薄。中华传统文化源远流长、博大精深，中华民族形成和发展过程中产生的各种思想文化，记载了中华民族在长期奋斗中开展的精神活动、进行的理性思维、创造的文化成果，反映了中华民族的精神追求，其中最核心的内容已经成为中华民族最基本的文化基因。

---

① 《习近平谈治国理政》，外文出版社 2014 年版，第 162 页。

我们中华民族五千多年文明源远流长，坚定道路自信、理论自信、制度自信，基础是坚定文化自信。

第二节　包含丰富思想精华和道德精髓

在《西南联大纪念碑碑文》中，著名哲学家冯友兰曾经描绘过中华文化恒久博大的精神特质："盖并世列强，虽新而不古；希腊罗马，有古而无今。惟我国家，亘古亘今，亦新亦旧，斯所谓'周虽旧邦，其命维新'者也。"就是说，中华文化自古至今，几经风雨仍充满活力，其间从未断灭，这在世界诸民族中绝无仅有。习近平总书记指出，"中国传统文化，尤其是作为其核心的思想文化的形成和发展，大体经历了中国先秦诸子百家争鸣、两汉经学兴盛、魏晋南北朝玄学流行、隋唐儒释道并立、宋明理学发展等几个历史时期。"[①]中华文化不仅历史悠久，而且具有自身独异而优良的精神特质。它们不仅在中华民族长期的历史发展过程中形成，在特定的自然地理环境、生产方式、政治结构、生活模式等条件下创造，不仅以经典文献、社会制度等客观形态存在着，而且广泛地以民族的思维方式、知识结构、价值系统、伦理道德、行为方式、审美情趣、民风民俗等存在着，已深深融化在整个民族的思想意识和行为规范之中，内化为人们的一种心理和性格，并在自觉或不自觉中表现着人们自身的文化素质，诠释着文化思想的变化。包括儒家思想在内的中国传统思想文化中的优秀成分，对中华文明形成并延续发展几千年而从未中断，对形成和维护中国团结统一的政治局面，对形成和巩固中国多民族和合一体的大家庭，对形成和丰富中华民族精神，对激励中华儿女维护民族独立、反抗外来侵略，对推动中国社会发展进步、促进中国社会利益和社会关系平衡，都发挥了十分重

---

① 习近平：《在纪念孔子诞辰 2565 周年国际学术研讨会暨国际儒学联合会第五届会员大会开幕式上的讲话》，《人民日报》2014 年 9 月 25 日。

要的作用。同时，中国优秀传统文化的丰富哲学思想、人文精神、教化思想、道德理念等，也蕴藏着解决当代人类面临的难题的重要启示，可以为人们认识和改造世界提供有益启迪，可以为治国理政提供有益启示，也可以为道德建设提供有益启发。传承和弘扬优秀传统文化，就是要继承这些民族传统文化的精华。

人文主义。人是一种有意识的、能够自我反思的社会存在物，因此，对人的生命价值和意义的关注理应成为每种文化的主要内容。但是，这一问题在各个文化中所处的位置是不同的。与其他文化相比，中国传统文化的人文主义特征更为明显。中国传统文化的人文主义特征突出表现在：重"人"、轻"自然"；重"现世"、轻"来世"。

重"现世"轻"来世"主要表现在：其一，中国传统文化中关于彼岸世界的观念比较淡薄，即使是被中国化了的佛教，关注的也是人伦日用，而不是什么来世。这在禅宗那里表现得特别明显。禅宗教导人，成佛后，山还是山，水还是水，人还在现世生活，只是心态变了。这与儒道的修身没有太大区别。所谓"百尺竿头，更进一步"，说的就是这个意思。其二，中国传统文化对于鬼神的态度是敬而远之。子路问事鬼神，孔子回答说："未能事人，焉能事鬼。"问死，孔子说："未知生，焉知死。"① 中国先哲关心的是人事，且是现世的人事，而不是鬼神之事。儒家的修身齐家治国平天下都是人事，道家的为人处世之道是人事，它的"避害全生"更是人事。它们所解决的实际是这样问题：人应该怎样活着？人怎样活着才有意义？对于此种只关心现世、现实的倾向，有学者就把中国传统文化的特征概括为实用主义，奉行的是天上的天鹅不如手中的麻雀。这一概括应该有一定的道理。但这并非中国哲学的缺点，而恰恰是它的优点。美国哲学家理查德·舒斯特曼就曾这样阐述过中国哲学与美国实用主义的关系。他认为，实用主义和中国哲学之间，存在这个同样的主张：哲学在根本上要指

① 《论语·先进》。

向人生的保存、培育和完善，因此，哲学应该与伦理学和政治学有密切的关联。换句话说，哲学的首要目的，在于人类的利益和增进我们的人道主义，而不是仅仅为了制造真的句子描述事实。

中国哲学对人事的关注从他们对天道的态度上也可以看出来。孔子少谈天道，但还是认为唯天为大。孔子所讲的天是有意志的天、道德之天，是统治一切的主宰。他说："天生德于予，桓魋其如予何！"[①]"君子有三畏：畏天命，畏大人，畏君子之言。"[②] 这里，孔子把天命与圣人看作一致，把自己看作受命于天。天成为他为自己确立道德权威性的根据。孟子继承了孔子对天的理解，也把天理解为道德之天。他最早较为明确地提出了天人合一的思想，他说："尽其心者，知其性也。知其性，则知天矣。""万物皆备于我矣。反身而诚，乐莫大焉。"[③] 就是说，人与天地万物，是统一的整体，人的善端（仁义礼智）受于天、本于天，性之所以为善，乃因为它们是"天之所与我者"。人只要把善端扩充，就可以成为圣人。孟子的天仍然是为他的道德学说、政治主张服务的。荀子的天不再有道德的含义，而是自然之天。"天行有常，不为尧存，不为桀亡。"但他接着说："应之以治则吉，应之以乱则凶……故明于天人之分，可谓至人矣。"[④] 就是说，既然列星随旋，日月递昭，都是自然运行，所以圣人不求知天，但人却可以自求多福，"能治天时地财而用之"。这里，知天的目的仍然是为了明于天人之分，是为了人事。看来，中国传统文化是重"人事"轻"自然"的，它对天的关注本质上也是为了人，"天道"最终都要落实到"人道"。

整体思维。混沌的整体性是古代世界人们思维的共同特征。但是，在中西文化的奠基期，它们的思维方式就表现出了明显的偏向。有学者指出，以亚里士多德为代表的古希腊"整体观"，主要是把个体实体看作一

---

① 《论语·述而》。
② 《论语·季氏》。
③ 《孟子·尽心上》。
④ 《荀子·天论》。

个整体，此种整体观包含着分析的方法。而中国先秦思想则着力于探讨宇宙的整体性，此种整体观把整个宇宙看作有机联系的整体，看作是一个生生不息的无限过程。

在中华文化中，人、社会与自然各自构成了一个整体，同时又紧密相连。而把它们连接在一起的就是道。老子说："人法地，地法天，天法道，道法自然。"① 自然，就是自然之道。世间万物之中的内在生命力量就是"道"，正是在"道"或"天道"的主导下，世间的万事万物都作为"道"的一分子而存在，成为宇宙整体不可分割的一部分。"道"或"天道"构成了万事万物的存在根源，同时也是贯通万事万物的内在本性。正是因为有"道"的统领、引导，万物才构成了充满生机的生生不息的流转图景。《周易》指出："天地之大德曰生"，故"生生之谓易"。而老子则具体描绘了这个大化流行的图景："道生一，一生二，二生三，三生万物。"②

把宇宙万物看作是具有内在生命的有机整体，这正是中华传统文化的整体思维的重要表现。在思维方式上，中华传统文化就是这样，注重从事物的相互联系、相互作用来看问题，注重从整体上来把握事物。它要求人们把各个具体事物或人当作整体、群体的一部分，当作一个整体或群体来看待，而不看重具体事物或个人的独立地位。朱熹说："是以大学始教，必使学者即凡天下之物，莫不因其已知之理而益穷之，以求致乎其极。至于用力之久，而一旦豁然贯通焉，则众物之表里精粗无不到，而吾心之全体大用无不明矣。"③ 这里的意思是要通过综合与贯通，达到"仁者与万物为一体"的境界。

在一定意义上，整体思维符合马克思主义唯物辩证法，因为唯物辩证法也讲普遍联系。但是，中国传统的整体思维与唯物辩证法的普遍联系的观点是根本不同的。因为，唯物辩证法不仅讲综合，也讲分析；不仅注重

① 《老子·二十五章》。
② 《老子·四十二章》。
③ 《大学章句·格物致知补传》。

整体性，也尊重个体的独立地位。而中国传统的整体思维是一种模糊的整体性，是缺乏分析的整体性。这是中国传统社会科技不发达的深层原因。同时，中国传统的整体思维还与宗法思维、国家至上主义等相连，是一种压抑、泯灭个人的集体主义，这与中国传统社会没有发展出民主政治也有很大关系。所以，对于传统的整体思维，我们还是要采取辩证态度，要批判地继承。

注重和谐。整体思维内在地包含着和谐。宇宙作为一个有机整体，就是一个和谐的世界。注重和谐是中国传统思维的重要特征。

中华文化很早就有关于对立面之间的和谐关系的论述。《易传》说："天下殊途而同归，一致而百虑"；《中庸》云："万物并育而不相害，道并行而不相悖"。《老子》提出"观复"，即从动必复归于静的过程看，动以静为根本并统一于静；《庄子》提出"以明"，即通过对立面的相互转化、相互渗透，可见对立面的齐一性；北宋思想家张载指出："有象斯有对，对必反其为；有反斯有仇，仇必和而解。"[①] 可以看出，中国大多数思想家认为，在矛盾中，同一性更为根本，对立和差异包含在统一与和谐之中。美籍华裔学者成中英教授把中华文化思维方式这一特点概括为"和谐化辩证法"。

用这样一种注重和谐的思维看待万物时，不仅认为人世间的一切是充满生机与活力的，而且认为整个宇宙、世间的万物，无不被"大化流行"的生生之意所充满。进一步说，中华文化追求的是一种人的自我身心、个人与他人、个人与社会、人类与自然、人与超越存在之间的普遍和谐。在这里，和谐不是闭眼否认现实的差异与矛盾，而是把现实的差异与矛盾看作是事物非本然的状态，是事物在尚未达到理想境界之前所呈现出来的不圆满，而且事物在自身发展过程中一定可以通过自我调节而达致圆满的和谐，事物的发展最终会走向相互依赖、相互补充、相互调节、相互成就的"太和"状态。

---

① 张载：《正蒙·太和》。

在这种和谐精神的影响下，中华文化在古代就呈现出宽和、融通的气度，它不仅没有出现残酷的宗教迫害乃至宗教战争，而且还融会了印度佛学，吸收了西方文化的优长，从而极大地丰富了自己，获得了新的生机和活力。当然，中国的传统注重和谐的思维是与"君君臣臣、父父子子"的封建思想联系在一起的，就是说，在孔子那样的思想家看来，一个社会只有君臣、父子各安其位、各行本分，才能达致和谐。今天我们继承和谐思想，就必须把它与封建等级制观念、与君臣思想剥离开来，有鉴别地继承。

义务伦理。与整体思维、和谐思维相联系，中华文化中占主导的伦常规范是义务型的，倡导的是处在关系链条中的个人为对方尽义务。中华文化传统的这一特质，同样与在伦常规范上采取个体本位、权利型立场的西方文化表现出了相当的差异。

义务型伦理在儒家思想中得到了鲜明的体现。早在孔子那里，儒家就确立了处理基本人际关系的"五常"："君礼臣忠，父慈子孝，兄友弟恭，夫和妻顺，朋信友谊"。"五常"也就是处理五种社会关系的伦理规范，这些规范无一不强调了一方对于另一方所应承担的义务。孔子的上述思想，为日后儒家伦理的发展规定了方向，为其后儒家成熟形态的义务型伦理奠定了基础。

义务型伦理首先强调纵向关系上尽义务。中华传统文化不同于基督教，不追求通过上帝的拯救来获得个体生命的永生。相反，它把生命看作是一种生生之德的绵延与体现，把自我生命看作是祖先生命的延续，把子孙后代的生命也看作是自己生命的延续。基于这样一种对生命的认识，中华传统文化得出长辈与晚辈之间最基本的伦理规范应该是"父慈子孝"。一方面，它要求做长辈的不仅要为晚辈树立做人做事的典范，而且要本着对子女的慈爱之怀，尽心尽力地在事业与生活方面，为子女创造尽可能好的条件与机会，甚至为此而牺牲自我的利益乃至生命也在所不惜。在当代中国，不少人因为"望子成龙"而节衣缩食、省吃俭用，甚至靠卖血来供子女上学，其中所体现出来的长辈对子女的关爱和奉献精神，就是儒家义务型伦理的表现。另一方面，儒家又强调做子女的对长辈要尽"孝"。而最高的孝，用《中庸》的话说就是"善继人之志，善述人之事"。换言之，只有真正继承了父辈的志业并将其发扬光大，才是"大孝"。所以，个人的生命不仅是一己之事，而是为了更好地延续先辈的生命。这就为后辈的努力、奋斗注入了内在的动力。

中华传统文化不仅在代际传承的纵向维度上保持了义务型伦理的特色，而且也把这种义务型伦理用在社会的横向结构上。在处理君臣、夫妇、兄弟、朋友关系时，中华传统文化主张君礼臣忠、兄友弟恭、夫和妻顺、朋友忠信。这样，经由纵向和横向的义务，社会就被连接成为一个由义务链条所构成的伦理整体，构成了一个和谐的整体。在这里，每个人都自觉为他人、为集体（家族、国家等）着想，为他人、为集体尽义务。人们互不相争、和睦共处、安享天年。

自强不息，厚德载物。在一定意义上，"自强不息，厚德载物"可以看作是中华传统美德基本精神的总体概括。

"自强不息"语出《易传》中的乾卦"象传"，原文是"天行健，君子以自强不息"。这句话包含了"天"与"人"两个向度，是由天的特性推演人应该具有的品格。意思是说，天的运动是刚强劲健、中正周全、永不止息的，因此，人也应该像天一样，效仿这种精神，积极培养奋发有为、勇猛精进的豪情与意志，刚毅坚卓，奋发图强，不断开创勇猛精进、生气蓬勃的生命境界。

"厚德载物"出自《易传》的坤卦"象传"，对应于乾卦"象传"，原文是"地势坤，君子以厚德载物"。这句话是从与天相对应的意义上，通过地的德性，来规范人之品德。它所强调的是，地的德性是以博大的胸怀包容万物，以丰富的养料哺育万物，以使万物焕发出勃然生机。与地的此种特性相应，人就应该有淳厚博大的德性与海纳百川的胸怀，以完成仁民爱物、协和万邦、参赞化育的人生使命。简单地说，"自强不息，厚德载物"是"刚"与"柔"的统一，既体现了刚强劲健的精神，又展示了敦厚博大的胸怀。

作为中国文化的重要源头，《周易》是从"天之道"中悟出了人应该具有的品格：自强不息。《周易》倡导的这种品格为后世思想家继承。孔子讲的"杀身成仁""见义勇为"是这种品格的体现；孟子说的"大丈夫精神"也是这种品格的体现。《孟子·滕文公下》这样说道："居天下之广居，立天下之正位，行天下之大道；得志，与民由之；不得志，独行其道。富贵不能淫，贫贱不能移，威武不能屈"。清朝初期的儒学大师王夫之也说过："君子以此至刚不柔之道，自克己私，尽体天理，发愤忘食，乐以忘忧，不知老之将至，而造圣德之纯也。"① 也就是说，君子应当效法天道而奋发有为，在困顿中觉醒、在逆境中拼搏，挺立起坚韧不拔的勇者人格。正是在这些思想家们的倡导下，自强不息融入中国人的血液，成为中华儿女的优秀品质。正在这种精神的支持下，中华民族才能在危亡之际得以存续、在顽敌面前得以坚守，中华文化才能在困厄之中得以复兴，历经数次浩劫依旧绵延不绝。今天，我们要实现中华民族伟大复兴中国梦，仍然要继承和弘扬此种自强不息的精神。

如果说"自强不息"是一种"修己"之道的话，那么"厚德载物"则更多的是一种"治人"之道，也就是为人处世之道，它所倡导是一种敦厚、博大、包容的精神。正是在这种精神的熏陶下，中华民族形成了"和而不同"的处理人与人关系的理念。根据《国语·郑语》记载，早在西周时期，中华先民就已经注意到了"和""同"之异。在郑桓公与西周太史伯阳父的谈话中，伯阳父就使用了"和"与"同"的概念。他说："夫和实生物，同则不继。以他平他谓之和，故能丰长而物归之；若以同裨同，尽乃弃矣。故先王以土与金、木、水、火杂，以成百物。"意思是说，不同事物的"和"才能生成万物，"同"就不行，只能止步不前。把不同的事物结

---

① 《周易内传·乾》。

合在一起叫作"和"，因而能丰富、发展，并使万物不脱离"和"的统一。如果用相同的东西补充相同的东西，那么这种东西完了就什么都没有了。所以，古代先王正是通过把土、金、木、水、火五行混合在一起，才制作出了各种物品。后来，孔子提出："君子和而不同，小人同而不和。"①意思是，君子主张有原则的和谐，而不是你好我好大家好的"老好人主义"；小人才主张无原则的"同"，不管对与不对，都附和别人。可见，所谓"同"就是无原则的同一，"和"则是包容了多样性、差异性的统一。"和而不同"的思想对中华民族产生了深刻的影响。"和"的观念既是中华民族团结融合的精神基础，也是中华民族爱好和平的精神底蕴，是当代中国"和平崛起"的重要思想渊源。

仁爱忠恕，孝悌诚信。在中国传统文化中，儒家和道家的影响最大，儒家被称为"官学"，是一种官方文化，而道家则可称为"民学"，是一种民间的智慧。但不论儒家还是道家，都特别重视伦理道德在社会中的基础作用，特别是儒家，它高扬"仁爱"品格，奉行"忠恕"原则（所谓"忠"就是"己欲立而立人，己欲达而达人"，所谓"恕"就是"己所不欲，勿施于人"），推崇"孝悌"美德，倡导"诚信"精神，形成了中华民族"重德"的文化传统。

殷周时期，中国人就提出了"以德配天""明德慎罚"，就是主张"德治"，强调道德因素对于治国理政的重要性。儒家继承了这一思想，并将其发展成为一套思想体系，其核心观念就是孔子所说的"仁"。

仁者爱人，表现在治国理政上就是行仁政，就是爱民。中国古代政治具有源远流长的"民本主义"传统，肯定占社会多数的"民"在政治上的根本地位和决定性作用，要求统治者在政治实践中为民众服务。"民本"思想自古以降一脉相承：《尚书》有"民惟邦本"之训，孟子有"民贵君轻"之论，荀子有"民水君舟"之喻，黄宗羲有"民主君客"之议。正是

———————

① 《论语·子路》。

在这种"民本"观念的影响下,"民"才成为中国政治实践中的重要一员。具体而言,中国古代的民本思想包括以下内容:一是"民为政本",就是将民众作为国家政权的根本,其在价值序列上位于君主之上;二是"顺应民心",就是以民心向背作为政治好坏的标准,深刻地揭示了"得民心者得天下"的历史规律;三是"导民使言",就是赋予人民一定的言论自由,鼓励人民积极提出意见,倡导统治者倾听民意,实现下情上达;四是"保障民生",就是充分尊重人民的生命和基本生存权益,强调人民作为社会财富的源泉,对国家经济生产具有重要作用,统治者不能"与民争利"。这些思想是中华优秀传统文化的精华,深刻地影响了中华民族的政治传统和文化心理,激励了一代代仁人志士献身于为人民群众谋利益的革命实践,是中国共产党"以人为本、执政为民"理念的思想资源,是群众路线的文化基因。

正谊明道,义以为上。总体而言,中国传统文化是重义轻利、重精神轻物质的。这主要表现在:

第一,不论是儒家还是道家,他们追求的目标都是个人精神境界的提升,他们意欲成为的人——君子、圣人、真人、至人——都首先与物质财富的多寡和政治地位的高低没有直接的关系,而是精神上的"富有者"。在《论语》中,孔子讲了很多重义轻利的话。"子罕言利。"[1]"君子喻于义,小人喻于利。""富与贵,是人之所欲也,不以其道得之,不处也。贫与贱,是人之所恶也,不以其道得之,不去也。君子去仁,恶乎成名?君子无终食之间违仁。造次必于是,颠沛必于是。"[2]"志士仁人,无求生以害仁,有杀身以成仁。""君子义以为质,礼以行之,孙以出之,信以成之,君子哉!"[3]孔子曾经称赞颜回:"贤哉,回也!一箪食,一瓢饮,在陋巷,人不

---

[1] 《论语·子罕》。

[2] 《论语·里仁》。

[3] 《论语·卫灵公》。

堪其忧，回也不改其乐。贤哉，回也！"①老子在谈到有修养的人时，常以婴儿比喻，婴儿当然是欲望极其简单的人。而庄子所追求的真人是"乘天地之正，而御六气之辩，以游无穷者"。他这样来概括真人："至人无己，神人无功，圣人无名。"②

　　第二，不论是道家还是儒家，他们个人修养的方法都是"养心寡欲"。子路问君子，子曰："修己以敬。"③意思是用礼来修炼自己。关于个人修养，孔子还针对不同的人生阶段，制定了不同的修养重点："少之时，血气未定，戒之在色；及其壮也，血气方刚，戒之在斗；及其老也，血气既衰，戒之在得。"④孟子则直接提出"养心莫善于寡欲"。老子认为人有欲望，必然想方设法满足欲望，然而方法越多，人反而愈不满足。因此与其设法满足，不如清心寡欲，寡欲就容易满足。"绝圣弃智，民利百倍。绝仁弃义，民复孝慈。绝巧弃利，盗贼无有。此三者以为文不足，故令有所属。见素抱朴，少私寡欲。"⑤老子还从"反者道之动"的常道得出了一些做人的准则："知足不辱，知止不殆，可以长久。"⑥"祸莫大于不知足，咎莫大于欲得，故知足之足常足矣。"⑦庄子的"齐物我"的修养方法更是要求人泯灭物与我、人与我、得与失、毁与誉、成与败、生与死的差别，这样就不会受名利、得失、成败、生死的困扰，从而进入无待的逍遥境界。

　　当然，中国的先哲们并不主张绝对的禁欲主义，而是反对通过不正当手段获取利益。比如，孔子说过："富而可求也，虽执鞭之士，吾亦为之。如不可求，从吾所好。"⑧再如樊迟问稼的事，从孔子的回答可以看出，他

---

①　《论语·雍也》。
②　《庄子·逍遥游》。
③　《论语·宪问》。
④　《论语·季氏》。
⑤　《老子·十九章》。
⑥　《老子·四十四章》。
⑦　《老子·四十六章》。
⑧　《论语·述而》。

只是看不起樊迟注重小利，他看重的是大利，因为只要讲义，老百姓就会带着孩子来给你种庄稼，何必自己去种呢？再比如，老子向往的是理想国家是：小国寡民，邻国相望，鸡犬之声相闻，民至老死不相往来。虽然简单质朴，但仍然要"甘其食，美其服"。

中国传统文化"重义轻利"的传统对于今天我们践行党的群众路线、培养社会主义的义利观具有积极作用。中国共产党人鲜明地将最广大人民的根本利益作为奋斗目标，坚持立党为公，执政为民。正如毛泽东所指出的："共产党是为民族、为人民谋利益的政党，它本身决无私利可图。"他还指出："全心全意地为人民服务，一刻也不脱离群众；一切从人民的利益出发，而不是从个人或小集团的利益出发；向人民负责和向党的领导机关负责的一致性；这些就是我们的出发点。"① 同时，继承和弘扬"重义轻利"的传统，对于今天抵制拜金主义、利己主义、消费主义也有积极意义。

敬业乐群，惟志惟勤。"敬业乐群"见于西汉戴圣的《礼记·学记》："一年视离经辨志，三年视敬业乐群，五年视博习亲师，七年视论学取友，谓之小成。"意思是学生入学，第一年考察读经的能力和是否明确了志向；第三年考察是否恭敬学业，是否与同学和睦相处。第五年考察学识是否广博，是否尊敬师长，等等。"敬业乐群"可以说是中华传统美德中有关职业道德的思想资源。

中国先贤们不仅讲敬业，而且提倡"乐业"。孔子就说过："发愤忘食，乐以忘忧，不知老之将至云尔。"② 不过，最早倡导乐业的是老子，他向往的社会是："安其居，乐其业"。后来，《汉书·货殖传》进一步描绘了那样的理想社会："各安其居而乐其业，甘其食而美其服"。应该说，乐业是一种比敬业更高的对工作、事业的态度，真正的乐业只有到未来共产主义社会才能实现。如马克思所说：在共产主义社会，劳动已经不仅仅是谋生

---

① 《毛泽东选集》第 3 卷，人民出版社 1991 年版，第 1094—1095 页。

② 《论语·述而》。

的手段，而且本身成了生活的第一需要。

乐群就是自觉将个体生命融入社会群体，在广泛的人际交往中取长补短，学习知识、提高技能、改正缺陷，促进自我的进步和完善。孔子认为，君子要有"矜而不争，群而不党"①的品质，也就是要广泛与人交往，但不拉帮结派、结党营私。孔子还主张，要为人谦虚，善学他人之长。他说："三人行，必有我师焉：择其善者而从之，其不善者而改之。"② 同时，中国传统文化中的"乐群"，不仅包含修身交友之道，也包含团队协作的精神。三国时的孙权，对于"群道"曾有这样的总结："能用众力，则无敌于天下矣；能用众智，则无畏于圣人矣。"③ 就是说，一个人如果能把众人的力量和智慧聚集起来利用，将是不可战胜的。

看来，中国传统文化强调的是团体对于个体的优先地位，认为个体只有融入集体之中才能真正实现自己的价值，这种价值取向具有鲜明的集体主义特征，与西方所崇尚的个人主义精神完全不同。这为我们今天培育社会主义、集体主义价值观提供了重要思想资源。

谦虚礼让，虚己待物。中国人自古以来崇尚"谦虚礼让"的美德，不赞赏骄傲自满、自恃自矜的人生态度。

"谦德"起源很早。《尚书·大禹谟》中就提到"满招损，谦受益"。《谦》卦作为《易经》六十四卦中的第十五卦，主要说明"谦"的道理。在《周易》中，谦卦颇为特殊。宋人胡一桂曾说："《谦》一卦六爻，下三爻皆吉而无凶，上三爻皆利而无害。《易》中吉利，罕有若是纯全者，谦之效故如此。"④ 就是说，谦卦全是吉和利，而没有凶和害。为什么会这样呢？原因就在于谦本身就是一种适度合宜、戒骄戒满的德性。正如《象传》所言："谦，亨。天道下济而光明，地道卑而上行。天道亏盈而益谦，地道变盈

---

① 《论语·卫灵公》）。
② 《论语·述而》。
③ 《三国志·吴书·吴主传》。
④ 《周易本义·附录·纂疏》。

而流谦，鬼神害盈而福谦，人道恶盈而好谦。谦，尊而光，卑而不可逾，君子之终也。"① 大意是，谦不仅是人的美德，而且是天地、鬼神共同尊奉的德性。中国传统文化之所以提倡谦，就在于它是从一种"道体之全"的高度来看待个体自我，把自己仅视为天地中之一物、众生中之一人，以天地之大、圣贤之德尚不自以为是，一般人当然更没有什么值得骄傲的了。

谦虚礼让的思想传统深刻地影响了中国人的文化心理。唐代诗人白居易有诗云："水能性淡为吾友，竹解心虚即我师。"② 明代的方孝孺将这种谦德归纳为："虚己者进德之基"③。在中国人的语汇中，随处可见自谦之辞，称呼自己为："在下""敝人""不才""愚生""老朽""小可"等；称呼妻子为："拙荆""贱内"；称呼儿子为："小犬""犬子"等。与之相对应，称呼他人一般前面加上"尊""贤""贵""大"等，如"尊夫""贤侄""贵庚""大作"等。这种抑己尊人的谦辞并不像有些人所理解那样，是一种自卑或虚伪的表现，而是代表了中国人特有的待人接物方式和精神风貌，内蕴着中国人对于宇宙、社会的理解和对于自我的定位，体现出一种"识人之智"和"自知之明"。

中国共产党也继承了传统文化中的"谦虚"美德。在解放战争胜利的前夕，毛泽东就告诫全党："夺取全国胜利，这只是万里长征走完了第一步。如果这一步也值得骄傲，那是比较渺小的，更值得骄傲的还在后头。在过了几十年之后来看中国人民民主革命的胜利，就会使人们感觉那好像只是一出长剧的一个短小的序幕。剧是必须从序幕开始的，但序幕还不是高潮。中国的革命是伟大的，但革命以后的路程更长，工作更伟大，更艰苦。这一点现在就必须向党内讲明白，务必使同志们继续地保持谦虚、谨慎、不骄、不躁的作风，务必使同志们继续地保持艰苦奋斗的作风。"④ 邓小平也指出："党的工作中的群众路线，本身就要求党的领

---

① 《易传·象传·谦》。
② 《池上竹下作》。
③ 《侯域杂诫》。
④ 《毛泽东选集》第 4 卷，人民出版社 1991 年版，第 1438—1439 页。

导保持谦虚和谨慎的态度。骄傲，专横，鲁莽，自作聪明，不同群众商量，把自己的意见强加于人，为了自己的威信而坚持错误，是同党的群众路线根本不相容的。"①

在现代充满竞争的社会，"谦虚礼让"的传统美德更具有现实意义。如果每个公民都能做到谦，那么，人与人的关系就变得淳朴而充满温情，纠纷诉讼就会减少；如果每位驾驶员都能做到文明礼让，那么路上交通的拥堵就会缓解，事故数量就会大幅降低；如果每个国家都能以谦谦君子之道处理国际关系，大国不以霸道欺凌弱小，那么世界就会更加和平和安宁。可见，"谦虚礼让"美德在现代也非常需要，是应该大力倡导的。

家国情怀，天下为公。中华民族具有深厚的爱国主义传统。"爱国"既包括热爱祖国的大好河山，捍卫国家的领土不受侵犯，也包括保存和传承祖国的历史和文化，在时局困顿之时不畏强权、不附浊流、为国守节、为国抗争。

在中国历史上，书写爱国篇章的仁人志士不胜枚举，如"哀民生之多艰"的屈原，"鞠躬尽瘁，死而后已"的诸葛亮，"先天下之忧而忧，后天下之乐而乐"的范仲淹，"位卑未敢忘忧国"的陆游，"留取丹心照汗青"的文天祥，"苟利国家生死以，岂因祸福避趋之"的林则徐，等等。尽管在不同时代爱国主义的表现形式有所不同，但眷恋故土、忧国忧民、英勇献身、精忠报国的精神追求始终不渝、历久弥坚。正是由于有了这种精神，中华民族才得以延续数千年不衰，中国版图才得以长期保持完整统一。

中华民族的爱国精神并不是一种狭隘的民族主义。在中国人的民族性格中，家国情怀与天下意识是相互结合的，中国人对自己国家的热爱和捍卫并不以侵略和掠夺其他国家为手段。中国自古以来奉行独立自主、和平发展的方针，向往各个民族共同繁荣发展的"天下大同"局面。儒家描

---

① 《邓小平文选》第 1 卷，人民出版社 1994 年版，第 219 页。

绘了这样一幅美好图景:"大道之行也,天下为公。选贤与能,讲信修睦。故人不独亲其亲,不独子其子,使老有所终,壮有所用,幼有所长,矜寡孤独废疾者,皆有所养。男有分,女有归。货,恶其弃于地也,不必藏于己;力,恶其不出于身也,不必为己。是故,谋闭而不兴,盗窃乱贼而不作,故外户而不闭,是谓大同。"① 看来,中国人所追求的大同社会,是一个物质财富极大丰富、社会保障相当完备、精神生活非常充实、道德品质无比高尚的社会,是远离贫穷与战乱、杜绝罪恶与刑罚、拒斥私欲与阴谋、摒弃冷漠与歧视的社会。

与"天下为公"的理想追求相联系,中华民族是一个爱好和平的民族,崇尚"亲仁善邻"。自古以来,中国传统主流思想文化都崇尚和平,反对"以怨报怨""好勇斗狠"的战争逻辑:儒家主张"以德服人",道家主张"无为不争",墨家主张"兼爱非攻",佛教主张"戒杀护生",就连致力于军事活动的兵家也主张"慎战攻心"。传统中国人信奉一种天下观念,将华夏视作天下的中心。这个中心不只是地理意义上的,而主要是文化意义上的,而周边的"四夷"是文明不开化的地域。华夏"征服"四夷不依赖武力,而是通过礼仪教化形成文化共识,使之自我认同于华夏文明。正所谓"远人不服,则修文德以来之"②。当今世界,中国传统文化中的崇尚和平发展的文化性格依然具有鲜活的生命力。在处理与周边国家关系问题上,中国一直奉行睦邻友好、互惠互利、搁置争议、共同开发的对外方针,对世界承诺永不称霸、和平崛起,展现出中华文化更为高远的价值追求,为未来世界各民族的协同发展树立了正面典范。

总的来看,"自强不息,厚德载物""仁爱忠恕,孝悌诚信""见利思义,义以为上""敬业乐群,惟志惟勤""谦虚礼让,虚己待物"和"家国情怀,天下为公"等,只是中华优秀传统文化中一些有代表性的内容,也是与社

---

① 《礼记·礼运》。

② 《论语·季氏》。

会主义核心价值体系密切相关的内容。中华优秀传统文化，尤其是传统美德思想非常丰富，渗透于中国人生活的方方面面，需要我们更加全面系统地挖掘、阐释和吸收。

第三节　科学对待传统文化

中国传统文化从过去走来，又从今天延续下去，在这其中或先进、或健康、或落后，都是一种客观的存在。在中国传统文化中包含着许多优秀成分，但也内存着抱残守缺、不求进取、宗法观念等落后思想，精华和糟粕往往掺杂糅合在一起，构成一个你中有我、我中有你、内容驳杂的复杂体系，常常表现为良莠并呈、瑕瑜互见的复杂状态。同一传统文化往往同时具有积极的和消极的两方面，或者从这个角度看是积极的，从另一个角度看又是消极的；或者在这一种时代背景和社会环境中起着进步作用，在另一种时代背景和社会环境中又起着负面作用。比如统一意识与专制宗法思想交错，爱国主义蕴含忠君思想，伦理道德渗透着神权、君权、族权、夫权思想，爱家爱乡的情感往往与宗亲血缘的意识合为一体，重实际、斥玄虚展现的是艰苦奋斗、节俭不奢的传统，但也蕴含着因循守旧、保守排外的心理等。中国传统思想文化对中华民族的民族心理曾经有着深刻的影响，它凝结成中华民族的一种特殊的心理特性，长期影响着我们这个民族的各个方面，即使今天它也还在不少方面支配着我们的思想和生活态度。而这种特殊的民族心理状态，既表现了中华民族传统思想文化的优点所在，也表现了它的缺点所在。

传统是指走到"现在"的"过去"，是"过去"在"现今"的存在和显现，不是仅指过去曾经有或者人们赋予过去的东西，也不是一成不变的，而是在实践中不断发展并丰富着的东西。只有在现实中仍然活着并起着作用的既往存在，才是真正的、有生命力的传统。立足于社会意识的变化发展过程去理解传统，才能把握住传统文化中更深层的、实质性的东西，而不是停留于表面的形式。中华文化是中华民族几千年来在实践活动中"所思、所言、所为、所需"的智慧结晶，它从不间断地随着中华民族的足迹、中华民族的历史、中华民族的实践创造逐步向前发展。在这个发展过程中不断吐故纳新，不断有新的文化创造，不断有旧的文化淘汰或流失。正如钱穆所说："一民族文化之传统，皆由其民族自身递传数世、数十世、数百世的血液所浇灌，精肉所培壅，而使得开此民族文化之花，结此民族文化之果"。①"传统"并不等同于"过去"甚至是"古代"，有人片面地认为"传统"的意义和标志就在于"古、老、旧"，越"古"、越"老"、越"旧"就越有资格代表传统，必然陷入文化复古主义的泥坑。传统文化不是一种简单、平面、单一和僵化的东西，而是多元地存在于现实之中并继续发展着的东西。比如在我国许多地方遗存下来的文物古迹、家训歌谣、楹联书画、民间工艺、名人传说、风土习俗、说唱戏曲、民间文化活动等，它们虽然都是产生于过去的文化成果，但承载着厚重的历史积淀，具有鲜明的民族性、地域性、群众性，继续为今天的人民群众所喜闻乐见，并对他们的文化心理、价值取向、思维方式、审美情趣等依然产生重要影响。

进言之，站在今天的角度看中国传统文化，它曾经是辉煌灿烂的，但它毕竟发生发展自特定的社会形态和时代，是那个时代生产力发展水平的产物，适应那个时代人的精神需要，符合那个时代人的思维方式、生活习惯和表述方式。社会存在决定社会意识，社会存在变了，社会意识也必然发生相应的变化，属于社会意识范畴的传统文化也应该随着社会的发展不断发展。马克思恩格斯在《德意志意识形态》中指出："历史不外是各个世代的依次交替。每一代都利用以前的各代遗留下来的材料、资金和生产力；由于这个缘故，每一代一方面在完全改变了的条件下继续从事先辈的活动，另一方面又通过完全改变了的活动来变更旧的环境。"② 这就是说，

---

① 钱穆：《国史大纲》，民国丛书（第1编），上海书店出版社1989年版，引论第27—28页。
② 《马克思恩格斯选集》第1卷，人民出版社1995年版，第88页。

人类的每一代都会面对而且要"利用以前各代遗留下来的材料",其中必然也包括民族传统文化。当然,这种利用的一方面是"继续从事先辈的活动",也就是传承和弘扬传统,因为民族传统文化是本民族走过的路所留下来的足迹,丢掉了民族传统文化就不知道自己从哪里来,也就不知道往哪里去;另一方面,这种利用又是"在完全改变了的条件下"进行的,时代变了,这种利用就不是也不可能是全部照搬,而是批判地继承,创造性转化,创新性发展。习近平总书记精辟指出:"要推动中华文明创造性转化、创新性发展,激活其生命力,让中华文明同各国人民创造的多彩文明一道,为人类提供正确精神指引。"①毋庸讳言,中华优秀传统文化与社会主义市场经济、民主政治、先进文化、社会治理等还存在需要协调适应的地方。弘扬中华优秀传统文化,要处理好继承和创造性发展的关系,实现中华文化的创造性转化和创新性发展。创造性转化,就是要按照时代特点和要求,对那些至今仍有借鉴价值的内涵和陈旧的表现形式加以改造,赋予其新的时代内涵和现代表达形式,激活其生命力。创新性发展,就是要按照时代的新进步新进展,对中华优秀传统文化的内涵加以补充、拓展、完善,增强其影响力和感召力。总的来说,要坚持"古为今用、推陈出新、批判继承、综合创新"的立场,在批判中扬弃其中不适宜现代社会的成分,大力弘扬中华传统文化的优秀内容,切实做到有鉴别地加以对待,有扬弃地予以继承,促进中华文化的革故鼎新、与时俱进。1945年,毛泽东同志在《论联合政府》中指出:"对于中国古代文化,同样,既不是一般排斥,也不是盲目搬用,而是批判地接收它,以利于推进中国的新文化。"②

纵观我国文化发展史,传统文化一直是在继承与创新的对立统一中发展的,旧的形式不断被新的形式代替,新的形式传承着传统的精神内核和艺术品格,不断螺旋式上升。传承中华文化,就要讲清楚中华优秀传统文

---

① 习近平:《在哲学社会科学工作座谈会上的讲话》,《人民日报》2016年5月18日。

② 《毛泽东选集》第3卷,人民出版社1991年版,第1083页。

化的历史渊源、发展脉络、基本走向，讲清楚中华文化的独特创造、价值理念、鲜明特色，增强文化自信和价值观自信；系统梳理传统文化资源，让收藏在禁宫里的文物、陈列在广阔大地上的遗产、书写在古籍里的文字都活起来。深入挖掘和阐发中华优秀传统文化讲仁爱、重民本、守诚信、崇正义、尚和合、求大同的时代价值；大力宣传中华民族的优秀文化和光荣历史，继承五四运动以来的革命文化传统，通过多种方式加强爱国主义、集体主义、社会主义教育，引导人们树立和坚持正确的历史观、民族观、国家观、文化观，增强做中国人的骨气和底气。正如习近平总书记所指出的："要加强对中华优秀传统文化的挖掘和阐发，使中华民族最基本的文化基因与当代文化相适应、与现代社会相协调，把跨越时空、超越国界、富有永恒魅力、具有当代价值的文化精神弘扬起来。"[1]

在对待中国传统文化方面，我们必须反对两种态度：一是"华夏文化优越论"，这种观点不仅主张不加反省地盲目继承，全盘肯定传统文化，而且还以褊狭的心态，反对学习世界现代文化的优长，其结果只能是使中华文化走向枯萎，失去生命力。二是历史虚无主义，即从整体上根本否定中华文化的现代价值，主张抛弃民族文化传统而全盘照搬西方现代文化。十月革命后，列宁在批评苏俄国内的文化虚无主义思潮时说过，无产阶级文化并不是从天上掉下来的，也不是从那些自命为无产阶级文化专家的人杜撰出来的，如果认为是这样，那完全是胡说，无产阶级文化应当是人类在资本主义社会、地主社会和官僚社会的压迫下，创造出来的全部知识合乎规律的发展，只有对这种文化加以改造，才能建设无产阶级的文化，没有这样的认识我们就不能够完成这个重任。民族优秀传统文化是民族精神的源头活水，是中华民族的财富和骄傲，我们必须创造性地继承这笔宝贵遗产。那种数典忘祖、蔑视传统、一味丑化民族文化的做法，是十分有害的。抛弃传统、丢掉根本，就等于割断了自己的精神命脉，就会丧失文化

---

① 习近平：《在哲学社会科学工作座谈会上的讲话》，《人民日报》2016年5月18日。

的特质。

　　推动传统文化的创造性转化、创新性发展必须坚持以马克思主义为指导。马克思主义深刻揭示了事物的本质、内在联系及发展规律，是"伟大的认识工具"，是人们观察世界、分析问题的有力思想武器。实现中国传统文化的创造性继承，创新性发展，必须坚持以马克思主义为指导。相反，如果背离了这一根本，放弃以马克思主义为指导，我们对传统文化的继承和发展就会失去灵魂、迷失方向，最终也不能发挥应有作用。中国文化发展的前景如何？我们可以说，它必定是一种现代化的中国特色社会主义新文化，但这种新文化毕竟是要在中国历史和现实的条件下建设，因此它总是中国的，承载着中国的历史文化积淀，是对中国传统文化的扬弃和发展。

　　推动传统文化的创造性转化、创新性发展必须坚持以人民为中心。文化是在人的实践活动中产生的。恩格斯在《劳动在从猿到人转变过程中的作用》中指出："劳动本身经过一代一代变得更加不同、更加完善和更加多方面化了。除打猎和畜牧外，又有了农业、农业之后又有了纺纱、织布、冶金、制陶器和航行。伴随着商业和手工业，最后出现了艺术和科学；从部落发展成了民族和国家。法和政治发展起来了，而且和它们在一起，人间事物在人的头脑中的虚幻的反映——宗教，也发展起来了。"① 人创造了文化，也就享受着文化，同时还受制于文化，最终又要不断地改造文化。因此，文化作为实践的产物，必然是一个动态的过程，它应人的需要而产生，亦伴随着人的需要的变化而变化。人们不断有新的需要和追求，不断有新的发现和创造，从而改进着生产方式与生活方式，推进了思想的进步，创造了不同的新文化。传统文化继承发展的源头活水在于广大人民群众活生生的实践，在于他们现实生活的需要。对传统文化的传承如果仅仅停留在书本上，停留在学者的学术研究中，是没有生命力的。只有

① 《马克思恩格斯选集》第 4 卷，人民出版社 1995 年版，第 380—381 页。

立足于实践，立足于人民群众的真实生活，只有使人民群众成为传统文化传承和弘扬的主体，只有把传统文化的传承与人民群众的实践、生活结合起来，只有坚持以人民为中心的工作导向、把人民群众的需要作为传承和弘扬传统文化的标尺，传统文化才能真正活起来，才能真正成为中国特色社会主义先进文化发展之根，才能真正实现传统文化的创造性转化、创新性发展。近年来，一些地方积极开发民间文艺和民俗活动项目，用好庙会、灯节、歌会、赛龙舟等载体，增强人们对优秀传统文化的理解和当代主流价值的认同，对丰富群众文化生活、促进经济社会发展发挥了积极作用。

推动传统文化的创造性转化、创新性发展必须推动中外文明交流互鉴。世界是丰富多彩的，人类文明是多样的。由于各个民族生存和活动的地域不同、历史发展的道路不同，各个民族就形成了各具特色的民族传统文化。多元文化的并存和互补，是文化发展和进步的重要条件；文明的交流和互鉴，是文明发展的一条重要规律。所以，习近平总书记指出："对待不同文明，我们需要比天空更宽阔的胸怀。文明如水，润物无声。我们应该推动不同文明相互尊重、和谐共处，让文明交流互鉴成为增进各国人民友谊的桥梁、推动人类社会进步的动力、维护世界和平的纽带。我们应该从不同文明中寻求智慧、汲取营养，为人们提供精神支撑和心灵慰藉，携手解决人类共同面临的各种挑战。"[1]

从历史上看，中国传统文化始终显示着兼收并蓄而不排异拒外的特性，以开放包容的态度对待外来文化，批判性地吸收和借鉴外来优秀文化，实现了外来文化与本土文化的交流与融合，这使得中华文化具有强大生命力。比如佛教的中国化，产生了世俗化和民族化的禅宗。在中国思想史上，儒道互补、儒法结合、儒佛相通、儒释道三教合一，都充分反映了中华民族传统文化的襟怀。对于中外文化交流，毛泽东在《新民主主义论》

[1] 《习近平谈治国理政》，外文出版社 2014 年版，第 262 页。

中精辟指出："中国应该大量吸收外国的进步文化，作为自己文化食粮的原料……但是一切外国的东西，如同我们对于事物一样，必须经过自己的口腔咀嚼和肠胃运动，送进唾液胃液肠液，把它分解为精华和糟粕两部分，然后排泄其糟粕，吸收其精华，才能对我们的身体有益，绝不能生吞活剥毫无批判地吸收。"[①] 这就是说，既要大量吸收外国的进步文化，又要以我为主，经过分析批判，取其精华，剔其糟粕。法国著名历史学家布罗代尔认为，文明文化的本质特征，就是相互传播和借用，一方面要将自己的东西向外输出，另外一个方面也要借用其他的文化，但是这种借用也是有选择的行为，一方面要选择，另一方面也要有拒绝的特性。因此有选择地来吸取，对一些东西也要有拒绝，保持自己文化的独特性和稳定性。所以，对待外来文化绝对不能照搬，不能盲目模仿，而必须立足于中国实际决定取舍，加以消化，使之变成我们自己的东西。

人类已经有了几千年的文明史，任何一个国家、一个民族都是在承前启后、继往开来中走到今天的，世界是在人类各种文明交流交融中成为今天这个样子的。推进人类各种文明交流交融、互学互鉴，是让世界变得更加美丽、各国人民生活得更加美好的必由之路。当今世界，人类文明无论在物质还是精神方面都取得了巨大进步，特别是物质的极大丰富是古代世界完全不能想象的。同时，当代人类也面临着许多突出的难题，比如，贫富差距持续扩大，物欲追求奢华无度，个人主义恶性膨胀，社会诚信不断消减，伦理道德每况愈下，人与自然关系日趋紧张，等等。要解决这些难题，不仅需要运用人类今天发现和发展的智慧和力量，而且需要运用人类历史上积累和储存的智慧和力量。世界上一些有识之士认为，包括儒家思想在内的中国优秀传统文化中蕴藏着解决当代人类面临的难题的重要启示。国际现象学会会长、女哲学家田缅聂卡（Tyminecka）在第十七届哲学大会上说，西方常常在不知不觉中受惠于东方而不自觉，莱布尼茨重视

---

① 《毛泽东选集》第 2 卷，人民出版社 1991 年版，第 706—707 页。

普遍和谐观念就是很明显的一个例子。她认为，当前中国哲学比西方哲学幸运，没有走上西方哲学目前分崩离析的道路，当前西方至少有三点可以向东方学习：第一，崇尚自然（和谐）；第二，体证生生（生生不息）；第三，德性实践。她还认为，西方文化必须自求多福，浮泛地向东方学一点东西来充门面是不行的。在这里，我们要强调的是，文明间的交流互鉴是双向的、互动的，这样的交流才能真正推动世界文明、文化的发展，才能真正使得世界文化的大花园里姹紫嫣红。

第九章　内化于心　外化于行

载之空言，不如见之实行。马克思曾经指出："一步实际运动比一打纲领更重要。"① 列宁强调："少讲空话，多做实事。"② 建设核心价值体系、培育核心价值观，在理论上讲清楚来龙去脉，解析透内涵逻辑，是题中应有之义，是基础和前提，但从根本上讲，还在于实践，在于把观念的东西转化成人们习以为常的行动，从日常的言行举止中彰显社会主义核心价值体系、核心价值观的力量。如果只是纸上谈兵、废谈虚务，再好的方针制度也会落空，再伟大的目标任务也无从实现。习近平总书记指出："道不可坐论，德不能空谈。于实处用力，从知行合一上下功夫，核心价值观才能内化为人们的精神追求，外化为人们的自觉行动。"③"培育和践行社会主义核心价值观，贵在坚持知行合一、坚持行胜于言。"④

第一节　坚定理想信念

革命理想高于天。共产主义远大理想和中国特色社会主义共同理想，

---

①　《马克思恩格斯选集》第 3 卷，人民出版社 1995 年版，第 296 页。

②　《列宁选集》第 3 卷，人民出版社 1995 年版，第 464 页。

③　习近平：《青年要自觉践行社会主义核心价值观》，《人民日报》2014 年 5 月 5 日。

④　习近平：《当好全国改革开放排头兵　不断提高城市核心竞争力》，《人民日报》2014 年 5 月 25 日。

是中国共产党人的精神支柱和政治灵魂，也是保持党的团结统一的思想基础。同时，也是社会主义核心价值体系、核心价值观的精髓，是社会主义意识形态最本质、最重要的部分。社会主义核心价值体系与核心价值观体现了社会主义意识形态的本质要求，体现了社会主义制度在思想和精神层面的质的规定性，凝结着社会主义先进文化的精髓，是中国特色社会主义道路、理论体系和制度的价值表达，是实现中华民族伟大复兴的中国梦的价值引领。

历史证明，一个国家和民族，贫弱落后固然可怕，但更可怕的是精神空虚。失去了理想信仰，内心没有约束，行为没有顾忌，再多的外部要求，也会"法令滋彰，盗贼多有"；丢失了主导价值，没有了明确准则，冲破了道德底线，再丰裕的物质生活，也难免"金玉其外，败絮其中"。近代以来，中国人民的奋斗目标、中国梦的重要内涵，就是在寻求国家的价值内核、实现社会的共同理想、构建国民的精神家园。在这样的意义上，社会主义核心价值体系、核心价值观是人生奋斗的梦想之舵，是中华民族的精神之钙，是当代中国的兴国之魂。从知与行的角度，发掘每个人心底蕴藏的善良道德意愿、道德情感，让社会主义核心价值体系和核心价值观，内化为社会群体和个人的意识，外化为群体和个人的行为规范，才能产生凝聚力、焕发战斗力，夯实全面深化改革的思想基础。

坚定中国特色社会主义文化自信。自信是关乎民族精神独立性的大问题，有自信才会有自觉，有自信才会有清醒，有自信才会有定力。而对于一个民族、一个国家、一个政党来说，文化自信是更基础、更广泛、更深厚的自信，是更基本、更深沉、更持久的力量。文化自信是一种伟大的力量，因为文化是一个国家、一个民族的灵魂，它无处不在、无时不有，浸润于每一个人的心灵深处。小而言之，关系到每一个人的理想信念、价值取向、道德情操；大而言之，体现出一个民族的精神品格和人文素质。而文化自信的本质和核心，就是价值观自信；文化自信的力量，就是价值观自信的力量。

价值观是信仰的根基，有了坚定的核心价值观，才有坚定的信仰。人民有信仰，民族有希望，国家有力量。对一个民族、一个国家来说，最持久、最深层的力量，是社会共同认可的核心价值观。我们生而为中国人，最根本的是我们有中国人的独特精神世界，有为百姓日用而不觉的价值观。建设社会主义核心价值体系、培育核心价值观，是建设社会主义现代化强国的必要条件。没有强大的社会和强健的民族素质作支撑，是不可能建成现代化强国的；光有物质基础的强盛，没有精神世界的充实，也不可能建成社会主义现代化强国。我们必须着力建设核心价值体系、培育和践行核心价值观，把提高国民素质包括思想道德素质、科学文化素质、民主法治素质、健康文明素质，当作长期战略任务来抓。

当代中国，只有坚定中国特色社会主义文化自信，方可始终保持对中国特色社会主义的道路自信、理论自信、制度自信。这也是党的十八大以来，以习近平同志为核心的党中央提出并反复强调坚定中国特色社会主义文化自信的要义所在。习近平总书记在庆祝中国共产党成立95周年大会上的重要讲话中指出："文化自信，是更基础、更广泛、更深厚的自信。在5000多年文明发展中孕育的中华优秀传统文化，在党和人民伟大斗争中孕育的革命文化和社会主义先进文化，积淀着中华民族最深层的精神追求，代表着中华民族独特的精神标识。我们要弘扬社会主义核心价值观，弘扬以爱国主义为核心的民族精神和以改革创新为核心的时代精神，不断增强全党全国各族人民的精神力量。"这就充分体现了我们党高度的文化自觉，更加彰显了我们党鲜明的文化立场，进一步凸显了文化在中国特色社会主义事业全局中的重要地位，把我们党对文化作用和文化发展规律的认识提升了一个新的境界。我们必须从全局和战略高度出发，深刻认识坚定文化自信的重大意义，高举我们的文化旗帜，增强文化自觉，加快文化改革发展，加强社会主义精神文明建设，增强国家文化软实力，以文化自信支撑和道路自信、理论自信、制度自信，汇聚实现"两个一百年"奋斗目标、实现中华民族伟大复兴中国梦的强大力量。

那么，自信来源于哪里？我们说，既来源于中国特色社会主义的伟大实践，也来源于坚定的理想信念。理想信念是价值体系和价值观的核心要素。对理想信念的坚信、坚持与坚守，源自内心价值观的自信、自觉与自立，根本上就是源自对我们党对文化规律的深刻认识，源自我们有深厚的文化根脉和独特的文化优势。中华文明绵延数千年，有其独特的价值体系。中华优秀传统文化已经成为中华民族的基因，植根在中国人内心，潜移默化地影响着中国人的思想方式和行为方式。今天，我们建设核心价值体系、弘扬核心价值观，必须从中汲取丰富营养，否则就不会有生命力和影响力。比如，中华文化强调"民惟邦本"①"天人合一"②"和而不同"③，强调"天行健，君子以自强不息"④"大道之行也，天下为公"⑤；强调"天下兴亡，匹夫有责"⑥，主张以德治国、以文化人；强调"君子喻于义"⑦"君子坦荡荡"⑧"君子义以为质"⑨；强调"言必信，行必果"⑩"人而无信，不知其可也"⑪；强调"德不孤，必有邻"⑫"仁者爱人"⑬"与人为善"⑭"己所不欲，勿施于人"⑮"出入相友，守望相助"⑯"老吾老以及人之老，幼吾幼以及人

---

① 《尚书·五子之歌》。
② 中国古代哲学观点。源于西周的天命论，认为天与人有着紧密的联系。
③ 《论语·子路篇》。
④ 《周易·乾》。
⑤ 《礼记·礼运》。
⑥ 《论语·子路篇》。
⑦ 《论语·里仁》。
⑧ 《论语·述而》。
⑨ 《论语·卫灵公》。
⑩ 《论语·子路》。
⑪ 《论语·为政》。
⑫ 《论语·里仁》。
⑬ 《孟子·离娄章句下》。
⑭ 《孟子·公孙丑上》。
⑮ 《论语·颜渊》。
⑯ 《孟子·滕文公上》。

之幼"①"扶贫济困""不患寡而患不均"②，等等。像这样的思想和理念，不论过去还是现在，都有其鲜明的民族特色，都有其永不褪色的时代价值。这些思想和理念，既随着时间推移和时代变迁而不断与时俱进，又有其自身的连续性和稳定性。社会主义核心价值体系和核心价值观，就充分体现了对中华优秀传统文化的传承和升华。

我们坚定文化自信，是有充分理由的，关键是要看到我们深厚的文化根脉和独特的文化优势。中华文化优势，在于有生生不息、博大精深的中华优秀传统文化，有党领导人民创造的激昂向上的革命文化和生机勃勃的社会主义先进文化。中华民族生生不息绵延发展、饱受挫折又不断浴火重生，都离不开中华文化的有力支撑。中华文化独一无二的理念、智慧、气度、神韵，增添了中国人民和中华民族内心深处的自信和自豪。这其中，最根本的还在于，有贯穿其中的马克思主义科学理论指导、坚定理想信念、正确价值追求，有以爱国主义为核心的民族精神和以改革创新为核心的时代精神。这些宝贵文化资源，铸就了中华民族持久而强大的凝聚力向心力，滋养着当代中国的发展进步，是应当很好地坚守的精神高地，是我们保持文化自信的坚强基石。我们要大力弘扬以爱国主义为核心的民族精神和以改革创新为核心的时代精神，大力弘扬中华优秀传统文化，大力发展社会主义先进文化，不断增强全党全国各族人民的精神力量。

我们必须把对马克思主义的信仰、对社会主义和共产主义的信念作为毕生追求，在改造客观世界的同时不断改造主观世界，解决好世界观、人生观、价值观这个"总开关"问题，不断增强政治定力，自觉成为共产主义远大理想和中国特色社会主义共同理想的坚定信仰者和忠实实践者；必须坚定对中国特色社会主义的道路自信、理论自信、制度自信、文化自信。领导干部特别是高级干部要以实际行动让党员和群众感受到理想信念

---

① 《孟子·梁惠王上》。
② 《论语·季氏》。

的强大力量。我们必须牢牢把握社会主义先进文化前进方向，把"不忘本来、吸收外来、面向未来"作为重要方针落实到文化建设各个方面。要礼敬和弘扬中华优秀传统文化，大力培育践行社会主义核心价值观，巩固全党全国人民团结奋斗的共同思想基础。要以博采众长的心态参与文明交流互鉴，辩证取舍、择善而从，吸收借鉴人类一切文明有益成果。要深入推进文化理念、内容形式、手段载体和体制机制改革创新，推动文化事业全面繁荣和文化产业快速发展。要牢固树立以人民为中心的工作导向，坚持把社会效益放在首位，正确处理社会效益和经济效益的关系，以更多的精品力作丰富人民精神世界、增强人民精神力量。

夯实思想理论建设这个根本。思想理论建设是党的根本建设。注重从思想上建设党，善于运用马克思主义理论来立党、兴党，是我们党的一大政治优势。加强思想理论建设，最根本的是坚定理想信念，切实解决世界观、人生观、价值观这个"总开关"问题。信仰的力量是无穷的。习近平总书记指出："理想信念动摇是最危险的动摇，理想信念滑坡是最危险的滑坡。"对马克思主义的信仰，对社会主义和共产主义的信念，是共产党人的政治灵魂，是共产党人经受住任何考验的精神支柱。形象地说，理想信念就是共产党人精神上的"钙"，理想信念坚定，骨头就硬，没有理想信念，或者理想信念不坚定，精神上就会"缺钙"，就会得"软骨病"。丢失了共产党人的远大目标，就会迷失方向，变成功利主义、实用主义者，就可能导致政治上变质、经济上贪婪、道德上堕落、生活上腐化。现实生活中，一些党员和干部出这样那样的问题，说到底是信仰迷茫、精神迷失。

我们党九十多年的全部实践和理论证明：党的生机活力，首先表现为思想理论上的生机活力；党的创造力凝聚力战斗力，首先表现为思想理论上的创造力凝聚力战斗力。正如邓小平同志所深刻指出的，一个党、一个国家、一个民族，如果一切从本本出发、思想僵化、迷信盛行，那它就不能前进，它的生机也就停止了，就要亡党亡国。遵循实践、认识、再实践、再认识的马克思主义认识论，党的理论建设包括两个紧密联系的能动过程：一个是从实践上升到理论的过程，毛泽东思想和中国特色社会主义理论体系的创立，就属于这前一个过程；一个是从理论再回到实践的过程，用毛泽东思想武装全党、用中国特色社会主义理论体系武装全党，就属于这后一个过程。而这两个过程，又是相互依存、相互作用的。理论创立的过程，同时包含理论武装过程。毛泽东思想在全党指导地位的确立，是在党的七大上，但用毛泽东思想武装全党却几乎贯穿了我们党领导新民主主义革命和创建新中国、建设新中国的全过程。邓小平理论在全党指导地位的确立，是在党的十五大上，但用邓小平理论武装全党实际上贯穿了党的十一届三中全会以来改革开放的全过程。实践证明，实现前一个过程不容易，完成后一个过程更艰巨，实现这两个过程的有机结合和相互促进，更是一篇大文章。我们党用毛泽东思想武装全党，抓了几十年；用中国特色社会主义理论体系武装全党，现在正在做。这两个能动过程循环往复、相互促进，推动党的思想理论建设不断前进。用习近平总书记系列重要讲话精神武装全党，是理论上的要求，也是政治上的要求。理论上，它是我们党用毛泽东思想武装全党、用中国特色社会主义理论体系武装全党的合乎逻辑的继续；政治上，它体现了我们党以党和国家正在做的事情为中心，这是党和国家的大局。

理想因其远大而为理想，信念因其执着而为信念。我们要把理想信念教育作为思想建设的战略任务，保持全党在理想追求上的政治定力，自觉做共产主义远大理想和中国特色社会主义共同理想的坚定信仰者、忠实实践者，在全面建成小康社会、实现中华民族伟大复兴中国梦的历史进程中充分发挥先锋模范作用。

强化学习教育这个基础。知是行之始，思想是行动的先导。理论创新每前进一步，理论武装就要跟进一步。建设社会主义核心价值体系、培育和弘扬核心价值观，必须一刻不停地学习。习近平总书记指出，"知识是树立核心价值观的重要基础"。他要求广大青年下得苦功夫，求得真学问；

要求领导干部学习历史、学习哲学，提高观察、分析问题的能力，提升自己的人生境界。行是知之成。

读书学习是加强党性修养、坚定理想信念、提升精神境界的一个重要途径。我们国家历来讲究读书修身、从政立德。传统文化中，读书、修身、立德，不仅是立身之本，更是从政之基。古人讲，治天下者先治己，治己者先治心。治心养性，一个直接、有效的方法就是读书。列宁在1920 年向共青团提出了学习的任务，指出："只有了解人类创造的一切财富以丰富自己的头脑，才能成为共产主义者。"① 列宁这句话，深刻揭示了读书学习和知识素养对于成长为真正共产党人的极端重要性。周恩来同志经常对身边工作人员讲，要活到老，学到老，改造到老。他把读书学习与加强世界观改造紧密联系起来，形成了崇高的思想品德、高尚的道德情操和特有的人格魅力。在新的时代条件下，领导干部要不断提高自己、完善自己，经受住各种考验，就要坚持在读书学习中坚定理想信念、提高政治素养、锤炼道德操守、提升思想境界，坚持在读书学习中把握人生道理，领悟人生真谛，体会人生价值，实践人生追求，努力使自己成为一个高尚的人，一个纯粹的人，一个有道德的人，一个脱离了低级趣味的人，一个有益于人民的人。

当今世界，科学技术日新月异，知识经济方兴未艾，知识总量呈几何级数增长，知识更新速度大大加快，近五十年来人类社会所创造的知识比过去三千年的总和还要多。联合国教科文组织的埃德加·富尔预言，未来的文盲，不再是不识字的人，而是没有学会怎样学习的人。现代人才学中有一个理论叫作"蓄电池理论"，认为人的一生只充一次电的时代已经过去，只有成为一块高效蓄电池，进行不间断的、持续的充电，才能不间断地、持续地释放能量。一个人是这样，一个国家、一个社会、一个政党也是这样。正是基于对时代发展趋势的深刻认识和对自身使命的清醒把握，

① 《列宁选集》第 4 卷，人民出版社 1995 年版，第 285 页。

我们党明确提出了建设学习型政党、建设学习型社会的战略目标。这是一项复杂而庞大的系统工程，需要全党的共同努力，需要全社会广泛参与。领导干部在党内和社会上处于重要位置，具有强大的行为导向和风气引领作用。群众看党员，党员看干部，广大基层干部看中高级领导干部。各级领导干部带头读书、勤于读书，必然会激发干部、党员和群众读书学习的积极性和主动性。因此，领导干部不仅要从提高自身素质和岗位职责、而且要从社会责任和示范需要来看待读书问题，既做读书的自觉实践者，又做学习型政党、学习型社会建设的积极倡导者、精心组织者、大力推动者，以自己的模范表率作用引导党内和社会上形成崇尚知识、热爱读书的良好风气，促进全党、全民族素质的提高。

所以，无论是青少年，还是党员干部都一定要勤学，下得苦功夫，求得真学问。知识是建设核心价值体系、培育核心价值观的重要基础。古希腊哲学家说，知识即美德。古人说："非学无以广才，非志无以成学"。为学之要贵在勤奋、贵在钻研、贵在有恒。鲁迅先生说过："哪里有天才，我是把别人喝咖啡的工夫都用在工作上的。"[1]要勤于学习、敏于求知，注重把所学知识内化于心，形成自己的见解，既要专攻博览，又要关心国家、关心人民、关心世界，担当社会责任。

要学习当代中国马克思主义理论著作。马克思主义是我们认识世界和改造世界的强大思想武器，马克思主义理论素养是领导干部领导素质的核心和灵魂，掌握马克思主义理论是领导干部的基本功。在革命战争年代，毛泽东同志就主张一切有相当研究能力的共产党员，都要研究马克思列宁主义理论，干部应当着重研究，中央委员和高级干部尤其应当加紧研究。他曾经提出，从担负主要领导责任的观点上说，如果我们党有一百个至二百个系统地而不是零碎地、实际地而不是空洞地学会了马克思列宁主义的同志，就会大大提高我们党的战斗力。广大党员、干部特别是高级干部

---

[1] 《鲁迅全集编校后记》，载《鲁迅全集》第 20 卷，人民文学出版社 1972 年版，第 663 页。

必须自觉抓好学习、增强党性修养。把马克思主义理论作为必修课，认真学习马克思列宁主义、毛泽东思想、邓小平理论、"三个代表"重要思想、科学发展观，认真学习习近平总书记系列重要讲话精神，认真学习党章党规，不断提高马克思主义思想觉悟和理论水平。系统掌握马克思主义基本原理，学会用马克思主义立场、观点、方法观察问题、分析问题、解决问题，特别是要聚焦现实问题，不断深化对共产党执政规律、社会主义建设规律、人类社会发展规律的认识。适应时代进步和事业发展要求，广泛学习经济、政治、文化、社会、生态文明以及哲学、历史、法律、科技、国防、国际等各方面知识，提高战略思维、创新思维、辩证思维、法治思维、底线思维能力，提高领导能力专业化水平。

要学习古今中外优秀传统文化书籍。优秀传统文化书籍作为古今中外文化精华的传世之作，思考和表达了人类生存与发展的根本问题，其智慧光芒穿透历史，思想价值跨越时空，历久弥新，成为人类共有的精神财富。特别是我们中华民族有着五千年的文明史，传统文化中的许多优秀文化典籍蕴含着做人做事和治国理政的大道理。所谓"半部论语治天下"，讲的就是这个意思。毛泽东同志说过："从孔夫子到孙中山，我们应当给以总结，承继这一份珍贵的遗产。"①优秀传统文化可以说是中华民族永远不能离别的精神家园。读优秀传统文化书籍，是一种以一当十、含金量高的文化阅读。领导干部多读优秀传统文化书籍，经常接受优秀传统文化熏陶，可以提高人文素养，增强对人与人、人与社会、人与自然关系的认识和把握能力，正确处理理义与利、己与他、权与民、物质享乐与精神享受等重要关系。优秀传统文化书籍包括历史经典、文学经典、哲学经典、伦理经典等多个方面。领导干部要通过研读历史经典，看成败、鉴是非、知兴替，起到"温故而知新"②、"彰往而察来"③的作用；通过研读文学经典，

---

① 《毛泽东选集》第 2 卷，人民出版社 1991 年版，第 534 页。
② 《论语》。
③ 《周易·系辞下》。

陶冶情操、增加才情，做到"腹有诗书气自华"；通过研读哲学经典，改进思维、把握规律，增强哲学思考和思辨能力；通过研读伦理经典，知廉耻、明是非、懂荣辱、辨善恶，培养健全的道德品格。总之，要通过研读优秀传统文化书籍，吸收前人在修身处事、治国理政等方面的智慧和经验，养浩然之气，塑高尚人格，不断提高人文素养和精神境界。

第二节　融入实践养成

"纸上得来终觉浅，绝知此事要躬行。"[①] 社会主义核心价值体系、核心价值观的生命力在于践行，在于每个社会成员的自觉行动。建设社会主义社会主义核心价值体系、培育和践行核心价值观，重在实践，应当坚持不懈地抓好实践养成，引导人们在行动中深化理解、增进认同。比如，充分利用重大纪念日、重要传统节日开展主题实践活动，开展升国旗、入党入团入队等有庄严感的礼仪活动，让人们更好感悟社会主义核心价值观的真谛和要义。比如，广泛开展学雷锋志愿服务等精神文明创建活动，推动人们在为家庭谋幸福、为他人送温暖、为社会作贡献的过程中，提升精神境界、培育文明风尚，使社会主义核心价值体系、核心价值观真正落地生根。

实现中华优秀传统文化的创造性转化，合理利用传统文化资源，是建设社会主义价值体系、培育和践行核心价值观的重要路径。牢固的价值观，都有其固有的根本。中华文明绵延数千年，有其独特的价值体系。中华优秀传统文化已经成为中华民族的基因，植根在中国人内心，潜移默化地影响着中国人的思想方式和行为方式。建设社会主义核心价值体系、培育和践行核心价值观必须从中汲取丰富营养，否则就不会有生命力和影响力。要利用好中华优秀传统蕴含的丰富思想道德资源，使其成为涵养社会

---

① 陆游：《冬夜读书示子聿》。

主义核心价值体系、核心价值观的重要源泉。正如中宣部、中央文明办印发的《培育和践行社会主义核心价值观行动方案》所指出的，"要立足中华优秀传统文化，坚守中华文化立场，本着客观科学礼敬的态度，深入挖掘中华文化的精神和价值，结合当今时代要求，进行创造性转化和创新性发展，深耕厚植社会主义核心价值观"。这涉及了两个问题，一是对待中华文化的态度，二是必须实现其创造性转化。从对待中华文化的态度而言，"科学礼敬"是总的指导思想，科学就是要正确区分中华文化的精华与糟粕，换言之，要继承的是中华优秀传统文化，而不是对传统文化一概采取拿来主义。文化复古主义者主张用儒学替代马克思主义和中国特色社会主义理论的主张，一些人打着"普及国学"的旗号大讲风水、看相占卜的做法，都是必须坚决反对的；就礼敬而言，则是要对中华优秀传统文化心存敬畏，要意识到中华优秀传统文化是中华民族生生不息的源泉，是实现中华民族伟大复兴中国梦的文化基础。

那么，创造性转化又应当如何进行呢？首先，要以马克思主义为指导，科学筛选中华优秀传统文化中仍然焕发着时代光芒的部分，如爱国诚信、孝老爱亲、以人为本、贵和尚中等内容；其次，要结合当前民众的工作、生活实际进行当代性的解读。这里，我们有必要明确，学习、继承中华优秀传统文化的最终目的不是要让民众能对所有的国学经典烂熟于心，而是要让民众把中华优秀传统文化的精神融入自己的精神世界，用中华优秀传统文化的精髓指导自己的工作、生活，"在中国传统文化的教育中，我们当然要注重经典的学习。但终究不是所有学生都是国学家或准备当国学家"，"我们不能把学生的全部注意力引向'古书'。专业研究是一回事，传统文化教育是另一回事"。① 传统文化应当走向实践，在广大群众的工作、生活中熠熠生辉。让中华优秀传统文化成为建设核心价值体系、培育核心价值观的文化资源，最重要的是要结合不同社会群体的不同特点，使

---

① 　陈先达：《马克思主义和传统文化》，《光明日报》2015 年 7 月 3 日。

它和工作、生活实践相融合。比如，近年来在中小学语文课本中不断提高文言文课文篇目的数量，在很多大城市开展的国学大讲堂，都是这种融合的具体体现。它们都是从经典入手，在学习中扩大经典的影响，是实现中华优秀传统文化创造性转化的重要实践途径之一。比如，使传统文化直接参与到重要节庆活动中去，借助重要节庆日、纪念日、民族传统节日，开展丰富多样、健康向上的民间民俗文化活动，让优秀传统文化不断发扬光大。用先进技术手段改造传统文化传播模式，打造新媒体传播平台，用小故事阐发大道理，借古人事教育身边人，以形象生动、易于接受的表达，告诉人们什么是真善美，什么是假恶丑，什么是值得肯定和赞扬的，什么是必须反对和否定的。这种形式可以使中华优秀传统文化完全走进人们的日常生活，真正与人们的精神需要结合在一起，使中华优秀传统文化突破学术话语的藩篱，它是我们运用中华优秀传统文化建设核心价值体系、践行核心价值观的发展方向，是理论工作者、宣传工作者需要着力研究的新课题。

特别需要强调的是，爱国主义是中华优秀传统文化的内核。建设核心价值体系、培育和践行核心价值观必须大力弘扬爱国主义精神。必须把爱国主义教育作为永恒主题，贯穿国民教育和精神文明建设全过程；必须坚持爱国主义和社会主义相统一，始终围绕实现民族富强、人民幸福而发展，最终汇流于中国特色社会主义；必须维护祖国统一和民族团结，旗帜鲜明地反对分裂国家的图谋、破坏民族团结的言行；必须尊重和传承中华民族历史和文化，不断增强中华民族的归属感、认同感、尊严感、荣誉感；必须坚持立足民族又面向世界，善于从不同文明中寻求智慧、汲取营养，增强中华文明生机活力。

宣传教育是建设社会主义核心价值体系、培育和践行核心价值观最基本的途径和最重要的环节。思想政治教育的途径与载体是多元的，必要的灌输、宣讲则是重要方法。要广泛进行探索实践，在贯穿结合融入上下功夫，在落细、落小、落实上下功夫，在坚持不懈、久久为功上下功夫，努力推进社会主义核心价值体系、核心价值观学习教育实践具体化系统化。在宣传教育的过程中，要认真向民众宣讲社会主义核心价值体系、核心价值观的科学内涵，使民众认识到社会主义核心价值体系、核心价值观与中国特色社会主义的一致性，不断提高价值自觉与价值自信，"要把'三个倡导'基本内容讲清楚，引导人们牢牢把握富强、民主、文明、和谐作为国家层面的价值目标，深刻理解自由、平等、公正、法治作为社会层面的价值取向，自觉遵守爱国、敬业、诚信、友善作为公民层面的价值准则"。① 近年来，不论是在高校的"两课"教学中新增加的与核心价值体系和核心价值观有关的教学内容，还是在党校、干部学院等培训班次中增设的核心价值体系和核心价值观教学专题，都是理论灌输的重要形式。理论灌输是做好其他宣传教育工作的重要基础，如果一味在"灵活"的宣传教育方式上寻找工作"亮点"，就会舍本逐末，异化成华而不实的花拳绣腿。同时，要把"批判的武器"和广阔的社会实践结合起来，宣教活动要做到贯穿结合融入。贯穿是说建设核心价值体系、培育和践行核心价值观要始终伴随人们的工作、生活，使活动善始善终、善做善成；结合就是要在建设、培育与工作、生活之间找到契合点；融入则是对结合的深化，是说这种契合点最终要使工作、生活与核心价值体系、核心价值观水乳交融。另外，宣传教育，不能是脱离群众工作、生活的"高大上"，而要变得更加接地气，成为广大人民群众工作、生活中须臾不可脱离的政治引领和价值引领。比如，深化群众性精神文明创建活动。各类精神文明创建活动要在突出核心价值体系和核心价值观的丰富内容和思想内涵上求实效。推进文明城市、文明村镇、文明单位、文明家庭等创建活动，开展全民阅读活动，不断提升公民文明素质和社会文明程度。广泛开展美丽中国建设宣传教育。开展礼节礼仪教育，在重要场所和重要活动中升挂国旗、奏唱国歌，在学校开学、学生毕业时举行庄重简朴的典礼，完善重大灾难哀悼

---

① 刘云山：《着力培育和践行社会主义核心价值观》，《求是》2014 年第 2 期。

纪念活动，使礼节礼仪成为培育社会主流价值的重要方式。加强对公民文明旅游的宣传教育、规范约束和社会监督，增强公民旅游的文明意识。通过这些具体而微的措施，使社会主义核心价值体系、核心价值观得到实打实的"落细、落小、落实"与"具体化系统化"。

国无德不兴，人无德不立。"百行以德为首。"中华传统美德世代相传，是中华优秀传统文化的灵魂，是建设富强民主文明和谐的社会主义中国的强大精神动力。要持续深化社会主义思想道德建设，继承和弘扬我国人民在长期实践中培育和形成的传统美德，加强社会公德、职业道德、家庭美德、个人品德建设，激发人们形成善良的道德意愿、道德情感，培育正确的道德判断和道德责任，提高道德实践能力尤其是自觉践行能力。必须继承弘扬中华优秀传统文化和中华传统美德，坚持古为今用、推陈出新，有鉴别地加以对待，有扬弃地予以继承，努力实现中华传统美德的创造性转化、创新性发展，引导人们向往和追求讲道德、尊道德、守道德的生活。同时，还要坚持问题导向，着眼于解决道德领域的突出问题，通过努力实现中华传统美德的创造性转化、创新性发展，使人们形成端正的道德品行、正确的价值取向，使社会形成良性的运转秩序、良好的文明风尚。所谓创造性转化、创新性发展，就是使千百年来中华民族最基本的精神品质、价值取向与社会主义先进文化相适应、与现代社会相协调，使这些品质和取向在现实中活起来，活在人们的日常行为当中，活在每一个人心中，这样才会拥有强大的生命力。比如，"孝"是中华民族延续千年的传统美德，也是当今世界公认的道德准则。中华文明传承几千年，无论社会形态和利益格局发生什么样的变化，提倡和践行孝道始终没有变。当然，我们现在提倡孝，不可能也没有必要搞"父母在，不远游"① 等。孝的具体内容、表达方式必须与时俱进，但孝的本质含义是永恒的、超越时空的，在今天尤其需要大讲特讲。加强道德建

---

① 《论语·里仁》。

设，必须坚持"软约束"与"硬约束"相结合，与立法、执法结合起来，惩处各类失德行为。比如，一个人如果有逃票、逃税、不赡养老人等违反道德规范的行为，就将其列入个人诚信系统"黑名单"，让其在就业、贷款、乘坐公共交通工具等方面受到限制。通过这种协调行动、形成合力，促进社会成员道德水平的提升。

道德模范是有形的正能量，是鲜活的价值观，是道德实践的榜样。要深入开展道德模范宣传学习活动，创新形式，注重实效，把道德模范的榜样力量转化为亿万群众的生动实践，在全社会形成崇德向善、见贤思齐、德行天下的浓厚氛围。实现这一目标，关键是建设一支有道德涵养、敬业精神和责任感的道德宣传队伍，特别是要尊师重教。如果说教书育人的是教师，问诊治病的是医师，企事业单位做思想政治工作的是政工师等，那么，那些从事道德宣讲的人就可以称作"德师"。他们深入乡村、社区、企业等，以灵活多样的方式开展传统美德、核心价值观等的讲习、传播，让干部群众接受道德的熏陶、洗礼。同时，还要注重以艺术的方式劝人知善、向善、行善，做一个好人，做一个有道德的人。比如，通过走进校园、社区、工厂，开展公益性演出，通过通俗易懂、群众喜闻乐见的表演形式，使社会主义核心价值体系、核心价值观像春风一样吹进各行各业工作者的心田。总之，在宣传中都要注意接地气：内容要离老百姓近，多讲他们的身边人、身边事；方式要生动活泼、丰富多彩，多一点"通俗唱法"、少一点"美声唱法"，多一点"下里巴人"、少一点"阳春白雪"，做到寓教于乐。

社会主义核心价值体系、核心价值观，昭之不易，践之尤难。就此而言，核心价值观的生命在于实践，伟力也藏于实践。当今中国，价值观念日益多元，行为选择日益多样，核心价值体系和核心价值观担负的祛恶扬善、激浊扬清任务更显艰巨。这就更需要我们以实干论英雄，坚决避免坐而论道、凌空蹈虚的误区。试想，如果干部一边畅言法治，一边却在具体工作中罔顾民意，在市场改革中滥用红头文件，法治中国岂不是空中楼阁？如果有人一边高谈诚信，一边却依然售卖伪劣、抄袭论文、注水慈善，诚信中国如何建立？如果热衷于夸夸其谈、沉迷于作秀表演，说一套做一套，核心价值观就会在花架子、摆样子中散落迷失。实践告诉我们，越是抽象的理念，就越需要具体落实，越是知易行难，就越要踏实践行。在这个意义上，只有知行合一，才有社会主义核心价值体系、核心价值观的发扬光大；只有孜孜体认、不懈躬行，社会主义核心价值体系、核心价值观才能在深厚的社会基础中植根，在人人践行的良好风气中勃发。大到传承传统文化、发扬时代精神，小到扶起"摔倒的道德"、纾解"广场舞"困境，行动是最好的落实。人人认同，付诸行动，整个社会才能畅享核心价值观带来的风气之变。

习近平总书记指出："要注意把我们所提倡的与人们日常生活紧密联系起来，在落细、落小、落实上下功夫。"① 这一重要论述，为我们指明了基本遵循和努力方向。"不矜细行，终累大德。"② 核心价值体系的建成、核心价值观的养成绝非一日之功，是攻坚战，也是持久战。它永远在路上，如逆水行舟，一篙不可放缓；如滴水穿石，一滴不可弃滞。这就要求我们坚持由易到难、由近及远，从大处着眼，从小处入手，从小事做起，一点一滴积累，养小德以成大德。把核心价值观的要求变成日常的行为准则。核心价值观培育既靠教育，也要靠制度，二者一柔一刚、相辅相成，要同向发力、同时发力。所以，习近平总书记指出，努力把核心价值观的要求变成日常的行为准则，进而形成自觉奉行的信念理念。要发挥政策导向作用，使经济、政治、文化、社会等方方面面政策都有利于社会主义核心价值观的培育。要用法律来推动核心价值观建设。各种社会管理要承担起倡导核心价值体系和核心价值观的责任，注重在日常管理中体现价值导向，使符合核心价值体系和核心价值观的行为得到鼓励、违背的行为受到

---

① 习近平：《把培育和弘扬社会主义核心价值观作为凝魂聚气强基固本的基础工程》，《人民日报》2014 年 2 月 26 日。
② 《尚书·搞獒》。

制约。

所谓落细，就是要针对核心价值体系和核心价值观的内涵，特别是个人层面的价值准则，从细节抓起，从习惯养成做起，持之以恒、不断校正。个人价值观的培育上，目标要细，要求要细，责任要细，措施要细。只有各种条文规则极具操作性，才不致"失之毫厘，谬以千里"[①]。正如伏尔泰说的那样："使人疲惫不堪的不是远方的高山，而是鞋里的一粒沙子"，细节上暴露的问题，也容易发现和解决。弘扬核心价值观，必须从细节上不断改进和完善，不能让"沙子"影响我们的大业。"天下难事，必作于易；天下大事，必作于细。"[②] 培育和弘扬社会主义核心价值观，不能失之于粗、流于形式，只有做"过细"的工作，才能让社会主义核心价值观落地生根、开花结果。再崇高的道德准则，如果缺乏化大为小的传承播撒，也只是空洞的理念；再恒远的价值目标，如果没有每个人的奋力以求，也会变得遥不可及。建设核心价值体系、核心价值观，就要按照习近平总书记要求的，在"落小"上下功夫。把"小"的文章做足做好，才能找准建设的着力点，真正让核心价值体系和核心价值观的影响像空气一样无所不在、无时不有。

所谓落小，就是不能大而无当，而是要把握价值观传播的规律，坚持大处着眼、小处着手。一滴水可以折射太阳的光辉，小中见大是朴素的方法论。价值体系和价值观的传播同样如此。琐碎小事构成日常生活，这当中个体的行为规范，恰能反映出一个国家和民族的精神追求。从这个意义出发，价值观涵化于社会生活深处，落脚在公民的一言一行中。一具体就生动。试想，如果终日挂在嘴边的是宏大叙事，怎能期待春风化雨、润物无声？如果让群众感觉道德标杆难以企及，又如何内化于心、外化于行？在核心价值体系和弘扬核心价值观的过程中，尤须警惕形式主义的危险，

---

① 《大戴礼记·保傅》。
② 《老子·六十三章》。

牢牢把握现实针对性，力避大而无当、大而化之。要通过宣传教育，使人们感受到，社会主义核心价值体系、核心价值观离你我他并不遥远，就在现实生活的点点滴滴之中。"人皆可以为尧舜"①，我们要通过对各种崇德向善的感人事迹的传播，让人们真切地感到，在我们这个社会，好人毕竟在多数、正气终究占主导；与其感叹人心不古、世风日下，不如你我他身体力行，从每一件小事做起，弘扬真善美，传播正能量，重信然诺、见贤思齐、积善成德、明德惟馨。要从具体行为入手，坚守正道、敬业奉献、虔诚勤勉、孝老爱亲，自觉将爱与善播撒，让向上向善向美的良性互动更多涌现，让核心价值体系和核心价值观变成社会主流。"小"既是切口、也是载体，"落小"的关键在于唤起从点滴开始的行动。从具体行为入手，发掘坚守正道、敬业奉献、虔诚勤勉、孝老爱亲的典型人物；创新传播方式、丰富教育载体、办实各类活动，在潜移默化中传扬崇德向善的感人事迹。唯其如此，方能让人们真切体悟到真善美就在身边，逐步涵养传递爱与善的自觉，激发见贤思齐、明德惟馨的正能量。落小，还需防微杜渐。古人说"祸患常积于忽微"②，在价值观的培育上尤其如此。小洞不补，大洞吃苦。一个人的品德修养，如果不拘小节、"积于忽微"，久而久之，必然导致整个价值观的扭曲乃至道德的沦丧。对于个人而言，倘若做不到"勿以恶小而为之，勿以善小而不为"③，不拘小节、放任自流，日积月累就会造成整个价值观的扭曲，人生也难以行之久远。进一步说，社会风气的形成又何尝不是如此？群众路线教育实践活动所取得的成效就证明，反对"四风"、把八项规定变成"铁八条"，关键正在于从小处抓严、抓实。因此，建设社会主义核心价值体系、核心价值观，也须及时检视细枝末节，防范小积弊拖成大问题。

所谓落实，就是在落细、落小的基础上抓实、再抓实。孔子说："不

---

① 《孟子·告子下》。
② 欧阳修：《新五代史·伶官传序》。
③ 陈寿：《三国志·蜀书·先主传》。

学礼，无以立。"① 美好的氛围取决于每个人的嘉言懿行，重在知行合一。"九层之台，起于垒土；千里之行，始于足下。"② 价值观的培育具体而微，是一项复杂的系统工程，不可能毕其功于一役。只有发扬钉钉子精神，图难于易、聚焦于"小"、久久为功，才能积小成为大成、化量变为质变，以良好的社会风貌谱就践行核心价值观的时代新篇。弘扬社会主义核心价值体系、核心价值观，落小落细的根本目的，就在于落实。于实处用力，从知行合一上下功夫，核心价值体系和核心价值观才能内化为人们的精神追求，外化为人们的自觉行动。要通过教育引导、舆论宣传、文化熏陶、实践养成、制度保障等，把社会主义核心价值体系、核心价值观贯穿于社会生活方方面面。推进社会公德、职业道德、家庭美德、个人品德教育，倡导爱国、敬业、诚信、友善等基本道德规范，培育知荣辱、讲正气、作奉献、促和谐的良好风尚，加强政务诚信、商务诚信、社会诚信和司法公信建设，完善信用记录，健全征信系统，惩戒失信行为，强化核心价值体系和核心价值观内在与外在的约束力。

还要看到，仅靠教育引导、德义感召还不够，没有一定的评价、奖惩和保障机制，价值观建设很难获得持久的感召力和约束力。"不以规矩，不能成方圆。"③ 制度作为社会良性运行、文化规范有序的保证，对人的行为有着强烈的形塑匡正效应。向实处着力，做到知行合一，就要建立和完善支撑核心价值体系和核心价值观的制度体系，形成法律支持、政策保证和机制保障，用刚性制度树立道德天平、引导价值判断、规范行为取舍。

"君子以行言，小人以舌言。"④ 实干直行，是做人之本，也是建设核心价值体系和核心价值观最响亮的语言。坚持以知行合一为原则，坚持以真章实效为目标，坚持用制度强化约束，核心价值观一定能挺立起支撑伟

---

① 《论语·季氏》。
② 《老子·六十四章》。
③ 《孟子·离娄上》。
④ 《孔子家语·颜回》。

大事业、引领社会风尚的精神脊梁。

任何时代的价值观都是多样的和变化的，而要使核心价值体系和核心价值观成为社会的支撑力量，必须实现其制度化。正如英国学者M.J.C.维尔指出的："20世纪理论家的任务就是，恰当地配置这些价值，并提出可以使这些价值得以调和的制度性手段。"①建设社会主义核心价值体系、培育和践行核心价值观，不仅需要循循善诱的影响、春风化雨的熏陶，而且需要制度、规矩来"保驾护航"。应当健全各行各业规章制度，完善市民公约、乡规民约、学生守则等行为规则，使社会主义核心价值体系和核心价值观成为人们日常工作生活的基本遵循。各种社会管理都应坚持正确的价值导向，使好的行为得到鼓励和表彰、错误行为受到制约和惩处。

要把建设社会主义核心价值体系和核心价值观作为社会治理的重要内容，融入制度建设和治理工作中，形成科学有效的诉求表达机制、利益协调机制、矛盾调处机制、权益保障机制，最大限度增进社会和谐。创新社会治理，完善激励机制，褒奖善行义举，实现治理效能与道德提升相互促进，形成好人好报、恩将德报的正向效应。完善市民公约、村规民约、学生守则、行业规范，强化规章制度实施力度，在日常治理中鲜明彰显社会主流价值，使正确行为得到鼓励、错误行为受到谴责。法律法规是推广社会主流价值的重要保证。要把社会主义核心价值体系和核心价值观贯彻到依法治国、依法执政、依法行政实践中，落实到立法、执法、司法、普法和依法治理各方面，用法律的权威来增强人们建设社会主义核心价值体系和核心价值观的自觉性。厉行法治，严格执法，公正司法，捍卫宪法和法律尊严，维护社会公平正义。加强法制宣传教育，培育社会主义法治文化，弘扬社会主义法治精神，增强全社会学法尊法守法用法意识。注重把社会主义核心价值体系和核心价值观相关要求上升为具体法律规定，充分发挥法律的规范、引导、保障、促进作用，形成良好法治环境。

---

① M.J.C.维尔:《宪政与分权》，苏力译，三联书店1997年版，第334页。

要对现行的制度进行全面分析和检讨，并按照核心价值体系和核心价值观的要求，与制度改革创新结合起来，改革那些与核心价值体系和核心价值观要求不相符合的体制机制，从而使制度的构建和运行与所倡导的核心价值体系和核心价值观相一致。要增强制度规划、政策设计和改革创新的价值自觉，使社会主义核心价值体系和核心价值观内容、原则、要求，真正落实于制度、政策和改革措施当中。当前尤其要注重把社会主义核心价值体系和核心价值观作为总体设计理念，贯彻渗透于社会生活的各项制度中，并努力做到经济、政治、社会、文化、生态以及党的建设等各个层面和领域的制度之间的相互衔接、紧密配合和协同作用，形成立体化、全方位，彰显社会主义核心价值观内容和要求的社会系统合力，从而尽量缩小理论宣传和社会现实的差距，填平其中的鸿沟。

邓小平曾指出，制度建设具有根本性、长期性、全局性、稳定性与持久性。通过建设充分体现、承载社会主义核心价值体系和核心价值观内容、规范和要求的健全制度体系，才能把核心价值体系和核心价值观落小、落细、落实，构建起连接和贯通知与行的现实制度通道，打破知与行之间的障碍。通过制度体系的持续稳定运行，才能产生规范、引导、整合、激励、评价、惩戒人们行为的制度效应，引领人们自觉建设核心价值体系、践行核心价值观。

第三节　抓好重点人群

建设核心价值体系和核心价值观，不能平均用力，必须抓好重点人群，特别要抓好领导干部、公众人物、青少年、先进模范等重点人群。

"打铁还需自身硬。"建设社会主义核心价值体系和核心价值观，领导干部带头是关键。这不仅是因为建设社会主义核心价值体系、核心价值观是领导干部清正廉洁的基础，是抵御"四风"的精神之盾，更在于领导干部作为"关键少数"，他们的言行作为，决定着社会风向。正人必先正己，正己才能正人。领导的一言一行，对广大党员和群众具有强烈的示范和导向作用。党员领导干部带头走正路、干正事、扬正气，能够激发全社会崇德向善的正能量。领导干部身先士卒，方能一呼百应；以身作则，方能上行下效。领导干部的一言一行、一举一动，无形中在社会上营造一种风气、提倡一种追求、引导一种方向。建设核心价值体系、培育核心价值观，如果领导干部不信、不行，特别是像周永康、薄熙来、郭伯雄、徐才厚、孙政才、令计划这样的高级干部都不信、不行，如何能够让普通党员、人民群众信信奉并践行呢？所以，习近平总书记在上海考察时专门对领导干部讲了核心价值观问题。中国传统文化对执政者一直有德行方面的要求，如孔子所言："为政以德，譬如北辰，居其所而众星共之。"①这强调了道德对政治生活的决定性作用，主张以道德教化为治国的原则。我们今天选拔干部的基本原则是德才兼备、以德为先，这个"德"的重要内容就是社会主义核心价值观。习近平总书记强调，领导干部的言行举止直接影响着人民群众对党的形象和威信的观感判断。领导干部的德行好，会起到正面示范作用；领导干部的德行不好，会损害党的形象和政府的公信力，产生恶劣的社会影响。领导干部品德不良的危害远远大于普通人的失德，容易引起社会风气败坏和人心涣散。因此，领导干部要严以修身、严以用权、严以律己，以良好道德修养增强人格魅力，以道德感召力赢得人心、凝聚力量。党校、行政学院和干部学院要把社会主义核心价值观作为干部教育培训的重要课程，进教材、进课堂、进头脑。要把对社会主义核心价值体系、核心价值观的学习理解、培育践行作为选拔公务员和领导干部的重要标准。

党的十八大以来，党中央坚持党要管党、从严治党，"打虎拍蝇"、八项规定、群众路线教育实践活动、"三严三实"专题教育、"两学一做"学习教育……一系列举措显著净化了政治生态，党风明显好转。党风促政

---

① 《论语·为政》。

风、带民风。领导干部以上率下、以身作则、率先垂范，讲党性、重品行、作表率，为民、务实、清廉，以人格力量感召群众、引领风尚，整个社会风气也出现新气象。这深刻启示我们：建设核心价值体系、培育核心价值观，必须抓好党员干部这个重点，发挥好党员干部的引领带动作用。党员干部的引领带动作用，就是要求我们的党员干部以更高的标准、更严的要求，自觉践行社会主义核心价值观，做时代的先锋、社会的楷模。党员干部特别是各级领导干部应当带头坚定理想信念，带头保持良好的思想道德情操，带头树立正确的世界观、人生观、价值观，始终坚守共产党人的精神高地。要求普通群众做到的自己首先做到，要求别人不做的自己坚决不做，以实际行动影响和带动全社会。当前，要把建设社会主义核心价值体系、培育核心价值观作为党的群众路线教育实践活动的重要内容，作为党员干部教育培训的重要方面，加强党性党风教育，加强党的优良传统教育，坚决反对形式主义、官僚主义、享乐主义和奢靡之风。

树立正确的世界观权力观事业观，是领导干部加强党性修养和道德修养的基本要求。世界观是人们关于世界的总体的和根本的看法，决定着人生追求与价值取向，指导和支配着理想信念、思想境界、道德操守与行为准则，具有"总开关""总闸门"的作用。我们共产党人要树立的世界观就是马克思主义的世界观。权力观是关于国家和社会权力的根本观点。马克思主义权力观，概括起来是两句话：权为民所赋，权为民所用。前一句话指明了权力的根本来源和基础，后一句话指明了权力的根本性质和归宿。全心全意为人民服务，是我们党的唯一宗旨，也是马克思主义权力观同资产阶级权力观的根本区别。事业观主要是关于事业方向和事业道路的看法，决定着人们采取什么样的事业态度、遵循什么样的事业精神、追求什么样的事业目标。中国共产党人的事业观，就是为人民利益不懈奋斗，为中国特色社会主义事业不懈奋斗。世界观、权力观、事业观是相通的，其根本是处理好个人与社会、个人与集体的关系问题。共产党人除了无产阶级的利益没有自己的特殊利益，除了人民大众的利益没有自己的特殊利益。人民立场是共产党人的根本立场。只要有了这个立场，我们的"三观"就是正确的。只要超越小我，走向大我，走向人民，我们就是做建设核心价值体系和核心价值观的先行者。

领导干部提高修养和境界，学习非常重要，不仅要学习马克思主义经典著作，而且要学习中国历史，学习中国近现代史，学习中共党史。在我国历史长河中，许许多多先贤和仁人志士都对高尚的精神追求作出了阐释。诸如孔子的"朝闻道，夕死可矣"；孟子的"富贵不能淫，贫贱不能移，威武不能屈"；贾谊的"国而忘家，公而忘私"；诸葛亮的"鞠躬尽瘁，死而后已"；杜甫的"安得广厦千万间，大庇天下寒士俱欢颜……吾庐独破受冻死亦足"；范仲淹的"先天下之忧而忧，后天下之乐而乐"；文天祥的"人生自古谁无死，留取丹心照汗青"；顾炎武的"天下兴亡，匹夫有责"；林则徐的"苟利国家生死以，岂因祸福避趋之"；秋瑾的"他年成败利钝不计较，但恃铁血主义报祖国"，等等。学习历史，就要学习和吸取中华民族传承下来的宝贵思想财富和高尚的精神追求，从中获得精神鼓舞，升华思想境界，陶冶道德情操，完善优良品格，培养浩然正气，做到自重、自省、自警、自励，认真践行全心全意为人民服务的根本宗旨，经受住执政考验、改革开放考验、市场经济考验、外部环境考验，防止精神懈怠的危险、能力不足的危险、脱离群众的危险、消极腐败的危险，为党和人民事业不断作出自己的贡献。①

少年强则国强。青少年是国家的未来，是引风气之先的社会力量。一个民族的文明素养很大程度上体现在青年一代的道德水准和精神风貌上。青少年的价值取向决定了未来整个社会的价值取向，而青少年又处在价值观形成和确立的时期，抓好这一时期的价值观养成十分重要。我们要着眼于青少年成长的生理特点、文化氛围和社会环境，有针对性地培育核心价

---

① 参见习近平：《领导干部要树立正确的世界观权力观事业观》，《学习时报》2010 年 9 月 6 日；《领导干部要读点历史》，《学习时报》2011 年 9 月 5 日。

值观。人是环境的产物，青少年总是生活在一个个具体的家庭、学校、社区中，他们的价值观还不成型，因此家风、师德、社风等对他们价值观的建构极其重要。

"凿井者，起于三寸之坎，以就万仞之深。"①这就像穿衣服扣扣子一样，如果第一粒扣子扣错了，剩余的扣子都会扣错。人生的扣子从一开始就要扣好。2014年，习近平总书记分别在五四青年节和六一儿童节前夕，专门对青少年讲了核心价值观的培育问题，要少年儿童做到记住要求、心有榜样、从小做起、接受帮助。少成若天性，习惯如自然。少年儿童要从小学习做人，扣好人生第一粒扣子，争当学习和实践社会主义核心价值体系和核心价值观的小模范。少年儿童阶段是价值观形成阶段，是可塑性最强的时期。抓好了少年儿童的价值观培育，就抓住了未来、管住了长远。广大青年要勤学、修德、明辨、笃实，身体力行社会主义核心价值体系和核心价值观。要拓展青少年培育和践行社会主义核心价值观的有效途径，注重发挥社会实践的养成作用，完善实践教育教学体系，开发实践课程和活动课程，加强实践教育基地建设，打造大学生校外实践教育基地、高职实训基地、青少年社会实践活动基地，组织青少年参加力所能及的生产劳动和爱心公益活动、益德益智的科研发明和创新创造活动、形式多样的志愿服务和勤工俭学活动。注重发挥校园文化的熏陶作用，加强学校报刊、广播电视、网络建设，完善校园文化活动设施，重视校园人文环境培育和周边环境整治，建设体现社会主义特点、时代特征、学校特色的校园文化。

国无常俗，教则移风。建设社会主义核心价值体系、培育核心价值观，教育引导是基础性工作。只有从青年学生抓起，融入国民教育全过程，才能为未来整个社会的价值取向夯基垒土。只有通过不断的灌输、潜移默化的熏陶，才能使社会主义核心价值体系、核心价值观在广大青少年

---

① 刘昼：《刘子·崇学》。

心中播下种子，并最终生根、开花、结果。广大教师要把社会主义核心价值体系和核心价值观的基本内容和要求渗透到学校教育教学之中，用自己的学识、阅历、经验点燃学生对真善美的向往，使社会主义核心价值体系和核心价值观的种子在广大青少年心中真正生根发芽、真正培育起来。应在学校教育中开设系统的社会主义核心价值观教育课程，根据青少年不同年龄段人格、心理和道德成长特点，循序渐进地加强社会主义核心价值观教育。例如，在小学和初中阶段主要进行文明礼貌素质教育，诚实、正直、友善、孝亲等基本人格素质教育，爱劳动、爱科学、爱祖国教育，学习宪法基本精神、公民基本权利义务、国家政治制度和历史常识等。在高中和大学阶段，则着重让学生了解在中外不同政治、文化传统和国情中民主、自由、平等、公正、法治等范畴的不同内涵和本质区别，了解我国的根本政治制度、基本政治制度、基本经济制度和法律体系等，从思想理论层面增强学生的价值观自信。

　　榜样的力量是无穷的。古今中外，道德教化最重要的方式之一就是发挥公众人物和道德模范的示范引领作用。各行各业的公众人物不仅要干好自己的本职工作，管好企业，做好学问，打好球，唱好歌，也要带头培育和践行社会主义核心价值观，努力成为公众的榜样。这是因为，企业家、文体明星等社会公众人物有着很大社会影响力，一言一行都会引起社会广泛关注。当然，我们不能要求每一名企业家和文体明星都成为道德楷模，但如果他们能带头践行社会主义核心价值观，就会起到相当大的社会引领作用，也有利于他们树立良好形象。政协、工商联和文联等组织机构是名人荟萃的地方，可以组织开展更加丰富多彩、能吸引社会大众广泛参与的公益活动来宣传和培育社会主义核心价值观。各方面的先进模范为广大群众树立了可亲可敬可学的身边榜样。当前，"劳动模范和先进工作者""道德模范""感动中国人物""中国好人""见义勇为人物"等评选和宣传活动，产生了很大社会影响，激发了社会正能量，应进一步改进创新、做实做好。全国道德模范评选、时代楷模发布、感动中国人物表彰，"身边好人""寻找最美"……几年来，舍己救人的"最美教师"张丽莉，捐资助学、扶贫济困的将军夫人龚全珍等无数道德灯塔在全国挺立，照亮了整个社会的价值星空。道德模范形成了强大的示范效应，学雷锋志愿服务在大江南北蔚然成风，与文明城市、文明村镇、文明单位、文明家庭、文明校园等创建活动同频共振。善行河北、安徽好人、感动浙江……从一个个身边好人的凡人善举，到一群道德模范的身先士卒；从一座城市的好人频出，到一个社会的崇德尚善。细水长流的日常熏陶，使人们从心底迸发出对善的敬重、对美的向往，成为这个时代最引人注目的精神力量。

还要看到，文化工作者也是建设社会主义核心价值体系、核心价值观的重要力量。文化是一个民族的精神和灵魂，是国家发展和民族振兴的强大力量。文化工作者培育核心价值观责任重大。包括艺术家在内的文化人，不仅要"才华馥比仙"，更要"气质美如兰"，始终意识到，自己创造的文化产品，是崇高还是恶俗，是开阔还是促狭，是平和还是偏激，对全社会的价值观影响巨大。文化产品不能金钱至上，文化是用来育人的，要用道德能量唤醒社会良知。文化工作者如果放弃了价值自觉，遗忘了社会责任，那就如韩愈所说"琬琰易羊皮"[1]——把绝世美玉换成廉价品，将助长全社会价值观的迷失。

---

[1] 韩愈：《送穷文》。

第十章 统一意志 凝聚力量

　　作为一项关乎国家存亡、民族兴衰的国家战略，作为一项凝魂聚气、强基固本的基础工程，建设核心价值体系、培育核心价值观必须全党全国各族人民统一意志，共同行动，才能取得成效。封建社会价值观的确立用了上千年，资本主义社会价值观的确立用了几百年，我们等不了那么长的时间，也没有必要等。只要动员全社会的力量，我们就一定能够尽快把社会主义核心价值体系和核心价值观确立起来。其中，新闻舆论、文艺、网络、党校高校、哲学社会科学等方面的作用尤为重要。

第一节 治国理政、定国安邦的大事

　　做好党的新闻舆论工作，事关旗帜和道路，事关贯彻落实党的理论和路线方针政策，事关顺利推进党和国家各项事业，事关全党全国各族人民凝聚力和向心力，事关党和国家前途命运。必须从党的工作全局出发把握党的新闻舆论工作，做到思想上高度重视、工作上精准有力。2016年2月19日，在党的新闻舆论工作座谈会上，习近平总书记高度凝练地概括了新的时代条件下，党的新闻舆论工作的职责和使命——高举旗帜、引领导向，围绕中心、服务大局，团结人民、鼓舞士气，成风化人、凝心聚力，澄清谬误、明辨是非，联接中外、沟通世界。这"48个字"，充分体

现了新闻舆论的重大作用和重要职责使命。

新闻舆论工作和社会主义核心价值体系和核心价值观是双向互动、相辅相成的关系。新闻媒体是传播社会主流价值的主渠道，所以，要让社会主义核心价值体系、核心价值观为广大人民群众真正认知、认同，就必须充分发挥新闻舆论引领社会思潮的作用。新闻舆论工作各个方面、各个环节都要坚持正确舆论导向。而社会主义核心价值体系、核心价值观就是这个导向的灵魂，是这个导向的目标和核心内容。因此，在一定意义上，坚持正确导向，就是用通俗和群众喜闻乐见的方式去解读、宣传社会主义核心价值体系和核心价值观，在有效引导中凝聚社会各方面的共识，形成13亿多人民团结奋斗的"最大公约数"。

改革开放三十多年来，我国经济体制深刻变革、社会结构深刻变动、利益格局深刻调整，出现了新的经济组织和社会组织、新的社会阶层。我国的社会发展和人们的思想观念发生了巨大变化，产生了新的价值关系和价值诉求，形成了多样化的价值取向，人的多种需要得到尊重和满足，人的劳动积极性和创造性得以充分发挥。在充分肯定多样化价值取向对于推动我国经济社会发展的巨大作用的同时，也要看到带来的一系列社会问题。比如，在对需要的满足上，过分强调需要内容的合理，忽视了满足方式的合理合法，造成为了满足需要而不择手段；在对利益的追求上，过分强调物质利益，忽视了精神价值，造成物质生活富裕而精神生活贫瘠；在人与自然的关系上，重"人类中心"，轻人与自然的和谐相处，造成环境破坏和代际关系紧张；在效率与公平的关系上，重经济效益，轻社会效益和公平正义，造成行业、城乡以及阶层收入差距的扩大等。要解决这些问题，就必须用社会主义核心价值体系、核心价值观引领多样化价值取向的发展，避免多样化价值取向无限制发展所引发的不良社会后果，从而既激发社会活力，又促进社会和谐进步。正是在这个意义上，社会主义核心价值体系、核心价值观，为解决纷繁复杂的社会矛盾和问题提供了明确的价值导向，也为新闻媒体发挥导向作用指明了方向。新闻媒体应把社会主义核心价值体系和核心价值观贯穿到日常形势宣传、成就宣传、主题宣传、典型宣传、热点引导和舆论监督中，弘扬主旋律，传播正能量，不断巩固壮大积极健康向上的主流思想舆论。

在政治上肩负起捍卫和弘扬社会主义核心价值体系和核心价值观的社会责任。当前，国内外形势复杂多变，意识形态领域的斗争十分激烈。世界范围内各种思想文化交流交融交锋更加频繁，我国和西方国家在意识形态领域的斗争和较量是长期和复杂的；在我国社会深刻变革和对外开放不断扩大的条件下，各种社会矛盾和问题相互叠加、集中呈现，人们思想活动的独立性、选择性、多变性、差异性明显增强，思想道德领域和社会风气出现了一些不容忽视的现象和问题；社会伦理道德底线屡屡被突破，一些媒体庸俗、低俗、媚俗和不负责任的宣传报道时有出现。这些都要求媒体肩负起捍卫和弘扬核心价值观的社会责任。新闻媒体要阐述建设核心价值体系、培育核心价值观的重大意义、丰富内涵、实践要求，从国家、社会、个人三个层面说明这些价值理念的内在一致性、统一性。

在传播上努力创新社会主义核心价值观宣传的方式方法。无论是主流媒体还是非主流媒体，无论传统媒体还是新媒体，要想使主流观点真正成为主流，就须在尊重传播规律的基础上不断创新，适应媒体发展的新形势，运用传播的新技术。比如，在观念上创新，不断打破陈旧观念束缚和习惯思维定式，树立及时准确、公开透明的舆论引导理念等。比如，在手段上创新，积极运用网络、微博、微信、移动客户端等新的传播手段，完善媒体公益广告制作和发布机制，在潜移默化中达到正面宣传和价值引领的目的，使社会主义核心价值观的传播无时不在、无处不有。

新闻舆论界是做导向工作的，一定要有正确导向。各级党报党刊、电台电视台要讲导向，都市类报刊、新媒体也要讲导向；新闻报道要讲导向，副刊、专题节目、广告宣传也要讲导向；时政新闻要讲导向，娱乐类、社会类新闻也要讲导向；国内新闻报道要讲导向，国际新闻报道也要讲导向。坚持正确导向，既要看森林也要看树木，把森林和树木的关系搞清楚，不要把树木当成森林，也不要一叶障目，不见森林。这个关系搞清楚了，才能处理好正面宣传和客观批评的关系，主流和支流的关系，十个指头和一个指头的关系，才能把问题把握得比较冷静、客观、真实。弘扬主旋律，传播正能量，要聚集到党的要求上来，聚集到"两个一百年"奋斗目标上来，聚集到中华民族的最大公约数——实现中华民族伟大复兴的中国梦上来。

新闻媒体要发挥传播社会主流价值的主渠道作用。坚持团结稳定鼓劲、正面宣传为主，牢牢把握正确舆论导向，把社会主义核心价值观贯穿到日常形势宣传、成就宣传、主题宣传、典型宣传、热点引导和舆论监督中，弘扬主旋律，传播正能量，不断巩固壮大积极健康向上的主流思想舆论。党报党刊、通讯社、电台电视台要拿出重要版面时段、推出专栏专题，出版社要推出专项出版，运用新闻报道、言论评论、访谈节目、专题节目和各类出版物等形式传播社会主义核心价值观。都市类、行业类媒体要增强传播主流价值的社会责任，积极发挥自身优势，适应分众化特点，多联系群众身边事例，多运用大众化语言，在生动活泼的宣传报道中引导人们建设核心价值体系、培育和践行核心价值观。强化传播媒介管理，不为错误观点提供传播渠道。新闻出版单位和从业人员要强化行业自律，切实增强传播核心价值体系和核心价值观的责任意识和能力，将个人道德修养作为从业资格考评重要内容。

建设社会主义核心价值体系、培育和践行核心价值观，要求社会主义新闻舆论工作必须坚持党性原则。习近平总书记在北京主持召开党的新闻舆论工作座谈会时强调，党的新闻舆论工作坚持党性原则，最根本的是坚持党对新闻舆论工作的领导。党和政府主办的媒体是党和政府的宣传阵地，必须姓党。党的新闻舆论媒体的所有工作，都要体现党的意志、反映党的主张，维护党中央权威、维护党的团结，做到爱党、护党、为党；都要增强看齐意识，在思想上政治上行动上同党中央保持高度一致；都要坚持党性和人民性相统一，把党的理论和路线方针政策变成人民群众的自觉行动，及时把人民群众创造的经验和面临的实际情况反映出来，丰富人民精神世界，增强人民精神力量。加强和改善党对新闻舆论工作的领导，是新闻舆论工作顺利健康发展的根本保证。各级党委要自觉承担起政治责任和领导责任。领导干部要增强同媒体打交道的能力，善于运用媒体宣讲政策主张、了解社情民意、发现矛盾问题、引导社会情绪、动员人民群众、推动实际工作。

马克思主义公开承认新闻的党性。列宁在《党的组织和党的出版物》一文中认为，党的出版物的原则是："对于社会主义无产阶级，写作事业不能是个人或集团的赚钱工具，而且根本不能是与无产阶级总的事业无关的个人事业。"[1]"写作事业应当成为整个无产阶级事业的一部分，成为由整个工人阶级的整个觉悟的先锋队所开动的一部巨大的社会民主主义机器的'齿轮和螺丝钉'。写作事业应当成为社会民主党有组织的、有计划的、统一的党的工作的一个组成部分。"[2]列宁认为，"报纸应当成为各个党组织的机关报"，[3]党的出版物"应受党的监督"。列宁还说："每个人都有自由写他所愿意写的一切，说他所愿意说的一切，不受任何限制。但是每个自由的团体（包括党在内），同样也有自由赶走利用党的招牌来鼓吹反党观点的人。"[4]社会主义新闻事业的党性原则，是共产党的党性在其主办和领导的新闻工作中的体现，是社会主义新闻事业的根本原则。

为人民服务，为社会主义服务，为党和国家工作大局服务。这是由我们党的性质、宗旨和历史使命决定的，是党的新闻工作必须坚持的方向，是党对新闻工作的基本要求。坚持这一方向，要牢固树立群众观点，一切从人民的利益出发，与人民群众同呼吸、共命运、心连心，认真倾听和反映群众的意见和要求，回答群众关心的问题，努力满足人民多方

[1] 《列宁选集》第1卷，人民出版社1995年版，第663页。
[2] 《列宁选集》第1卷，人民出版社1995年版，第663页。
[3] 《列宁选集》第1卷，人民出版社1995年版，第664页。
[4] 《列宁选集》第1卷，人民出版社1995年版，第665页。

面、多层次的精神文化、新闻信息需求，使新闻工作成为党和政府联系人民群众的纽带和桥梁。坚持这一方向，要紧紧围绕社会主义现代化建设事业来做好新闻工作。有利于这一事业的，就要积极主动地去弘扬、去歌颂；不利于这一事业的，就要旗帜鲜明地去批评、去反对。要坚持不懈地宣传党的理论路线方针政策，宣传社会主义在中国不断前进的生动事实和光明前途，坚定人们的社会主义信念，使广大群众紧密地团结起来，为推进中国特色社会主义事业而奋斗。坚持这一方向，要紧紧围绕经济建设这个中心，紧紧围绕发展这个党执政兴国的第一要务，紧紧围绕党和国家的中心工作来搞好新闻宣传，为改革发展稳定营造良好的舆论氛围，引导和激励人们聚精会神搞建设、一心一意谋发展，为实现中华民族的伟大复兴而奋斗。

团结、稳定、鼓劲，正面宣传为主。这是我国社会主义现代化建设事业的客观要求，是新闻宣传工作必须坚持的重要方针。我国社会生活的本质和主流是积极、健康、向上的。我们国家虽然还存在种种问题，但总体上充满生机和活力，一派欣欣向荣、蓬勃发展的景象。新闻要真实、客观地反映我国的社会生活，就应当坚持正面宣传为主。我国的改革和建设，必须有一个团结稳定的社会环境。全党的团结，全国各族人民的团结，全社会的团结和稳定，是我们事业兴旺发达、走向胜利的最基本的条件。没有团结和稳定，什么事情也做不成。新闻宣传工作就是要做团结的工作、稳定的工作、鼓劲的工作，正确引导舆论，努力凝聚人心，团结一切可以团结的力量，调动各方面的积极性创造性。实行这一方针，要求我们多宣传社会生活中的积极面，多宣传能够鼓舞和启迪人们为国家富强、人民幸福和社会进步而奋斗的积极思想和行为，多宣传好人、好事，同时，对消极落后的东西也要进行有力的批评和监督；要求我们在解决群众思想认识问题的时候，采用正面引导的方法，采用民主讨论、说服教育的方法，决不能用行政命令、强制压服的方法；要求我们坚持重在建设，不搞无谓争论，避免因无谓的争论而浪费宝贵的时间、精力，甚至危害党和人民的团结、统一。

唱响主旋律，打好主动仗。这是新形势下新闻宣传工作非常重要的指导方针。改革开放以来，我国社会经济成分、组织形式、就业方式、利益关系和分配方式日益多样化，各种媒体特别是信息网络化迅速发展，人们思想活动的独立性、选择性、多变性、差异性明显增强，影响干部群众思想的因素和渠道越来越复杂多样，社会舆论中也难免会有不同的声音甚至是杂音、噪音。对错误的消极的思想舆论，单靠封堵是不能解决问题的，重要的是要唱响主旋律；只要主旋律鲜明响亮，有一些杂音、噪音也不可怕。我国社会的变革给予人们的思想以深刻的影响，各种思想和舆论相互交织、相互激荡，错误的东西总是在与我们争夺人心、争夺群众。在这种情况下，特别需要我们锐意进取，打好主动仗。如果对错误的思想舆论听之任之、消极防范甚至被动挨打，发展下去就会搞乱党心民心，危害大局。积极主动地用正确的思想舆论去反对和克服错误的思想舆论，保持正确思想舆论在我国社会的主导地位，就能巩固和发展全党全国人民团结奋斗的思想基础。唱响主旋律、打好主动仗，集中起来说，就是要大力宣传和弘扬一切体现中国先进生产力发展要求、体现中国先进文化前进方向、体现中国最广大人民根本利益的思想和精神。要深入宣传党的基本理论、基本路线、基本纲领、基本经验、基本要求，宣传爱国主义、集体主义、社会主义思想，宣传改革开放和现代化建设的伟大成就，宣传党领导人民创造历史的奋斗业绩，宣传社会各领域涌现出的先进典型和先进经验，积极倡导一切有利于国家统一、民族团结、经济发展、社会进步的思想道德，努力在全社会形成积极、健康、向上的思想舆论环境。在事关政治方向和根本原则的问题上，一定要旗帜鲜明，毫不含糊。对于违反四项基本原则、违反党和国家大政方针的错误思想和言论，必须进行积极的思想斗争。

贴近实际，贴近生活，贴近群众。这是坚持正确舆论导向的必然要求，是新形势下加强和改进新闻宣传工作的主要着力点，是新闻宣传增强针对性、实效性和吸引力、感染力的重要实现途径，是新闻宣传必须长期坚持的工作原则。贴近实际，要求我们坚持解放思想、实事求是、与时俱进，一切从实际出发，理论联系实际，而不能从本本和概念出发；要求我们立足于社会主义初级阶段这个最大的实际，适应群众的接受能力，不能超越阶段，用脱离实际的说教强加于人；要求我们贴近经济建设这个中心，贴近党和国家工作大局，不能远离改革开放和现代化建设的主战场，搞"两张皮"；要求我们报实情、说实话、鼓实劲、求实效，不能只求表面上的轰轰烈烈，搞形式主义。贴近生活，要求我们深入到火热的现实生活中去，以生活为源泉，忠实地反映和表现生活，不能本末倒置，用抽象的概念裁剪生活，用主观的想象代替生活，闭门造车；要求我们善于抓住社会生活的本质和主流，从现实生活中挖掘生动事实、汲取新鲜营养，更好地融入生活、服务生活、引导生活，不能停留在生活的表象，空洞说教；要求我们必须跟上生活前进的新节奏，传递生活变化的新信息，满足群众精神文化生活的新需求。贴近群众，要求我们深深扎根于群众之中，牢固树立群众观点，深刻认识群众利益无小事的道理，权为民所用、情为民所系、利为民所谋，绝不能对群众疾苦漠不关心；要求我们重视群众的实践主体地位，鼓励和引导群众广泛参与国家和社会事务，不能把群众当成被动接受的对象；要求我们重视群众的切身利益，努力为群众办好事、办实事，体现群众意愿，满足群众需求，为群众提供想看爱看、健康向上的新闻信息；要求我们多联系群众身边的事例，多反映群众的切身感受，多运用群众熟悉的语言，多用群众喜闻乐见的形式搞好宣传报道。

把体现党的意志与反映人民心声统一起来。这是坚持新闻党性原则的题中应有之义，是加强和改进新闻宣传工作的一个重要方针。从总体上说，党的主张代表了最广大人民的根本利益、长远利益、整体利益，党的意志与人民的意愿是一致的，对此不能有丝毫的怀疑和动摇。我们强调反映人民的心声，一是因为党的方针政策在贯彻执行过程中，会遇到某些地方、部门和工作环节上官僚主义、形式主义以及消极腐败现象的干扰和扭曲，使群众利益受到损害；二是我国经济社会发展很不平衡，在人民生活总体上达到小康水平的同时，城乡之间、地区之间、不同社会群体之间的发展水平、收入水平还有很大差距，社会上还有一些生产生活困难的群众，需要我们特别加以关心；三是在体制转换、社会变革时期，各种利益关系处在不断调整的过程中，社会上存在大量人民内部矛盾，要求我们牢固树立群众利益无小事的观念，悉心倾听群众呼声，妥善处理各种关系群众切身利益的问题，精心维护最广大人民的根本利益，维护社会稳定；四是按照马克思主义的认识论，实践是认识的源泉，人民群众是实践的主体，党的方针政策来自群众实践，也需要在群众实践中得到检验，这是一个不断听取人民群众的意见和建议、不断总结人民群众的实践经验、不断深化体制改革、不断调整和完善党的方针政策和各项法律制度的过程，是一个不断地从个别到一般、再从一般到个别、循环往复的过程。所有这些，都要求我们高度重视反映人民群众的心声。坚持这一方针，要求我们准确、鲜明、生动地宣传党的主张，及时、如实、充分地反映人民群众的心声，很好地把两者结合起来、统一起来，充分发挥党和政府联系广大群众的桥梁、纽带作用。当然，我国人口多，底子薄，将长期处于社会主义初级阶段，一切工作都要从这个最大的实际出发，切不可盲目助长群众中不切实际的过高要求。这也是新闻宣传工作中必须注意的问题。

我们还要正确认识和处理坚持正确导向与贯彻"三贴近"①原则的关系。正确的舆论导向，不仅应该体现在正确的政治方向、宣传内容上，而且必须体现在宣传报道的实际效果上，就是说导向既要正确，又要有效。离开正确导向去讲"三贴近"，就会丧失舆论引导的正确方向和主动权，引导就会变成迎合，贴近就失去意义；离开"三贴近"去讲导向，就可能

———————
① 即贴近实际、贴近生活、贴近群众。

重犯过去"客里空"①"假大空"的毛病，宣传的东西群众不接受，正确导向就是一句空话。因此，坚持正确导向与贯彻"三贴近"原则，有着内在的紧密联系，本质上是完全统一的，是一个问题的两个方面。要反对把正确导向与"三贴近"割裂开来甚至对立起来的错误观点。

第二节 引领时代前进的号角和火炬

2016年11月30日，习近平总书记在中国文联十大、中国作协九大开幕式上的重要讲话中指出："对文艺来讲，思想和价值观念是灵魂，一切表现形式都是表达一定思想和价值观念的载体。离开了一定思想和价值观念，再丰富多样的表现形式也是苍白无力的。文艺的性质决定了它必须以反映时代精神为神圣使命。社会主义核心价值体系、核心价值观是当代中国精神的集中体现，是凝聚中国力量的思想道德基础。广大文艺工作者要把培育和弘扬社会主义核心价值观作为根本任务，坚定不移用中国人独特的思想、情感、审美去创作属于这个时代、又有鲜明中国风格的优秀作品。社会主义核心价值体系、核心价值观是中国精神的集中体现和时代表达。"这一重要论述深刻阐明了时代发展对于文艺工作的新要求，进一步明确要求文艺创作一定要把培育和弘扬社会主义核心价值体系、核心价值观作为中心任务，真正让人们通过审美的享受、思想的启迪、心灵的震撼把社会主义核心价值体系、核心价值观内化于心、外化于行。

文艺事业是党和人民的重要事业，文艺战线是党和人民的重要战线。文艺在弘扬和培育民族精神方面具有独特作用，能够不断丰富人们的精神

---

① "客里空"是苏联作家柯涅楚克在卫国战争期间创作的话剧《前线》中一个特派记者的名字。此人善于捕风捉影、弄虚作假，他不调查了解，坐在指挥部拟稿。他专靠杜撰虚假、空洞的文章欺世盗名，给革命事业带来了危害，因此成为该剧的批评对象。"客里空"是俄语的音译，其意译应为"乱嚷乱叫的人"或"喧嚣的人"，作者为笔下的人起了这样一个名字，显然带有讥讽的寓意。后来这个名字就成了新闻中虚构胡编的代名词，人们把那些歪曲事实报道称为"客里空"。

世界，增强人民的精神力量，使人民在推进中国特色社会主义伟大事业的征途上始终保持奋发有为、昂扬向上的精神状态。同时，文艺除了具有宣传工作的一般功能外，还具有自身的特殊功能。文艺的认识功能、教育功能和鼓舞作用，主要是通过审美娱乐功能来实现的。优秀的文艺作品，对于陶冶人们的思想情操，坚定人们追求美好生活的信念，培养良好的道德风尚，提高人们的思想境界，往往起到潜移默化、润物无声的作用。古往今来，世界各民族无一例外地受到其在各个历史发展阶段上产生的文艺经典的深刻影响。可以说，繁荣和发展社会主义先进文艺，对于丰富人民群众的精神文化生活，促进人的全面发展，提高全民族素质都意义重大。

我们党历来高度重视文艺工作。在革命战争年代，毛泽东要求文艺应成为"整个革命机器的一个组成部分"，成为"团结人民、教育人民、打击敌人、消灭敌人的有力的武器"。① 邓小平指出："不论是对于满足人民精神生活多方面的需要，对于培养社会主义新人，对于提高整个社会的思想、文化、道德水平，文艺工作都负有其他部门所不能代替的重要责任。"② 江泽民进一步指出："文艺是民族精神的火炬，是人民奋进的号角。"③ 胡锦涛要求，广大文艺工作者"要大力弘扬中国特色社会主义共同理想，发扬以爱国主义为核心的民族精神和以改革创新为核心的时代精神，礼赞高尚道德情操，鼓励一切有利于国家统一、民族团结、经济发展、社会进步的思想道德，推动建设中华民族共有精神家园"。④ 党的十八大以来，以习近平同志为核心的党中央高度重视文艺工作，作出了一系列

① 毛泽东：《在延安文艺座谈会上的讲话》，载《毛泽东选集》第3卷，人民出版社1991年版，第848页。
② 邓小平：《在中国文学艺术工作者第四次代表大会上的祝词》，载《邓小平文选》第2卷，人民出版社1994年版，第209页。
③ 江泽民：《在中国文联第七次代表大会、中国作协第六次代表大会上的讲话》，载《十五大以来重要文献选编》（下），人民出版社2003年版，第2123页。
④ 胡锦涛：《在中国文联第九次全国代表大会、中国作协第八次全国代表大会上的讲话》，载《十七大以来重要文献选编》（下），中央文献出版社2013年版，第618页。

重要指示，并于 2014 年 10 月 15 日召开了文艺工作座谈会。在这次会上，习近平总书记发表重要讲话，全面系统地阐述了文艺工作的重大作用，特别是对文艺宣传社会主义核心价值观提出了明确要求。他指出："我们要通过文艺作品传递真善美，传递向上向善的价值观，引导人们增强道德判断力和道德荣誉感，向往和追求讲道德、尊道德、守道德的生活。只要中华民族一代接着一代追求真善美的道德境界，我们的民族就永远健康向上、永远充满希望。"①

充分认识文艺在培育和践行社会主义核心价值体系、核心价值观当中的作用。文艺是民族精神的火炬，是时代前进的号角，最能代表一个民族的风貌，最能引领一个时代的风气。"文变染乎世情，兴废系乎时序。"② 在欧洲文艺复兴运动中，但丁、彼特拉克、薄伽丘、达·芬奇、拉斐尔、米开朗琪罗、蒙田、塞万提斯、莎士比亚等文艺巨人，发出了新时代的啼声，开启了人们的心灵。在谈到文艺复兴运动时，恩格斯说，这"是一个需要巨人而且产生了巨人——在思维能力、热情和性格方面，在多才多艺和学识渊博方面的巨人的时代"③。在我国发展史上，包括文艺在内的文化发展同中华民族发展紧紧联系在一起。先秦时期，我国出现了百家争鸣的兴盛局面，开创了我国古代文化的一个鼎盛期。20 世纪初，在新文化运动中，发端于文艺领域的创新风潮对社会变革产生了重大影响，成为全民族思想解放运动的重要引擎。

每个时代都有每个时代的精神。实现中国梦必须走中国道路、弘扬中国精神、凝聚中国力量。改革开放以来，我国经济发展很快，人民生活水平提高也很快。同时，我国社会正处在思想大活跃、观念大碰撞、文化大交融的时代，出现了不少问题。其中比较突出的一个问题就是一些人价值

---

① 习近平：《在文艺工作座谈会上的讲话》，《人民日报》2015 年 10 月 15 日。
② 周振甫：《文心雕龙今译》，中华书局 1986 年版，第 408 页。
③ 中国作家协会、中央编译局编：《马克思恩格斯列宁斯大林论文艺》，作家出版社 2010 年版，第 120 页。

观缺失，观念没有善恶，行为没有底线，什么违反党纪国法的事情都敢干，什么缺德的勾当都敢做，没有国家观念、集体观念、家庭观念，不讲对错，不问是非，不知美丑，不辨香臭，浑浑噩噩，穷奢极欲。现在社会上出现的种种问题病根都在这里。这方面的问题如果得不到有效解决，改革开放和社会主义现代化建设就难以顺利推进。两个文明都搞好才是中国特色社会主义。邓小平早就告诫我们："风气如果坏下去，经济搞成功又有什么意义？会在另一方面变质。"① 因此，我们要在全社会大力弘扬和践行社会主义核心价值体系、核心价值观，使之像空气一样无处不在、无时不有，成为全体人民的共同价值追求，成为我们生而为中国人的独特精神支柱，成为百姓日用而不觉的行为准则。实现中华民族伟大复兴，离不开中华文化繁荣兴盛，离不开文艺事业繁荣发展。举精神旗帜、立精神支柱、建精神家园，是当代中国文艺的崇高使命。弘扬中国精神、传播中国价值、凝聚中国力量，是文艺工作者的神圣职责。现在，全党全国各族人民正按照党的十八大确立的奋斗目标和党的十八届三中全会提出的改革任务，一步一步把中国特色社会主义事业向前推进。实现"两个一百年"奋斗目标、实现中华民族伟大复兴的中国梦是长期而艰巨的伟大事业。伟大事业需要伟大精神。实现这个伟大事业，文艺的作用不可替代，文艺工作者大有可为。广大文艺工作者要从这样的高度认识文艺的地位和作用，认识自己所担负的历史使命和责任。

文艺是铸造灵魂的工程，文艺工作者是灵魂的工程师。好的文艺作品就应该像蓝天上的阳光、春季里的清风一样，能够启迪思想、温润心灵、陶冶情操，能够扫除颓废萎靡之风。"凡作传世之文者，必先有可以传世之心。"广大文艺工作者要高扬社会主义核心价值体系、核心价值观的旗帜，充分认识肩上的责任，把社会主义核心价值观生动活泼、活灵活现地体现在文艺创作之中，用栩栩如生的作品形象告诉人们什么是应该肯定和

---

① 《邓小平文选》第 3 卷，人民出版社 1993 年版，第 154 页。

赞扬的，什么是必须反对和否定的，做到春风化雨、润物无声。同时，文艺界有很多知名人士，社会影响力很大，这些人不仅要在文艺创作上追求卓越，而且要在思想道德修养上追求卓越，更应身体力行践行社会主义核心价值体系、社会主义核心价值观，努力做到言为士则、行为世范。

追求真善美是文艺的永恒价值。艺术的最高境界就是让人动心，让人们的灵魂经受洗礼，让人们发现自然的美、生活的美、心灵的美。一首短短的《游子吟》之所以流传千年，就在于它生动讴歌了伟大的母爱。苏东坡称赞韩愈"文起八代之衰，而道济天下之溺"，讲的是从司马迁之后到韩愈，算起来文章衰弱了八代。韩愈的文章起来了，凭什么呢？就是"道"，就是文以载道。我们要通过文艺作品传递真善美，传递向上向善的价值观，引导人们增强道德判断力和道德荣誉感，向往和追求讲道德、尊道德、守道德的生活。只要中华民族一代接着一代追求真善美的道德境界，我们的民族就永远健康向上、永远充满希望。在社会主义核心价值体系和核心价值观中，爱国主义是最深层、最永恒的主题，是常写常新的主题。拥有家国情怀的作品，最能感召中华儿女团结奋斗。杜甫的"穷年忧黎元，叹息肠内热"，范仲淹的"先天下之忧而忧，后天下之乐而乐"，陆游的"王师北定中原日，家祭无忘告乃翁""位卑未敢忘忧国""夜阑卧听风吹雨，铁马冰河入梦来"，文天祥的"人生自古谁无死，留取丹心照汗青"，林则徐的"苟利国家生死以，岂因祸福避趋之"，岳飞的《满江红》，方志敏的《可爱的中国》，等等，都以全部热情为祖国放歌抒怀。我们当代文艺更要把爱国主义作为文艺创作的主旋律，引导人民树立和坚持正确的历史观、民族观、国家观、文化观，增强做中国人的骨气和底气。

一个时代有一个时代的文艺，一个时代有一个时代的精神。任何一个时代的经典文艺作品，都是那个时代社会生活和精神的写照，都具有那个时代的烙印和特征。任何一个时代的文艺，只有同国家和民族紧紧维系、休戚与共，才能发出振聋发聩的声音。反映时代是文艺工作者的使命。广大文艺工作者要把握时代脉搏，承担时代使命，聆听时代声音，勇于回答时代课题。在每一个历史时期，中华民族都留下了无数不朽作品。从诗经、楚辞、汉赋，到唐诗、宋词、元曲、明清小说等，共同铸就了灿烂的中国文艺历史星河。中华民族文艺创造力是如此强大、创造的成就是如此辉煌，中华民族素有文化自信的气度，我们应该为此感到无比自豪，也应该为此感到无比自信。实现中华民族伟大复兴，是一场震古烁今的伟大事业，需要坚韧不拔的伟大精神，也需要振奋人心的伟大作品。鲁迅说过："文艺是国民精神所发的火光，同时也是引导国民精神的前途的灯火。"①广大文艺工作者要坚持以人民为中心的创作导向，坚持为人民服务、为社会主义服务，坚持百花齐放、百家争鸣，坚持创造性转化、创新性发展，高擎民族精神火炬，吹响时代前进号角，把艺术理想融入党和人民事业之中，做到胸中有大义、心里有人民、肩头有责任、笔下有乾坤，推出更多反映时代呼声、展现人民奋斗、振奋民族精神、陶冶高尚情操的优秀作品，为我们的人民昭示更加美好的前景，为我们的民族描绘更加光明的未来。

对文艺来说，思想和价值观念是灵魂，一切表现形式都是表达一定思想和价值观念的载体。换言之，社会主义核心价值体系、核心价值观就是社会主义文艺的灵魂。古往今来，世界各民族无一例外受到其在各个历史发展阶段上产生的文艺精品和文艺巨匠的深刻影响。中华民族精神，既体现在中国人民的奋斗历程和奋斗业绩中，体现在中国人民的精神生活和精神世界中，也反映在几千年来中华民族产生的一切优秀作品中，反映在我国一切文学家、艺术家的杰出创造活动中。离开了一定思想和价值观念，再丰富多样的表现形式也是苍白无力的。文艺的性质决定了它必须以反映时代精神为神圣使命。社会主义核心价值观是当代中国精神的集中体现，是凝聚中国力量的思想道德基础。广大文艺工作者要把培育和弘扬社会主义核心价值体系、核心价值观作为根本任务，坚定不移用中国人独特的思

---

① 鲁迅：《坟·论睁了眼看》，载《鲁迅论文艺》，湖北人民出版社1979年版，第244页。

想、情感、审美去创作属于这个时代、又有鲜明中国风格的优秀作品。同样，古今中外，文艺无不遵循这样一条规律：因时而兴，乘势而变，随时代而行，与时代同频共振。在人类发展的每一个重大历史关头，文艺都能发时代之先声、开社会之先风、启智慧之先河，成为时代变迁和社会变革的先导。离开火热的社会实践，在恢宏的时代主旋律之外茕茕孑立、喃喃自语，只能被时代淘汰。

当今世界，文化与经济和政治相互交融，在综合国力竞争中的地位和作用越来越突出。文化是民族生存和发展的重要力量。人类社会每一次跃进，人类文明每一次升华，无不伴随着文化的历史性进步。中华民族有着五千多年的文明史，近代以前中国一直是世界强国之一。在几千年的历史流变中，中华民族从来不是一帆风顺的，遇到了无数艰难困苦，但我们都挺过来、走过来了，其中一个很重要的原因就是世世代代的中华儿女培育和发展了独具特色、博大精深的中华文化，为中华民族克服困难、生生不息提供了强大精神支撑。文化的力量深深熔铸在民族的生命力、凝聚力和创造力当中。坚定文化自信，离不开对中华民族历史的认知和运用。历史是一面镜子，从历史中，我们能够更好看清世界、参透生活、认识自己；历史也是一位智者，同历史对话，我们能够更好地认识过去、把握当下、面向未来。"观古今于须臾，抚四海于一瞬"。没有历史感，文学家、艺术家就很难有丰富的灵感和深刻的思想。文学家、艺术家要结合史料进行艺术再现，必须有史识、史才、史德。历史给了文学家、艺术家无穷的滋养和无限的想象空间，但文学家、艺术家不能用无端的想象去描写历史，更不能使历史虚无化。文学家、艺术家不可能完全还原历史的真实，但有责任告诉人们真实的历史，告诉人们历史中最有价值的东西。戏弄历史的作品，不仅是对历史的不尊重，而且是对自己创作的不尊重，最终必将被历史戏弄。只有树立正确历史观，尊重历史、按照艺术规律呈现的艺术化的历史，才能经得起历史的检验，才能立之当世、传之后人。中华文化既是历史的、也是当代的，既是民族的、也是世界的。只有扎根脚下这块生于斯、长于斯的土地，文艺才能接地气、增加底气、灌注生气，在世界文化激荡中站稳脚跟。同时，我们要坚持不忘本来、吸收外来、面向未来，在继承中转化，在学习中超越，创作更多体现中华文化精髓、反映中国人审美追求、传播当代中国价值观念、又符合世界进步潮流的优秀作品，让我国文艺以鲜明的中国特色、中国风格、中国气派屹立于世。

社会主义核心价值体系、核心价值观的"根"和"脉"在中华文化当中。中华文化延续着我们国家和民族的精神血脉，既需要薪火相传、代代守护，也需要与时俱进、推陈出新。历史和现实都表明，一个抛弃了或者背叛了自己历史文化的民族，不仅不可能发展起来，而且很可能上演一幕幕历史悲剧。要加强对中华优秀传统文化的挖掘和阐发，使中华民族最基本的文化基因同当代中国文化相适应、同现代社会相协调，把跨越时空、超越国界、富有永恒魅力、具有当代价值的文化精神弘扬起来，激活其内在的强大生命力，让中华文化同各国人民创造的多彩文化一道，为人类提供正确精神指引。没有中华文化繁荣兴盛，就没有中华民族伟大复兴。历史和现实都证明，中华民族有着强大的文化创造力。每到重大历史关头，文化都能感国运之变化、立时代之潮头、发时代之先声，为亿万人民、为伟大祖国鼓与呼。中华文化既坚守本根又不断与时俱进，使中华民族保持了坚定的民族自信和强大的修复能力，培育了共同的情感和价值、共同的理想和精神。实现中华民族伟大复兴，必须坚定中国特色社会主义道路自信、理论自信、制度自信、文化自信。创作出具有鲜明民族特点和个性的优秀作品，要对博大精深的中华文化有深刻的理解，更要有高度的文化自信。文化自信，是更基础、更广泛、更深厚的自信，是更基本、更深沉、更持久的力量。坚定文化自信，是事关国运兴衰、事关文化安全、事关民族精神独立性的大问题。没有文化自信，不可能写出有骨气、有个性、有神采的作品。广大文艺工作者要善于从中华文化宝库中萃取精华、汲取能量，保持对自身文化理想、文化价值的高度信心，保持对自身文化生命力、创造力的高度信心，使自己的作品成为激励中国人民和中华民族不断前行的精神力量。

用精品培育和践行社会主义核心价值体系、核心价值观。文艺是铸造灵魂的工程，承担着以文化人、以文育人的职责，应该用独到的思想启迪、润物无声的艺术熏陶启迪人的心灵，传递向善向上的价值观。优秀作品反映着一个国家、一个民族文化创新创造的能力和水平。文艺工作者必须坚持以社会主义核心价值观引领文艺创作生产，实现核心价值观的全方位贯穿、深层次融入，通过精彩的故事、鲜活的语言、丰满的形象，使核心价值观生动活泼、活灵活现地体现在文艺作品中，潜移默化、滋养人心，让人们在文化熏陶中感悟、认同社会主流价值。运用各种形式，艺术展现党史国史上的重大事件、重要人物，让光辉业绩、革命传统一代一代传承光大。要把创作生产优秀作品作为中心环节，不断推进文艺创新、提高文艺创作质量，努力为人民创造文化杰作、为人类贡献不朽作品。要做真善美的追求者和传播者，把崇高的价值、美好的情感融入自己的作品，引导人们向高尚的道德聚拢，不让廉价的笑声、无底线的娱乐、无节操的垃圾淹没我们的生活。当代中国正经历着我国历史上最为广泛而深刻的社会变革，也正在进行着人类历史上最为宏大而独特的实践创新。这种伟大实践必将给文化创新创造提供强大动力和广阔空间。广大文艺工作者要努力创作同我们这个文明古国、我们这个蓬勃发展的国家相匹配的优秀作品。中国人民不仅将为人类贡献新的发展模式、发展道路，而且将把自己在文化创新创造中取得的成果奉献给世界。

创新是文艺的生命。要把创新精神贯穿文艺创作全过程，大胆探索，锐意进取，在提高原创力上下功夫，在拓展题材、内容、形式、手法上下功夫，推动观念和手段相结合、内容和形式相融合、各种艺术要素和技术要素相辉映，让作品更加精彩纷呈、引人入胜。要把提高作品的精神高度、文化内涵、艺术价值作为追求，让目光再广大一些、再深远一些，向着人类最先进的方面注目，向着人类精神世界的最深处探寻，同时直面当下中国人民的生存现实，创造出丰富多样的中国故事、中国形象、中国旋律，为世界贡献特殊的声响和色彩、展现特殊的诗情和意境。与时俱进、自强不息，是中华民族的鲜明禀赋，也是我国文艺不断繁荣发展的强大动力。我国文艺不仅要有体量的增长，更要创造质量的标杆。创新贵在独辟蹊径、不拘一格，但一味标新立异、追求怪诞，不可能成为上品，而很可能流于下品。要克服浮躁这个顽疾，抵制急功近利、粗制滥造，用专注的态度、敬业的精神、踏实的努力创作出更多高质量、高品位的作品。

祖国是人民最坚实的依靠，英雄是民族最闪亮的坐标。歌唱祖国、礼赞英雄从来都是文艺创作的永恒主题，也是最动人的篇章。我们要高扬爱国主义主旋律，用生动的文学语言和光彩夺目的艺术形象，装点祖国的秀美河山，描绘中华民族的卓越风华，激发每一个中国人的民族自豪感和国家荣誉感。对中华民族的英雄，要心怀崇敬，浓墨重彩记录英雄、塑造英雄，让英雄在文艺作品中得到传扬，引导人民树立正确的历史观、民族观、国家观、文化观，绝不做亵渎祖先、亵渎经典、亵渎英雄的事情。要抒写改革开放和社会主义现代化建设的蓬勃实践，抒写多彩的中国、进步的中国、团结的中国，激励全国各族人民朝气蓬勃迈向未来。

总之，一切文化产品、文化服务和文化活动都应以发挥育人化人的重要功能为出发点和落脚点，都要积极培育和弘扬社会主义核心价值体系、核心价值观，传递积极人生追求、高尚思想境界和健康生活情趣。提升文化产品的思想品格和艺术品位，用思想性艺术性观赏性相统一的优秀作品，弘扬真善美，贬斥假恶丑。加强对新型文化业态、文化样式的引导，让不同类型文化产品都成为弘扬社会主流价值的生动载体。要加大对优秀文化产品的推广力度，开展优秀文化产品展演展映展播活动、经典作品阅读观看活动。完善文化产品评价体系，坚持文艺评论评奖的正确价值取向。要完善公共文化服务体系，提供均等优质的文化产品，开展多姿多彩的文化活动，丰富群众精神文化生活。"随风潜入夜，润物细无声。"宣传教育只有做到春风化雨、润物无声，才能使社会主义核心价值观真正深入人们心里。在这方面，精神文化产品是重要载体，有不可替代的作用。一首《歌唱祖国》激荡起多少中华儿女的爱国情感，一部《潜伏》让多少人感受到信仰"燃烧无尽的力量"，一部《亮剑》让无数人领略到"狭路相逢勇者胜"的亮剑精神。

面对科学技术迅猛发展和综合国力激烈竞争，面对世界范围各种思想文化相互激荡，面对实现"两个一百年"奋斗目标、实现中华民族伟大复兴的中国梦，我们必须充分认识文艺工作的重要地位和重要作用，切实用文艺这个重要载体把社会主义核心价值体系、核心价值观建设好。

第三节 亿万民众共同的精神家园

随着互联网快速发展，网络平台越来越成为影响人们价值观以及价值判断的重要平台，越来越成为建设社会主义核心价值体系、培育社会主义核心价值观的重要阵地。2013 年 8 月 19 日，习近平总书记在全国宣传思想工作会议上的重要讲话中指出："我们正在进行具有许多新的历史特点的伟大斗争，面临的挑战和困难前所未有，必须坚持巩固壮大主流思想舆论，弘扬主旋律，传播正能量，激发全社会团结奋进的强大力量。"2016 年 4 月 19 日，习近平总书记主持召开网络安全和信息化工作座谈会并发表重要讲话。他指出："网络空间是亿万民众共同的精神家园。网络空间天朗气清、生态良好，符合人民利益。网络空间乌烟瘴气、生态恶化，不符合人民利益。我们要本着对社会负责、对人民负责的态度，依法加强网络空间治理，加强网络内容建设，做强网上正面宣传，培育积极健康、向上向善的网络文化，用社会主义核心价值观和人类优秀文明成果滋养人心、滋养社会，做到正能量充沛、主旋律高昂，为广大网民特别是青少年营造一个风清气正的网络空间。"深入学习贯彻这些重要论述，要求我们适应互联网发展大势，用好互联网，不断推动媒体融合，弘扬网络主旋律，切实做好网络新闻舆论工作。

互联网是 20 世纪人类最伟大的发明之一。互联网给人们的生产生活带来巨大变化，对很多领域的创新发展起到很强带动作用，给各行各业创新带来历史机遇。互联网真正让世界变成了地球村，让国际社会越来越成为你中有我、我中有你的命运共同体。从社会发展史看，人类经历了农业革命、工业革命，正在经历信息革命；如果说农业革命增强了人类生存能力，使人类从采食捕猎走向栽种畜养，从野蛮时代走向文明社会。工业革命拓展了人类体力，以机器取代了人力，以大规模工厂化生产取代了个体工场手工生产，那么，信息革命则增强了人类脑力，带来生产力又一次质的飞跃，对国际政治、经济、文化、社会、生态、军事等领域发展产生了深刻影响。当今世界，科技进步日新月异，互联网、云计算、大数据等现代信息技术深刻改变着人类的思维方式和生活方式，深刻展示了世界发展的前景。当今时代，以信息技术为核心的新一轮科技革命正在孕育兴起，互联网日益成为创新驱动发展的先导力量，深刻改变着人们的生产生活，有力推动着社会发展。新闻舆论的发展同样离不开互联网。互联网正在重塑着新闻舆论生态，对新闻舆论的影响深刻而又深远，可谓无远弗届。

当前，网络和数字技术裂变式发展，带来媒体格局的深刻调整和舆论生态的重大变化，新兴媒体发展之快、覆盖之广超乎想象，对传统媒体带来很大冲击。从媒体发展格局看，传统媒体的受众规模不断缩小，市场份额逐渐下降，越来越多的人通过新兴媒体获取信息，青年一代更是将互联网作为获取信息的主要途径。中国互联网络信息中心（CNNIC）发布的第 38 次《中国互联网络发展状况统计报告》显示，截至 2016 年 6 月，中国网民规模达 7.10 亿，其中手机网民规模达 6.56 亿，占比达 92.5%；2016 年上半年，中国网民人均周上网时长为 26.5 小时，网民每天平均上网接近 3.8 小时；网络直播发展迅猛，用户规模达到 3.25 亿，占比接近网民总体的半壁江山，占 45.8%。从舆论生态变化看，新兴媒体话题设置、影响舆论的能力日渐增强，大量社会热点在网上迅速生成、发酵、扩散，传统媒体的舆论引导能力面临挑战。从意识形态领域看，互联网已经成为舆论斗争的主战场，直接关系我国意识形态安全和政权安全。可以说，传统媒体已经到了一个革新图存的重要关口。面对这种严峻形势，推动传统媒体和新兴媒体融合发展刻不容缓，必须跟上时代发展步伐，加快融合发展进程，这是我们应当肩负起的历史责任。总结互联网带给新闻舆论工作的重大变化，我们可以概括地说，互联网的迅猛发展，带来了舆论生成方式和传播方式的革命性变化，重塑着社会舆论格局和传媒生态，并以惊人的深度和广度影响着社会生活的方方面面。网络带来的变革深刻影响着经济社会发展的方方面面。作为一种新型传播手段，网络对社会舆论有着十分重要的影响，已发展成为重要宣传阵地，这为社会主义核心价值观建设带来难得机遇。网络极大地拓展了社会主义核心价值观的传播范围。在网络时代，信息传播覆盖范围空前广泛，而且人人都有"麦克风"、人人都是宣传员，人人都可以传播社会主义核心价值观。网络能以人们喜闻乐见的方式传播社会主义核心价值观。网络传播具有趣味性、直观性等特征，可以使社会主义核心价值观传播更契合人们的接受习惯，更有吸引力、感染力。网络提高了社会主义核心价值观的传播效率。网络媒体在信息传播速度上超越了以往任何媒体，社会主义核心价值观可以借助网络及时传播给受众并形成互动，能够迅速形成传播热潮。

加速媒体融合，打造有影响力的新媒体。2014 年 8 月 18 日，习近平总书记在主持召开中央全面深化改革小组第四次会议时，明确提出传统媒体和新兴媒体融合发展的问题。他强调："推动传统媒体和新兴媒体融合发展，要遵循新闻传播规律和新兴媒体发展规律，强化互联网思维，坚持传统媒体和新兴媒体优势互补、一体发展，坚持先进技术为支撑、内容建设为根本，推动传统媒体和新兴媒体在内容、渠道、平台、经营、管理等方面的深度融合，着力打造一批形态多样、手段先进、具有竞争力的新型主流媒体，建成几家拥有强大实力和传播力、公信力、影响力的新型传媒集团，形成立体多样、融合发展的现代传播体系。"这一重要论述，为传统媒体与新兴媒体融合发展指明了方向，为新形势下进一步发展壮大媒体新闻舆论提供了重要遵循。显然，建设社会主义核心价值体系、培育核心价值观离不开网络媒体阵地，一定意义上，媒体融合的步伐越快、力度越大，社会主义核心价值体系的建设、核心价值观的培育，效果就越明显、作用就越凸显，两者是相辅相成、相互促进的关系。推动媒体融合发展要按照积极推进、科学发展、规范管理、确保导向的要求，以中央主要媒体为龙头，以重点项目为抓手，坚持传统媒体和新兴媒体优势互补、一体发展，坚持先进技术为支撑、内容建设为根本，推动传统媒体和新兴媒体在内容、渠道、平台、经营、管理等方面深度融合，加快建设形态多样、手段先进、具有强大传播力和竞争力的新型主流媒体，努力达到世界一流水平。主流媒体是传播社会主义核心价值体系和核心价值观的主阵地，媒体的融合发展、新媒体的建设当然应该把重点放在主流媒体。

新媒体是一个相对的、动态的概念，是相对于报刊、广播、电视等传统媒体，新媒体基于新的数字和网络技术，使传播更加精准化、对象化，具体形式如互联网、手机、移动电视、IPTV等。从广义上讲，新媒体主要是指，通过运用网络数字技术及移动通信技术，通过无线通信网、宽带局域网、卫星和互联网等渠道，通过手机、电脑、电视作为最终输出终端，向使用者提供语音数据、音频、在线游戏、远程教育、视频等合成信息及娱乐服务的全部新型传播形式与手段的总称。从狭义上讲，新媒体是相对于报刊、户外、广播、电视传统意义上的新兴媒体。新媒体以其形式丰富、互动性强、渠道广泛、覆盖率高、精准到达、性价比高、推广方便等特点在现代传媒产业中占据越来越重要的位置。新媒体体现了科学技术的进步、内容方式的转变、传播语境的变化、传统话语权的解构与转变。新媒体之所以"新"，主要是因为新媒体通过全方位的数字化过程，将所有的文本缩减成二进制元编码，并且可以采用同样的生产、分配与储存的过程。同时，新媒体则突破了单向传播，增强了传播者与接收者之间的互动性。新媒体以其新兴技术，特别是互联网，可以连接网上任一用户，实现网络信息资源共享，使用户之间无障碍沟通交流。受众不再仅仅是信息的接受者，同时也是信息的传播者。交互性使传播者和接收者极易进行角色转换，这种双重身份的角色使受众可以畅所欲言，及时反馈，使媒体得以与受众在互动中同声同气。新媒体实现了信息传播与收阅的个人化。以网络环境为基础，基于信息用户的信息使用习惯、偏好和特点向用户提供满足其各种个性化需求的服务。这种新媒体提供的个性化信息服务，让信息的传播者针对不同的受众提供个性化服务。此外，受众也对信息具有同样的操控权，受众可以运用新媒体选择信息、搜索信息甚至定制信息。所以，新媒体时代是一个"受众个性化"的时代，传统媒体中具有"被动接受信息"的受众转变为主动寻找和制作信息的用户，这是一个基于用户个人建立起来的双向交流的系统。

基于新媒体的这些技术特点，网络作为新媒体有特定的优势。我们不难看到，网络新媒体的传播方式最突出的变化即为"受众"，"受众"不仅仅是指大众，也可能是个人；"受众"不仅是信息的接收者，也可能是信息的发布者。正因此，互联网更加适应受众需求的多样化和受众市场的细分化。它将目标受众按年龄、性别、种族、社会地位、文化程度、兴趣爱好、专业程度等标准划分为一个个群体，从而有针对性地为这些不同的群体提供信息服务。同时，通过互联网传递信息突破了传统媒体传递信息的单一性，互联网传递实现了信息传播的图文声一体化，它将文字、图像、声音、视频、音频等完全融合。其复合性也充分体现了传播形态的多样性特点，它将报纸、电视、广播的传播手段与传播方式融为一体，其形式的多样化是前所未有的。它将各种接收终端，各种传输渠道，各种信息形态整合一起，从而保证用户可在任何地方、通过任何终端进入新媒体网络。

从推动技术发展看，融合发展要实现突破，关键是顺应互联网传播移动化、社交化、视频化的趋势，不断进行技术创新，把新技术融入项目设计，用最好的技术，达到最好的水准，取得融合发展最佳效果。一是利用大数据和云计算技术推进新闻生产。大数据和云计算是当前具有代表性的两种新技术，这两种技术的发展和运用深刻影响着社会生产生活，为创新新闻生产开辟了广阔空间。在媒体融合发展过程中，要重视和用好这两种技术，优化媒体内容制作、存储、分发流程，提升数据处理能力，为内容生产和传播提供强大支撑。运用大数据和云计算技术，首先要掌握海量的数据资源。经过几十年的发展，新闻媒体积累了丰富的数据资源，这是我们的宝贵财富。要把这些优势资源整合起来，建设和完善专业化、规模化、现代化的内容数据库，同时加强对各方面数据的收集整理，不断夯实融合发展的信息资源基础。要加强数据新闻生产，充分挖掘大数据背后潜藏的新闻价值，拓宽新闻来源、丰富新闻内容，为用户提供高质量的新闻信息产品。二是利用移动互联技术实现弯道超车。现在，移动互联网发展很快，智能手机、平板电脑等移动终端已成为人们上网获取信息的最主要手段。有人说，未来的世界是移动互联的世界。从目前来看，客户端是访问移动互联网主要入口，也是比较成熟的技术应用，很多媒体都开发了移动客户端。主流媒体必须加强手机网站建设，丰富信息内容，完善服务功能，着力打造移动互联网上的新闻门户。同时，积极利用移动通信技术平台，办好手机报，促进其规范有序发展。商业网站在移动客户端、手机浏览器、应用商店等方面技术比较成熟，要积极关注、善加利用，借助它们的技术和平台，扩大在移动终端的覆盖面和影响力。同时还要看到，互联网社交类应用日益普及，社交网站已成为互联网新业务的服务入口和用户来源。推动媒体融合发展，要密切关注并有选择地发展社交类应用和技术，促进社交平台与新闻传播平台有效对接，增强平台黏性，集聚更多的忠实用户。要借助商业网站的微博、微信等技术平台，建好法人账号，扩大用户规模，提升传播效果。还要看到，信息网络技术发展日新月异，更新换代的周期越来越短，比如 4G 技术已开始应用和推广，可折叠电子纸、可穿戴设备、5G 技术等呼之欲出，将会带来信息传播新的变革。我们必须紧盯技术前沿，瞄准发展趋势，不断以新技术新应用引领和推动媒体融合发展。

　　从进一步增强媒体信息内容的核心竞争力看，对于新闻媒体来说，内容永远是根本，是决定其生存与发展的关键所在。推动媒体融合发展，在强调技术引领和驱动的同时，必须始终坚持"内容为王"，把内容建设摆在十分突出的位置，以内容优势赢得发展优势。首先，在品质上追求专业权威。传统媒体在信息采集核实、分析解读等方面，有着新兴媒体无法比拟的优势。要通过融合发展，最大限度地把这个优势发挥出来，延伸和拓展到新兴媒体。要依托强大的采编力量、权威的信息渠道、规范的采编流程，进行专业化的新闻生产，着力打造优质的新闻产品，确保网上网下的报道真实准确、全面客观。要加强信息资源的挖掘和加工，深耕信息内容，推出思想性强、观点鲜明的深度报道和评论言论，进一步提升信息内容的品质。其次，在传播上注重快捷精简。新兴媒体传播的一个重要特点就是微传播，各种微内容、微信息高速流动、跨平台流动，用户随时随地能够获取信息。这就要求我们多在"微"字上做文章，多生产精准短小、鲜活快捷、吸引力强的信息，在传播中抢得先机。要用好微博、微信等传播平台，形成即时采集、即时发稿的报道机制，努力抢占第一落点。要加强短视频、微视频的创作生产，丰富报道方式，把报道内容直观形象地呈现出来。

对于新闻媒体来说，内容永远是根本，是决定其生存与发展的关键所在。应当看到，"报纸"是两个部分，一个是"报"，一个是"纸"。"报"是传播的内容，融合发展就是为了使"报"适应和运用新的技术、新的方式，更好地加以生产和传播。"纸"是传播的载体，是物质的、技术的，现在就是要用新的技术来更换旧的技术，用互联网技术、电子技术来换"纸"。可以说，"报"是核心，"纸"是为"报"服务的。推动媒体融合发展，在强调技术引领和驱动的同时，必须始终坚持"内容为王"，把内容建设摆在十分突出的位置，以内容优势赢得发展优势。一是在品质上追求专业权威。传统媒体在信息采集核实、分析解读等方面，有着新兴媒体无法比拟的优势。要通过融合发展，最大限度地把这个优势发挥出来，延伸和拓展到新兴媒体。要依托强大的采编力量、权威的信息渠道、规范的采编流程，进行专业化的新闻生产，着力打造优质的新闻产品，确保网上网下的报道真实准确、全面客观。要加强信息资源的挖掘和加工，深耕信息内容，推出思想性强、观点鲜明的深度报道和评论言论，进一步提升信息内容的品质。二是在传播上注重快捷精简。适应新兴媒体微传播特点，就要多生产精准短小、鲜活快捷、吸引力强的信息，在传播中抢得先机。要用好微博、微信等传播平台，形成即时采集、即时发稿的报道机制，努力抢占第一落点。要加强短视频、微视频的创作生产，丰富报道方式，把报道内容直观形象地呈现出来。三是在服务上注重分众化互动化。现在，一般化的信息不再是稀缺资源，人们的个性化需求越来越多，倒逼内容生产必须在特色化、分众化上下功夫。在媒体融合发展的过程中，既要提供共性新闻产品，也要加强个性化新闻生产。要认真研究用户的不同需求，有针对性地生产特色信息产品，点对点推送到用户手中，做到量身定做、精准传播，提高新闻宣传的实效性。互动是新兴媒体的独特优势和显著特征，在融合发展的进程中进行内容生产，必须将互动思维渗透到采编播各个环节。要加强媒体与用户间的互动交流，吸引用户提供新闻线索、报道素材和意见建议，提高用户的关注度和参与度，在互动中参与，在参与中传播。四是在展示上实现多媒体化。在新媒体环境下进行新闻生产，必须采取多媒体化的展示方式，以多样化的展示、多介质的推送，使我们的新闻报道动起来、活起来。一个成功的案例是，互联网上一段5分多钟的视频"领导人是怎样炼成的"，用动漫的形式讲述了中国领导人的选拔过程，把我们的领导人以卡通人物的形象展现在公众面前，短短几天点击量超过1000万次，社会反响很好。在媒体融合发展的过程中，要综合运用图文、图表、动漫、音视频等多种形式，实现内容产品从可读到可视、从静态到动态、从一维到多维的升级融合，满足多终端传播和多种体验的需求。

网络的迅猛发展，给建设社会主义核心价值体系、培育核心价值观插上了腾飞的翅膀，同时也带了来新挑战。一方面，网络弱化了传统媒体在意识形态领域的传播优势。随着网络发展，越来越多的受众倾向于使用网络获取信息，变被动接受为主动获取。传统媒体如果不能很好适应这一变化，作为核心价值观传播主要载体的作用就会受到削弱，进而影响社会主义核心价值体系、核心价值观的建设成效。另一方面，网络中各种思想互相碰撞、各类信息良莠不齐，尤其是网络上充斥着大量不良信息，直接冲击人们的价值取向和社会风尚，使建设社会主义核心价值体系、培育核心价值观面临复杂形势和严峻挑战。

抑制网络负能量，让网络正能量充沛起来，关系意识形态领域的斗争，关系巩固壮大主流思想舆论，关系国家改革发展稳定的大局，是一件必须办好的大事。建设社会主义核心价值体系、培育核心价值观离不开网络，但前提是必须确保一个空间清朗的网络阵地，必须让正能量的内容牢牢占据主流，真正在网络空间形成建设社会主义核心价值体系、培育核心价值观的良好舆论氛围。2014 年 2 月 27 日，习近平总书记在主持召开中央网络安全和信息化领导小组第一次会议时强调："做好网上舆论工作是一项长期任务，要创新改进网上宣传，运用网络传播规律，弘扬主旋律，激发正能量，大力培育和践行社会主义核心价值观，把握好网上舆论引导的时、度、效，使网络空间清朗起来。"这就要求我们，多措并举大力整治网络乱象，切实打造清朗的网络空间。

环顾世界各国的网络发展历史和现状，我们不难发现中国的互联网是世界上最热闹、最嘈杂、最舆论化的网络。网络作为舆论平台，确有积极、正面的作用。比如，反映社情民意。党和政府可以通过网上各种信息和议论，了解社会情况、群众情绪和网民对公共事务的各种意见和建议。比如，进行舆论监督。一些腐败案件最先在网络上曝光，一些政府官员的不当言行在网络上遭受猛烈批评，一些政策和举措在网络上接受网民评判，一些平时高高在上、作威作福、欺压百姓的官员在网络舆论的强大压力下威风扫地、狼狈不堪，各级干部则从中受到尊重民意、重视舆论监督的教育。比如，参与公共事务。网民通过网络关注国家大事，议论国计民生，实现政治参与，培育公民意识。比如，疏解不满情绪。任何社会都会有部分人群对现实不满，这种不满情绪需要有一个发泄的渠道，宣泄出去比压制它更有利于社会的稳定，不断的宣泄实际上起着疏解的作用，网络提供了这样一个宣泄渠道和疏解方式。网络的这些重要现实作用，都承载着培育和践行社会主义核心价值体系和核心价值观的重要功能。但是，这并不意味着网络就不用管理，网络空间就是可以什么话都可以说、什么事都可以干的法外之地。如果是那样，就会形成劣币驱逐良币的现象，我们连正常的新闻舆论都无法保证，更不用说建设社会主义核心价值体系、培育核心价值观。所以，必须明确，网络空间不是法外之地，必须依法加强管理，壮大主流舆论。事实上，我国涉及互联网管理的法律、法规、司法解释以及规范性文件有四十多个，存在的问题是有法不依、执法不严。针对网络发展的新情况，也有必要进一步加强网络立法，完善法律法规，让依法管网成为常态。全党全社会都应高度重视网络舆论斗争，坚决占领网上思想舆论阵地。我们不会坐视敌对势力利用互联网"扳倒中国"，更不怕别人说我们这个那个。说到底，网上负面言论少一些，网络空间清朗起来，对我国社会发展、社会稳定、人民安居乐业只有好处没有坏处。互联网是一个社会信息大平台，亿万网民在上面获得信息、交流信息，这会对他们的求知途径、思维方式、价值观念产生重要影响，特别是会对他们对国家、对社会、对工作、对人生的看法产生重要影响。社会主义核心价值体系、核心价值观也就在这一过程中得以潜移默化地培育和践行。因此，我们对网民要多一些包容和耐心，网民大多数是普通群众，来自四面八方，各自经历不同，观点和想法肯定是五花八门的，不能要求他们对所有问题都看得那么准、说得那么对。同时，对建设性意见要及时吸纳，对困难要及时帮助，对不了解情况的要及时宣介，对模糊认识要及时廓清，对怨气怨言要及时化解，对错误看法要及时引导和纠正，让互联网成为我们同群众交流沟通的新平台，成为了解群众、贴近群众、为群众排忧解难的新途径，成为发扬人民民主、接受人民监督的新渠道。

网络空间是亿万民众共同的精神家园，必须依法加强网络社会管理，加强对网络新技术新应用的管理，推进网络法制建设，规范网上信息传播秩序，整治网络淫秽色情和低俗信息，打击网络谣言和违法犯罪，使网络空间清朗起来。网络空间天朗气清、生态良好，符合人民利益。网络空间乌烟瘴气、生态恶化，不符合人民利益。谁都不愿生活在一个充斥着虚假、诈骗、攻击、谩骂、恐怖、色情、暴力的空间。互联网不是法外之地。利用网络鼓吹推翻国家政权，煽动宗教极端主义，宣扬民族分裂思想，教唆暴力恐怖活动，等等，这样的行为要坚决制止和打击，决不能任其大行其道。利用网络进行欺诈活动，散布色情材料，进行人身攻击，兜售非法物品，等等，这样的言行也要坚决管控，决不能任其肆意蔓延。没有哪个国家会允许这样的行为泛滥开来。我们要本着对社会负责、对人民负责的态度，依法加强网络空间治理，加强网络内容建设，做强网上正面宣传，培育积极健康、向上向善的网络文化，用社会主义核心价值观和人类优秀文明成果滋养人心、滋养社会，做到正能量充沛、主旋律高昂，为广大网民特别是青少年营造一个风清气正的网络空间。

随着我国的发展进步，社会对思想舆论多样化的承受力已大大增强。让互联网有一个相对开放自由的舆论环境，作为对主流舆论阵地的一种补充，本该是有益的、建设性的。但网络谣言大行其道、网络侵权等乱象纷呈，严重损害了这种建设性。中国社会科学院《中国新媒体发展报告（2013）》以 1000 个微博热点舆情案例为对象研究显示，事件中出现谣言的比例超过 1/3。2009 年新疆乌鲁木齐"7·5"事件，就是境外民族分裂势力通过互联网编造、传播虚假信息引起的。他们先是把外媒报道的伊拉克一名 17 岁少女因违反教规被族人用石块砸死的视频，说成是"维吾尔女孩在广东韶关被汉人殴打致死"，经互联网在我国境内传播，然后据此发表疯狂煽动民族仇恨的言论，最终酿成一起造成 197 人死亡、1803 人受伤、大量财产损失的严重暴力犯罪事件。网络谣言对社会稳定和国家安全的危害由此可见一斑。

近年来，利用互联网进行不正当商业竞争的现象引人关注。此类行为，或是捏造虚假信息抹黑竞争对手，或是包装炒作自己的产品搞网络营销，甚至出现了受雇于商家或个人专司宣传造势以牟利的"网络水军""网络公关公司"，专做收费发帖或删帖的生意，"网络腐败"浮出水面。充斥网络的虚假商业宣传，扰乱市场经济秩序，损害消费者权益。更有甚者，有些人利用网络空间的开放自由，大肆抹黑、攻击党和政府。网上充斥各种负面新闻和批评声音，政府做什么都不好、说什么都不对；负面的东西一条新闻可以炒几天，甚至翻来覆去炒，正面的事情或者不登或者一闪而过，转眼就烟消云散；越是反主流、反权威、反传统的声音越能赢得喝彩，理性、温和、正面的声音则常常遭到狂轰滥炸、排斥打压。而事实上，中国政府的工作表现在当今世界是广受赞誉的，连西方舆论也很难否认这一点。这是最大的真实，对政府的过度批评有违这个真实。凡此种种，使网络空间变得污浊混乱。

还要看到，网络乱象与一些微博大 V 有一定关系。微博的传播机理有一个非常显著的特点，就是在分散传播权利的同时，也在加剧传播的集权化，粉丝数和转发数决定微博的影响力。理论上，微博用户人人享有发言权、传播权，但实际上这种权利是极不平等的。拥有众多粉丝的大 V，其微博的传播呈原子裂变方式扩散，一传十、十传百、百传千千万，可以在最短时间内形成集群传播效应。微博粉丝还有着很强的"马太效应"，粉丝数越多的微博用户，粉丝增长速度也越快。而一个独立用户的微博作品，如果没有粉丝参与转发，就如一滴水落入大海，瞬间消失得无影无踪。网络大 V 如果成了"网络大谣"，谈何建设社会主义核心价值体系、培育核心价值观？此外，网络乱象也与网站特别是主要门户网站的指导思想分不开。商业门户网站奉行"流量为王"的经营理念，一些网站靠不同于官方话语和态度的新闻信息增加网站流量，突出网站的媒体功能，导致商业门户网站实际上成了资讯门户网站。为了博点击率，一些网站放弃基本的立场和原则，什么赚钱就发什么，根本不考虑网民的感受，也不考虑对社会的影响。这样的网站必须严格管理，依法予以严惩，否则就会伤害广大青少年的身心健康，会对社会造成不良影响，从根本上危害社会主义核心价值体系和核心价值观的培育践行。当然，形成良好网上舆论氛围，不是说只能有一个声音、一个调子，而是要强调不能搬弄是非、颠倒黑白、造谣生事、违法犯罪，不能超越了宪法法律界限。要把权力关进制度的笼子里，一个重要手段就是发挥舆论监督包括互联网监督作用。这一条，各级党政机关和领导干部特别要注意，首先要做好。对网上那些出于善意的批评，对互联网监督，不论是对党和政府工作提的还是对领导干部个人提的，不论是和风细雨的还是忠言逆耳的，我们不仅要欢迎，而且要认真研究和吸取。

建设社会主义核心价值体系、培育核心价值观从根本上讲是做人心的工作，是做凝聚共识的工作。如果一个社会没有共同理想，没有共同目标，没有共同价值观，整天乱哄哄的，那就什么事也办不成。我国有13亿多人，如果弄成那样一个局面，就不符合人民利益，也不符合国家利益。为了实现我们的目标，需要网上网下形成同心圆，需要全社会方方面面同心干，需要全国各族人民心往一处想、劲往一处使。在党的领导下，动员全国各族人民，调动各方面积极性，共同为实现"两个一百年"奋斗目标、实现中华民族伟大复兴的中国梦而奋斗。

总之，建设社会主义核心价值体系、培育核心价值观，就必须适应互联网快速发展形势，善于运用网络传播规律，把社会主义核心价值体系、核心价值观体现到网络宣传、网络文化、网络服务中，用正面声音和先进文化占领网络阵地。做大做强重点新闻网站，发挥主要商业网站建设性作用，形成良好的网上舆论环境，集聚网上舆论引导合力。做好重大信息网上发布，回应网民关切，主动有效进行网上引导。推动中华优秀传统文化和当代文化精品网络化传播，创作适于新兴媒体传播、格调健康的网络文化作品。

第四节　教育培养人才的主渠道

建设社会主义核心价值体系、培育核心价值观，离不开党校和高教这一重要阵地。党校是党的事业的重要组成部分，是我们党教育培训党员领导干部的主渠道。建设核心价值体系和核心价值观必须抓"关键少数"，而党校是培养"关键少数"的"基地"，这就决定了党校必须姓党。党校不姓党，或者不能很好地姓党，就不能完成党所赋予的庄严使命。党校是党的重要窗口，必须保持风清气正。要把党的各项要求充分体现到党校各方面工作中来，从思想、政治、作风等方面严起来、强起来。

目前，我国从中央到县四级共有党校近 3000 所。其中，省级党校 34 所，副省级党校 15 所，市地级党校 360 多所，县级党校近 2500 所，拥有近 10 万教职工，另外不少党政部门、国有企业、高等学校、部队等也办了党校。毫无疑问，这是一笔宝贵的资源，是我们党的家业，也是我们的重要阵地。市县两级党校大约承担了 90% 以上基层党员干部教育培训任务，是教育培训基层党员干部的主力军。如果都能发挥改进和纯洁作风的作用，学员们回到单位和社会之后都能发挥"宣传队"作用，那么这股力量就不得了。各级党校要把从严治校落到实处，敢抓敢管、严抓严管，严格组织生活制度，严格执行学籍、学习、考勤等制度，严肃培训纪律，不允许任何人搞特殊。来党校学习的领导干部，无论什么身份、什么职务，都是普通学员。

党校作为培养干部和高层次人才的基地，是教育和引导广大学员树立社会主义核心价值观的精神家园。但是，随着迅猛的全球化浪潮、多元意识形态、高速的网络科技发展的渗透冲击，党校的价值观教育阵地也面临着挑战。解决这些问题，需要探索党校社会主义核心价值观教育的有效路径。我们要充分认识党校是建设社会主义核心价值体系、培育核心价值观主阵地的重要价值。党校姓党，首先要把党的旗帜亮出来，而且要让党的旗帜在各级党校上空高高飘扬。坚持党校姓党，首先要坚持姓"马"姓"共"。马克思主义是我们党的指导思想，共产主义是我们党的远大理想。没有马克思主义信仰、共产主义理想，就没有中国共产党，就没有中国特色社会主义。一言以蔽之，党校是学习、研究、宣传马列主义、毛泽东思想和中国特色社会主义理论体系的重要阵地，同时也是学习、研究、宣传社会主义核心价值体系、核心价值观的重要阵地。

用社会主义核心价值体系、核心价值观引领党员干部这个关键群体的思想。党员干部既是党校教育的主要对象，是培育和践行社会主义核心价值体系、核心价值观的关键群体。党员、干部的理想信念、价值取向为社会大众提供行为示范，进而对经济社会的可持续发展产生直接影响，更深一步讲事关人们坚定中国特色社会主义道路自信、理论自信、制度自信、文化自信。因此，要把社会主义核心价值体系、核心价值观深深植根在全社会，关键就在于让广大党员干部成为社会主义核心价值体系、核心价值观的模范践行者。古人讲，"政者，正也。子帅以正，孰敢不正？"[①] 可以说，只要广大党员干部率先垂范，发挥先锋带头作用，社会主义核心价值体系、核心价值观的培育和践行工作就会事半功倍、水到渠成，就能在全社会快速形成人人培育、人人践行的浓厚氛围。对此，党校教育工作必须坚决贯彻，真正把社会主义核心价值体系、核心价值观教育作为党员、干部教育培训的重要内容，把党校建设成为培育和践行的主阵地。必须通过强化马克思主义价值观、党性原则以及党的优良作风、学风教育，用社会主义核心价值体系、核心价值观统一思想认识，规范教学和管理。

从实践来看，在党员干部中旗帜鲜明地建设社会主义核心价值体系、培育核心价值观，能够更深层次地影响学员的思想认识与行为方式，提高党校思想政治教育的实效。应当看到，在价值观念多元多样多变的当下，面对物质利益的诱惑，个别党员干部不同程度地出现了信仰缺失、信念错位、精神懈怠、心理焦虑、认知迷茫等消极现象。解决这个问题，很重要的一个措施，就是用社会主义核心价值体系、核心价值观，教育广大党员干部，坚守主流价值，才能使其明辨是非、正确区分马克思主义世界观、人生观、价值观和各种非马克思主义甚至是反马克思主义世界观、人生

---

① 《论语·颜渊》。

观、价值观；才能使其排除干扰、驱除杂念，坚定理想信念，为坚持和发展中国特色社会主义事业作出贡献。

党校是学校，但不是普通学校，而是党教育培训执政骨干的学校，政治上必须有更高要求。党校绝不是世外桃源，党校学员来自四面八方，听到的、看到的问题很多，意识形态领域的许多重大问题都会在党校汇聚。这就给党校提出了加强思想理论研究的重要任务。一段时间以来，党校的一些老师受社会思潮的影响，对建设社会主义核心价值体系、培育核心价值观发生了一些错误认识，或者没有从国家大局上认清培育和践行工作的重要战略意义，或者是受西方价值观念的影响，在思想上产生了模糊的甚至是错误的认识。一些人在党校讲课时传播西方价值观念，有的口无遮拦、对党和国家大政方针妄加议论，有的专门挑刺、发牢骚、说怪话，有的打着党校的金字招牌随意参加社会上不伦不类的活动。这些现象虽然发生在少数人身上，但造成的负面影响是无法估量的，损失也是难以弥补的。所以，党校的教师要时时刻刻牢记党校姓党、党校的教师也姓党，坚持"四个意识"，在授课中加强对各种社会思潮的辨析和引导，不当旁观者，敢于发声亮剑，善于解疑释惑，守护党校这一马克思主义、中国特色社会主义坚强前沿阵地；在授课中要旗帜鲜明、大张旗鼓讲马克思主义、讲中国特色社会主义、讲共产主义，旗帜鲜明、大张旗鼓讲党的性质、讲党的宗旨、讲党的传统、讲党的作风。党校必须旗帜鲜明地讲马克思主义的指导思想、讲中国特色的社会主义共同理想、讲以爱国主义为核心的民族精神和以改革创新为核心的时代精神、讲社会主义荣辱观，就是真正在党爱党忧党为党。具体而言，党校应该做到以下几点：

切实把党性原则作为党校教育的第一要求。我们党是高度集中统一的马克思主义政党，思想上的统一、政治上的团结、行动上的一致是党的事业不断发展壮大的根本所在。党校是教育培训干部的地方，必须自觉在思想上政治上行动上同党中央保持高度一致，而且要做得更好。在这上面出了问题，那就是方向性问题。所以，党校要从党校姓"党"这一根本特点出发，认识和把握党校教育规律，使党校建设迈上科学化的道路；就是要求党校必须坚持正确的办学方向，坚持在思想上、政治上同中央保持一致；就是要以社会主义核心价值观为导向，丰富深化干部党性修养的时代内涵，党校的教学活动、科研活动、管理活动都必须遵循党的路线，恪守党的纪律，符合党的宗旨。譬如，"课堂讲授有纪律，学术研究无禁区"就是党校教师必须遵守的一条政治要求，任何时候都不能逾越和违背。比如要实施党校系统"名师工程"，以学科学术带头人为主体，着力培养政治强、业务精、作风好的知名教师，培养造就一批马克思主义理论大家，一批忠诚于马克思主义、在学科领域有影响的知名专家等。

加强理论学习研究。要提倡和鼓励教师和学员结合马列原著，研究探讨马克思主义的立场、观点、方法和理论原则；结合各国的实际，研究探讨马克思主义在不同时代、不同国家的表现形式、作用价值；结合中国国情，研究探讨中国化的马克思主义的精神实质、历史任务和创新路径等。要做好信息采集和宣传工作。教研部、图文信息中心等部门要做好马克思主义学科建设相关资料收集、数据统计和综合研究工作，定期提供给学员。教学管理部门要组织相关的教师宣讲团送学下基层，及时为大家解疑释惑。二是科研工作深化价值观研究。党校一直是研究社会主义核心价值体系、核心价值观等理论问题的重要研究阵地。党校教师应该成为研究这些问题的主力军。党校每年都有不少相关的课题立项、相关的书籍出版、相关的论文发表，可以通过完善科研考核制度和激励制度，推进核心价值理念等理论问题的研究。三是高度重视马克思主义学科的建设。马克思主义是立党立国的根本指导思想，是社会主义意识形态的旗帜和灵魂，决定了社会主义核心价值观的性质和方向。用马克思主义及其中国化的最新成果武装党员干部的头脑，能使大家正确认识社会发展的规律，认识国家的前途命运，认识自己的社会责任。党校要坚持以马克思主义为指导，在研究上多下功夫，多搞"集成"和"总装"，多搞"自主创新"和"综合创新"，为建设具有中国特色、中国风格、中国气派的哲学社会科学体系作出贡献。党校要加强马克思主义学科建设，发挥马克思主义基本理论学科优势，加强党的基本理论研究，加大人才培养力度，使政策、资金、人才向马克思主义学科倾斜，为宣传马克思主义、推进马克思主义发挥更大的作用。

建设社会主义核心价值体系、培育核心价值观，不仅要发挥党校的作用，而且要发挥高校的作用，因为青年学生也是关键人群。2016 年 12 月 7 日，习近平总书记出席全国高校思想政治工作会议并发表重要讲话，他指出："办好中国特色社会主义大学，要坚持立德树人，把培育和践行社会主义核心价值观融入教书育人全过程；强化思想引领，牢牢把握高校意识形态工作领导权。"这一重要论述，从全局和战略高度，深刻回答了事关高等教育事业发展和高校思想政治工作的一系列重大问题，具有很强的政治性、思想性和针对性，对于办好中国特色社会主义大学、推进党和国家事业发展，具有十分重要的意义。贯彻落实这一要求，要求高校切实把建设社会主义核心价值体系、培育核心价值观作为政治思想建设的重中之重，以之为抓手，加强和改进高校思想政治工作，真正让社会主义核心价值观体系、核心价值观在大学生当中生根开花。

高等教育发展水平是一个国家发展水平和发展潜力的重要标志。在中华民族伟大复兴的事业中，高等教育的地位和作用不可忽视。这是因为，高校不仅培养专业的知识、技能、素养等能力水平，高校思想政治工作更关系到高校培养什么样的人、如何培养人以及为谁培养人这个根本问题。特别是作为高校思想政治工作的一项重要任务，建设社会主义核心价值体系、培育核心价值观更是具有举足轻重的地位。概而言之，高校思想政治工作，就是要坚持把立德树人作为中心环节，把培育和践行社会主义核心价值体系、核心价值观贯穿教育教学全过程，实现全程育人、全方位育人，努力让社会主义核心价值体系、核心价值观在大学生心中落地生根。

众所周知，现代大学是伴随着僧侣学校的衰落和城市的兴盛而产生的，大概产生于 13 世纪，也有人认为是 12 世纪末。从 10 世纪开始，伴随着社会的稳定，欧洲的商业开始复兴，建立在城镇内或城堡下的商人的定居地不断扩大，人口也因为经济和商业的繁荣而增加，开始出现作为手工业和商业中心的城市。伴随着城市的产生，市民阶级出现了，市民中的不同利益集团为了维护各自的利益组成了行会。而城市中的那些能够教某种学问的师傅和学某种学问的学生也组成了自己的行会。"大学"就是拉丁文 universitas 的译名，而拉丁文 universitas 的本义是行会、社团、公会的意思。博伊德在谈到大学的起源时这样说道："按'大学'一词的原意，只不过是为了互助和保护的目的，仿照手艺人行会的方式组成的教师或学生的团体（或协会）……在中世纪，一个人住在外国是要自己承担风险的。他没有对其冒险进入的国家提出任何要求的权利，而他最能保障安全的机会，则是与在该国的同胞联合起来。就是由于这个原因，外国学者的各种团体就在各个学习所在地联合成了许多独立的'大学'。"①除此之外，大学的兴起与教会和王权都试图培植自己在城市中的势力有关，于是，当时的教权与王权都给予大学种种特权，比如教师和学生免服兵役、大学内部自治、师生的财产可以免税、师生可以在大学间自由流动、大学有停止授课和从母校所在地撤出的权利等，这些特权大大推动了大学的发展。最早产生的大学有意大利的波隆那大学、法国的巴黎大学和英国的牛津大学等，它们是大学之母，其他大学都是仿效这些大学建立起来的。当时的大学分为两个科：高级和低级。高级科是指神学、医学、法学，低级科是指艺科（逻辑学等）。只有修完低级科，才能修高级科。神学是主要的学科，修业时间最长，获得神学最高学位需要 8 年。当时大学修业的方法主要有四种：演讲、背诵、辩论和考试。

现代大学与古代的学校是不同的，在中国古代和古希腊，也有学校，比如孔子创办的私塾，比如古希腊的柏拉图学园和亚里士多德学园等。但是，大学与古代的学园存在根本区别：其一，古代的学园是由于一个思想

---

① ［英］博伊德、［英］金：《西方教育史》，人民教育出版社 1986 年版，第 137 页。

家的存在而产生的，比如柏拉图学园是因为柏拉图而建，亚里士多德学园是因为亚里士多德而建，所以个人色彩非常浓厚：它因某个哲学家的存在而生，也因某个哲学家的死去而衰落或消亡；它的教育内容和制度规定也都打上了哲学家个人的印记。而大学则是教师和学生的协会演变而成的，一个大学也许会打上某个或一些有名的哲学家、思想家的印记，也许会因为某个有名的思想家的影响而建立或走向繁荣，但它本质上不是因为个人的声望、围绕个人的学术思想建立起来的。其二，古代学园没有学位，而大学有。学位原来的意思是任教执照，在中古时期，专业人员，如教师、律师，也像商人、手艺人一样，组成行会，而新人要加入行会是由原来的会员来确定和控制的。在巴黎和波伦亚，新人加入教师行会要通过一种非常正式的仪式，也就是授衔仪式，通过这个仪式给新加入的成员颁发任教证书。在大学兴起前，教师被称为博士、硕士或教授，在三个词是同一个意思。后来，这三个概念才区分开来，硕士被用于低级科的成员，博士被用于医学、法学、神学三个高级科的成员。再后来，随着大学的产生，硕士和博士逐渐由一种头衔演变为一种学位。至于学士，则出现得更晚一些，学士就是新手的意思，最初要获得硕士学位的备选人（即研究生），必须参加一次辩论的仪式，叫作确认式，标志着高等教育的第一个阶段的结束，及格的人被称为学士。到了13世纪晚些的时候，学士也成了学位。有了学士、硕士和博士这些学位，大学的教育制度才逐渐完备起来。其三，古代的学园没有一整套完整的社会建制，而大学则在教学的时间和地点、教学的内容、教学的方式、教学的目标，在教师的资格、教师的地位、教师的待遇，在学生的资格、学业的考核、学生的地位，在教育机构即大学本身的结构、建设乃至精神的建设等方面，都有一套完整的建制和理念。博伊德对此有过描述："学生'大学'使教师们完全听从支配。他们被迫宣誓服从校长，并按学生官员的命令管理他们的班级。没有准假，他们甚至一天也不能缺席。他们必须准时开始和结束讲课。他们必须按适当的进度安排教程，以便完成全部作业而不回避困难或者略去任何东西。任何违章的行为都要受到与过错完全相称的惩罚；而坚持对抗的，则从他们被迫从属的那个协会开除出去，对协会的事务也不允许参与了。"①其四，古代的学园带有现实的诉求，是教化，是育人，是培养，也是一种生活方式，是提高学生的人生境界，而现代的大学则重视对知识的诉求。伽达默尔就曾经说过："狄翁（柏拉图的学生和朋友，柏拉图学园的核心成员之一，胜利地领导了叙拉古的一次暴动，后被朋友谋杀——引者注）以及这位思想家的其他朋友们所属的柏拉图学园团体，一开始就具有一种社会政治的特征，它的这种特征普遍要比今天任何大学和学院、或者当代社会中的知识界所具有的社会政治特征都明显得多。"②看来，从一开始，大学是这样一个场所：就是一个教授知识的场所，是一个有固定教室的地方，是一个有讲台的地方，是一个讲者与听众的地方，是一个教师在讲台上讲授、学生在台下被动接受的地方，是一个传道、授业、解惑的地方，是一个经常用知识性的考试来测试学生的学习效果的地方，是一个有客观标准的地方。大学的建制本身就不是一个改造人的整个生活和人格的地方，它有两个功能：一个是传授知识，一是创造知识。其主要的功能是第一个，即传授知识。这样一个功能使得大学的教师都是教书匠，而学生则成为背书匠，训练出的是一批教条主义、刻板（科班）的、机械的、不会生活的人。"进一步说，大学倾向于把它的哲学教授变成一个公共职员，他的工作在很大程度上就是为了培养其他公共职员。哲学的目标不再像古代那样，把人作为一个人来培养，而是把人作为办事员或教授——就是说，作为某些特殊的、或多或少深奥的知识的专家、理论家、传承者——来培养。然而，这些知识与整个生活无关，就像古代哲学所要求的那样。"③

　　中国特色社会主义大学的一个重要特色就在于，它们要"恢复"古代

---

① ［英］博伊德、［英］金：《西方教育史》，人民教育出版社 1986 年版，第 141 页。

② 《哲学家的休息》，商务印书馆 2007 年版，第 55—56 页。

③ Pierre Hadot, *What is Ancient Philosophy?* The Belknap Press of Harvard University Press 2002, p.260.

学园的传统，把大学不仅办成一个传授知识的地方，而且办成一个教化人、培育人的地方。所以，我们要充分认识在大学生当中培育和践行社会主义核心价值体系、核心价值观的重要意义。大学生是国家的希望、民族的未来。大学生在高校学习深造的过程，正是思想道德体系逐步形成的关键时期，是人生观价值观世界观形成的关键时期。从认识论的视角看，价值观的形成具有一个过程，它是通过人们的理论知识的不断积累和社会生活的实践逐步确立的。同样，影响价值观的形成因素也是多方面的，不同的时代背景、不同的社会生活环境、不同的人群以及不同的教育方式等都会影响价值观的构建。但是价值观一经确立以后，人们的价值取向以及行为方式是不会轻易发生变化的，同时这种稳定性是可以通过环境变化、榜样示范、自我调整等方式进行重塑的。毫无疑问，对于大学生而言，大学这段时期是其价值观形成、稳定的关键阶段，它既是大学之前教育的集大成，又是大学生进入社会之前完成的自我身份认同。因此，必须加强大学生思想政治教育，培育他们树立正确的世界观人生观价值观。

在大学生当中培育和践行社会主义核心价值体系、核心价值观，必须准确研判思想文化领域的基本情况。这是影响大学生价值观的最重要的思想环境和价值生态。当前，在我国经济体制深刻变革、社会结构深刻变动、利益格局深刻调整、思想观念深刻变化的新形势下，价值观念日趋多元多样多变，国内外思想文化日益交流交融交锋，人们思想活动的独立性选择性多变性差异性显著增强。从国际上看，围绕发展模式和价值观的竞争日益凸显，意识形态领域渗透与反渗透的斗争尖锐复杂。伴随着中国举世瞩目的发展进步，中国发展模式的影响也日益扩大。西方一些势力虽然不得不承认中国的经济成就，但从来没有也不可能认可中国的政治制度，他们仍抱着意识形态偏见和冷战思维不放，把中国的发展壮大视为对西方制度模式和价值观的威胁。中国作为共产党领导的社会主义国家，将长期面对西方遏制、促变的压力，而意识形态渗透是西方敌对势力对我国推行西化、分化战略的主要手段。从国内看，改革发展的成果惠及国人，全党的道路自信、理论自信、制度自信、文化自信更加坚定，社会各界对中国特色社会主义道路的认同度不断提高，民族自信心和凝聚力大大增强，实现中华民族伟大复兴中国梦成为思想精神领域最强劲的主旋律。但是，对于中国的发展进步，也有人作出别样的解读和评说，并且在竭力同我们党争夺话语权和影响力。有人把西方的制度模式说成是"普世价值"，鼓吹中国只有接受这些"普世价值"才有光明前途，实际上是否定四项基本原则，主张走改旗易帜的邪路；也有人以"反思改革"为名，得出中国的改革走入歧途的结论，实际上是否定改革开放，主张回过头去走封闭僵化的老路。特别是在社会深刻变革和对外开放不断扩大的条件下，各种社会矛盾和问题相互叠加、集中呈现，人们思想观念的独立性、差异性、多样性、多变性日益增强，思想道德领域出现了一些不容忽视的现象，如一些人理想信念不坚定，一些腐朽落后的思想文化沉渣泛起，拜金主义、享乐主义、极端个人主义有所滋长，等等。特别应该看到的是，西方反华势力利用其掌握的网络资源和技术优势，鼓吹所谓"网络自由"，加紧通过互联网对我国进行意识形态渗透，妄图以此"扳倒中国"。如果听任这些言论大行其道，势必搞乱党心民心，危及社会和谐稳定和国家政权安全。这就是当前我们面临的思想文化生态，当代大学生就面对这样的思想环境。在这样的思想背景下，当代大学生的价值观明显地呈现出多样化的态势。此时如果不加以正面引导，他们就很容易走向歧途。

在大学生当中培育和践行社会主义核心价值体系、核心价值观，必须准确研判其价值观的主要特点和主要问题。从总的方面来说，当代大学生的世界观人生观价值观总体上是健康的、积极向上的，对主导性的公德规范大多数也是认同的，但也呈现出一些新的特点。表现为：多元化特征的突出；主体意识的增强；传统与现代性的交织；功利性的明显倾向。部分大学生的价值观中存在个人主义、拜金主义、享乐主义等一系列不良倾向。可以说，当代大学生是在求新与守成、优越与自卑、求异与从众、贡献与索取、个人与集体等价值冲突中形成自己的价值观念与行为范式的。

在价值判断与选择上存在有"关心与冷漠相容，希望与困惑并存，进取与彷徨相伴，认同与失落交错"的多重矛盾心态。由于市场经济条件下社会群体利益分配的差别和价值观念的多元化，大学生在价值观念上的困惑和矛盾明显增多。一方面有"天下兴亡、匹夫有责"的责任意识，另一方面则对拜金主义、极端个人主义倾向产生疑虑；一方面在学校接受许多正面观点教育，另一方面看到某些消极腐败现象又感到无所适从。解决这些问题只有大力提倡社会主义核心价值观，以此凝聚大学生的共同价值追求，才能真正在大学生中形成巨大的价值共识和思想共鸣。当代大学生的价值观呈现出极强的矛盾性，表现为，"三个不一"和"三个反差"。"三个不一"：一是表里不一。他们强调个性，却常常模仿"时髦"；他们希望早日成熟，"自我实现"，却又守不住既定的目标；他们注重生活的内心体验，却又常表现出"玩世不恭"的态度，"学点东西玩玩，搞调查玩玩，谈恋爱玩玩。"二是言行不一。他们对社会的改革高度认同，对阻碍改革的保守势力口诛笔伐，但当改革到自己的头上，面对自主择业、学分制下的不适应；他们对社会上的不正之风恨之入骨，但事情到自己头上的时候，他们又想方设法找门子。三是取向不一。政治观上表现为关注与淡漠并存；道德观上"传统"与"现代"交错；职业观上的"成就感""体现自身价值"与"高收入"的双重追求；经济生活中的"自立"意识与"超前消费"的依赖行为的冲突。"三个反差"：一是道德认识与道德实践的反差。大学生既崇尚真善美的精神境界和高尚人格，又注重现实，讲求实惠和实际，注重物质利益和生活目标。二是校园内外的反差，即实际存在的道德双轨的现象。学校在提倡高水准的道德规范，而社会上某些人低水准的道德行为和道德意识也在蔓延，长年累月苦口婆心的教育，常常被某些错误舆论导向和社会上流传的一些丑闻抵消了。三是理想教育与社会现实的反差。相当一部分大学生的价值取向向个人倾斜，向金钱倾斜，向急功近利倾斜，为了眼前利益，不惜牺牲未来，这对未来人才的全面素质培养应该说是一个很大的矛盾。解决这些问题和矛盾的途径，关键就是要紧紧扣住社会主义核心价值体系、核心价值观的培育和践行，从思想上澄清模糊认识、解开思想疙瘩、化解认识困惑，驳斥歪理邪说，才能起到统一认识、感召人心的作用，才能保证大学生全面发展的正确方向。所以，要积极探索大学生培育和践行社会主义核心价值体系、核心价值观教育的路径，以他们愿意、乐于接受的方式进行宣传、教育。

在大学生当中培育和践行社会主义核心价值体系、核心价值观，必须贯穿大学生教育的全过程。要把大学生思想政治教育的课程放在重中之重的位置，在高校的思想政治教育课程中全面渗透社会主义核心价值观念教育。要大力发挥社会这个"第二课堂"的实际教学以及在社会实践当中取得的效用。在学校教育教学以及日常活动的每一个步骤中，真正实现把社会主义核心价值观植根于大学生的头脑当中。习近平指出，做好高校思想政治工作，要因事而化、因时而进、因势而新。要遵循思想政治工作规律，遵循教书育人规律，遵循学生成长规律，不断提高工作能力和水平。要用好课堂教学这个主渠道，思想政治理论课要坚持在改进中加强，提升思想政治教育亲和力和针对性，满足学生成长发展需求和期待，其他各门课都要守好一段渠、种好责任田，使各类课程与思想政治理论课同向同行，形成协同效应。必须教育引导学生正确认识世界和中国发展大势，从我们党探索中国特色社会主义历史发展和伟大实践中，认识和把握人类社会发展的历史必然性，认识和把握中国特色社会主义的历史必然性，不断树立为共产主义远大理想和中国特色社会主义共同理想而奋斗的信念和信心；正确认识中国特色和国际比较，全面客观认识当代中国、看待外部世界；正确认识时代责任和历史使命，用中国梦激扬青春梦，为学生点亮理想的灯、照亮前行的路，激励学生自觉把个人的理想追求融入国家和民族的事业中，勇做走在时代前列的奋进者、开拓者；正确认识远大抱负和脚踏实地，珍惜韶华，把远大抱负落实到实际行动中，让勤奋学习成为青春飞扬的动力，让增长本领成为青春搏击的能量。

在大学生当中培育和践行社会主义核心价值体系、核心价值观，要重点抓好教师这个重要枢纽。传道者自己首先要明道、信道。教师承担着最庄严、最神圣的使命，是人类灵魂的工程师，承担着神圣使命。梅贻琦说："所谓大学者，非谓有大楼之谓也，有大师之谓也。"①这样的大师，既是学问之师，又是品行之师。教师要时刻铭记教书育人的使命，甘当人梯，甘当铺路石，以人格魅力引导学生心灵，以学术造诣开启学生的智慧之门。高校教师要坚持教育者先受教育，努力成为先进思想文化的传播者、党执政的坚定支持者，更好地担起学生健康成长指导者和引路人的责任。要加强师德师风建设，坚持教书和育人相统一，坚持言传和身教相统一，坚持潜心问道和关注社会相统一，坚持学术自由和学术规范相统一，引导广大教师以德立身、以德立学、以德施教。教师是人类思想灵魂的塑造者，要充分发挥教师传播社会主义核心价值体系、核心价值观的作用。教师在教育教学中发挥着主导作用，对学生的学习生活有着深刻久远的影响，所以应把师德建设放在重中之重的地位，把社会主义核心价值体系、核心价值观教育在教师的行列当中普及开来。教职工要格外注重自身的品德修养，讲求学术道德，把为人师表作为育人准则，将以身作则当成育人理念。此外，教师要针对大学生发展规律和高等教育发展规律进行深入的调查研究，不断地增强育人意识，开拓多种方式的教学模式，形成系统的社会主义核心价值体系、核心价值观教育体系。

同时，要加强党的领导，牢牢掌握党对高校工作的领导权，使高校成为坚持党的领导的坚强阵地。党委要保证高校正确办学方向，掌握高校思想政治工作主导权，保证高校始终成为培养社会主义事业建设者和接班人的坚强阵地。各级党委要把高校思想政治工作摆在重要位置，加强领导和指导，形成党委统一领导、各部门各方面齐抓共管的工作格局。各地党委书记和有关部门党组书记要多到高校走走，多同师生接触，多次去高校作报告，回答师生关注的理论和现实问题。要加强同高校知识分子的联系，

---

① 这是梅贻琦在 1931 年 12 月 2 日就职国立清华大学校长演讲中提出的办学理念。

多关心、多交流、多鼓励，善交朋友、广交朋友、深交朋友，多听他们的意见，真听他们的意见。习近平总书记强调，高校党委对学校工作实行全面领导，承担管党治党、办学治校主体责任，把方向、管大局、作决策、保落实。要加强高校党的基层组织建设，创新体制机制，改进工作方式，提高党的基层组织做思想政治工作能力。要做好在高校教师和学生中发展党员工作，加强党员队伍教育管理，使每个师生党员都做到在党爱党、在党言党、在党为党。

第五节　认识世界、改造世界的重要工具

哲学社会科学是推动历史发展和社会进步的重要力量，其发展水平反映了一个民族的思维能力、精神品格、文明素质，体现了一个国家的综合国力和国际竞争力。社会主义核心价值体系、核心价值观具有深厚的哲学社会科学渊源。培育和践行社会主义核心价值体系、核心价值观，从来都离不开哲学社会科学。一方面，哲学社会科学工作者是研究、宣传核心价值体系和核心价值观的主力军，为核心价值体系、核心价值观提供强有力的思想理论支持；另一方面，培育和践行社会主义核心价值体系、核心价值观必须毫不动摇坚持马克思主义的指导地位。否则，培育和践行社会主义核心价值体系、核心价值观就会失去"定盘星""压舱石"，就会迷失方向。

2016年5月17日，习近平总书记主持召开哲学社会科学工作座谈会，并发表重要讲话。他在讲话中高度评价哲学社会科学的重大作用，指出："学社会科学是人们认识世界、改造世界的重要工具，是推动历史发展和社会进步的重要力量，其发展水平反映了一个民族的思维能力、精神品格、文明素质，体现了一个国家的综合国力和国际竞争力。一个国家的发展水平，既取决于自然科学发展水平，也取决于哲学社会科学发展水平。"这就要求我们，坚持和发展中国特色社会主义，需要不断在实践和理论上

进行探索、用发展着的理论指导发展着的实践。特别是在坚持和发展中国特色社会主义伟大事业中，推进国家治理体系和治理能力现代化的任务更为紧迫，解决好这个问题，完成好这一任务，必须解决好价值体系问题。换句话说，就是必须下大气力培育和践行社会主义核心价值体系、核心价值观，加快构建充分反映中国特色、民族特性、时代特征的价值体系，努力抢占价值体系的制高点。

哲学社会科学是培育和践行社会主义核心价值体系、核心价值观的理论基础。恩格斯说："一个民族要想站在科学的最高峰，就一刻也不能没有理论思维。"[①] 价值观属于价值论的研究内容，是哲学社会科学的重要组成部分。价值观的研究涉及很多学科，包括哲学、政治学、社会学、心理学、教育学、经济学、科学社会主义、历史学等，可以说，整个哲学社会科学都是价值观研究的理论基础，没有这些学科知识，没有哲学社会科学的素养，价值观研究就无法深入。就哲学来看，价值观涉及世界观、人生观，是世界观人生观在价值领域的体现，没有正确的世界观人生观，就不可能有正确的价值观；从心理学看，不了解"受众"的心理，不知道不同人群的心理特点，就无法展开有针对性的宣传和引导；从科学社会主义来看，社会主义核心价值观是社会主义本质特征在价值层面的体现，如果对社会主义的性质和历史掌握不深、理解不透，如何概括提炼社会主义核心价值观？等等。哲学社会科学之于价值观的基础地位就使得，价值观的培育与哲学社会科学整体发展密切相关，哲学社会科学水平低下，价值体系和价值观研究同样会低下；哲学社会科学进步，价值体系和价值观的研究才能深入。可以说，没有哲学社会科学的繁荣，价值观的培育和弘扬就只能在浅层次上徘徊，无法真正入脑入心。因为，正如马克思所言，理论只有彻底，才能掌握群众。反过来说，理论不彻底，群众理解不深、理解不透，不能掌握精神实质和精髓要义，肯定就无法内化于心、外化于行。所

---

① 《马克思恩格斯文集》第 9 卷，人民出版社 2009 年版，第 437 页。

以，习近平总书记指出：一个没有发达的自然科学的国家不可能走在世界前列，一个没有繁荣的哲学社会科学的国家也不可能走在世界前列。坚持和发展中国特色社会主义，需要不断在实践和理论上进行探索、用发展着的理论指导发展着的实践。在这个过程中，哲学社会科学具有不可替代的重要地位，哲学社会科学工作者具有不可替代的重要作用。

观察当代中国哲学社会科学，需要有一个宽广的视角，需要放到世界和我国发展大历史中去看。人类社会每一次重大跃进，人类文明每一次重大发展，都离不开哲学社会科学的知识变革和思想先导。历史表明，社会大变革的时代，一定是哲学社会科学大发展的时代。当代中国正经历着我国历史上最为广泛而深刻的社会变革，也正在进行着人类历史上最为宏大而独特的实践创新。这种前无古人的伟大实践，必将给理论创造、学术繁荣提供强大动力和广阔空间。这是一个需要理论而且一定能够产生理论的时代，这是一个需要思想而且一定能够产生思想的时代。自古以来，我国知识分子就有"为天地立心，为生民立命，为往圣继绝学，为万世开太平"的志向和传统。一切有理想、有抱负的哲学社会科学工作者都应该立时代之潮头、通古今之变化、发思想之先声，积极为党和人民述学立论、建言献策，担负起历史赋予的光荣使命。

我国是哲学社会科学大国，研究队伍、论文数量、政府投入等在世界上都是排在前面的。现在，我国哲学社会科学学科体系不断健全，研究队伍不断壮大，研究水平和创新能力不断提高，马克思主义理论研究和建设工程取得丰硕成果，为坚持和发展中国特色社会主义作出重大贡献。然而，面对新形势新要求，我国哲学社会科学领域还存在一些亟待解决的问题。比如，在学术命题、学术思想、学术观点、学术标准、学术话语上的能力和水平同我国综合国力和国际地位还不太相称；哲学社会科学发展战略还不十分明确，学科体系、学术体系、话语体系建设水平总体不高，学术原创能力还不强；哲学社会科学训练培养教育体系不健全，学术评价体系不够科学，管理体制和运行机制还不完善；人才队伍总体素质亟待提高，学风方面问题还比较突出；等等。总的来看，我国哲学社会科学还处于有数量缺质量、有专家缺大师的状况，作用没有充分发挥出来。改变这个状况，需要广大哲学社会科学工作者加倍努力，要按照立足中国、借鉴国外，挖掘历史、把握当代，关怀人类、面向未来的思路，着力构建中国特色哲学社会科学，在指导思想、学科体系、学术体系、话语体系等方面充分体现中国特色、中国风格、中国气派。

繁荣发展哲学社会科学必须坚持以马克思主义为指导，这是当代中国哲学社会科学区别于其他哲学社会科学的根本标志。马克思主义尽管诞生在一个半多世纪之前，但历史和现实都证明它是科学的理论，迄今依然有着强大生命力。马克思主义深刻揭示了自然界、人类社会、人类思维发展的普遍规律，为人类社会发展进步指明了方向；马克思主义坚持实现人民解放、维护人民利益的立场，以实现人的自由而全面的发展和全人类解放为己任，反映了人类对理想社会的美好憧憬；马克思主义揭示了事物的本质、内在联系及发展规律，是"伟大的认识工具"，是人们观察世界、分析问题的有力思想武器；马克思主义具有鲜明的实践品格，不仅致力于科学"解释世界"，而且致力于积极"改变世界"。在人类思想史上，还没有一种理论像马克思主义那样对人类文明进步产生了如此广泛而巨大的影响。当前，哲学社会科学工作者的一项重要任务就是推进马克思主义中国化、时代化、大众化，继续发展当代中国马克思主义、21世纪马克思主义。

繁荣发展哲学社会科学就要体现继承性、民族性。哲学社会科学的现实形态，是古往今来各种知识、观念、理论、方法等融通生成的结果。我们要善于融通古今中外各种资源，特别是要把握好三方面资源。一是马克思主义的资源，包括马克思主义基本原理，马克思主义中国化形成的成果及其文化形态，如党的理论和路线方针政策，中国特色社会主义道路、理论体系、制度，我国经济、政治、法律、文化、社会、生态、外交、国防、党建等领域形成的哲学社会科学思想和成果。这是中国特色哲学社会

科学的主体内容，也是中国特色哲学社会科学发展的最大增量。二是中华
优秀传统文化的资源，这是中国特色哲学社会科学发展十分宝贵、不可多
得的资源。三是国外哲学社会科学的资源，这可以成为中国特色哲学社会
科学的有益滋养。要坚持古为今用、洋为中用，融通各种资源，不断推进
知识创新、理论创新、方法创新。我们要坚持不忘本来、吸收外来、面向
未来，深入研究关系国计民生的重大课题，准确判断中国特色社会主义发
展趋势。强调继承性和民族性就要善于继承和弘扬中华优秀传统文化精
华。中华民族有着深厚的文化传统，形成了富有特色的思想体系，体现了
中国人几千年来积累的知识智慧和理性思辨。这是我国的独特优势。中华
文明延续着我们国家和民族的精神血脉，既需要薪火相传、代代守护，也
需要与时俱进、推陈出新。要围绕我国和世界发展面临的重大问题，着力
提出能够体现中国立场、中国智慧、中国价值的理念和方案。当然，强调
民族性并不是要排斥其他国家的学术研究成果，而是要在比较、对照、批
判、吸收、升华的基础上，使民族性更加符合当代中国和当今世界的发展
要求，越是民族的越是世界的。解决好民族性问题，就有更强的能力去解
决世界性问题；把中国实践总结好，就有更强的能力为解决世界性问题提
供思路和办法。我们既要立足本国实际，又要开门搞研究。对人类创造的
有益的理论观点和学术成果，我们应该吸收借鉴，但不能把一种理论观点
和学术成果当成"唯一准则"，不能企图用一种模式来改造整个世界，否
则就容易滑入机械论的泥坑。一些理论观点和学术成果可以用来说明一些
国家和民族的发展历程，在一定地域和历史文化中具有合理性，但如果硬
要把它们套在各国各民族头上、用它们来对人类生活进行格式化，并以此
为裁判，那就是走向荒谬。对国外的理论、概念、话语、方法，要有分
析、有鉴别，适用的就拿来用，不适用的就不要生搬硬套。哲学社会科学
要有批判精神，这是马克思主义最可贵的精神品质。

哲学社会科学要繁荣发展就要体现原创性、时代性。我们的哲学社会
科学有没有中国特色，归根到底要看有没有主体性、原创性。跟在别人后

面亦步亦趋，不仅难以形成中国特色哲学社会科学，而且解决不了我国的实际问题。只有以我国实际为研究起点，提出具有主体性、原创性的理论观点，构建具有自身特质的学科体系、学术体系、话语体系，我国哲学社会科学才能形成自己的特色和优势。理论的生命力在于创新。创新是哲学社会科学发展的永恒主题，也是社会发展、实践深化、历史前进对哲学社会科学的必然要求。社会总是在发展的，新情况新问题总是层出不穷的，其中有一些可以凭老经验、用老办法来应对和解决，同时也有不少是老经验、老办法不能应对和解决的。如果不能及时研究、提出、运用新思想、新理念、新办法，理论就会苍白无力。哲学社会科学创新可大可小，揭示一条规律是创新，提出一种学说是创新，阐明一个道理是创新，创造一种解决问题的办法也是创新。理论思维的起点决定着理论创新的结果。理论创新只能从问题开始。从某种意义上说，理论创新的过程就是发现问题、筛选问题、研究问题、解决问题的过程。马克思曾深刻指出："主要的困难不是答案，而是问题。""问题就是时代的口号，是它表现自己精神状态的最实际的呼声。"柏拉图的《理想国》、亚里士多德的《政治学》、托马斯·莫尔的《乌托邦》、康帕内拉的《太阳城》、洛克的《政府论》、孟德斯鸠的《论法的精神》、卢梭的《社会契约论》、汉密尔顿等人著的《联邦党人文集》、黑格尔的《法哲学原理》、克劳塞维茨的《战争论》、亚当·斯密的《国民财富的性质和原因的研究》、马尔萨斯的《人口原理》、凯恩斯的《就业、利息和货币通论》、约瑟夫·熊彼特的《经济发展理论》、萨缪尔森的《经济学》、弗里德曼的《资本主义与自由》、西蒙·库兹涅茨的《各国的经济增长》等著作，都是时代的产物，无不是思考和研究当时当地社会突出矛盾和问题的结果。

改革开放以来，我们坚持理论创新，正确回答了什么是社会主义、怎样建设社会主义，建设什么样的党、怎样建设党，实现什么样的发展、怎样发展等重大课题，不断根据新的实践推出新的理论，为我们制定各项方针政策、推进各项工作提供了科学指导。推进国家治理体系和治理能力现代化，发展社会主义市场经济，发展社会主义民主政治，发展社会主义协商民主，建设中国特色社会主义法治体系，发展社会主义先进文化，培育和践行社会主义核心价值体系、核心价值观，建设社会主义和谐社会，建设生态文明，构建开放型经济新体制，实施总体国家安全观，构建人类命运共同体，推进"一带一路"建设。坚持正确义利观，加强党的执政能力建设，坚持走中国特色强军之路、实现党在新形势下的强军目标，等等，都是我们提出的具有原创性、时代性的概念和理论。在这个过程中，我国哲学社会科学界作出重大贡献。我们要保持这种创新精神，不断推动哲学社会科学更加繁荣。

当代中国的伟大社会变革，不是简单延续我国历史文化的母版，不是简单套用马克思主义经典作家设想的模板，不是其他国家社会主义实践的再版，也不是国外现代化发展的翻版，不可能找到现成的教科书。我国哲学社会科学应该以我们正在做的事情为中心，从我国改革发展的实践中挖掘新材料、发现新问题、提出新观点、构建新理论，加强对改革开放和社会主义现代化建设实践经验的系统总结，加强对发展社会主义市场经济、民主政治、先进文化、和谐社会、生态文明以及党的执政能力建设等领域的分析研究，加强对党中央治国理政新理念新思想新战略的研究阐释，提炼出有学理性的新理论，概括出有规律性的新实践。这是构建中国特色哲学社会科学的着力点、着重点。一切刻舟求剑、照猫画虎、生搬硬套、依样画葫芦的做法都是无济于事的。

哲学社会科学要繁荣发展就要体现系统性、专业性。中国特色哲学社会科学应该涵盖历史、经济、政治、文化、社会、生态、军事、党建等各领域，囊括传统学科、新兴学科、前沿学科、交叉学科、冷门学科等诸多学科，不断推进学科体系、学术体系、话语体系建设和创新，努力构建一个全方位、全领域、全要素的哲学社会科学体系。构建中国特色哲学社会科学是一个系统工程，是一项极其繁重的任务，要加强顶层设计，统筹各方面力量协同推进。要实施哲学社会科学创新工程，搭建哲学社会科学创新平台，全面推进哲学社会科学各领域创新。要充分发挥马克思主义理论研究和建设工程、中国特色社会主义理论体系研究中心、马克思主义学院、报刊网络理论宣传等思想理论工作平台的作用，深化拓展马克思主义理论研究和宣传教育。要运用互联网和大数据技术，加强哲学社会科学图书文献、网络、数据库等基础设施和信息化建设，加快国家哲学社会科学文献中心建设，构建方便快捷、资源共享的哲学社会科学研究信息化平台。要创新科研经费分配、资助、管理体制，更好地发挥国家社科基金作用，把财政拨款和专项资助结合起来，把普遍性经费资助和竞争性经费资助结合起来，把政府资助和社会捐赠结合起来，加大科研投入，提高经费使用效率。要建立科学权威、公开透明的哲学社会科学成果评价体系，建立优秀成果推介制度，把优秀研究成果真正评出来、推广开。

解读中国实践、构建中国理论，中国学者应该最有发言权，但实际上我国哲学社会科学在国际上的声音还比较小，还处于有理说不出、说了传不开的境地。要善于提炼标识性概念，打造易于为国际社会所理解和接受的新概念、新范畴、新表述，引导国际学术界展开研究和讨论。要从学科建设做起，每个学科都要构建成体系的学科理论和概念。要鼓励哲学社会科学机构参与和设立国际性学术组织，支持和鼓励建立海外中国学术研究中心，支持国外学会、基金会研究中国问题，加强国内外智库交流，推动海外中国学研究。要聚焦国际社会共同关注的问题，组织研究项目，增强我国哲学社会科学研究的国际影响力。

2016年11月30日，习近平总书记在中国文联十大、中国作协九大开幕式上的讲话中指出，当今世界正处在大发展大变革大调整时期，当代中国正沿着中国特色社会主义道路奋力前进。这是一个风云际会的时代，也是一个英雄辈出的时代，是一个需要巨人也能够产生巨人的时代。我们有史诗般的实践，现在缺的是史诗般的作品，缺的是史诗般的理论。广大哲学社会科学工作者要树立良好学术道德，自觉遵守学术规范，讲究博学、审问、慎思、明辨、笃行，崇尚"士以弘道"的价值追求，真正把做人、做事、做学问统一起来。要有"板凳要坐十年冷，文章不写一句空"的执着坚守，耐得住寂寞，经得起诱惑，守得住底线，立志做大学问、做真学问。要把社会责任放在首位，严肃对待学术研究的社会效果，自觉践行社会主义核心价值观，做真善美的追求者和传播者，以深厚的学识修养赢得尊重，以高尚的人格魅力引领风气，在为祖国、为人民立德立言中成就自我、实现价值。

参考文献

1. 马克思恩格斯：《马克思恩格斯选集》第 1—4 卷，人民出版社 1995 年版。

2. 马克思恩格斯：《马克思恩格斯文集》第 1—10 卷，人民出版社 2009 年版。

3. 中共中央文献研究室编：《习近平关于实现中华民族伟大复兴的中国梦论述摘编》，中央文献出版社 2013 年版。

4. 中共中央文献研究室编：《习近平关于全面深化改革论述摘编》，中央文献出版社 2014 年版。

5. 中共中央文献研究室编：《习近平关于协调推进"四个全面"战略布局论述摘编》，中央文献出版社 2015 年版。

6. 中共中央纪律检查委员会、中共中央文献研究室编：《习近平关于严明党的纪律和规矩论述摘编》，中央文献出版社、中国方正出版社 2016 年版。

7. 中共中央宣传部编：《习近平总书记系列重要讲话读本》，学习出版社、人民出版社 2014 年版。

8. 中共中央宣传部编：《习近平总书记系列重要讲话读本（2016 年版）》，学习出版社、人民出版社 2016 年版。

9. 中共中央宣传部编：《习近平总书记在文艺工作座谈会上的重要讲话学习读本》，学习出版社 2015 年版。

10. 中共中央宣传部编：《社会主义核心价值体系学习读本》，学习出版社 2009 年版。

11. 《习近平谈治国理政》，外文出版社 2014 年版。

12. 中共中央办公厅：《关于培育和践行社会主义核心价值观的意见》（2013 年 12 月 23 日）。

13. 习近平：《在联合国教科文组织的演讲》（2014 年 3 月 27 日）。

14. 习近平：《青年要自觉践行社会主义核心价值观——在北京大学师生座谈会

上的讲话》（2014 年 5 月 4 日）。

15. 习近平：《从小积极培育和践行社会主义核心价值观——在北京市海淀区民族小学主持召开座谈会时的讲话》（2014 年 5 月 30 日）。

16. 习近平：《在纪念孔子诞辰 2565 周年国际学术研讨会暨国际儒学联合会第五届会员大会开幕会上的讲话》（2014 年 9 月 24 日）。

17. 习近平：《在文艺工作座谈会上的讲话》（2014 年 10 月 15 日）。

18. 习近平：《在全国党校工作会议上的讲话》（2015 年 12 月 11 日）。

19. 习近平：《在省部级主要领导干部学习贯彻党的十八届五中全会精神专题研讨班上的讲话》（2016 年 1 月 18 日）。

20. 习近平：《在网络安全和信息化工作座谈会上的讲话》（2016 年 4 月 19 日）。

21. 习近平：《在哲学社会科学工作座谈会上的讲话》（2016 年 5 月 17 日）。

22. 习近平：《在庆祝中国共产党成立 95 周年大会上的讲话》（2016 年 7 月 1 日）。

23. 习近平：《在纪念红军长征胜利 80 周年大会上的讲话》（2016 年 10 月 21 日）。

24. 习近平：《在中国文联十大、中国作协九大开幕式上的讲话》（2016 年 11 月 30 日）。

25. 柏拉图：《柏拉图全集》，王晓朝译，人民出版社 2002 年版。

26. 柏拉图：《柏拉图对话集》，王太庆译，商务印书馆 2004 年版。

27. 柏拉图：《柏拉图文艺对话集》，朱光潜译，商务印书馆 1980 年版。

28. 柏拉图：《理想国》，郭斌和、张竹明译，商务印书馆 1986 年版。

29. 亚里士多德：《亚里士多德全集》，苗力田主编，中国人民大学出版社 1997 年版。

30. 康德：《未来形而上学导论》，旁景仁译，商务印书馆 1975 年版。

31. 黑格尔：《精神现象学》上、下卷，贺麟、王玖兴译，商务印书馆 1979 年版。

32. 黑格尔：《哲学史讲演录》，贺麟、王太庆译，商务印书馆 1960 年版。

33. 托马斯·古德尔：《人类思想史中的休闲》，云南人民出版社 2000 年版。

34. 威廉·巴雷特：《非理性的人》，商务印书馆 1999 年版。

35. 马克斯·韦伯：《新教伦理与资本主义精神》，三联书店 1996 年版。

36. 乔治·里茨尔：《社会的麦当劳化》，上海译文出版社 1999 年版。

37. 丹尼尔·贝尔：《资本主义文化矛盾》，三联书店 1992 年版。

38. 马尔库塞：《单向度的人》，上海译文出版社 1989 年版。

39. 歌德：《浮士德》，复旦大学出版社 1982 年版。

40. 米歇尔·昂弗莱：《享乐的艺术》，三联书店 2003 年版。

41. 恩斯特·卡西尔：《人论》，上海译文出版社 1997 年版。

42. J.J.C. 斯马特、B.威廉斯：《功利主义：赞成与反对》，中国社会科学出版社 2002 年版。

43.戴思蒙·莫里斯：《人这种动物》，华夏出版社 2002 年版。

44.大卫·布鲁克斯：《布波族：一个新社会阶层的崛起》，中国对外翻译出版公司 2002 年版。

45.彼地·布劳、马歇尔·梅耶：《现代社会中的科层制》，学林出版社 2001 年版。

46.弗格森：《幸福的终结》，中国人民大学出版社 2003 年版。

47.斯·卢科斯：《西方人看个人主义》，红旗出版社 2002 年版。

48.罗伯特·贝拉等：《美国透视——个人主义困境》，社会科学文献出版社 1992 年版。

49.诺贝特·埃利亚斯：《个体的社会》，译林出版社 2003 年版。

50.布莱恩·特纳：《身体与社会》，春风文艺出版社 2000 年版。

51.弗雷德里克·詹姆逊：《文化转向》，中国社会科学出版社 2000 年版。

52.赫舍尔：《人是谁》，贵州人民出版社 1995 年版。

53.马克·波斯特：《信息方式》，商务印书馆 2001 年版。

54.尼克·史蒂文森：《认识媒介文化》，商务印书馆 2001 年版。

55.唐·库比特：《生活、生活——一种正在来临的宗教》，宗教文化出版社 2004 年版。

56.理查德·舒斯特曼：《实用主义美学》，商务印书馆 2002 年版。

57.理查德·舒斯特曼：《哲学实践》，北京大学出版社 2002 年版。

58.卡尔·柯尔施：《马克思主义和哲学》，重庆出版社 1989 年版。

59.乔治·巴塔耶：《色情史》，刘晖译，商务印书馆 2003 年版。

60.汪民安编：《色情、耗费和普遍经济》，吉林人民出版社 2003 年版。

61.斯特劳斯：《论僭政》，华夏出版社 2006 年版。

62.塔里克·阿里、苏珊·沃特金斯：《1968 年——反叛的年代》，山东画报出版社 2003 年版。

63.弗洛伊德：《弗洛伊德后期著作选》，上海译文出版社 1987 年版。

64.马克斯·韦伯：《新教伦理与资本主义精神》，三联书店 1996 年版。

65.理查·罗蒂：《哲学和自然之镜》，三联书店 1987 年版。

66.理查·罗蒂：《后哲学文化》，上海译文出版社 1992 年版。

67.弗莱德·R．多尔迈：《主体性的黄昏》，上海译文出版社 1992 年版。

68.理查德·J．伯恩斯坦：《超越客观主义和相对主义》，光明日报出版社 1992 年版。

69.卡尔—奥托·阿佩尔：《哲学的改造》，上海译文出版社 1994 年版。

70.约瑟夫·祁雅理：《二十世纪法国思潮》，商务印书馆 1987 年版。

71. 伽达默尔：《真理与方法》，辽宁人民出版社 1987 年版。

72. 伽达默尔：《科学时代的理性》，国际文化出版公司 1988 年版。

73. 大卫·格里芬：《后现代精神》，中央编译出版社 1998 年版。

74. 皮埃尔·布迪厄、华康德：《实践与反思》，中央编译出版社 1998 年版。

75. 范坡伊尔：《维特根斯坦哲学导论》，四川人民出版社 1988 年版。

76. 保罗·萨特：《存在主义是一种人道主义》，上海译文出版社 1988 年版。

77. 哈贝马斯：《交往与社会进化》，重庆出版社 1989 年版。

78. 麦基：《思想家》，三联书店 1992 年版。

79. 华勒斯坦：《开放社会科学》，三联书店 1997 年版。

80. 埃·弗罗姆：《占有或生存》，国际文化出版公司 1989 年版。

81. 帕斯卡：《思想录》，商务印书馆 1985 年版。

82. 李凯尔特：《文化科学和自然科学》，商务印书馆 1996 年版。

83. 海因里希·格姆科夫等：《恩格斯传》，人民出版社 2000 年版。

84. 海因里希·格姆科夫等：《马克思传》，人民出版社 2000 年版。

85. 迈克·费瑟斯通：《消费文化与后现代主义》，译林出版社 2000 年版。

86. 马斯洛：《自我实现的人》，三联书店 1987 年版。

87. 马丁·雅克：《当中国统治世界》，中信出版社 2010 年版。

88. 以赛亚·柏林：《自由论》，译林出版社 2011 年版。

89. 大卫·阿米蒂奇：《独立宣言》，商务印书馆 2014 年版。

90. 本杰明·史华兹：《寻求富强》，江苏人民出版社 2010 年版。

91. 塞缪尔·亨廷顿：《文明的冲突与世界秩序的重建》，新华出版社 2010 年版。

92. 斯塔夫里阿诺斯：《全球通史》，北京大学出版社 2006 年版。

93. 奥斯瓦尔德·斯宾格勒：《西方的没落》，上海三联书店 2006 年版。

94. 保罗·肯尼迪：《大国的兴衰》，中信出版社 2013 年版。

95. 阿诺德·汤因比：《历史研究》，上海世纪出版集团 2010 年版。

96. 弗里德利希·冯·哈耶克：《自由秩序原理》，三联书店 1997 年版。

97. 冯天瑜、周积明：《中国古文化的奥秘》，湖北人民出版社 1986 年版。

98. 季羡林：《三十年河东 三十年河西》，当代中国出版社 2006 年版。

99. 中共中央宣传部理论局：《世界社会主义五百年》，学习出版社 2014 年版。

100. 中共中央党史研究室：《中国共产党历史》（第一卷、第二卷），中共党史出版社 2011 年版。

101. 殷海光：《中国文化的展望》，上海三联书店 2002 年版。

102. 贾旭东：《利己与利他》，北京师范大学出版社 2002 年版。

103. 钱逊：《中国古代人生哲学》，清华大学出版社 1998 年版。

104. 罗钢、王中忱:《消费文化读本》,中国社会科学出版社 2003 年版。

105. 苏成全、宋寅展:《二十世纪西方文学》,华中师范大学出版社 1994 年版。

106. 林语堂:《人生的盛宴》,湖南文艺出版社 1988 年版。

107. 汪安民、陈永国编:《后身体:文化、权力和生命政治学》,吉林人民出版社 2003 年版。

108. 冯友兰:《中国哲学简史》,北京大学出版社 1998 年版。

109. 陈根法、吴仁杰:《幸福论》,上海人民出版社 1988 年版。

110. 艾思奇:《大众哲学》,人民出版社 2007 年版。

111. 任继愈主编:《中国哲学发展史》(先秦),人民出版社 1983 年版。

112. 张世英:《天人之际》,人民出版社 1997 年版。

113. 吴国盛:《时间的观念》,中国社会科学出版社 1996 年版。

114. 李德顺:《价值论》,中国人民大学出版社 1987 年版。

115. 李德顺:《价值新论》,中国青年出版社 1993 年版。

116. 李文阁:《生命冲动:重读柏格森》,四川人民出版社 1998 年版。

117. 李文阁:《回归现实生活世界》,中国社会科学出版社 2002 年版。

118. 李文阁:《复兴生活哲学》,安徽师范大学出版社 2009 年版。

119. 李文阁主编:《社会主义核心价值观读本》(初级、中级、高级),黑龙江教育出版社 2016 年版。

后 记

　　本书是集体创作的结晶，具体分工如下：李文阁，全书框架的设计，前言、第一、二、三、四、五、六章和后记的撰写，全部书稿的统稿、定稿；孙煜华，第七章第三节和第九、十章的撰写；李达，第七章第一、二节和第八章的撰写。

　　写作过程中参考了大量相关著作，在此一并表示感谢。由于水平有限，肯定存在错漏之处，欢迎读者批评指正。

李文阁

2017 年 8 月 20 日

责任编辑：王怡石

封面设计：木　辛

责任校对：吕　飞

图书在版编目（CIP）数据

兴国之魂：文化强国背景下的核心价值体系和核心价值观研究／
　李文阁，孙煜华，李达 著 . —北京：人民出版社，2017.9
（建设文化强国背景下的社会主义核心价值体系研究／张传开主编）
ISBN 978－7－01－018454－8

I.①兴…　　II.①李…②孙…③李…　　III.①社会主义建设－价值论－
　研究－中国　　IV.① D616

中国版本图书馆 CIP 数据核字（2017）第 261143 号

兴国之魂

XINGGUO ZHI HUN

——文化强国背景下的核心价值体系和核心价值观研究

李文阁　孙煜华　李　达　著

人 & 出 版 社 出版发行

（100706　北京市东城区隆福寺街 99 号）

北京汇林印务有限公司印刷　新华书店经销

2017 年 9 月第 1 版　2017 年 9 月北京第 1 次印刷

开本：710 毫米 × 1000 毫米 1/16　印张：29

字数：410 千字

ISBN 978－7－01－018454－8　定价：85.00 元

邮购地址 100706　北京市东城区隆福寺街 99 号

人民东方图书销售中心　电话（010）65250042　65289539